सम्पूर्ण नाटक
2

सम्पूर्ण नाटक

2

(रेडियो, टेलीविजन के लिए रूपान्तरित कहानियाँ)

भीष्म साहनी

संपादक

कल्पना साहनी

राजकमल प्रकाशन

ISBN : 978-81-267-1835-1

मूल्य : ₹1750 (दो खंडों का सेट)

पहला संस्करण : 2011
दूसरा संस्करण : 2019

प्रकाशक : राजकमल प्रकाशन प्रा. लि.
1-बी, नेताजी सुभाष मार्ग, दरियागंज
नई दिल्ली-110 002

शाखाएँ : अशोक राजपथ, साइंस कॉलेज के सामने, पटना-800 006
पहली मंजिल, दरबारी बिल्डिंग, महात्मा गांधी मार्ग, इलाहाबाद-211 001
36 ए, शेक्सपियर सरणी, कोलकाता-700 017

वेबसाइट : www.rajkamalprakashan.com
ई-मेल : info@rajkamalprakashan.com

मुद्रक : बी.के. ऑफसेट
नवीन शाहदरा, दिल्ली-110 032

SAMPURNA NATAK (Vol. 2)
by Bhishma Sahni

अनुक्रम

सम्पूर्ण नाटक
2

दावत

[चीफ़ की दावत पर आधारित]

[शामनाथ और उनकी पत्नी शोभा।]

[शामनाथ ब्रीफ़केस उठाए हुए बाहर से आते हैं। बैठक अस्त-व्यस्त है, सोफ़े पर कम्बल, बीचवाली तिपाई पर राखदानी सिगरेट के टुकड़ों से अटी हुई, डाइनिंग टेबल की कुर्सी यहाँ पहुँच गई है और सोफ़ा कुर्सी के सामने टेढ़ी-सा पड़ा है। एक जगह किसी बच्चे के जूते रखे हैं। एक कोने में तिपाई पर बैठी शामनाथ की माँ। मुँह-सिर लपेटे माला जप रही है। शामनाथ डाइनिंग रूम में जाते हैं तो डाइनिंग टेबल पर अभी भी लंच की जूठी प्लेटें पड़ी हैं। एक कमरे से दूसरे कमरे में जाते हुए वह क्षुब्ध हो उठते हैं।]

[नौकर रोज़ के अनधुले मुचड़े कपड़े पहने सामने आकर खड़ा हो जाता है।]

नौकर : साहिब, आपके लिए चाय लाऊँ।

शामनाथ : *(क्रोध से मुड़कर)* भाड़ में जाए, चाय। कहाँ हैं तुम्हारी मेम साहिब? अभी तक तुम लोगों ने कुछ भी तैयारी नहीं की? *(आवाज़ सुनकर शोभा अन्दर आती है। बाल उलझे हुए, ड्रेसिंग गाउन पहने।)*

शोभा : क्यों बिगड़ रहे हो?

शामनाथ : *(घड़ी देखकर)* जानती हो, वक़्त क्या हुआ है?

शोभा : *(अपनी कलाई पर बँधी घड़ी की ओर देखकर)* तो मैं क्या करूँ, सुबह से लगी हूँ। मैं मशीन तो नहीं हूँ। घर में ले-देकर एक नौकर है, मैं क्या-क्या करवाऊँ।...फिर, इतना घबराते क्यों हो, अभी बहुत वक़्त है, पाँच ही तो बजे हैं।

शामनाथ : पाँच बज रहे हैं और तुम कहती हो अभी वक़्त है। सात बजे तो वे लोग आने लगेंगे। यहाँ भी काम मुझे ही देखना पड़ता है।

दफ़्तर में भी दिन भर सिर खपाओ और फिर घर का काम भी देखो। रमेश और वीणा कहाँ हैं?

शोभा : खेलने गए हैं, अभी लौटते होंगे।

शामनाथ : आज के दिन वे खेले बिना नहीं रह सकते थे?

शोभा : मैंने तो जान बूझकर उन्हें भेज दिया कि चैन से सारा काम कर लूँगी।

शामनाथ : *(व्यंग्य से)* मैं देख रहा हूँ जो काम तुमने किया है। इस वक़्त तुम्हें चाहिए था बच्चों को नहला-धुला कर तैयार कर देतीं। ख़ाने की क्या सूरत है?

[बातें करते हुए बैग में से शराब की दो बोतलें, फलों का थैला आदि निकालता है।]

शोभा : खाना सब तैयार है, केवल मछली तलना बाकी है। वह रत्ला देख रहा है।

शामनाथ : तुम पर कोई काम नहीं छोड़ना चाहिए। उधर अभी मछली तली जाएगी, इधर बैठक कबाड़ख़ाना बनी है, यह कम्बल तक किसी ने नहीं उठाया?

शोभा : *(धीमी आवाज़ में)* माँ जी कम्बल ओढ़े सोफ़े पर बैठी थीं, अभी उठ कर बरामदे में गई हैं। *(पास जाकर)* अब तुम कुछ मत कहना, मैंने बड़ी मुश्किल से उन्हें यहाँ से उठाया है।

शामनाथ : मैंने मना जो किया है कि कम्बल ओढ़कर सोफ़े पर कोई नहीं बैठे। कम्बल ओढ़कर बैठना हो तो सोने वाले कमरे में जाकर बैठे। *(ऊँची आवाज़ में)* कहाँ है माँ? किसी कुर्सी पर टाँगे चढ़ाकर बैठी होंगी।

[बेटे की कड़कती आवाज़ सुनकर शामनाथ की बुढ़िया माँ काँप उठती है, हाथ में पकड़ी हुई माला में झटका उठता है, माँ आँखें खोलती हैं।]

माँ, तुम्हें मना जो किया है कि सोफ़े पर टाँगे चढ़ाकर मत बैठा करो। तुम कब समझोगी? और वहाँ से उठी हो तो कम्बल क्यों नहीं उठाया? क्या वह मैं उठाऊँगा?

(चिल्लाकर) इस घर में कभी कोई ढंग का काम होगा भी या नहीं?

(नौकर से) अब मुँह क्या देख रहे हो? जाओ और अपना काम देखो। चाय की ज़रूरत हुई तो मैं तुमसे कह दूँगा।

[नौकर का प्रस्थान।]

(पत्नी से) नए काँटे-छुरियाँ साफ़ करवा लिए हैं?

शोभा : साफ़ करवा लूँगी। अभी आलमारी में से निकाले ही कहाँ हैं। *(उसे समझाते हुए)* धीरज से काम लो। अगर इस तरह तुम बौखलाते रहोगे तो कोई भी काम नहीं होगा।

शामनाथ : तुम बच्चों को भी तैयार कर दोगी, किचन का काम भी देख लोगी, सफ़ाई भी करवा लोगी...आईने में अपनी सूरत देखी है, क्या बनी हो?

शोभा : मैं नौकरानी नहीं हूँ। जितना मुझसे बन पड़ेगा, करूँगी। अगर दफ़्तर के साहिब को बुलाना था तो किसी छुट्टीवाले दिन बुलाते। इधर घर में भी पिसो और तुम्हारी बातें भी सुनो।

शामनाथ : तुम सफ़ाई भी नहीं करवा सकती थीं?

शोभा : बच्चे स्कूल से आकर उधम मचाएँ तो मैं उन्हें देखूँ या सफ़ाई करवाऊँ। तुम तो चैन से दफ़्तर में बैठे रहते हो, मेरा हाथ बँटानेवाला घर में कौन है? तुम्हारी माँ को माला जपने से फ़ुर्सत नहीं, दिन भर चौकी पर मुँह-सिर लपेटे बैठी रहती हैं।

शामनाथ : *(फिर से घड़ी की ओर देखकर)* अच्छा, अब बहस नहीं करो, जैसे भी हो काम से निबटें, ये चीज़ें सँभाल लो। *(कोट उतारकर आस्तीन चढ़ाता है)* खानेवाला मेज़ बरामदे में बिछवा दो। खानेवाला कमरा छोटा पड़ेगा।

शोभा : क्या मतलब? क्या उन्हें सीधा बरामदे में ले जाओगे? बरामदे में खाना खिलाओगे?

शामनाथ : नहीं, ड्रिंक्स का इन्तज़ाम बैठक में करेंगे। पहले वे लोग सीधा बैठक में ही जाएँगे। बाद में उन्हें वहाँ से खाना खिलाने बरामदे में ले जाएँगे। जल्दी करो, अब सब फ़ालतू समान उठाओ, बैठक को तो साफ़ करें।

[दोनों पति-पत्नी बड़ी मुस्तैदी से काम पर जुट जाते हैं। शामनाथ कम्बल उठाकर बग़लवाले कमरे में फेंक आता है, खूँटी पर लटका हुआ कपड़ा—"यह क्या ड्राइंग रूम में टाँगनेवाली चीज़ है?" कहकर साथवाले कमरे में पटक देता है। कुर्सी उठाकर डाइनिंग रूम में रख आता है। उधर शोभा डाइनिंग टेबल पर से प्लेटें उठाती हैं, नया कपड़ा बिछाती है। दो बढ़िया गुलदान मेज़ पर रखती है जिनमें गुलदस्ते सजे हैं, फिर बेडरूम की आलमारी खोलकर बढ़िया कटलरी सेट निकालती है, चमचमाते छुरियाँ, काँटे निकालकर मेज़ पर रखती है। फिर सहसा कुछ सोचकर ड्राइंग रूम के दरवाज़े पर जा खड़ी होती है। शामनाथ फ़र्श पर से बेटे के जूते उठाकर सोने वाले कमरे में आलमारी के नीचे फेंकता है। कुछ अन्य चीज़ें भी उठा-उठाकर आलमारी के नीचे या पेटी के नीचे फेंकता जाता है।]

शोभा : सुनो जी।

[शामनाथ दीवार पर लगी तसवीर को सीधा कर रहा है।]

शामनाथ : क्या है?

शोभा : माँ जी का क्या करोगे?

शामनाथ : क्यों? *(चौंककर)* अरे! इसका तो मुझे ख़याल ही नहीं आया। *(कुछ सोचकर)* माँ से कहेंगे—जल्दी खाना खाकर मेहमानों के आने से पहले अपनी कोठरी में चली जाएँ। मेहमान सात बजे आने शुरू होंगे। यह साढ़े छः तक अपने काम से निबट लें और अपनी कोठरी में चली जाएँ।

शोभा : तुम ही कहो, जो कहना है।

शामनाथ : मेहमान खाना खाने आ रहे हैं। न जाने कितनी देर तक खाना चले। बेहतर है माँ पहले ही अपनी कोठरी में चली जाएँ।

शोभा : मैं तो कहूँगी आज की रात तुम इन्हें पिछवाड़े में उनकी विधवा सहेली के घर भेज दो।

शामनाथ : किसके घर? उस बुढ़िया के घर? नहीं, नहीं, इससे उस बुढ़िया का फिर से यहाँ आना-जाना शुरू हो जाएगा। बड़ी मुश्किल से तो उसे यहाँ से निकाला है। रोज़ आ धमकती थी। इधर माँ और उधर बुढ़िया, दोनों सोफ़ों पर टाँगे चढ़ाए बैठी गाने गाती रहती थीं।

शोभा : तुम ही उनसे कहना। पर कोठरी में भेज दोगे तो कौन सा मामला सुलझ जाएगा।

शामनाथ : क्यों?

शोभा : बरामदे में खाना खिला रहे हो ना?

शामनाथ : हाँ, तो।

शोभा : और माँ जी की कोठरी का दरवाज़ा बरामदे में ही खुलता है या नहीं।

शामनाथ : फिर?

शोभा : अगर वह कमरे में जाकर सो गईं तो उनके खर्राटों की आवाज़ बरामदे पहुँचेगी या नहीं? उनके खर्राटों की आवाज़ तो सारे घर में गूँजती है।

शामनाथ : *(सिर हिलाकर)* यह माँ का बखेड़ा ही रहेगा। *(क्रुद्ध होकर)* अच्छी भली यह भाई के घर जा रही थीं। उस वक़्त यह चली जातीं तो यह झंझट तो नहीं उठ खड़ा होता। तुम ख़ुद सुरखुरू बनने के लिए...

शोभा : देखो जी, तुम जानो और तुम्हारी माँ जाने। मैं बीच में क्यों पड़ूँ? पर मैंने टोका था तुम्हारी इज़्ज़त के ख़याल से। मैंने सोचा इन्हें फिर से भेज दिया तो पास-पड़ोस के लोग कहेंगे कि बेटा, माँ को दस दिन के लिए भी अपने पास नहीं रख सकता। चली जातीं तो मुझे क्या था?

शामनाथ : मेरी इज़्ज़त का ख़याल नहीं था, तुम्हें अपनी इज़्ज़त का ख़याल था, ताकि लोग यह न कहें कि बहू अपनी सास को अपने पास नहीं रख सकती।

शोभा : मुझे उनसे कौन से लड्डू मिलते हैं जो मैं उनको घर में रोके रखूँ? दिन भर छाती पर सवार रहती हैं। इनकी सुच-मिट्ट ने ही नाक में दम कर रखा है। आज इनकी एकादशी है और आज इनका मंगलवार का व्रत है।

शामनाथ : यह तुम क्या ले बैठी हो? सीधा कह दो, तुम माँ से नहीं कहोगी। मैं खुद क्या नहीं कह सकता।

[शामनाथ बाहर निकलकर माँ के पास जाता है। माँ चौकी पर बैठी, माला जप रही हैं।]

[माँ चौंककर आँखें खोल देती हैं। मुँह पर से पल्ला हटाती हैं।]

माँ : आ गए बेटा? आज हमारे घर तुम्हारा बड़ा साहब आने वाला है ना। मुझे मालूम है। *(मुस्कराकर)* मैं भगवान से बार-बार यही प्रार्थना कर रही हूँ कि सब काम सुभीते से हो जाए। बड़ा साहब यहाँ से खुश-खुश जाए। बड़ा साहब हर किसी के घर थोड़े ही जाता होगा। उसने तुम्हारे गुण देखे होंगे तभी तुम्हारी दावत कबूल की है। लाखों पर तुम्हारी क़लम हो बेटा। बड़े आदमियों के जहाँ पाँव पड़ते हैं वहाँ बड़ी बरकत होती है।

[फिर से मुस्कराकर सिर हिलाती हैं।]

शामनाथ : सुनो माँ, तुम एक काम करो। तुम आज जल्दी खाना खाकर अपने कमरे में चली जाना। वे लोग सात बजे आएँगे, तुम पहले ही खा-पीकर के...

माँ : आज तो मैं कुछ नहीं खाऊँगी, बेटा।

शामनाथ : आज तुम्हारा व्रत है क्या?

माँ : नहीं बेटा, तुम तो जानते हो, जब भी घर में मांस-मछली बनती है, मैं खाना नहीं खाती।

[शामनाथ के चेहरे पर खींझ की रेखाएँ उभर आती हैं।]

शामनाथ : अच्छा-अच्छा, पर तुम अपने कमरे में वक़्त पर चली जाना। इसमें ढील नहीं करना।

माँ : अच्छा बेटा।

शाम : और एक बात। खाने का प्रबन्ध हम बरामदे में कर रहे हैं। यहीं पर सब लोग बैठकर भोजन करेंगे। मैंने बीसेक लोगों को बुलाया है, उनमें उनकी बीवियाँ भी होंगी।

माँ : *(मुस्कराकर)* बड़ा अच्छा किया बेटा। मेहमानों से ही घर की शोभा होती है।

शामनाथ : सुनो, सुनो माँ, इधर-उधर की बातें नहीं करो। मेरी बात ध्यान से सुनो।

माँ : कहो, बेटा।

शामनाथ : जब मेहमान आएँगे तो हम उन्हें सीधा बैठक में ले जाएँगे। तब तुम बरामदे में कुर्सी पर बैठी रहना। पर जब खाना खाने वे बरामदे की ओर आने लगें तो तुम उठकर अपनी कोठरी में चली जाना। बरामदे में हम उन्हें खाना खिलाएँगे।

माँ : अच्छा बेटा।

शामनाथ : पर वहाँ जाकर सो नहीं जाना। तुम्हारे खर्राटों की आवाज़ बाहर सड़क तक सुनाई देती है।

माँ : *(तनिक चुप रहने के बाद)* क्या करूँ बेटा, जब से नाक का आपरेशन हुआ है, मेरे लिए नाक में से साँस लेना मुश्किल हो गया है।

शामनाथ : ठीक है, ठीक है।...सुनो, माँ।

माँ : कहो, बेटा।

शामनाथ : तुम अपनी कोठरी में जाने के बजाए ग़ुसलखाने के रास्ते, पीछे से बैठक में चली जाना। हम लोग यहाँ खाना खाएँगे, तुम बैठक में बैठी रहना। जब मेहमान जाने लगेंगे तो तुम अपनी कोठरी में चले जाना।

[शामनाथ की पत्नी बीच में कुछ कहना चाहती है, पर रुक जाती है।]

(पत्नी से) यह तरीक़ा हो सकता है, इससे माँ सो भी जाएँ तो बैठक में होंगी। आवाज यहाँ तक नहीं पहुँचेगी।

शोभा : आई थिंक शी शुड पुट ऑन गुड क्लॉथ्स। इन केस द बॉस सीस हर वाई चांस शो शुड वी प्रापरली ड्रेस्ड।

शामनाथ : ठीक कहती हो।...माँ?

माँ : कहो, बेटा।

शामनाथ : आज कुछ ढंग के कपड़े पहनकर बैठना।

माँ : *(झेंप के साथ, मुस्कुराते हुए)* जो कहो, पहन लूँ, बेटा।

शामनाथ : सफ़ेद सलवार कमीज़ पहन लो।...जाओ, अभी से पहनकर आ जाओ, मैं देख तो लूँ।

माँ : हाँ, बेटा। *(उठने को होती है तो शामनाथ की नज़र माँ की खड़ावों की ओर जाती है)* ये खड़ावें पहनकर मत आना। ये तुम्हारी खड़ावें मैं एक दिन बाहर सड़क पर फेंक दूँगा। अब जाओ, पहनकर आओ। और माँ...

(माँ रुक जाती है)

कोई ज़ेवर भी पहन लेना। हाथों में चूड़ियाँ, गले में छोटा-मोटा हार डाल लेना।

माँ : ज़ेवर कहाँ से लाऊँ बेटा। तुम तो जानते हो, ज़ेवर तो सारा तुम्हारी पढ़ाई के समय बिक गया था।

शामनाथ : *(क्रुद्ध होकर)* यह कौन सा राग अलापने लगी हो माँ? ज़ेवर बिकें हैं तो कुछ बनकर ही लौटा हूँ। जितने ज़ेवर तुमने दिए थे उनसे दुगने लौटा दूँगा।

माँ : हाय मेरी जीभ जल जाए, बेटा, तुमसे ज़ेवर लूँगी। मेरे मुँह से तो यों ही निकल गया। मेरे पास कुछ होता तो अपने आप पहन लेती। आज नहीं पहनूँगी तो फिर कब पहनूँगी।

शामनाथ : और अगर साहिब से अचानक भेंट हो जाए, तो उन्हें ठीक से मिलना गुमसुम नहीं बनी रहना।

माँ : मैं क्या कहूँगी बेटा, न मैं पढ़ी न लिखी। तुम साहब से खुद ही कह देना कि मेरी गाँव-देहात की रहनेवाली है, कुछ जानती-समझती नहीं। वह कुछ नहीं कहेगा।

शामनाथ : अच्छा, कपड़े तो पहनकर आओ। ज़रा देखूँ तो। कमीज़ सलवार ही पहनो, वही ठीक रहेगा।

(माँ उठकर धीरे-धीरे अपने कमरे की ओर जाती है) और सिर ढककर रहना माँ। सिर उघाड़कर नहीं बैठना।

[माँ मुड़कर देखती है, और एक क्षीण-सी मुस्कान के साथ अन्दर चली जाती है।]

माँ : अच्छा, बेटा।

शामनाथ : यह माँ का झंझट ही रहेगा। अब तुम जाओ और तैयार हो जाओ। तुम कौन-सा जल्दी तैयार होती हो, आइने के सामने

बैठ जाओ तो उठने का नाम नहीं लेती हो। कौन-सी साड़ी पहनोगी?

शोभा : मैंने दो-तीन साड़ियाँ निकाल ली हैं। उन्हीं में से कोई पहन लूँगी।

शामनाथ : तुम वह बंगलौरवाली...टैम्पिल डिज़ाइन की साड़ी पहनना। इस मौक़े पर वही ठीक रहेगी। बॉस की पत्नी के साथ बैठोगी तो उसकी अच्छी तरह से ख़ातिरदारी करती रहना। मेरी तरफ़ नहीं देखने लगना? बर्फ़ का इन्तज़ाम कर लिया है? अरे भाई फ्रिज में से निकलवा लो ना।

शोभा : इस वक़्त निकलवाओगे तो वह पिघल नहीं जाएगी। फ्रिज पास ही में तो है ज़रूरत पड़ने पर निकाल लेंगे।

शामनाथ : उस वक़्त क्या-क्या करती फ़िरोगी। कोई काम तरतीव से भी किया करो।

शोभा : अच्छा बाबा, तुम तो पीछे पड़ जाते हो।

शामनाथ : छोटी तिपाइयों पर पाँच-छः एस्ट्रे रख देना। नहीं तो हमारे देसी भाई कालीन पर ही सिगरेट की राख फेंकते रहेंगे। मैं सोचता हूँ मैंने तो पार्टी पर ज़्यादा लोगों को बुला लिया है। बॉस के साथ केवल मिस्टर सेठी और उनकी पत्नी और दो-एक और आदमी होते तो बहुत था।

शोभा : बुला लिया तो अब क्या हो सकता है।

शामनाथ : हमारे लोग पार्टियों का ढंग भी तो नहीं जानते ना। औरतें सब एक तरफ़ को लाईन बनाकर बैठ जाती हैं, और वही साग-सब्ज़ी की और कपड़े लत्ते की बातें। कोई हिन्दुस्तानी औरत दूसरी की बात नहीं सुनती, सभी एक साथ बोलती हैं। पर तुम बॉस की बीवी के साथ सब्ज़ी-तरकारी की बातें नहीं करना।

[इस बीच दोनों बेडरूम में जाकर तैयार होने लगते हैं।]

शोभा : जानती हूँ, जानती हूँ, तुम्हें लेक्चर देने की कोई ज़रूरत नहीं। अगर वह ख़ुद साग-सब्ज़ी की बातें करने लगीं तो? वह कौन सी विलायत की पढ़ी हुई हैं?

शामनाथ : मेहमान के साथ बातें करने का मतलब ही यह होता है कि

वह बोर न हो। उसका परायापन दूर हो जाए। अगर तुम अपनी ही राम कहानी सारा वक़्त कहती रहोगी, तो वह बोर हो जाएगी।

शोभा : सुन लिया, सुन लिया।

शामनाथ : बॉस की बीवी है आख़िर। अगर बॉस की बीवी को अच्छा नहीं लगा तो समझो पार्टी बेकार गई। और अगर वह खुश हो गई तो समझो बाज़ी मार ली। अंग्रेज़ी में बात करना।

शोभा : और अगर वह ही अंग्रेज़ी न जानती हुई तो?

शामनाथ : उससे पूछना, अगर उसे शॉपिंग में दिलचस्पी है, तो उससे कह देना कि तुम उसके साथ जाने के लिए तैयार हो। कहना, तुम्हें दो-एक दुकानें मालूम हैं जहाँ इन दिनों सेल लगी है। इस मोर्चे को तुम ही सँभालना।

शोभा : सँभाल लूँगी, सँभाल लूँगी।

शामनाथ : अगर बॉस की पत्नी सिगरेट पीती हो तो तुम भी सिगरेट सुलगा लेना, अगर वह ड्रिंक ले तो तुम भी लेना। अगर उसे घर की कोई चीज़ पसंद आए तो चुपचाप उठाकर उसके बैग में डाल देना। बल्कि, मैं तो कहूँगा कि वह छोटा इवोरी बॉक्स पहले से ही अंगीठी पर रख दो। उसकी नज़र उस पर ज़रूर जाएगी। वह उसे अच्छा लगे तो तुम उठाकर उसे भेंट कर देना।

शोभा : कर दूँगी, कर दूँगी। बॉस की बीवी न हुई, कोई क्ल्योपेट्रा हो गई।

शामनाथ : बॉस की बीवी ख़ुश होगी तो बॉस ख़ुश होगा। सीधी-सी बात है। बातों-बातों में उसे मेरे बारे में भी बता देना कि उसका पिता बहुत बड़ा रईस था, तीन बँगले थे जिनमें अंग्रेज़ हाकिम रहा करते थे। शहर में आनेवाली सबसे पहली मोटर मेरे बाप ने ही ख़रीदी थी।...ज़रूर कहना, मौक़ा देखकर ज़रूर कह देना। इन बातों का बड़ा असर होता है। यह बात तो उससे ज़रूर कहना कि तुम उसे शॉपिंग पर ले जाओगी। ज़रूर उससे दोस्ती गाँठ लेना। बॉस के घर तुम्हारा आना-जाना शुरू हो जाए तो समझो हमारा रास्ता खुल गया। काम्पिलिमेंट पे करती रहना। सब लोग तारीफ़ के भूखे होते हैं। मेहमाननवाज़ी

का मतलब ही होता है मेहमान की तारीफ़ करना। बस, तारीफ़ करने का ढंग आना चाहिए।

शोभा : जानती हूँ, जानती हूँ। बहुत लेक्चर नहीं दो।

शामनाथ : तुम यह मोर्चा सँभालों मैं बॉस को सँभाल लूँगा। बड़ी मुश्किल से बॉस को घर आने पर रजामन्द किया है। वह मानता ही नहीं था। अब भी अगर हम इसका फ़ायदा न उठा सकें, तो सब अपना कसूर होगा। सुनो...

शोभा : क्या है?

शामनाथ : साहिब के लिए मैंने एक डाली तैयार की है, बैठक में दरवाज़े के पास रखी है। तुम ख़ुद ही चुपचाप उसे मोटर में रखवा देना हम लोग जब बरामदे में खाना खाने आएँ तब तुम उस वक़्त चुपचाप नौकर से उठवा कर साहिब की गाड़ी में रखवा देना। किसी को पता नहीं चलेगा।

शोभा : तुमने डाली बनावा भी ली।

शामनाथ : आजकल तो बनी बनाई डालियाँ मिलती हैं। दुकानदार पूछता है—वी.पी.आई. की डाली बनेगी या नं. 2 की डाली बनेगी साहिब। दो बोतलें विलायती शराब की दो किलो सेब, एक दर्जन केले सब बँधा-बँधाया होता है।

शोभा : तुम बड़े चुस्त निकले।

शामनाथ : यह चुस्ती किस काम की अगर बॉस हमारे साथ उखड़ा-उखड़ा रहे। चुस्ती तो तब कहना जब एक दिन हमारे अपने घर के सामने अरदली खड़ा होगा।

[माँ सफ़ेद सलवार कमीज़ में अपने कमरे में से चलती हुई बरामदे में आ जाती है।]

शोभा : इधर आओ, माँ।

[ऊपर से नीचे तक बड़ी बारीकी से देखकर।]

चलेगा। पल्ले से सिर ढँके रहना। तुम्हारा आधा सिर गंजा हो चला है।

(माँ सिर और भी ज़्यादा एहतियात से ढँक लेती है)

इधर स्टूल पर बैठो तो माँ, देखें कैसी लगती हो।

(माँ झिझकती हुई कुर्सी पर पाँवों को ऊपर चढ़ाकर बैठने लगती है) यों पाँवों को ऊपर चढ़ाकर नहीं, माँ, यह खाट नहीं है। पाँवों को नीचे करो। जहाँ बैठती हो, पाँव ऊपर चढ़ा लेती हो।

[माँ झट से पैर नीचे कर लेती है। शामनाथ फिर उसे ऊपर से नीचे तक देखता है।]

शोभा : अब याद रखना। ध्यान से सुन लो माँ। पहले तुम बरामदे में यहाँ कुर्सी पर बैठोगी। जितनी देर तक हम लोग बैठक में बैठेंगे, तुम इधर बरामदे में बैठी रहना। जब हम लोग बैठक छोड़कर बरामदे में आएँगे, उस वक़्त तुम पीछे से, ग़ुसलख़ाने के रास्ते बैठक में चली जाना। बस! और वहाँ सो नहीं जाना। जब वे लोग अपने-अपने घर जाने लगें तो तुम ग़ुसलख़ाने के रास्ते फिर अपनी कोठरी में चली जाना।
(बच्चों का प्रवेश)
कहाँ थे तुम इतनी देर तक रमेश?

रमेश : हम पप्पू के घर में खेल रहे थे।

शामनाथ : तुम्हें मालूम नहीं था आज घर में मेहमान आने वाले हैं? जाओ और जल्दी से मुँह हाथ धोवो। और फ़ौरन खाना खा लो।

रमेश : इतनी जल्दी, पापा? कल तो छुट्टी है। आज हम देर से खाना खाएँगे।

शामनाथ : देर-वेर कुछ नहीं, मेहमानों के आने से पहले खाना खा लो और फिर अपने कमरे में चले जाओ।

रमेश : कमरे में नहीं, पापा, हम तो दादी माँ से कहानी सुनेंगे। *(रमेश दादी माँ के गले लिपट जाता है।)* सुनाओगी ना, दादी माँ?

शामनाथ : आज कोई कहानी-वहानी नहीं होगी। माँ ने तुम्हें बिगाड़ रखा है।

लड़की : क्यों पापा? कल तो छुट्टी है। आज किसलिए जल्दी खाना खाकर सो जाएँ! आज तो हम खेलेंगे। और कहानियाँ सुनेंगे।

[इस बीच शोभा तैयार होने चली गई है। दोनों बच्चे दादी माँ के गले से लिपट रहे हैं।]

शामनाथ : हटो जी, माँ, तुमने इनके साथ लाड लडवाती रहती हो तभी ये बिगड़ रहे हैं।

माँ : *(बच्चों के आने पर उसकी घबराहट कम हो गई है)* पहले तुम्हें बिगाड़ती रही हूँ ना, अब तेरे बच्चों को बिगाड़ रही हूँ। *(बच्ची से)* नहीं, निम्मो बेटा, आज हमारे घर मेहमान आएँगे ना, आज मैं भी जल्दी सो जाऊँगी, तुम भी जल्दी सो जाना।

बच्ची : हम तो जल्दी नहीं सोएँगे!

रमेश : और हम तुम्हें भी, जल्दी नहीं सोने देंगे। *(शामनाथ से)* आज हम दादी माँ के साथ जो जाएँ, पापा?

शामनाथ : बिलकुल नहीं। तुम सीधा अपने कमरे में जाओगे, हाथ-मुँह धोकर अपने कमरे में जाओगे और मैं बाहर से ताला लगा दूँगा। अब चलो।

(बच्चों को सीढ़ियों की ओर ले जाता है)

[Fade out]

[Fade in]

[कैमरा सजी-धजी बैठक दिखाता है, फिर क़रीने से सजाया हुआ खाने का मेज़ जो बरामदे में लगाया गया है। माँ एक ओर बैठी माला जप रही है। किसी-किसी वक़्त उसका मन करता है कि टाँग उठाकर कुर्सी की सीट पर रख ले पर फिर बेटे के डर से झट से उसे नीचे गिरा देती है। नौकर ने भी वर्दी पहन ली है और मेज़ पर काँटे-छुरिया सजा रहा है।]

[शोभा का प्रवेश! बढ़िया साड़ी, सजे हुए बाल, चुस्त-दरुस्त लग रही है। शीशे के सामने खड़े होकर चेहरा देखती है, बैग में से लिपिस्टिक निकाल कर होंठों पर हलका-सा फेरती है।]

[शामनाथ नकटाई बाँधता हुआ दाख़िल होता है। बढ़िया सूट, सँवारे हुए बाल, चमचमाते जूते।]

शोभा : *(अपनी साड़ी दिखाती हुई)* यह साड़ी मैंने तीन बरस के बाद पहनी है। उस दिन पहली बार पहनी थी जब तुम्हें पहली

प्रमोशन मिली थी। आज फिर पहनी है क्योंकि आज फिर तुम्हें प्रोमोशन मिलने वाली है।

बरामदे में खाने का प्रबन्ध करके हमने ठीक नहीं किया। इधर किचन बहुत नज़दीक पड़ता है। बर्तनों की खट-पट और सब्जियों-भाजियों की गन्ध। तुम्हारा बॉस अगर किचन की तरफ़ बढ़ गया तो क्या होगा?

शामनाथ : लो, लोगों के आने का वक़्त हो गया। *(अपनी घड़ी की ओर देखता है)* सात बजा ही चाहते हैं। *(पत्नी लपककर खिड़की में देखती है)* क्यों, क्या कोई आया है? होगा यही कि बॉस ही सबसे पहले पहुँच जाएँगे और हमारे देसी भाई बाद में धीरे-धीरे टहलते हुए पहुँचेंगे। *(खीझ कर)* मैंने इसलिए अपने लोगों को सात का वक़्त दिया है और बॉस और उनकी पत्नी को साढ़े सात का ताकि उनके आने से पहले कुछ लोग तो मौजूद हों।

शोभा : ठीक किया है।

शामनाथ : मगर देख लेना वैसा ही होगा जैसा हमारे भाई लोग सदा करते हैं।

(घंटी बजती है)

लो कोई आ गया है।

शोभा : *(खिड़की में से पर्दे के पीछे से शोभा झाँककर देखती है)* मिस्टर एंड मिसेज़ सेठी हैं।

शामनाथ : मैं जानता था। मैं दरवाज़ा खोलता हूँ। तुम कुछ लिमका विमका भिजवा देना। पहले लिमका पहुँच गई तो यह व्हिस्की के लिए इसरार नहीं करेगा।

[शोभा हँसकर, मटकती हुई उस मेज़ की ओर जाती है जहाँ ड्रिंक्स का इन्तज़ाम किया गया है। शामनाथ दरवाज़े की ओर बढ़ते हैं।]

शामनाथ : *(दरवाज़ा खोलकर)* वाह! आओ सेठी। मैंने घंटी की आवाज़...।

सेठी : हम ही सबसे पहले आए हैं?

शामनाथ : तुम आ गए तो सभी आ गए, सेठी। नमस्ते सविता जी।

सेठी : *(हँसकर सोफ़े पर टाँगे चौड़ी करके बैठते और कोट के बटन खोलते हुए)* घेर लिया दोस्त, आख़िर तुमने बॉस को। हैं। बड़े पहुँचे हुए हो?

शामनाथ : यह सब हाथ की सफ़ाई तुम्हीं से सीखी है, सेठी, *(शोभा आती है)* नमस्ते सविता जी। *(सेठी सोफ़े पर से उठने की कोशिश करता है। शोभा मिसेज़ सेठी के पास बैठ जाती है। दोनों एक दूसरी की साड़ियों की ओर देखती हैं।)*

शोभा : *(सविता से)* बहुत बढ़िया साड़ी पहनकर आई हैं। नई ली है?

सविता : नहीं, नई कहाँ है, इन जाड़ों में मैंने पहली बार निकाली है।

शामनाथ : सविता जी की पुरानी साड़ी भी इन पर नई की तरह फबती है।

[नौकर दो गिलास लिमका के लेकर आता है। पति-पत्नी के सामने पेश करता है।]

सविता : अभी जल्दी क्या है। और लोग भी आ जाएँ।

शोभा : लीजिए, लीजिए, बाहर से आए हैं, प्यास लग आई होगी।

सविता : आप भी लीजिए न।

शामनाथ : पीजिए, हम तो रोज़ ही पीते हैं।

सेठी : *(सन्देह से शामनाथ की ओर देखकर)* क्या हम लिमका के लिए ही रह गए हैं?

शामनाथ : आज तो यहाँ लिमका ही चलेगी।

सेठी : यह बात है? *(अपनी पत्नी से)* सविता, जल्दी-जल्दी पियो।

सविता : क्यों? जल्दी-जल्दी क्यों पिऊँ।

सेठी : आज यहाँ ड्राइ डे है। यहाँ बैठने में क्या तुक है। लिमका तो घर पर भी मिल जाती है। *(शामनाथ से)* बॉस को भी लिमका ही पिलाओगे? क्या वह है?

शामनाथ : बिलकुल। *(फुसफुसाकर)* आज माँ का व्रत है। माँ साढ़े सात बजे व्रत तोड़ेंगी, साढ़े सात बजे ही बोतल खुलेगी।

सेठी : *(घड़ी देखकर)* अभी तो साढ़े सात बजने में भी बीस मिनट रहते हैं। हमें बताया होता तो हम व्रत तोड़ने के वक़्त ही शंख बजाते, भजन गाते हुए पहुँच जाते।

शोभा : इतनी देर लिमका ही पी लीजिए।

सेठी : नहीं भाभी जी, मैं भी अपना व्रत दो घूँट शराब से ही खोलता हूँ। *(शामनाथ से)* ओ कमीने! हम दो घूँट शराब औरों से ज़्यादा पी लेते तो तेरी कौन सी नानी मरी जा रही थी।

शामनाथ : तुम पीकर बहकने लगते हो, सेठी, इसीलिए।

सेठी : बहकना हो तो हम लिमका पीकर भी बहक सकते हैं। तू कब से इतना चापलूस हो गया है कि साहिब के आने पर ही ड्रिंक्स सर्व करेगा। निकाल, बोतल कहाँ है? *(फिर सहसा याद करके)* माँजी कहाँ हैं? माँ जी से तो मिले ही नहीं।

शामनाथ : बैठा रह, बैठा रह।

सेठी : क्यों?

शामनाथ : कहा जो, आज माँ का उपवास है वह तेरे जैसो का मुँह नहीं देखना चाहती। वह व्रत खोलने जा रही हों, और सामने दैत्य खड़ा हो।

सेठी : अच्छा, अब बहुत बातें नहीं वर्ना, खोल बोतल।

(घंटी बजती है)

लो और लोग भी आने लगे। *(शामनाथ से)* अब अगर उनके लिए तूने बोतल खोली तो मैं तुम्हें ज़मीन में ज़िन्दा गाड़ दूँगा। अब बोतल साढ़े सात बजे ही खुलेगी, जब माँ जी का उपवास टूटेगा।

शोभा : *(खिड़की के पीछे से)* बॉस आए हैं।

[शामनाथ झट से दरवाज़े की ओर बढ़ता है। सेठी कोट के बटन बन्द करता हुआ खड़ा होता है।]

[ऊँचा लम्बा बॉस, जो दक्षिण भारत का है अपनी पत्नी के साथ। पत्नी ने लाँगड़वलि साड़ी पहन रखी है, नाक में सुन्दर नथ।]

[शामनाथ उनकी अगवानी करता है। शोभा, सविता और सेठी एक पंक्ति में खड़े हैं। तीनों एक साथ हाथ जोड़कर नमस्ते करते हैं।]

[ऊपरवाले कमरे में दोनों बच्चे खिड़की के पर्दे के पीछे से झाँककर देख रहे हैं।]

लड़का (रमेश) : कितनी बड़ी मोटर है। इसे चलानेवाला बाएँ हाथ बैठता है।

लड़की : यह सड़क पर मुड़ती कैसे होगी? यह तो इतनी लम्बी है।

रमेश : यह डैडी के बॉस की कार है। विलायती कार है। माँ कहती थीं एक दिन डैडी के पास भी ऐसी कार होगी।

लड़की : वह देख, डैडी का बॉस। देखा?

रमेश : यह तो छोटा-सा है। मैंने तो सोचा था बड़ा लम्बा होगा मूँछोंवाला।

लड़की : पागल। ऊपर से छोटा नज़र आ रहा है।

रमेश : नाटा और मोटा।

लड़की : चल, नीचे चलते हैं। चुपके से दादी के कमरे में चले जाएँगे। किसी को पता भी नहीं चलेगा।

रमेश : नहीं। डैडी ने मना किया है। मैं नहीं जाता। बाहर से दरवाज़ा बन्द है, ताला लगा है।

[Fade out]

[Fade in]

[इस बीच कमरा मेहमानों से भर गया है।]

बॉस : हैलो शामनाथ। गुड ईवनिंग, मिसिज़ शामनाथ। कैसी हैं आप? हमें आने में थोड़ी देर हो गई।

[दूर से अन्य मेहमानों का अभिवादन सिर हिलाकर और तनिक मुस्कराकर स्वीकार करता है।]

शामनाथ : नहीं सर, कोई देर नहीं हुई। दि नाइट इज़ यंग। यह मेरी पत्नी हैं, शोभा।

बॉस : शोभा। घर की शोभा। नगर की शोभा। समाज की शोभा। संसार की शोभा।

शामनाथ : आप तो कविता करते हैं, सर!...घर की तलाश करने में दिक़्क़त तो नहीं हुई। मैं तो चाहता था कि स्वयं आपको ले आता।

बॉस : यह मेरे शोफ़र से पूछो। वह हमें लाता गया और हम आते गए।

शामनाथ : यहाँ पर बाहर से आनेवाले सभी लोग रास्ता भटक जाते हैं।

ब्लाकों के नम्बर अजीब तरह दिए हुए हैं। सड़क के एक ओर आठ नम्बर ब्लाक पड़ता है तो उसके ऐन सामने 12 नम्बर ब्लाक है। दाएँ हाथ चार नम्बर ब्लाक है। कुछ पता नहीं चलता। तशरीफ़ रखिए, सर।

[बॉस पचास एक साल की उम्र का आदमी है। उसकी पत्नी भी ढलती जवानी में है। पत्नी इधर-उधर आसपास की चीज़ों का जायज़ा ले रही है। शोभा उसके पास चली जाती है।]

[कैमरा शोभा और बॉस की पत्नी के ओर जाता है।]

शोभा : दिल्ली में आपको कैसा लगता है?

बॉस की पत्नी : दिल्ली भी कोई शहर है। दिल्ली तो पागलखाना है।

शोभा : ठीक कहती हैं। सड़कें हैं तो खचाखच भरी हुईं। मैं तो इनसे कहती हूँ मुझे तो किसी छोटे शहर में ले चलो। यहाँ पर तो मेरा दम घुटता है।

बॉस की पत्नी : पर मेरे घरवाले को तो बड़े शहरों में ही रहना पसन्द है। कभी कलकत्ता में तो कभी बम्बई में। ये भीड़ में रहना पसन्द करते हैं। कहते हैं मैं सुनसान में नहीं रह सकता।

शोभा : सभी मर्दों को बड़े शहरों में रहना अच्छा लगता है। न जाने क्यों?

बॉस की पत्नी : मर्द क्या कम पागल होते हैं। *(पर्दों की ओर देखकर)* बड़े अच्छे पर्दे लगवाए हैं। हैंडलूम का कपड़ा है?

[कपड़ा देखती है।]

शोभा : आपको अच्छे लगे? जी, हैंडलूम का ही कपड़ा है। हैंडलूम का कपड़ा मोटा होता है ना, पर्दे अच्छे बनते हैं।

बॉस की पत्नी : मैं भी अपन्रे पर्दे बदलना चाहती हूँ। कहाँ से लिया कपड़ा? इसमें और डिज़ाइन भी होंगे? मेरे सोफ़ों पर हरे रंग का कपड़ा चढ़ा है। इन पर्दों में लाल पट्टी है, मैं हरी पट्टीवाला या वेल-बूटेवाला कपड़ा चाहती हूँ।

शोभा : मैं आपको ले चलूँगी।

बॉस की पत्नी : दुकानदार आपकी जान-पहचान का है?

शोभा : जी, हमें बहुत अच्छी तरह जानता है। मैं आपको ले चलूँगी।

बॉस की पत्नी : नहीं, नहीं आप क्यों तकलीफ़ करेंगी।

शोभा : इसमें तकलीफ़ की क्या बात है, आप तो नई-नई दिल्ली में आई हैं, आप कहाँ भटकती फिरेंगी। मैं...

बॉस की पत्नी : *(पति की ओर कनखियों से देखकर)* मैं तो चलूँ पर इन्होंने मना कर रखा है। कहते हैं, दफ़्तर के लोगों को अपने काम के लिए परेशान नहीं किया करो।...अब यह कैसे हो सकता है? तुम मुझे किसी दिन चुपचाप ले चलना। इन्हें पता ही नहीं चलने पाएगा...यह बड़े सन्त-साधु बनते हैं। पर एक बात समझ लो। बिल के पैसे मैं दूँगी, तुम नहीं देना। इनके सबोर्डिनेट पैसे देने लगते हैं तो मुझे बड़ी झेंप होती है।

शोभा : नहीं, नहीं, आप चिन्ता न करें। *(कुछ सोचकर)* मैं दुकानदार के आदमी को आपके घर भेज दूँगी। बल्कि उसे किसी दिन अपने साथ आपके घर ले जाऊँगी। उसे पैमाइश भी तो करनी होगी ना, कि कितना कपड़ा दरकार होगा। कितने पर्दे बनेंगे। कपड़े के नमूने भी वह साथ लेता आएगा।

बॉस की पत्नी : *(शोभा के हाथ पर हाथ रखकर)* पर बिल मैं चुकाऊँगी। मुझे बड़ी झेंप होती है जब इनके सबोर्डिनेट्स की बीवियाँ इसरार करने लगती हैं।...इन्हें ख़बर नहीं होने देना। यह अपने उसूल के बड़े पक्के हैं। मैं कहती हूँ, ऐसे उसूल किस काम के, जिनमें थोड़ी-सी सुहूलत भी नहीं मिल सके। अब मैं बाज़ारों में कहाँ भटकती फिरूँ?

[कैमरा पुरुषों की ओर रुख़ करता है।]

बॉस : अबकी बार बहुत जाड़ा पड़ा है।

शामनाथ : आपको जाड़ों में बहुत तकलीफ़ तो नहीं हुई, सर? हम लोगों को तो आदत पड़ गई है। मेरी माँ जाड़ों में भी ठंडे पानी से नहाती है।

बॉस : ठंडे पानी से? क्या सच?

शामनाथ : जी हाँ, वह मानती ही नहीं।

शामनाथ : कुछ सालों से सर्दी बढ़ने लगी है। दिल्ली में ही नहीं, सभी जगह।

सूरी : धरती ठंडी हो रही है, सर। एक दिन सब जम जाएगा।

सेठी : प्रलय आ जाएगी।

सूरी : मैं ठंड से तो मरना नहीं चाहता। ऐटम बम गिरे तो मुझे तड़प-तड़पकर मरना मंजूर है। पर ठंड से मरना मंजूर नहीं।

सेठी : तुम ऐटम बम से भी नहीं मरोगे सूरी, चिन्ता नहीं करो। *(बॉस से)* सर, रेडियो पर तापमान बताते हैं तो सूरी को छींकें आने लगती हैं। *(हँसता है)*

सूरी : मेरे तो एक दिन ख़बर सुनकर ही प्राण निकल जाएँगे।

सेठी : *(बॉस से)* आप बड़े तन्दरुस्त लग रहे हैं, सर। यू आर लुकिंग वेरी हैलदी। पुराने ज़माने के लोग बड़े मज़बूत होते हैं। हम, सर, डालडा खानेवाले, हमारी क्या सेहत होगी। मेरे पिता जी थे, सर। सत्तर साल की उम्र में भी दौड़ कर सीढ़ियाँ चढ़ जाते थे। आपकी भी सेहत, भगवान की दया से, बड़ी अच्छी है। *(बॉस मुस्करा देता है)*

सेठी : मेरे पिताजी, सत्तर साल की उम्र में भी मक्की के दाने चबाते रहते थे, सर, गन्ना चूसते थे। अब हम हैं, उस दिन सेब खाने लगा तो एक दाँत ही टूट गया। *(हँसता है)* सुबह घूमने जाते हैं, सर?

बॉस : इतना वक़्त कहाँ मिलता है, सेठी?

सेठी : हमारे पिता जी घूमने जाते थे। तीन-चार मील की सैर सुबह रोज़ करते थे। तड़के निकल जाते थे। क्या सेहत थी, बाई गॉड।

शामनाथ : बैठिए न सर, आप खड़े क्यों हैं?

बॉस : *(सेठी को सम्बोधित करते हुए)* तुम्हारे पिताजी की सेहत इतनी अच्छी थी, तुम क्यों इतने दुबले-पतले हो, सेठी?

सूरी : इसे कोई ग़म खाए जा रहा है, सर। घुन की तरह, अन्दर-ही-अन्दर इसकी सेहत को चाट रहा है। क्यों, सेठी?

शामनाथ : *(बॉस से)* आपका गिलास? सर, आप बहुत आहिस्ता पीते हैं। *(नौकर, प्लेटों में स्नेक्स लिये पेश कर रहा है। शामनाथ बॉस के गिलास में पैग डालता है।)*

सेठी : पीते तो मेरे चाचा थे, सर। पी कर धुत्त हो जाते थे पर मजाल है जो उनके पाँव लड़खड़ा जाएँ। ये खम्भे की तरह जमकर

खड़े रहते थे। इधर हम हैं, तीसरे पैग पर ही औंधे पड़ जाते हैं।

(कैमरा दो महिलाओं की ओर शिफ़्ट होता है)

एक : अब तो मुए, साड़ी की फॉल लगाने के भी पाँच रुपये ले लेते हैं।

दूसरी : मैं तो अपने आप लगा लेती हूँ। कौन दर्ज़ियों के पीछे भटकता फिरे।

एक : अपने आप? हाय, मैं तो अपने आप कभी नहीं लगा सकती। मैं लगाऊँ भी तो यह कहते हैं, दर्ज़ी को दो पैसे कमाने दो, तुम क्यों अपना वक़्त बर्बाद करती हो।

दूसरी : *(मर्दों की ओर देखकर)* ये लोग पीना शुरू कर देते हैं तो इन्हें वक़्त की सुध-बुध ही नहीं रहती। सुबह बच्चों को स्कूल भेजना होता है। इनका भी लंच तैयार करके देती हूँ। सुबह पाँच बजे उठना पड़ता है। पता नहीं इसमें इन्हें क्या मज़ा आता है।

एक : मैं इनसे कहती हूँ, क्यों पीते हो, तो कहते हैं, तुम भी पी कर देख लो। पता चल जाएगा, हम क्यों पीते हैं।

दूसरी : हमारे घर में तो कभी पार्टी होती है तो दूसरे दिन नौकर जवाब दे देते हैं कि हम यहाँ काम नहीं करेंगे। या हमारी तनख़्वाह बढ़ाओ। रोज़ चिख-चिख लगी रहती है।

[कैमरा फिर शोभा और बॉस की पत्नी पर जाता है।]

बॉस की पत्नी : हाँ, किट्टी पार्टी में सभी रम्मी खेलती हैं। वहाँ जाती हूँ। पर मुझे फ़लाश ज़्यादा पसन्द है। उसमें एक्साइटमेंट ज़्यादा होती है।

[सामने तिपाई पर हाथी दाँत की डिचिया पर उसकी नज़र जाती है।]

बड़ी सुन्दर है। देसी है या बाहर से आयी है।

शोभा : *(उसे उठाकर खोलकर दिखाती है)* बाहर हाथी-दाँत का काम है, अन्दर चन्दन की लकड़ी है। ज़रा सूँघकर देखिए।

बॉस की पत्नी : *(नाक से लगाती है)* बहुत अच्छी है।

शोभा : इन्हें छोटी-छोटी चीज़ें इकट्ठी करने का बड़ा शौक़ है। जाने कहाँ से लाये थे। बाहर रखने से इसकी खुशबू कम हो जाती है। मैं तो इसे ट्रंक में रखत्ती हूँ। कपड़ों की तहों में रखो तो इसकी खुशबू बनी रहती है।

[बॉस की पत्नी अभी भी उसे हाथ में लिये, उसे बड़े चाव से देख रही है।]

बहुत बढ़िया चन्दन है। ...आप इसे रख लें।

बॉस की पत्नी : नहीं, नहीं, मैं तो यों ही देख रही थी।

शोभा : नहीं, नहीं, प्लीज़। आपके लिए तो बड़ी मामूली सी चीज़ है, आपको किस चीज़ की कमी है। नहीं, नहीं, आप संकोच क्यों करती हैं। आपके घर में होगी तो आपको कभी हमारी याद तो आएगी।

[बॉस की पत्नी कनखियों से अपने पति की ओर देखती है। शोभा उसके हाथ से डिबिया लेकर उसके वेनिटी बैग में डाल देती है।]

[कैमरा फिर पुरुषों की ओर जाता है।]

सेठी : आजकल सेल्स प्रोमोशन के नए-नए तरीक़े निकल आए हैं, सर। हमारी कम्पनीवाले अभी भी पुराने ढर्रे पर चल रहे हैं।

बॉस : कैसे? हमें क्या करना चाहिए?

सेठी : एक तो, सर, सेल्स पर हमें ऐसे आदमियों को लगाना चाहिए जो ज़्यादा मिलनसार हों, लोगों के साथ उठना-बैठना जानते हों, चुस्त-दुरुस्त हों। अंग्रेजी बढ़िया बोले लेते हों। हमारी कम्पनी में अभी भी ऐसे बहुत से लोग हैं जो बड़े ढीले-ढाले, जूतियाँ घसीटनेवाले लोग हैं, बन्द गले का कोट और ऊपर पगगड़ और मुँह पर तीन-तीन दिन का शेव। ये लोग क्या काम करेंगे। हमें ऐसे लोगों को काम पर लगाना चाहिए जिनकी सेल्स प्रोमोशन में दिलचस्पी हो।

बॉस : दिलचस्पी? जहाँ पैसे अच्छे मिलेंगे वहीं दिलचस्पी पैदा हो जाएगी।

सूरी : यह बात नहीं, सर। हरेक काम हरेक आदमी के बस का नहीं होता।

बॉस : यह उसूल बिज़नेस में नहीं चलता, सूरी। नौकरी में भले ही चल जाए। जब पैसा अच्छा मिलने लगता है तो दिलचस्पी अपने आप बढ़ने लगती है।

सेठी : नहीं, सर। एक आदमी है जो इंजीनियर बनकर आपके पास काम कर रहा है। दूसरा है जो एजेंट के तौर पर काम कर रहा है। अगर आप एजेंट का काम इंजीनियर से करवाएँगे तो वह काम उसके बस का नहीं होगा। जो आदमी जिस काम के लिए बना है, वह वहीं काम कर सकता है।

बॉस : यह सब सर्विसवालों के चोंचले हैं। जिसे पैसा कमाना है वह इस बात की परवाह नहीं करता कि वह किस काम से पैसा कमा रहा है। इसमें पसन्द का सवाल ही नहीं उठता।

सूरी : क्यों, सर।

बॉस : देखो, हमारे राय साहिब आजकल रेफ़्रिजरेटर बनाने की फ़ैक्ट्ररी चला रहे हैं ना?

सूरी : जी।

बॉस : इससे पहले क्या करते थे? इससे पहले उन्होंने सप्लाई का ठेका ले रखा था। जब उन्होंने देखा कि रेफ़्रिजरेटर बनाने में ज़्यादा फ़ायदा है तो उन्होंने फ़ैक्टरी लगा ली। अब मैंने सुना है कि टैक्सटाइल प्रिंटिग का काम भी हाथ में लेना चाहते हैं। अब तुम देख लो। पहले ठेका, फिर रेफ़्रिजरेटर, और अब कपड़े की छपाई का काम। अगर तुम उनसे पूछोगे कि राय साहिब, आपको किस काम में दिलचस्पी है तो वह हँस देंगे। वह कहेंगे, दिलचस्पी क्या बला होती है, दिलचस्पी तो उस काम में होती है, जिसमें पैसा है। एक बात और भी मैं तुम्हें बता दूँ।

सूरी : क्या, सर।

बॉस : बिज़नेस को इस बात की भी परवाह नहीं होती कि वह सही काम कर रहा है या ग़लत काम कर रहा है।

सेठी : कैसे, सर?

बॉस : बिज़नेस मैन को लाइसेंस लेने के लिए घूस देनी पड़े तो वह घूस देगा। उसे इस बात की दुविधा नहीं होगी कि घूस देनी चाहिए या नहीं देनी चाहिए। यह "चाहिए" शब्द बिज़नेसमैन

की डिक्शनरी में नहीं होता। वह जानता है कि दस हज़ार घूस में देगा तो एक लाख कमाएगा। क्या वह यह सोच कर घर बैठा रहेगा कि घूस देना बुरा है, इसलिए मैं लाइसेंस नहीं लूँगा? वह तो कहेगा, रिश्वत दो, कुत्ते के मुँह में हड्डी डालो और अपना काम निकालो।

सेठी : इनका मतलब है, सर कि बिज़नेसवालों का कोई धर्म-ईमान नहीं होता?

बॉस : पैसे से बढ़कर कौन सा धर्म-ईमान होता है?

[कैमरा दो और महिलाओं की तरफ़ शिफ़्ट होता है। इनमें एक महिला मोटी है और दूसरी पतली दुबली।]

मोटी औरत : एक कप मैदा, एक कप चीनी, या थोड़ी कम, दो चम्मच चाकलेट पाउडर, एक चम्मच बेकिंग पाउडर, चुटकी भर नमक, दो बड़े चम्मच घी, या मक्खन जो भी हो, मैं तो डालडा भी डाल देती हूँ। आधा कप दूध। इन्हें अच्छी तरह से मिला लो। मिक्सी है आपके पास?

दूसरी औरत : है तो, पर खराब पड़ी है।

मोटी स्त्री : मेरी मिक्सी तो इनके भाई पेरिस से लाये थे। एक मिनट में काम कर देती है। बस, अच्छी तरह से फेंट लो, जब घोल तैयार हो जाए तब ऊपर से एक अंडा डाल दो, और फिर से थोड़ा फेंट लो...फिर सारा का सारा ओवन में रख दो। पन्द्रह मिनट में केक तैयार। ...इन्हें घर का केक बहुत पसन्द है। कहते हैं, तुम दिन भर घर में बैठी फ़िल्मी रिसाले पढ़ती रहती हो, तुम केक नहीं बना सकतीं?...मैं ख़ुद तो खाती ही नहीं। मुझे गैस चढ़ती है। थोड़ी-सी भी इधर-उधर की चीज़ खा लूँ तो गैस चढ़ती है।

[पेट पर हाथ रखकर, और मुँह बनाकर जैसे इस वक़्त भी उसके अन्दर गैस उठ रही हो।]

मुई ऊपर को चढ़ती है, बड़ी परेशान करती है।

[कैमरा पुरुषों की ओर शिफ़्ट होता है।]

बॉस : कहो भाई सूरी, अबकी बार हमारी क्रिकेट की टीम जीतेगी, या अबकी बार भी हार जाएगी।

सूरी : आपकी दुआ होगी तो ज़रूर जीतेगी, सर। बड़े लोगों की दुआ का बड़ा असर होता है, सर। पर जहाँ तक मैं सोचता हूँ, अबकी बार भी हारेगी, सर।

बॉस : हारेगी क्यों?

सेठी : *(हँसकर)* इसलिए कि हमारे सब खिलाड़ी सूरी जैसे ही हैं।

बॉस : *(सूरी से)* तुम भी क्रिकेट खेला करते थे?

सेठी : सूरी अपने ज़माने में चैम्पियन प्लेयर था, सर। पूरे दस साल तक खेलता रहा। टीम का बारहवाँ खिलाड़ी हुआ करता था। उधर से गेंद आता तो इधर इसकी आँखें बन्द हो जातीं। हवा में बल्ला चलाता था, सर। पर इसने क्रिकेट नहीं छोड़ी। अबकी बार हमारे प्लेयर भी सूरी जैसे ही हैं।

शामनाथ : अब खिलाड़ियों का चुनाव भी ठीक ढंग से नहीं होता। इसमें पालिटिक्स आ गया है।

सेठी : यह भी ठीक है सर, कि सरकार की तरफ़ से सुविधाएँ भी नहीं दी जातीं। पहले खेलनेवालों को बड़ी सुविधाएँ दी जाती थीं।

बास : कैसी सुविधाएँ।

सेठी : मैं आपको बताऊँ, सर। हमारे कॉलिज में क्रिकेट का एक खिलाड़ी हुआ करता था। बहुत बढ़िया खेलता था। अब वह दिन भर कॉलिज में सरकारी साँड़ की तरह घूमता था। मन आए तो किसी क्लास में जा बैठता, नहीं तो कभी कैंटीन में बैठा होता, कभी कॉमन रूम में। पर क्रिकेट के दिन जब ग्राउंड में उतरता तो देखते बनता था, सर।

बॉस : *(हँसकर)* तो तुम चाहते हो हमारे सभी खिलाड़ी सरकारी साँड़ों की तरह घूमा करें?

[सभी हँसते हैं।]

सूरी : आपका सेंस आफ़ ह्यूमर बहुत बढ़िया है, सर।

शामनाथ : आपका गिलास तो वैसे है, सर।

बॉस : नहीं, बस, बहुत पी ली।

शामनाथ : नहीं सर, यह कैसे हो सकता है। आप हमारे घर कब-कब तशरीफ़ लाएँगे।

बॉस : तो अपने घर में तुम मुझे औंधा पड़ा देखना चाहते हो।

[सभी हँसते हैं।]

सूरी : नहीं सर, आप में बड़ा सेंस ऑफ ह्यूमर है, सर।

बॉस : *(घड़ी की ओर देखकर)* देर भी तो बहुत हो रही है।

सेठी : दि नाइट इज़ यंग, सर, देर का तो हमें ख़याल होना चाहिए, आप तो बॉस हैं, आपको देर-सवेर की क्यों चिन्ता होने लगी?

बॉस : मैं भी तो मज़दूर हूँ। काम करनेवाला हर आदमी मज़दूर होता है।

सूरी : यह सही है, सर। आपने बहुत अच्छा कहा। मज़दूर वह है जो काम करता है। भले ही वह सेलून कार में बैठे या चप्पल घसीटता, काम पर जाए। बहुत ख़ूब। आप में बड़ा सेंस ऑफ ह्यूमर है, सर।

सेठी : मगर अभी तो पार्टी शुरू हुई है, सर। अभी तो शोभा जी गाना सुनाएँगी।

[सभी तालियाँ बजाते हैं।]

सूरी : थ्री चियर्स फ़ोर शोभा जी।
शोभा जी। साहिब का आग्रह है कि आप कोई गीत सुनाएँ

शोभा : मैं कहाँ गाती हूँ। *(झूठ-मूठ शरमाती है)*

सेठी : हम सब जानते हैं कि आप गाती हैं।

सूरी : और शामनाथ साथ में तबला बजाता है।

[सभी खी-खी करके हँसते हैं।]

सेठी : पहले तुम गाओ, सूरी। सुनाओ कोई अच्छी-सी ग़ज़ल।

शामनाथ : बस, बस, सूरी से दूसरी बार नहीं कहना, नहीं तो वह सचमुच गाने लगेगा।

बॉस : मुबारक हो मिसिज़ शामनाथ, आप तो बहुत अच्छा गाती हैं। आपको तो टेलिविज़न पर आना चाहिए। कहाँ सीखती रही हैं?

शोभा : सीखा कहाँ है। स्कूल में ही थोड़ा-बहुत सीखा था। फिर घर-परिवार के कामों में फँस जाओ तो कौन गा सकता है।

शामनाथ : चलिए सर, इधर आइए।

[एक-एक करके बॉस और उसके पीछे-पीछे मेहमान बैठक में से दरवाज़े में से बाहर जाते हैं।]

[फेड इन...एक ओर से बॉस, शामनाथ पीछे-पीछे शोभा बरामदे में दाख़िल होते हैं। इधर माँ कुर्सी पर टाँगे चढ़ाए बैठी है, खर्राटे भर रही है, सिर टेढ़ा होकर एक ओर को लुढ़का हुआ है। सिर पर से दुपट्टा खिसक गया है, सिर पर गिने-चुने बाल। माँ कुरूप भी लग रही हैं। शामनाथ उसे देखकर अवाक् खड़ा रह जाता है। चेहरे पर क्रोध। पीछे मुड़कर देखता है पर अब कुछ नहीं हो सकता। बॉस बरामदे में पहुँच चुका है।]

शामनाथ : माँ! *(तनिक चिल्लाकर)*

[माँ अभी भी खर्राटें भर रही हैं। इस बीच मेहमानों की स्त्रियाँ भी पहुँच चुकी हैं। वे हँसने लगी हैं।]

बॉस : पुअर डियर।

शामनाथ : माँ। *(पहले से ज़्यादा ऊँची आवाज़ में)*

बॉस : सोने दो जी सोने दो। क्यों जगाते हो। कौन हैं यह?

शामनाथ : *(झेंपकर)* मेरी...मेरी माँ है सर।

बॉस : पुअर डियर। मत जगाओ, मत जगाओ, सोने दो।

[पृष्ठभूमि में औरतों की टुमटुमाती हँसी।]

[माँ पहले आँखें खोलती हैं फिर हड़बड़ाकर उठ खड़ी होती है। पल्ला सँभालती है। हाथ में माला है। टाँगें नीचे करती हैं।]

शामनाथ : माँ, तुम अभी तक सोई नहीं हो, जाओ माँ, जाकर सो जाओ। इतनी देर तक क्यों जागती रही हो?

[हड़बड़ाई माँ खड़ी हो जाती है, हाथ में माला सिर झुका हुआ। उसकी समझ में नहीं आ रहा, क्या कहे, किधर जाए।]

बॉस : नमस्कार, माँ जी।

[माँ इतनी ज़्यादा घबरा गई है कि उसके मुँह से कोई शब्द नहीं निकलता।]

शामनाथ : जवाब दो, माँ। सर, नमस्कार कर रहे हैं।

[माँ जुड़े हुए हाथ ऊपर उठाती है। सिर झुकाती है।]

बॉस : *(आगे बढ़कर)* हाऊ डू यू डू माँ जी।

[माँ फिर झेंप जाती है। छोटी-सी स्त्री है। आँख उठाकर केवल अपने बेटे की ओर देखती है।]

शामनाथ : माँ तुम भी कहो हाऊ डू यू डू?

[हिन्दुस्तानी स्त्रियाँ हँसती हैं।]

बॉस : हाऊ डू यू डू माँ जी?

शामनाथ : कहो माँ, हाऊ डू यू डू।

माँ : *(झेंप और भय से)* हो डु डु...
(हँसी का फ़व्वारा उठता है।)

बॉस : *(जो नशे में थोड़ा झूम रहा है।)* वहा, ख़ूब, हाथ मिलाइए माँ जी, वाह।

शामनाथ : हाथ मिलाओ, माँ।

[माँ बेटे के चेहरे की ओर देखती है, दीनता भरी आँखें, मिलाओ हाथ माँ, देख नहीं रही हो, सर ने हाथ बढ़ाया हुआ है।]

[घबराहट में माँ बायाँ हाथ आगे बढ़ा देती है। दाएँ हाथ में माला है।]

[ज़ोर की हँसी।]

शामनाथ : बायाँ हाथ नहीं मिलाते माँ, दायाँ हाथ मिलाते हैं। तुम्हें यह भी नहीं मालूम? *(बॉस से)* मेरी माँ गाँव की रहनेवाली हैं सर, शहर के तौर-तरीक़े नहीं जानती।

बॉस : ओ, गाँव की रहनेवाली हैं। पंजाब का देहात तो बहुत सुन्दर है।

मैं एक बार वहाँ गया था। दूर-दूर तक फैले खेत और दूर नीली-नीली पहाड़ियाँ और बड़े क़द्दावर ऊँचे लम्बे लोग।

सूरी : *(दुबले-पतले शामनाथ की ओर इशारा करके)* यह है, हमारा पंजाबी जाट, सर। हमारा काग़ज़ी पहलवान।

बॉस : इतना बड़ा लस्सी का गिलास चढ़ा जाते हैं वहाँ। मैं तो देखकर दंग रह गया।

सूरी : अब तो सब चाय पीते हैं सर। पहले लस्सी के गिलास पर अगर मक्खन का चक्का नहीं तैर रहा हो तो कोई पीता ही नहीं था।

बॉस : *(माँ से)* आप बहुत दिन देहात में रही हैं?

शामनाथ : पूरी देहातिन हैं, सर। वरना कुर्सी पर टाँगे चढ़ाकर कौन बैठता है, सर।

बॉस : क्यों, जैसे उनका मन आए बैठें। उनका अपना घर है।

[बॉस के चेहरे पर ख़ुशी का भाव है जैसे वह बुढ़िया से मिलकर बहुत खुश हुआ है। कुछ नशे के कारण भी।]

(शामनाथ से) पंजाब के गीत बहुत बढ़िया होते हैं। मैंने वहीं पर सुने थे। दूर, बड़े-बड़े मैदानों में, खुले आकाश के नीचे किसानों के गीत सुनाई पड़ते हैं। *(माँ से)* माँ जी कोई पंजाबी का गीत सुनाइए। बैठिए, बैठिए आप खड़ी क्यों हैं।

(शामनाथ, यह देखकर कि बॉस, माँ से मिलकर ख़ुश हुआ है, का रवैया भी माँ के प्रति बदल जाता है) सुनाओ माँ, सुनाओ। *(बॉस से)* इन्हें सचमुच बहुत से गीत आते हैं। बहुत अच्छा गाती हैं। बचपन में हमने इनके मुँह से कितने ही गीत सुने हैं।

माँ : मैं कुछ नहीं जानती जी। मैं गाना कहाँ जानती हूँ। बेटा मैंने कब गाया है?

शामनाथ : साहिब कह रहे हैं तो तुम गाओगी नहीं, माँ? यह कैसे हो सकता है। उनका कहा मोड़ दोगी?

माँ : मैं न पढ़ी-खिली, बेटा। मैं कुछ नहीं जानती।

[माँ सिर झुकाए खड़ी रहती है।]

शामनाथ : *(जोर से)* माँ।

(तनिक चुप्पी-स्तब्धता-तनिक ढीला पड़कर)

सर का कहा तो नहीं मानोगी ना। कोई टप्पे सुना दो, तुम्हें पंजाबी टप्पे बहुत आते हैं।

बॉस : आज तो हम सुनकर ही जाएँगे। माँ जी के दर्शन किए तो उनका गाना तो सुनकर ही जाएँगे। बैठिए माँजी।

माँ : *(अभी भी घबराई हुई है। बैठ जाती है।)* मैं कुछ नहीं जानती जी। मैं क्या गाऊँ।

शामनाथ : सुनाओ, सुनाओ माँ कुछ भी सुना दो। जो जानती हो सुना दो। गाओ, दो पत्तर अनारा दे...

माँ : *(अपनी खरज आवाज़ में)*

हरिया नी मात, हरियानी भैणा
हरिया ते भागी भरिया ए
जिस दिहाड़े नी मेरा हरिया जो जामिया
ओह दिहाड़ा भागी मारिया ए।

सूरी : यह विवाह का गीत है सर, बेटे के विवाह पर माँ गाती है।

[दो पंक्तियाँ गाकर माँ चुप हो जाती है।]

[तालियों की गूँज।]

बॉस : वाह! वाह! माँ जी वाह! वाह! बहुत अच्छी माँ जी, बहुत अच्छी।

[बॉस नशे के सरूर में ताली बजाए जा रहा है।]

(शोभा से) मिसिज़ शामनाथ, आप भी गाती हैं पर माँजी के गाने का अपना रंग है। वह ख़ालिस पंजाबी गीत है, जैसे ख़ालिस पंजाबी घी होता है, ख़ालिस पंजाबी दूध होता है।

सूरी : वाह सर, आपका सेंस ह्यूमर बहुत बढ़िया है।

बॉस : पंजाब के देहात की दस्तकारी क्या है?

शामनाथ : क्या, सर?

बॉस : पंजाब के देहात में लोग बनाते क्या हैं? लोग अपने हाथ से क्या बनाते हैं? घरों में क्या बनाते हैं?

शामनाथ : सर, लड़कियाँ गुड़िया बनाती हैं, खिलौने बनाती हैं। औरतें फुलकारी बनाती हैं और भी बहुत कुछ?

बॉस : फुलकारी? फुलकारी क्या होती है?

सूरी : कपड़े पर हाथ से कशीदाकारी की जाती है सर। पंजाब की खास चीज़ है। विवाह पर दहेज में सभी लड़कियों को फुलकारी मिलती है।

बॉस : फुलकारी? मैंने तो कभी नहीं देखी? क्या तुम्हारे घर में फुलकारी है?

शामनाथ : पुरानी एकाध तो कहीं पड़ी होगी, सर। *(माँ से)* माँ, सर फुलकारी देखना चाहते हैं। घर में हो, तो दिखा दो।

[माँ बेटे के चेहरे की ओर देखती है। फिर धीरे से अपनी कोठरी की ओर चली जाती है।]

सूरी : सर, अभी आप देखेंगे। आम तौर पर लाल रंग के सूती कपड़े के ऊपर रंग-बिरंगे रेशमी धागों से कढ़ाई की जाती है।

बॉस : वह किस काम आती है।

शामनाथ : बहुत काम आती है सर। औरतें जाड़ों में उन्हें ओढ़ती भी हैं। फुलकारी पलंग पर भी बिछाई जाती है, पलंगपोश की तरह। उनके पर्दे भी बनाए जाने लगे हैं। पंजाब की ख़ास चीज़ है। लड़कियाँ कोट भी सिलाकर पहनने लगी हैं।

बॉस : *(शोभा से)* आप भी फुलकारी बनाती हैं।

शोभा : *(तनिक नाक चढ़ाकर)* फुलकारी बनाना देहात की औरतों का काम है, हम कहाँ फुलकारी बनाएँगी। मुझे तो सुई में धागा डालना भी नहीं आता।

[माँ फुलकारी उठा लाती है।]

[शामनाथ हाथ से लेकर खोलता है।]

माँ : बहुत पुरानी फुलकारी है, मेरे ब्याह के वक़्त की है जी। अब तो जगह-जगह से इसके धागे निकल आए हैं।

बॉस : वाह, कितनी सुन्दर है। कैसा बढ़िया काम है। कैसे रंग हैं, सचमुच, पंजाब की ख़ास चीज़ है। मैं भी एक फुलकारी लेना चाहूँगा। *(शामनाथ से)* कहाँ से मिलती है?

शामनाथ : आपको फुलकारी पसन्द है तो माँ आपको एक फुलकारी देंगी सर।

बॉस : नहीं, नहीं, मैं इन्हें क्यों तकलीफ़ दूँ। बाज़ार में भी तो मिलती होगी?

शामनाथ : घर की चीज़ का और बाज़ार की चीज़ का बड़ा फ़र्क़ होता है, सर। और माँ तो उसमें ख़ास-पंजाबी डिज़ाइन डालेंगी। क्यों माँ? सर के लिए फुलकारी बना दोगी ना?

माँ : बेटा मेरी आँखें अब ज़्यादा काम नहीं करतीं। इस उम्र में क्या फुलकारी बनाऊँगी?

शामनाथ : *(तनिक रुखी आवाज़ में)* माँ। ...सर कह रहे हैं, क्या सर का कहा मोड़ दोगी।

माँ : *(खिसियानी मुस्कुराहट के साथ)* बेटा, मैं अब जवान तो नहीं हूँ ना।

शामनाथ : *(बॉस से)* बना देंगी सर, माँ ज़रूर बना देंगी।

बॉस : बहुत-बहुत शुक्रिया। जब माँजी फुलकारी बना रही होंगी तो मैं देखने आऊँगा। हमें ख़बर करना शामनाथ।

शामनाथ : ज़रूर, ज़रूर सर! चलिए सर। *(माँ से)* माँ तुम आराम करो, बड़ी देर से जाग रही हो।

[मेहमान मेज़ की ओर बढ़ जाते हैं।]

[बैरे सामान उठा-उठाकर रख रहे हैं, प्लेटों के खनकने की आवाज़ें, औरतों की टुनटुनाती हँसी, बतियाने की आवाज़ें, इस बीच फेड आउट...हम माँ की कोठरी में पहुँच जाते हैं।]

[माँ की कोठरी में, माँ दीवार से पीठ लगाए बैठी है, और प्रार्थना के शब्द बुदबुदा रही है।]

[दरवाज़े पर ज़ोर से खट-खट।]

[माँ चौंककर उठ बैठती है।]

[माँ झट उठकर दरवाज़े के पास जा पहुँचती है। दरवाज़ा खोलती है। डरी-सहमी-सी।]

शामनाथ : अरे माँ। माँ। तुमने तो रंग ला दिया। साहिब इतना ख़ुश हुआ। ओ मेरी मम्मी! मम्मी!

[माँ की आँखों में फिर आँसू बहने लगते हैं।]

तुम नहीं जानती माँ, साहिब/बॉस कितना ख़ुश गया है। बार-बार तुम्हारे बारे में पूछ रहा था।

माँ : *(माँ चुपचाप खड़ी रहती है, फिर धीरे से आँसू पोंछने के बाद कहती है।)* एक बात कहूँ, बेटा?

शामनाथ : क्या है माँ?

माँ : तू मुझे हरिद्वार भेज दे बेटा। मैंने तुमसे पहले भी कहा था। तुम अपने बाल-बच्चों के साथ सुख से रहो। मुझे हरिद्वार भेज दो।

शामनाथ : यह तुमने कौन-सा राग अलापना शुरू कर दिया माँ। तुम मुझे बदनाम करना चाहती हो? लोग सुनेंगे तो क्या कहेंगे? यही ना कि बेटा अपनी माँ को पास नहीं रख सकता।

माँ : नहीं बेटा, अब मैंने अपना खा-पहन लिया है, अब तुम अपने घर-परिवार के साथ सुख से रहो। मुझे हरिद्वार भेज दो।

शामनाथ : इसमें मेरी बदनामी नहीं तो और क्या है? और फिर तुम चली जाओगी तो फुलकारी कौन बनाएगा?

माँ : मेरी आँखें अब नहीं रहीं बेटा, अब मैं फुलकारी क्या बनाऊँगी। तू कहीं और से बनवा ले, बनी बनाई बाज़ार से ले ले।

शामनाथ : तुम मुझे यों धोखा देकर चली जाओगी माँ? तुम्हारे सामने मैंने साहिब को वचन दिया है कि माँ फुलकारी बना देंगी।

माँ : मेरी आँखों में जाला उतर आया है बेटा, मैं कैसे बना पाऊँगी।

शामनाथ : तुम ऐन उस वक़्त मुझे धोखा दे रही हो जब ज़िन्दगी में मेरी तरक़्क़ी का वक़्त आया है। साहिब मुझ पर ख़ुश हैं। साहिब की ख़ुशी बनी रही तो मेरी तरक़्क़ी हो सकती है, मुझे इससे बेहतर नौकरी मिल सकती है। मैं ख़ुद अफ़सर बन सकता हूँ।

[माँ सुनती रही है। धीरे-धीरे उसके चेहरे का भाव बदलने लगता है।]

माँ : क्या तेरी तरक़्क़ी होगी? क्या साहिब ने कुछ कहा है?

शामनाथ : साहिब को ख़ुश रखूँगा तभी तरक़्क़ी होगी या ऐसे ही हो जाएगी। मगर तुम्हें क्या, माँ, मैं मरूँ या जिऊँ, तुम्हें क्या। तुम जाओ हरिद्वार।

माँ : क्या सच तेरी तरक़्क़ी होगी? तेरी तरक़्क़ी होगी तो मैं फुलकारी बना दूँगी, जैसे भी होगा बना दूँगी। क्या सचमुच साहिब ने कुछ कहा है। उनके मुँह में घी-शक्कर। मैं ज़रूर फुलकारी बना दूँगी, बेटा, जैसे भी होगा बना दूँगी। तुमसे फुलकारी अच्छी है।

शामनाथ : अब सो जाओ, माँ। जाओ, सो जाओ।

[शामनाथ तनिक लड़खड़ाता हुआ अपने कमरे की ओर बढ़ जाता है। माँ के चेहरे का भाव। वह सन्तुष्ट है, ख़ुश है कि बेटे की तरक़्क़ी होगी।]

[Fade out]

(समाप्त)

साग-सीट

प्रमिला : कैसे बनाते हैं साग-मीट, मुझे तो कुछ भी मालूम नहीं।

चाची : साग-मीट बनाना कौन-सा मुश्किल काम है! आज शाम खाना यहीं खाकर जाना। तुम्हारे सामने बनवाऊँगी, सीख भी लेना और खा भी लेना।

प्रमिला : हाय, इतनी देर तक मैं कैसे रुक सकती हूँ, चाची!

चाची : मैं तुम्हें मोटर से घर भेज दूँगी! चिन्ता क्यों करती है। अपने चाचाजी को नहीं मिलेगी? वह भी अब आया ही चाहते होंगे।...तू तो कुछ भी नहीं खा रही है। ले, एक और मठरी ले।

प्रमिला : नहीं चाची, बस, मैंने बहुत खा लिया।

चाची : खा ले, खा ले, मेरा दिल रखने के लिए खा ले।...इन्हें भी साग-मीट बहुत पसन्द है। जब भी दोस्तों का खाना करते हैं तो साग-मीट ज़रूर बनवाते हैं।

प्रमिला : मेरे घरवाले को भी साग-मीट बहुत पसन्द है।

चाची : हाय, साग-मीट तो जग्गा बनाता था। वह होता तो मैं उससे साग-मीट बनवाकर तुम्हें खिलाती। उसके हाथ में बड़ा रस था।

प्रमिला : कुछ लोगों के हाथ में सचमुच बहुत रस होता है।

चाची : वह उसमें दही डालता, लहसुन डालता, जाने क्या-क्या डालता! बड़े चाव से बनाता था। मेरे तो तीन-तीन डब्बे घी के, महीने में निकल जाते हैं।

प्रमिला : अच्छा, चाची!

चाची : और क्या! मुझसे चम्मच-चम्मच निकालकर नौकरों को घी नहीं दिया जाता। मैं कहती हूँ, खा लें जितना खाना चाहते हैं। कितना खा लेंगे! यों मैंने नौकरों के लिए डालडा रखा

हुआ है। पर कौन जाने, मुए हमें डालडा खिलाते हों और ख़ुद अच्छा घी हड़प जाते हों!

प्रमिला : आजकल नौकरों का कोई भरोसा नहीं, चाची।

चाची : मैं ताले तो नहीं लगा सकती। मुझसे ताले नहीं लगाए जाते। मैं कहती हूँ, खाते हैं तो खाएँ, कितना खा लेंगे! मुझसे अपनी जान नहीं सँभाली जाती, अब ताले कौन लगाए! इस पर रोज़ की चिख़-चिख़।

प्रमिला : नौकर रखने का अब ज़माना ही नहीं रहा, चाची।

चाची : यह मथुरा सात रोटियाँ सवेरे और सात रोटियाँ शाम को गिनकर खाता है। बीच में इसे दो बार चाय भी चाहिए। और घर में जो मिठाई हो, वह भी इसे दो। पर मैं कहती हूँ, टिका हुआ तो है!

प्रमिला : ठीक है, चाची। आज किसी नौकर का भरोसा थोड़े ही है किसी वक़्त भी उठकर कह देते हैं—मैं जा रहा हूँ।

चाची : तेरे चाचाजी भी मुझे यही कहते हैं, कुत्ते के मुँह में हड्डी दिये रहो तो नहीं भूँकेगा।

प्रमिला : *(हँसकर)* ठीक कहते हैं।

चाची : सत्तर रुपये पर इस मथुरा को रखा था। अब सौ लेता है, फिर भी इसके तेवर चढ़े रहते हैं। पर जग्गा बड़ा नेक आदमी था, बड़ा नमकहलाल। पर वह नौकर थोड़े ही था, वह तो घर का आदमी था।

प्रमिला : तो उसे आपने निकाल क्यों दिया?

चाची : हाय, हमने कहाँ निकाला! उसकी क़िस्मत खोटी थी, हम क्या करते! तुम्हारे चाचाजी भी तो नौकर को नौकर नहीं समझते, जब कभी उसे सौ-पचास की ज़रूरत होती, झट से निकालकर दे देते। कहीं कोई लिखत नहीं, कोई हिसाब नहीं।

प्रमिला : आपके घर में तो उसने वर्षों काम किया था।

चाची : और नहीं तो क्या! मुझे कल की तरह याद है जब ये जग्गे को लेकर आए थे।

[Fade out]

[Fade in]

चाचा : ले सुमित्रा, नौकर ले आया हूँ तेरे लिए।

चाची : इसे कहाँ से पकड़कर ले आए हो, जी, यह तो बिलकुल जनावर सा है।...क्या नाम है तेरा?

जग्गा : जी, जग्गा।

चाची : जग्गा क्या नाम हुआ! पूरा नाम क्या है?

जग्गा : जी, जग्गा।

चाची : कहाँ का रहनेवाला है?

जग्गा : जी, रूमली का।

चाची : कहाँ है यह रूमली?

जग्गा : जी, पुंछ के पास पड़ती है।

चाची : रख ले, रख ले इसे, इसे अभी शहर की हवा नहीं लगी है। तेरा काम अच्छी तरह से कर दिया करेगा।

चाची : *(जग्गे से)* पहले भी कहीं काम किया है?

जग्गा : जी, नहीं। पहले काम नहीं कीता। गाँव में अपनी खेती थी।

चाची : तो वहाँ से क्यों चला आया है?

जग्गा : चला आया जी, वहाँ पूरी नहीं पड़ती थी, जी।

चाची : *(चाचा से)* किस डंगर को उठा लाए हो जी, इसे मुझे सब सिखाना पड़ेगा।

चाचा : कोई बात नहीं, धीरे-धीरे सीख जाएगा। *(जग्गे से)* जाओ, उधर जाकर बैठो, अभी बीबी जी तुम्हें काम समझा देंगी।

[दूर जाते क़दमों की आहट।]

चाची : *(तनिक धीमी आवाज़ में)* इसकी आँखें देखी हैं जी, कितनी बड़ी-बड़ी हैं, हिरन की आँखों जैसी। देखने में तो बड़ा सीधा-सादा लगता है।

चाचा : पचास रुपये महीना पर क्या बुरा है! आजकल पचास रुपए में तुम्हें नौकर कहाँ मिलेगा! पचास रुपये और रोटी-कपड़ा। इसे चाय के साथ खाने के लिए ज़रूर कुछ दे दिया करना। इसे घर के साथ मोह पड़ गया तो वर्षों तक तेरे साथ बना रहेगा।

चाची : नौकरों का क्या भरोसा जी, शुरू में तो सभी सीधे-सादे लगते हैं!

चाचा : अभी कच्ची उम्र का है ना, जैसा सिखाओगी, सीख जाएगा। जानवर सीख जाते हैं तो ये क्यों नहीं सीखेगा! पर जो बड़ी उम्र के मुस्टंडे होते हैं, जो सड़कों पर घूमते नज़र आते हैं, इन्हें मोह नहीं होता।

[Fade out]

[Fade in]

चाची : हाय, प्रमिला, तुम तो कुछ भी नहीं खा रही हो! लो, एक मठरी और लो। नमकीन अच्छा नहीं लगता, तो यह केक का टुकड़ा लो। कुछ तो खाओ न!

प्रमिला : मैंने बहुत खा लिया चाची, और कितना खाऊँगी। *(हँस देती है)*

चाची : जग्गे को सचमुच मोह हो गया। मैं तुम्हें क्या बताऊँ, घर में इतना हिल-मिल गया कि घर के बाहर क़दम ही नहीं रखता था। तेरे चाचा जी को बड़े गुर आते हैं। उन्होंने इसे ऐसा बस में किया कि तुम्हें क्या बताऊँ! तुम्हें जैकी याद है न?

प्रमिला : जैकी? कौन जैकी?

चाची : वही, हमारा कुत्ता, जैकी।

प्रमिला : ओह, हाँ, याद है, चाची! बड़ा प्यारा था, छोटा-सा सफ़ेद-सफ़ेद। जब भी मैं आती थी, कूदकर मेरी गोदी में बैठ जाया करता था। मर गया बेचारा।

चाची : तेरे चाचा उसे किसी दोस्त के यहाँ से उठा लाए थे। नया-नया घर में आया तो सभी पर भूँकता फिरता था। काटने को दौड़ता था। पर इन्होंने उसे ऐसा बस में किया, तुम्हें क्या बताऊँ! कुछ ही दिन में इनके पाँवों में लोटने लगा। उसे भी ऐसा ही मोह पड़ गया था।

प्रमिला : पर चाची, वह तो अभी छोटा-सा था, मरा कैसे?

चाची : हाय, अपनी ही कार के नीचे कुचला गया।

प्रमिला : ओह!

चाची : तुम्हें क्या बताऊँ! दफ़्तर से इनके लौटने का वक़्त होता तो जैकी के कान खड़े हो जाते। बाहर सारा वक़्त दसियों मोटरें दौड़ती रहती हैं, पर जिस वक़्त इनकी मोटर आती तो उसे

झट से पता चल जाता था और भागकर बाहर पहुँच जाता। वहीं, अपने ही गेट पर, एक दिन मोटर के नीचे कुचला गया। यह मोह बहुत बुरी चीज़ है।

...तेरे ये काँटे बड़े सुन्दर हैं। प्रमिला, कहाँ से बनवाए हैं?

प्रमिला : यहीं, दरीबे से, बने-बनाए लिये थे।

चाची : कितने के आए? सुच्चे हैं न? आजकल हर चीज़ को आग लगी हुई है। मैंने यह नाक की लौंग बनवाई, इतना छोटा-सा हीरा इसमें लगा है पर पूरे सात सौ खुल गए। अब तो मुझे पहनते में भी डर लगता है।

प्रमिला : डर तो मुझे भी लगता है, चाची। नौकरोंवाले घर में तो...

चाची : ठीक कहती हो। जब से जग्गा गया है, मैंने ज़ेवरों की पिटारी उठाकर बैंक में रख दी है।

प्रमिला : अब तो दिनदहाड़े चोरियाँ होने लगी हैं, चाची। हमारे पास एक नौकर था, मंसा। तुम्हें भी याद होगा। एक दिन मैं दोपहर को घर लौटी तो क्या देखती हूँ, मंसा छत पर खड़ा है, और गली में खड़े किसी आदमी को एक-एक करके कपड़े फेंक रहा है। मुझे देखते ही वह गली में कूद गया, और दोनों चम्पत हो गए। यह तो हाल है। अब नौकर रखने का ज़माना नहीं रहा।

चाची : जब जग्गा था तो मेरी ज़ेवरों की पिटारी भी बाहर पड़ी रहती थी, कभी दो पैसे भी इधर-उधर नहीं हुए। मैं ऐसी भुलक्कड़ हूँ, कभी चेन गुसलख़ाने में रह जाती है, कभी तिपाई पर रह जाती। जग्गा उठाकर दे देता।

प्रमिला : इतना ईमानदार नौकर तुम्हें मिला हुआ था चाची, तो उसे निकाला क्यों?

चाची : हाय, हमने कहाँ निकाला!

प्रमिला : तो उसे जाने क्यों दिया?

चाची : हमने कहाँ जाने दिया, प्रमिला! तू नहीं जानती, इस घर में कैसा कांड हुआ!

प्रमिला : क्या कांड हुआ, मुझे तो कुछ भी नहीं मालूम!

चाची : उसकी क़िस्मत खोटी थी, और क्या! मैं तो यही कहूँगी। पूरे सात साल तक हमारे पास रहा। उसका तो ब्याह भी हमने किया था। पर किसी को क्या मालूम था, यों चला जाएगा।

[Silence. Fade out]

[Fade in]

जग्गा : पा लागन कर! यह हमारी बीबी जी हैं। हम इन्हीं का दिया खाते हैं।

[छम-छम करते कपड़ों की आवाज़।]

चाची : बस, बस, हो गया पा लागन! अब घूँघट उठा, मुँह पर से, तेरा मुँह तो देखूँ!...वाह रे जग्गा, कैसी दुलहन ब्याह लाया है! यह तो चाँद का टुकड़ा है! हाथ लगाए मैली होती है।...क्या नाम है तेरा?

जग्गा : बोल, नाम बता अपना बीबी जी को।

[दुलहन चुप रहती है।]

चाची : बता दे, बता दे। यहाँ शरमाने से काम नहीं चलेगा।

दुलहन : जी, परमेश्वरी!

चाची : अब बोली तो। *(हँसती है)*

[Steps]

जग्गा : साहिब आ रहे हैं।

चाची : *(हँसकर)* घूँघट डाल लिया है।

जग्गा : पा लागन कर!

[छम-छम की हलकी-सी आवाज़।]

चाचा : आ गया, जग्गे?

जग्गा : जी!

चाचा : ब्याह तो कर लाया, पर अपनी कोठरी में ही सारा वक़्त नहीं बैठे रहना। पहले की तरह मुस्तैदी से काम करना, नहीं तो मैं तेरी घरवाली को वापस चलता कर दूँगा। *(हँस देता है)*

जग्गा : जी।

चाची : जा, पिछली कोठरी में अपना सामान टिका ले। कुछ जानती-समझती भी है या तेरे जैसी गँवार ही है?

जग्गा : जी, सीख जाएगी, जी।

चाचा : जा, भागकर जा और इधर से मिठाई ले आ। सबका मुँह मीठा करा दे।...उधर, कोठरी का सामान गराज के पिछले हिस्से में डाल दे।

जग्गा : जी।

चाचा : ले, ये पैसे ले।...अब जा, उठा ले जा अपना सामान यहाँ से। बिक्की कहाँ है?

चाची : वह अभी दफ़्तर से नहीं लौटा जी। मैंने सोचा, आपके ही साथ आ गया होगा।

चाचा : नहीं, मुझे तो किसी दूसरी जगह जाना था, मैं दफ़्तर से नहीं आ रहा हूँ।...यह माली कहाँ मर गया है?

चाची : अभी तो यहीं पर था।

चाचा : चाय-वाय नहीं बनाएगा क्या? सभी यहाँ पर हरामख़ोर होते जा रहे हैं।

चाची : अभी तो आए हो, जी। अभी चाय आ जाती है। आप ही ने नौकरों को सिर पर चढ़ा रखा है।

चाचा : क्यों? मैंने क्या सिर पर चढ़ा रखा है?

चाची : जग्गा ब्याह कर अपनी घरवाली लाया है तो इसे भी यहीं पर रहना है। अपने सामान की कोठरी ख़ाली करवाकर उसे दे दी।

चाचा : उसकी घरवाली उसके साथ रहे तो तेरे दस काम सँवरेंगे, तेरा सीना-पिरोना कर देगी। घर के दस काम होते हैं। कल बिक्की का ब्याह होगा तो तुम्हें घर में किसी आदमी की ज़रूरत पड़ेगी।

चाची : बिक्की का ब्याह कब करोगे जी? क्या कहीं बात चलाई है?

चाचा : वक़्त आने पर सब हो जाएगा।

चाची : तुमने बात की तो मैंने सोचा, शायद कहीं बात चलाई हो। अब तो इसका ब्याह कर ही डालो।

चाचा : क्यों, ऐसी क्या जल्दी है!

चाची : पच्चीस-छब्बीस का होने को आया, अब ब्याह नहीं करोगे तो कब करोगे?

चाचा : होता रहेगा, ब्याह के जंजाल में तो सभी फँसते हैं, यह भी एक दिन फँस जाएगा, पर अभी तो इसके खेलने-खाने के दिन हैं।

चाची : तुम उससे बहुत लाड-प्यार करते हो, लड़के इस तरह से बिगड़ जाते हैं।

चाचा : लाड-प्यार से बच्चे नहीं बिगड़ते, डाँट-फटकार से बिगड़ते हैं।...

चाची : तुमने जग्गे के ब्याह पर क्या दिया है?

चाचा : तुम्हें मालूम तो है ही, मैंने तुमसे छिपाकर तो कुछ नहीं दिया।

चाची : फिर भी।

चाचा : फिर भी क्या, दो जोड़े और एक गरम कोट बनवाकर दिया था। और कुछ पैसे क़र्ज़ के रूप में दिये थे जो यह धीरे-धीरे अपनी तनख़्वाह में से कटवाता रहेगा, क्यों?

चाची : यह बिगाड़ना नहीं तो क्या है?

चाचा : जिस बात के बारे में तुम्हें कुछ मालूम न हो, उसमें टाँग नहीं अड़ाया करो। क़र्ज़ उतारते-उतारते भी इसे पाँच साल लग जाएँगे। मैं ज़्यादा काटूँगा ही नहीं। पाँच साल तक तो यहाँ बंधक दास की तरह बना रहेगा, और तेरे नाम की माला अलग जपा करेगा।

चाची : और अगर कहीं चम्पत हो गया तो?

चाचा : यह चम्पत होकर कहाँ जाएगा?

चाची : इनका क्या भरोसा जी, कोई लिखत नहीं, कोई पढ़त नहीं।

चाचा : पिछले सात साल से यहाँ बैठा है, कई बार मुझसे सौ-पचास ले चुका है। इनको देते रहो तो ये लोग घर के साथ बँधे रहते हैं।

चाची : तुम जानो जी तुम्हारा काम, मैंने तो जो ठीक समझा, कह दिया। कल इसके बाल-बच्चे होंगे तो वे भी यहीं डेरा जमाए रहेंगे?

चाचा : कल की कल देखी जाएगी। तुम आज की सोचो।...आओ जग्गे, इधर आओ।

जग्गा : *(पास आते हुए)* जी, साहिब।

चाचा : अब कान खोल के सुन लो। तेरी घरवाली इधर आई है तो यहाँ पूरा काम करेगी, जो बीबी कहेगी, करेगी। तुम कोठी में नहीं घुसे रहना। और अब मिठाई सभी को बाँट दे। जा, भाग यहाँ से...

[Fade out]

[Fade in]

चाची : मर्द लोग बड़े समझदार होते हैं। दूर की सोचते हैं। इन्हें मालूम था न कि मेरी जान अड़ी-जुड़ी रहती है, मैं खाट पर पड़ गई तो मेरी देखभाल कौन करेगा? इधर देह भी इतनी भारी हो रही है, दिन भर पलंग तोड़ती रहती हूँ। *(हँसती है)* हाय, अब तो हँसा भी नहीं जाता है, हँसती हूँ तो साँस फूलने लगती है।

प्रमिला : चाची, तुम चला करो। घूमने-फिरने से सेहत ठीक रहती है।

चाची : हाय, चलती हूँ तो भी साँस फूलने लगती है। क़ब्ज़ी भी तो रहती है ना, यहाँ एक बीमारी हो तो कोई कहे। रोज़ रात को ईसबगोल की भूसी दूध में डालकर लेती हूँ, तब जाकर सुबह पेट साफ़ होता है। कभी-कभी तो जान इतनी घबराती है कि क्या बताऊँ। एक बार पूरे पाँच दिन तक क़ब्ज़ रही। ये, तेरे चाचा जी, मज़ाक करते थे कि अब बाथरूम जाओगी तो बाथरूम साफ़ रखना मुश्किल हो जाएगा। *(हँसती है)* हाय, अब तो हँसा भी नहीं जाता, हँसती हूँ तो साँस फूलने लगती है।

प्रमिला : *(हँसने लगती है)* वाह, चाची, तेरी बातें सदा निराली होती हैं।

चाची : *(हँसते हुए, फूली साँस के साथ)* डॉक्टर कहता है, चला-फिरा करो। अब इस शरीर के साथ कौन चल-फिर सकता है? डॉक्टर कहता है, मिठाई मत खाया करो, पर मुझसे हाथ रोका ही नहीं जाता। पर मुँह में बर्फ़ी का टुकड़ा डालने की देर है कि पेट में गुड़-गुड़ होने लगती है।

प्रमिला : नहीं खाया करो ना, मिठाई चाची, अगर तुम्हारे लिए अच्छी नहीं है तो।

चाची : डॉक्टर मुआ भी यही कहता है, पर एक टुकड़ा भी मुँह में नहीं डालूँ तो जंगलों में जा बैठूँ, दुनिया से फिर क्या लेना है...!

प्रमिला : यह भी तुमने अच्छी कही, चाची।

चाची : मैं डॉक्टर से कहती हूँ, डॉक्टर जी मुझे बैठे-बैठे ही ठीक कर दो। अगर मुझे सैर करके ही दुरुस्त होना है तो मुझे तुम्हारी क्या ज़रूरत है? तुम्हें इतने पैसे भी दें, फिर भी तुम ठीक नहीं कर सको, तो फिर फ़ीस किस बात की लेते हो? हम पांडी मजूर थोड़े ही हैं कि घूमते फिरें।

प्रमिला : *(हँसकर)* ठीक कहा, चाची, फिर वह क्या बोला?

चाची : मैंने डाँटकर कहा तो अपने आप सीधा हो गया, कहने लगा, खाना खाने के बाद दो चम्मच इस दवाई के पी लिया करो। मैंने कहा, अब आया न सीधे रास्ते पर। उस दिन...!

प्रमिला : क्या चाची?

चाची : *(ज़ोर का डकार छोड़ती हैं)* उस दिन क्लब में गई तो हरचरन की घरवाली औरतों पर बड़ा रौब गाँठ रही थी, कह रही थी, मैं सात गोलियाँ रोज़ खाती हूँ। मैंने सुना, पर चुप रही। मैंने कहा, यह भी कोई ऐंठनेवाली बात है!

प्रमिला : ठीक।

चाची : भगवान अहंकार न बुलवाए, पन्द्रह-पन्द्रह गोलियाँ भी रोज़ खाई हैं, पर बाहर जाकर ढिंढोरा नहीं पीटा कि दवाई की पन्द्रह गोलियाँ रोज़ खाते हैं। डॉक्टर घर का पक्का रखा हुआ है, तीन सौ रुपये बँधे-बँधाए उसे हर महीने दे देते हैं। अभी भी खानेवाली मेज़ पर जाकर देखो, कुछ नहीं तो दस दवाइयों की शीशियाँ वहाँ पर रखी ही होंगी। जग्गे को सब मालूम रहता था कि कौन-सी गोली मुझे किस वक़्त चाहिए। वह गया तो दवाइयों का सारा सिलसिला ही बिगड़ गया।

प्रमिला : अगर इतना काम का आदमी था तो उसे बुलवा क्यों नहीं लेतीं, चाची?

चाची : अब उसे क्या बुलाऊँगी, प्रमिला, अगले जहान से भी कभी कोई लौटा है!

प्रमिला : क्यों? क्या वह...क्या वह मर गया है?

चाची : किसे मालूम था कि यों चला जाएगा! मैं तो अब भी कहती हूँ, बक देता तो बच जाता। पर अपनी-अपनी क़िस्मत है, कोई क्या करे! इनके सामने उसने मुँह नहीं खोला। इन्हें बहुत मानता था। बोला इसलिए नहीं कि इनके दिल को ठेस पहुँचेगी, और क्या बात हो सकती थी! अब अन्दर की बात इन्हें क्या मालूम! वह बताए तो पता चले। वह तो मैं जानती थी। उसके मन में क्या था, उसने हवा तक नहीं लगने दी।

प्रमिला : उसे क्या हुआ था, चाची?

चाची : *(धीमी आवाज़ में)* दोपहर के वक़्त तो हमारे घर में बिलकुल चुपचाप रहती है। किसी को क्या मालूम? सोया आदमी तो

मरे बराबर होता है। उस वक़्त तो घर में चिड़ी नहीं फड़कती। किसी को क्या ख़बर, घर के पिछवाड़े में क्या हो रहा था!

प्रमिला : क्यों, क्या हुआ?

चाची : एक दिन दोपहर को मैं उठी, भगवान झूठ नहीं बुलवाए, गुसलख़ाने की तरफ़ जा रही थी जब मुझे खटका-सा हुआ। मुझे लगा, जैसे कोई जग्गे की कोठरी की ओर जा रहा है! मुझे क्या ख़बर, कौन है, कौन नहीं है...!

प्रमिला : कौन था?

चाची : मेरे अन्दर फ़ुरती सी फूटी, इस वक़्त यहाँ कौन हो सकता है। जग्गे को तो इस वक़्त यह अपने दफ़्तर में बुला लेते हैं, वहाँ वह उनके लिए चाय-पानी बनाता है।

प्रमिला : फिर?

चाची : मैंने खिड़की में से झाँककर देखा, हाय, यह तो बिक्की है, मेरा देवर...!

प्रमिला : ओह!

चाची : काला सूट पहने हुए, दबे पाँव चला जा रहा था। मैंने सोचा, किसी काम से आया होगा, पर जग्गे की कोठरी में उसका क्या काम? और यह इतना दबे पाँव क्यों जा रहा है? मेरा दिल धक् से रह गया। हाय भला, यह जग्गे की कोठरी में क्या करने गया है!

[Fade out]

[Fade in]

परमेश्वरी : *(साँस धौंकनी की तरह चल रही है)* मुझे बख़्श दो जी, मैं आपके पाँव पड़ती हूँ! मेरा आदमी मुझे मार डालेगा।

बिक्की : मेरे रहते तुम्हें डरने की क्या ज़रूरत है, परमेश्वरी? इधर आ जा, मेरे पास।

परमेश्वरी : नहीं जी, आप मुझे माफ़ कर दो जी, मैं बहुत डरती हूँ जी!

बिक्की : इधर कोने में दुबककर बैठ गई है। *(हँसकर)* मैं तुम्हें खाने तो नहीं आया हूँ। *(Pause)* यह ले, तेरे लिए कुछ पैसे लाया हूँ। आ जा, आ जा।

परमेश्वरी : नहीं जी, आप जाओ जी।...

बिक्की : चिल्लाएगी तो अपना ही काम बिगाड़ेगी। मैं घड़ी-दो घड़ी के लिए ही तो तेरे पास आता हूँ। अभी लौट जाऊँगा, किसी को पता भी नहीं चलेगा।

परमेश्वरी : आप मुझे बख़्श दो जी, मैं बहुत डरती हूँ।

बिक्की : तू तो इतनी प्यारी है। मैं क्या करूँ, मैं तेरे बिना रह ही नहीं सकता। दफ़्तर में बैठता हूँ तो तेरा चेहरा मेरी आँखों के सामने घूमने लगता है, मैं काम ही नहीं कर सकता। तुमने मुझ पर जादू कर दिया है।

परमेश्वरी : भगवान के लिए आप जाओ जी...!

बिक्की : चला जाऊँगा, चला जाऊँगा, आँख भरकर तुम्हें देख तो लूँ। आ जा, आ जा, अब मान भी जा, नहीं तो मैं खींचकर तुम्हें ले आऊँगा तो तुम्हें अच्छा लगेगा?

[परमेश्वरी हलके-हलके रोती है।]

बिक्की : *(क़दमों की आहट)* यह पकड़ पैसे। इनसे नई धोती ले लेना। मैं ख़ुद धोती लाने लगा था फिर मैंने सोचा—जग्गा तुमसे पूछेगा, कहाँ से आई यह नई धोती तो तू क्या जवाब देगी? तू तो सारा वक़्त घबराई रहती है।

परमेश्वरी : नहीं जी, आप जाओ जी।

बिक्की : तेरे शरीर से तो महक आती है—फूलों की महक। यह महक ही मुझे मतवाला बना रही है। मैं पैसों से तेरी झोली भर दूँगा। तू चिन्ता नहीं कर। *(फुसफुसाकर)* किसी को कानोकान ख़बर नहीं होगी।

परमेश्वरी : आप जाओ जी, मैं तुम्हारे पाँव पड़ती हूँ, मुझे छोड़ दो।

बिक्की : *(सख़्ती से)* तू मुझे नहीं जानती परमेश्वरी, तू रोज़ यह चलित्तर मेरे साथ करने लगती है। मैं चाहूँ तो भाई साहिब से कहकर तुम दोनों को कोठरी में से निकलवा दूँ। चाहूँ तो जेल भिजवा दूँ।...मैं प्यार से समझा रहा हूँ तो तू मानती ही नहीं है।

[Fade out]

[Fade in]

चाची : मैंने बिक्की को देखा और लौटकर पलंग पर पड़ रही, पर ध्यान मेरा बार-बार उसी ओर जाए। भला मानुष घरों में ऐसे

काम नहीं करते। जो ऐसे काम करते हैं तो शादी क्यों नहीं कर लेते? किसी का घर क्यों ख़राब करते हैं?

प्रमिला : फिर? फिर चाची?

चाची : तूने जग्गे की घरवाली देखी थी न? बड़ी भोली-सी लड़की थी, गोरी इतनी कि हाथ लगाए मैली होती थी, असील की, गाँव की लड़की, सहमी-सहमी सी, इस चंट के आगे क्या बोलती?

प्रमिला : ऐसी बातें छिपी तो नहीं रह सकतीं न, ज़रूर बाहर निकल आती हैं।

चाची : *(फुसफुसाती आवाज़ में)* इनके घर में बदचलनी बहुत है। यही एक शरीफ़ हैं। इनके चाचा ने भी दो-दो रखैल रखी हुई थीं।

प्रमिला : फिर?

चाची : तुमने ठीक कहा है, ऐसी बातें छिपी नहीं रहतीं। इश्क और मुश्क कभी छिपे रह सकते हैं? उसी दिन, जग्गे ने...?

प्रमिला : उफ़! च-च-च!

चाची : उस दिन इन्होंने दोपहर को जग्गे को घर पर भेज दिया, थर्मस मँगवाने के लिए। मैंने उसे थर्मस दी और वह अपनी कोठरी की तरफ़ चला गया।

प्रमिला : चाची, आपने भूल की। आपको उसे कोठरी की ओर नहीं जाने देना था।

चाची : मैंने तो उससे कहा भी कि सीधे दफ़्तर जाओ, पर जो आदमी घर आया है, वह अपनी घरवाली से मिले बिना कैसे जा सकता है?

मैंने खिड़की में से झाँककर देखा, बिक्की, वही काला सूट पहने, जग्गे की कोठरी में से बाहर निकल रहा था। मेरा दिल धक्-धक् करने लगा।

प्रमिला : नहीं चाची, आपको उसे रोक देना था, अपने पास बिठा लेतीं। किसी काम पर लगा देतीं।

चाची : मेरे रोके वह रुकनेवाला थोड़े ही था। फिर, किसी दिन तो यह गुल खिलना ही था। उस दिन नहीं खिलता, किसी दूसरे दिन खिल जाता।

प्रमिला : नहीं चाची।

[Fade out]

[Fade in]

जग्गा : बिक्की बाबू!

[दूर जाते क़दमों की आहट।]

परमेश्वरी : *(दरवाज़ा खुलने की आवाज़)* ओह जी...*(फुसफुसाकर)*

[हलकी सी चीख़।]

जग्गा : बिक्की बाबू....यह क्या है...बिक्की बाबू यहाँ क्या करने आए थे? तू...तू...? परमेश्वरी!

[Fade out]

[Fade in]

चाची : मेरा दिल धक्-धक् करने लगा। मैंने कहा, अब इसकी घरवाली की ख़ैर नहीं। यह उसे धुन देगा। क्या मालूम, जान से ही मार डाले! इन लोगों/वहशियों का कुछ पता थोड़े ही लगता है! पर कोठरी के अन्दर से न हूँ, न हाँ।

प्रमिला : नहीं चाची, आपने बहुत बड़ी भूल की। उसे उधर नहीं जाने देना था। आपने उसे रोक क्यों नहीं लिया?

चाची : हाय, प्रमिला, तू भी कैसी है? वह मेरी क्या लगती है? घर के अन्दर ऐसी करतूतें हों, क्या यह अच्छी बात है?

प्रमिला : फिर?

चाची : फिर क्या! मैं नहीं जानती, जग्गा कितनी देर तक अन्दर रहा, उसने अपनी बीवी से कुछ कहा या नहीं कहा। मैं तो जाकर लेट गई। पर लेटे-लेटे भी मेरे कान कोठरी की ओर लगे रहे। अभी वहाँ से रोने-चिल्लाने, पीटने-रोने की आवाज़ें आने लगेंगी। पर वहाँ बिलकुल चुप!

प्रमिला : चाची।

चाची : मैंने मन-ही-मन कहा, ऐसा शरीफ़ आदमी भी किस काम का, जो अपनी घरवाली को क़ाबू में नहीं रख सकता। दो लप्पड़ उसके मुँह पर लगाता, वह अपने आप सीधे रास्ते पर आ जाती। दस तरीक़े हैं औरत को सीधे रास्ते पर लाने के। यहाँ न हूँ, न हाँ।

प्रमिला : उसे मालूम तो नहीं था न, चाची। उसे बहुत बड़ा धक्का लगा होगा।

चाची : मैंने मन-ही-मन कहा, आज रात जब यह घर लौटेंगे तो मैं इनसे बात करूँगी। मैं कहूँगी—या तो जग्गे को चलता करें, या उससे कहें कि अपनी घरवाली को गाँव छोड़ आए। यहाँ इसका रहना ठीक नहीं।

[Fade out]

[Fade in]

[अन्दर आते क़दमों की आवाज़।]

चाचा : सुनो माली, मोटर के ऊपर कपड़ा डाल दो और इधर घास पर पाँच-सात कुर्सियाँ लगा दो। आज शाम मेहमान आएँगे। यह लो, कार की चाभी, मेरी मेज़ पर रख दो। जग्गा कहाँ है? जग्गे को बुलाओ।

माली : हुज़ूर!

चाची : आप आ गए! आज तो मुझे पता ही नहीं चला।

चाचा : तुम्हें किसी बात का पता रहता भी है!

चाची : देर से लेटी तो आँख लग गई। मोटर की आवाज़ भी सुनाई नहीं दी। चाय लगवाऊँ?

चाचा : यह भी कोई पूछनेवाली बात है! जग्गा कहाँ है? आज रात को पाँच लोग खाना खाने आएँगे।

चाची : अभी तो दिन ढल रहा है। इतनी जल्दी कैसे खाना बनेगा? दफ़्तर से टेलीफ़ोन ही कर दिया होता।

चाचा : अभी दफ़्तर छोड़ने पर ही तो वे लोग मिले। अभी बहुत वक़्त है, कोई बात नहीं। जग्गा चुस्त आदमी है, सब कर लेगा। ...ओ जग्गे, सुन, इधर आ जा, शाबाश! सुन!

[Pause]

क्यों, क्या बात है? इतना चुप क्यों है? अच्छा, ध्यान से सुन। पाँच आदमी रात को खाना खाने आएँगे। बढ़िया तरकारियाँ बनाओ और साग-मीट बनाओ। मैंने उनसे तेरे साग-मीट की तारीफ़ पहले से कर रखी है। अब अपनी इज़्ज़त बचानी है तो

बढ़िया साग-मीट बनाना—समझे? क्यों, तू बोलता क्यों नहीं? *(हँसकर)* मेहमानों का नाम लिया तो तुझे साँप सूँघ गया है।

[Pause]

चाचा : *(लाड से)* क्यों बेटा, क्या बात है? इतना चुप क्यों है? तबीयत तो ठीक है? क्या गाँव से कोई बुरी ख़बर आई है? कुछ तो बता! हैं, बूदम कहीं का! मैं पूछता हूँ, क्या बात है और यह न हूँ, न हाँ। अच्छा, जा, अपना काम देख। बढ़िया खाना बनाना। चलो, जाओ...।

[दूर जाते क़दमों की आवाज़।]

चाची : देखो जी, अब देर बहुत हो गई है, अब यह अकेला क्या खाना बनाएगा!

चाचा : क्यों? अपनी घरवाली को बुला ले। वह कोठरी में बैठी क्या करती रहती है? माली को साथ में लगा ले।

चाची : अब इतनी जल्दी में खाना बनेगा भी तो क्या बनेगा! अच्छा, हाँ, तुम बाहर से खाना मँगवा लो।

चाचा : और साग-मीट? वह कौन बनाएगा? तुम कहती हो, मैं नौकरों को बिगाड़ता हूँ। बिगाड़ती तुम हो। बनाने दो खाना इसे।

चाची : देखो जी, इस जग्गे को कुछ हो गया है। न हूँ, न हाँ—यह कुछ भी बोलता नहीं। मुझे डर लगता है। आज के दिन तुम इसे छुट्टी दे दो और बाहर से खाना मँगवा लो।

चाचा : वाह जी, इन हरामख़ोरों को छुट्टी दे दूँ! और खाना बाहर से मँगवाऊँ? तो इन्हें रखा हुआ क्यों है? किधर है जग्गा? रसोईघर में?

[रसोईघर की ओर बढ़ते क़दमों की आवाज़।]

तू तो रसोई में बुत का बुत बना खड़ा है? तुमने सुना नहीं, मैंने जो कुछ कहा है? *(ऊँची, डाँटती हुई आवाज़ में)* बदज़ात, बोलता क्यों नहीं?...*[Pause]* कमीने, मैं बार-बार पूछ रहा हूँ, बता, क्या बात है, और तू बोलता तक नहीं? तेरी ज़बान घिसती है मुझे जवाब देने में? हरामख़ोर, इसीलिए तुम्हें रखा

हुआ है? निकल जा यहाँ से, अभी चला जा! दूर हो जा मेरी आँखों से!

चाची : कुछ न कहो जी, घंटे-दो घंटे में मेहमान आनेवाले हैं, और अभी तक कुछ भी नहीं बना। यह चला जाएगा तो खाना कौन बनाएगा? चल जग्गा, काट सब्ज़ी, मैं अभी आती हूँ। आप बाहर चलो जी...आओ, आओ, रसोईघर में आपका क्या काम!

[Fade out]

[Fade in]

चाची : जैसे-तैसे मैं उन्हें बाहर खींच लाई। यह तो कभी नौकरों पर चिल्लाते नहीं, उस दिन न जाने इनका पारा कैसे तेज़ हो गया!

प्रमिला : तो क्या जग्गे ने खाना बनाया?

चाची : हाँ जी, यों गुमसुम बना रहा, पर खाना बनाता रहा। उसकी घरवाली को मैंने नहीं बुलाया। हम हिन्दुओं में सुच्च-भिट्ट भी तो बहुत होती है न। अपना चौका तो ख़राब नहीं करना था न। इसने पूरा खाना बनाया। और पहले जैसा ही बढ़िया!

[Fade out]

[Fade in]

मेहमान-1 : भई वाह, मान लिया तेरे आदमी को! उसके हाथ में सचमुच बड़ा हुनर है।

मेहमान-2 : जगन्नाथ, तूने तो हमें टरकाने की पूरी कोशिश की थी, पर फिर भी हम पहुँच ही गए।

मेहमान-1 : लो भाई, फ़ैसला हुआ, हफ़्ते में एक दिन खाना जगन्नाथ के यहाँ खाया करेंगे। सुन ले जगन्नाथ, हमें टरकाने की कोशिश नहीं करता तो लेने के देने नहीं पड़ते।

चाचा : खाओ, खाओ; हफ़्ते में एक दिन नहीं, सात दिन खाओ। और सातों दिन साग-मीट खिलाऊँगा।

[हँसी।]

मेहमान-1 : ऐसा तर माल रोज़ खाते हो तभी तुम्हारी तोंद निकल आई है।

मेहमान-2 : भाभी से साँठ-गाँठ बढ़ाओ अगर तुम भी यही तर माल खाना चाहते हो। यह तो अपनी ही तोंद बढ़ाएगा।

मेहमान-1 : क्यों, भाभी जी, हम कभी-कभार आ जाया करें साग-मीट खाने? यह आपका घरवाला तो निपट कंजूस आदमी है, इसे तो ख़ुद ही भकोसने की पड़ी रहती है।

चाची : आप रोज़ आओ जी, सिर-आँखों पर।

मेहमान-2 : इतना बढ़िया खाना बनाती हो भाभी, और हमें कभी याद तक नहीं करती हो! यह ज़ुल्म नहीं तो क्या है?

चाची : आप जम-जम आओ जी, पर खाना मैं कहाँ बनाती हूँ! मुझसे अपनी जान नहीं सँभाली जाती, मैं तो रसोईघर में पाँव भी नहीं रखती, यह सब काम तो जग्गा करता है, उसके हाथ में रस है।

चाचा : बुलाओ जी, जग्गा को; आज हम उसे इनाम देंगे।

चाची : रहने दो जी, क्यों नौकरों को बिगाड़ते हो! जितने ज़्यादा इनाम देते हो, उतने ही ज़्यादा वे बिगड़ते हैं।

चाचा : तुम तो सदा ऐसी ही बातें करती रहती हो। *(स्वयं बुलाता है)* ओ जग्गे! कहाँ मर गया है, इधर आ!

[Pause]

(जग्गे से) अभी तक तेरा बूथा सूजा हुआ है? तुझे क्या हो गया है? इधर सामने आ। चल, तुझे माफ़ किया। आज तूने बहुत अच्छा खाना बनाया है। तेरे सब गुनाह माफ़! हमारे मेहमान ख़ुश हैं तो हम भी तेरे साथ ख़ुश हैं, चल, आज से तेरी तनख़्वाह दस रुपए और बढ़ा दी।

चाची : देखो जी, आप क्या कर रहे हो? पहले ही...।

चाचा : कुछ फ़िक्र नहीं, यह हमें ख़ुश रखे, हम इसे ख़ुश रखेंगे।

चाची : जा जग्गा, अपना काम देख।

[Fade out]

[Fade in]

चाचा : बाहर फाटक को ताला लगा दिया है न?...रात के खाने में यही दिक़्क़त होती है, देर बहुत हो जाती है।

चाची : आपका दिल तो समन्दर है जी। मेहमानों ने खाने की तारीफ़ क्या की, आपने झट से जग्गे की तनख़्वाह बढ़ा दी।

चाचा : इसने घर का सारा काम सँभाला हुआ है, तू तो रसोईघर में पाँव नहीं रखती, उसे खुश नहीं रखूँ तो क्या करूँ?

चाची : *(धीमे से)* बिक्की बड़ा हो गया है जी, अब इसकी शादी की फ़िक्र करो।

चाचा : तुम्हें इसकी शादी की क्या पड़ी है! अभी इसकी उम्र ही क्या है? *(हँसकर)* अभी तो इसके मुँह पर से दूध भी नहीं सूखा।

चाची : शादी नहीं करोगे तो खूँटा तुड़ाए साँड़ की तरह जगह-जगह मुँह मारेगा।

चाचा : मार ले जितना मुँह मारता है, अभी उसकी उम्र ही क्या है! दो दिन हँस-खेल ले, ब्याह के बन्धन में तो एक दिन बँध ही जाएगा।

चाची : क्या तुम बँधे हुए हो?

चाचा : और नहीं तो क्या? *(हँसता है)*

चाची : जवान लड़का है, ग़लत रास्ते पर भी तो जा सकता है। मैं तो कहूँगी, जितनी जल्दी हो सके, इसका ब्याह कर दो।

चाचा : तुम क्या बोले जा रही हो, अभी तो इसने पढ़ाई भी पूरी नहीं की। कुछ नहीं तो तीस-चालीस हज़ार इसकी पढ़ाई पर ख़र्च कर चुका हूँ। इसकी शादी करूँ तो कम-से-कम यह रक़म तो वसूल हो। अभी तो इसने बी.ए. पास भी नहीं किया है।

चाची : आप इसके कान खींचते रहा कीजिए, जवानी बड़ी मस्तानी होती है।

चाचा : तुम्हें कुछ मालूम है क्या? *(गुस्से से)* बोलती क्यों नहीं हो?

चाची : *(तनिक रुककर)* कुछ नहीं जी, मैंने तो इसलिए कहा था, कि अब बिक्की बड़ा हो गया है...अब सो जाओ जी, फिर कभी बात करेंगे।

[Fade out]

[Fade in]

प्रमिला : तुमने चाचाजी को बताया क्यों नहीं चाची? तुम्हें बताना नहीं चाहिए था?

चाची : मैं डर गई, प्रमिला, इनका कोई भरोसा नहीं। आपे से बाहर हो जाएँ तो कुछ भी कर बैठें। मैं बता देती तो क्या मालूम, उसी वक़्त बिक्की को घर से बाहर निकाल देते, या जग्गे का बोरिया-बिस्तर उठवा देते। पर अब सोचती हूँ कि बता ही देना चाहिए था। पर मुझे क्या मालूम, दूसरे ही दिन गुल खिलनेवाला है।

प्रमिला : क्यों, क्या हुआ, चाची?

चाची : दूसरे दिन सुबह, यही आठ-साढ़े आठ का वक़्त होगा। मैं पिछले बरामदे में बैठी बाल सुखा रही थी। वहाँ धूप अच्छी पड़ती है। मैंने सोचा, बाल सूख जाएँ तो जग्गे की घरवाली को बुला लूँगी। वह बालों में तेल डालेगी। वह बड़े सँवारकर मेरे बाल बनाया करती थी। अभी फ़्रंटियर मेल नहीं आई थी। यही आठ-साढ़े आठ का वक़्त होगा। घर के पिछवाड़े थोड़ी दूर पर ही तो रेल की पटरी है। अगर गाड़ियों को सिगनल नहीं मिले तो यहीं पर रुक जाती हैं, फिर धीरे-धीरे आगे बढ़ती हैं, पर फ़्रंटियर मेल यहाँ कभी भी खड़ी नहीं होती। वह सदा सीधी निकल जाती है।

[Fade out]

[Fade in]

[दूर से आती रेलगाड़ी की आवाज़। आवाज़ धीरे-धीरे बढ़ने लगती है।]

चाची : जग्गा! ओ जग्गे! सुन रहा है? परमेश्वरी को मेरे पास भेज।

[Pause]

ओ जग्गे! सुन नहीं रहा है? परमेश्वरी को मेरे पास भेज। *(इस बीच रेलगाड़ी की आवाज़ तेज़ होती जा रही है)* उधर किधर जा रहा है? इधर आ!...माली! ओ माली!

[केवल गाड़ी की आवाज़ सुनाई पड़ती है, जो पहले तेज़ होती जा रही है, फिर धीरे-धीरे धीमी पड़ने लगती

है, मानो उसे ब्रेक लगाई गई हो। पहिए घिसटने की आवाज़।]

हरामख़ोर! मैं आवाज़ें लगा रही हूँ और यह पलटकर देखता तक नहीं। सीधा ढलान चढ़ गया है।...क्या बात है? यह गाड़ी क्यों रुक गई है? फ्रंटियर मेल तो कभी भी नहीं रुकती। यह फ्रंटियर मेल है न! ओ माली! माली! किधर मर गए सब के सब?

माली : जी, बीबी जी!

चाची : कहाँ था तू? इतनी देर से आवाज़ें लगा रही हूँ, सब कानों में तेल डाले हुए हैं?

माली : क्या हुक्म है, बीबी जी?

चाची : जग्गा किधर गया है?

माली : किसी काम से गया होगा, बीबी जी।

चाची : जा, उसकी घरवाली को बुला ला।

[Pause]

पिछवाड़े का नौकर : *(ऊँची आवाज़ में, दूर से)* जग्गा मारा गया है। गाड़ी के नीचे कुचला गया है।

चाची : क्या? *(भागते क़दमों की आवाज़)*

माली : बीबी जी, जग्गा मारा गया!

चाची : यह कौन बोल रहा था?

माली : साथवालों का नौकर है बीबी जी, शंकर।

चाची : क्या कहता है?

माली : जग्गा गाड़ी के नीचे आ गया है। मैं जा रहा हूँ, बीबी जी! मैं अभी आया।

[Silence]

चाची : *(धीमी आवाज़ में)* यही चीज़ उसे अन्दर-ही-अन्दर खा गई। मैं तो अब भी कहती हूँ, प्रमिला, अगर जग्गा बोल पड़ता तो बच जाता। तेरे चाचाजी कोई-न-कोई रास्ता ढूँढ़ निकालते। यह सब तरकीबें जानते हैं। पर वह बोला ही नहीं।

प्रमिला : बहुत बुरा हुआ। अपनी जान पर खेल गया।

चाची : यही तो मैं कहती हूँ। बोल देता, तो बच जाता।

प्रमिला : आपके लिए तो बखेड़ा उठ खड़ा हुआ होगा चाची। घर में से कोई ख़ुदकुशी कर ले तो बड़ी परेशानी होती है। पुलिसवाले ही परेशान करने लगते हैं।

चाची : एक दिन तो सचमुच बहुत बुरा बीता। ऐसा बुरा कि तुम्हें क्या बताऊँ! बार-बार टेलीफ़ोन आए। तीन बार तो पुलिस का इंस्पेक्टर आया। बार-बार इन्हें बुलाता। बार-बार कोठरी में झाँककर देखता। अन्दर बैठी थी वह कुलच्छनी! मौक़ा देखने के बहाने इंस्पेक्टर बार-बार अन्दर जाए। मर्द तो भेड़िये की तरह औरत को घूरते हैं न!

[घंटी बजती है।]

जगन्नाथ : *(दरवाज़ा खोलने की आवाज़)* आइए इंस्पेक्टर साहिब! तो मौक़ा देख लिया?

इंस्पेक्टर : लगता तो यही है कि उसने ख़ुदकुशी की है। लाश को पोस्टमार्टम के लिए भेज दिया है। आप क्या सोचते हैं, उसने क्यों ख़ुदकुशी की होगी?

चाचा : कल से ही वह कुछ पगलाया-पगलाया सा लग रहा था। बहुत चुप-चुप था।

इंस्पेक्टर : आपसे तो कोई कहा-सुनी नहीं हुई?

चाचा : नहीं, नहीं, बल्कि मैंने तो कल उसे इनाम दिया था। उसकी तनख़्वाह दस रुपए बढ़ा दी थी।

इंस्पेक्टर : फिर क्या कारण हो सकता है?

चाचा : महीना भर पहले ही उसकी शादी हुई थी। अब मियाँ-बीवी में कोई कहा-सुनी हो गई हो तो मैं नहीं जानता। नौकरों के घर के मामलों से मालिकों का क्या काम?

इंस्पेक्टर : आपको पुलिस स्टेशन चलना होगा, साहिब।

चाचा : *[Pause]* आप मुझे कह रहे हैं?

इंस्पेक्टर : जी!

चाचा : ज़रूर आऊँगा। जहाँ मेरी ज़रूरत होगी, ज़रूर पहुँचूँगा। आप अपनी तहक़ीक़ात कीजिए।...इंस्पेक्टर साहिब, मैं आपका नाम पूछना भूल गया हूँ।

इंस्पेक्टर : मेरे नाम की आपको क्या ज़रूरत है?

चाचा : यों ही, नाम जानने में क्या हर्ज़ है! हमारे क्लब में आपके एस.पी. साहिब आते हैं, उनके साथ उठना-बैठना रहता है। मैंने सोचा, उनसे आपका ज़िक्र करूँगा।

इंस्पेक्टर : ख़ुदकुशी बड़ा संगीन मामला होता है, साहिब, हमें तफ़्तीश तो पूरी करनी पड़ती है।

चाचा : ज़रूर कीजिए, ज़रूर कीजिए।...इस वक़्त एस.पी. साहिब कहाँ होंगे?

इंस्पेक्टर : आप मुझसे क्यों पूछते हैं?

चाचा : मैंने सोचा, अगर अपने दफ़्तर में हों तो मैं अभी टेलीफ़ोन पर बात कर लूँ। आपको भी ज़हमत न उठानी पड़े और मुझे भी थाने के चक्कर नहीं लगाने पड़ें।

इंस्पेक्टर : नहीं-नहीं, सर, आप क्यों ज़हमत उठाएँगे? आपने कह दिया, हमारे लिए यही बहुत है। मैं ख़ुद एस.पी. साहिब से बात कर लूँगा। अब आप निश्चिन्त रहिए।

चाचा : आज शाम तो वह मुझे मिलेंगे ही। मैं ख़ुद बात कर लूँगा।

इंस्पेक्टर : आप चिन्ता न करें, सर। मैं आपका हलफ़ी बयान भी यहीं आकर ले लूँगा। आपको हम किसी तरह की भी परेशानी नहीं होने देंगे। *(उठने की आवाज़)* अच्छा सर, इजाज़त दीजिए। आपको हम किसी तरह की तकलीफ़ नहीं होने देंगे, जनाब।

[Fade out]

[Fade in]

क्लब मेम्बर-1 : वन डायमंड!

क्लब मेम्बर-2 : टू स्पेड्स।

चाचा : वन नो ट्रम्प!

क्लब मेम्बर-3 : नो बिड!

क्लब मेम्बर-2 : थ्री स्पेड्स!

क्लब मेम्बर-1 : प्ले!

चाचा : मरवा दिया एस.पी. साहिब, आपने मेरी बिड की तरफ़ ध्यान ही नहीं दिया।

एस.पी. : दिया है, ख़ूब दिया है। इसीलिए तो काल बढ़ाई है।

चाचा : ठीक है, ठीक है। *[Pause]*
आज आपका इंस्पेक्टर आया था।

एस.पी. : *(हँसकर)* मुझे मिला था। उसे मालूम नहीं था, यार! तुमने बता दिया, अच्छा किया।

चाचा : मामला सुलझा लेना। मुझे अच्छा नहीं लगता बार-बार टेलीफ़ोन की घंटी बजती है, कभी कोई आ रहा है, कभी कोई।

एस.पी. : एक ही दिन में घबरा गए? *(हँसकर)* मियाँ, पुलिसवालों का तो काम ही यही है। चिन्ता नहीं करो। इंस्पेक्टर समझदार आदमी है, और इस मामले में रखा ही क्या है! उसकी घरवाली कोई बयान दे देती तो कुछ पता भी चलता, पर वह तो गुमसुम बनी रहती है। मक्कर मारे हुए है।...पर सुना है, देखने में बड़ी भोली-भाली है। क्यों जगन्नाथ? हमने कहा, भाई जगन्नाथ की शिनाख़्त अच्छी है। नौकर भी घर में रखता है तो उसकी बीवी देखकर। *(सभी हँसते हैं)*

[Fade out]

[Fade in]

चाची : *(धीमी आवाज़ में)* सुनो जी, मैं एक बात कहूँ?

चाचा : क्या है?

चाची : मैं सोचती हूँ जी, आप बिक्की को कुछ दिनों के लिए बाहर कहीं भेज दो।

चाचा : क्यों? किसलिए?

चाची : यों ही, घर में यह हादसा हुआ है न, वह बाहर चला जाए तो अच्छा है।

चाचा : किसलिए? अब तो मामला भी रफ़ा-दफ़ा हो गया है। मैंने जग्गे के घरवालों को चिट्ठी डाल दी है। वे आएँगे और जग्गे की घरवाली को यहाँ से ले जाएँगे।

चाची : *(धीमी आवाज़ में)* जी, मैंने आपको बताया नहीं, पर...।

चाचा : क्या?

चाची : बिक्की...!

चाचा : क्या, बोलती क्यों नहीं?

चाची : बिक्की बिगड़ जाएगा जी, उसका ब्याह कर दो।

चाचा : कहा है, पढ़ाई ख़त्म कर ले तो कर दूँगा।

चाची : *(तनिक रुककर)* मैंने आपको बताया नहीं...।

चाचा : क्या है?

चाची : जग्गे ने जो आत्महत्या की, उसका एक कारण था...।

चाचा : वह क्या?

चाची : जी, मुझे कहना नहीं चाहिए, लेकिन जग्गे की घरवाली के साथ बिक्की का नाजायज़ रिश्ता था।...वह...वह उसकी कोठरी में जाया करता था।

चाचा : फिर?

चाची : उस दिन दोपहर को मैंने अपनी आँखों से देखा था, बिक्की उसकी कोठरी में से बाहर निकल रहा था जब उधर से जग्गा आ गया। आपने उसे थर्मस लाने के लिए भेजा था।

चाचा : *(हलके से हँसते हुए)* तो क्या हुआ? मुझे तो पहले दिन से मालूम था।

चाची : जी? क्या कहा आपने?

चाचा : मुझे मालूम था। जवानी में सभी बेवकूफ़ियाँ करते हैं। बिक्की ने कर ली तो क्या हुआ?

चाची : जी, बिक्की को समझा तो दिया होता!

चाचा : उसे क्या समझाता? वह किसी वेश्या के पास तो नहीं जा रहा था! कोई बीमारी तो नहीं ले आया! हो गई बात जो होनी थी। आगे के लिए उसे कान हो जाएँगे।

चाची : जी, पर बात तो अच्छी नहीं न, ऐसा बिक्की को करना तो नहीं चाहिए था न।

चाचा : उसने कौन-सी नई बात की है!

चाची : अगर बिक्की ने ऐसा नहीं किया होता तो जग्गा तो अपनी जान पर नहीं खेल जाता।

चाचा : तुम क्या चाहती हो, भाई को पुलिस के हवाले कर देता?

चाची : पर जी, उसने जुर्म तो बहुत बड़ा किया है न...!

चाचा : उसका जुर्म देखता या उसकी जान बचाता? तुम क्या चाहती हो, उसे काल कोठरी में भिजवा देता?...कुछ समझो *(समझाने*

के लहज़े में) अव्वल तो कौन जाने बिक्की अपने आप अन्दर गया था या जग्गे की घरवाली उसे इशारे करती रही थी। ताली एक हाथ से तो नहीं बजती।

चाची : जी!

चाचा : औरत बढ़ावा देती है, तभी मर्द बहकता है। लड़की इशारा भी कर दे तो आदमी बौरा जाता है, और बिक्की तो अभी बच्चा है। कोठरी के बाहर पर्दा लटका रहता है, क्या मालूम पर्दे की ओट में खड़ी उसे इशारे करती रही हो!

चाची : किसी के दिल की बात भगवान जाने जी, मैं क्या जानूँ, पर हुआ बहुत बुरा है।

चाचा : औरत ख़ुद नहीं चाहती, तो बिक्की की क्या मज़ाल थी कि उसकी कोठरी में जाता! ऐसे ही कोई किसी के कमरे में घुस जाता है? इतनी ही शरीफ़ज़ादी थी तो अन्दर से कमरा बन्द करके क्यों नहीं बैठती थी?

चाची : जी!

चाचा : अन्दर से साँकल लगाकर बैठती। तेरा मर्द बाहर काम पर गया है, तू कोठरी में अकेली है, तू अन्दर से कोठरी बन्द करके बैठ। दरवाज़ा खोलकर बैठने का तेरा क्या मतलब है? दिन के वक़्त तेरे पास आ सकती थी, उसे किसी ने मना किया था?

चाची : आप कहते तो ठीक हो जी, क्या मालूम उसी के मन में चोर रहा हो!...अब इस औरत को भी चलता करो जी, यहाँ से। हमारी क्या लगती है! जग्गा चला गया तो अब इसके यहाँ रहने का क्या मतलब है?

[Fade out]

[Fade in]

माली : साहिब, गाँव से दो आदमी आए हैं।

चाचा : कौन हैं?

माली : साहिब, एक अपने को जग्गा का भाई कहता है, दूसरा परमेश्वरी का बाप है जी।

चाचा : बुला लाओ उन्हें।

चाची : इन्हें कैसे पता चल गया, जी?

चाचा : मैंने ही इन्हें बुला भेजा है।...आओ भाई, आओ, बैठ जाओ इधर।...खड़े नहीं रहो, बैठ जाओ।

जग्गे का भाई : हमार भाई! यह कैसे हो गया? *(रुँधे गले से)*

चाचा : अब रोने-धोने का वक़्त नहीं है। पुलिसवाले हमारे पीछे पड़े हैं। जग्गा तो चलता बना, मुसीबत हम पर डाल गया। दस साल तक हमारे यहाँ काम किया, ढेरों पैसे पेशगी लेता रहा, हमने कभी हिसाब नहीं माँगा, और आख़िर में हमारी मुरव्वत का यह फल दे गया।

[Pause]

पुलिसवाले तो मामला खड़ा कर रहे हैं। कौन जाने क्या-क्या बात पूछें! तुम्हें भी बुलाएँगे, क्या मालूम उसकी घरवाली को भी हिरासत में ले लें, पुलिसवालों का क्या भरोसा!

[Pause]

हमने तुम्हें इसलिए बुलाया है कि तुम अपनी भावज को ले जाओ। बाद में पुलिसवाले आएँ तो हम उन्हें कुछ दे-लेकर चुप करा देंगे, पर अगर अब वे उसे हिरासत में लें तो हम कुछ नहीं कर सकेंगे।

[Silence. Pause]

यह लो। एक-एक सौ रुपया तुम दोनों ले लो। जग्गे ने हमारी बड़ी सेवा की है। हम उसे कभी नहीं भूल सकते। हिसाब करने बैठें तो हमारे उसकी तरफ़ सैकड़ों रुपए निकलते होंगे। पर हम उसे अपना बच्चा समझते थे। वह भी इसे अपना घर समझता था। न मालूम, उसके मन में क्या था! चलो, अब चला गया, अब क्या हो सकता है!...*(माली से)* माली, इन्हें पीछे ले जाओ। इन्हें नाश्ता-वाश्ता भी करवा देना।

परमेश्वरी का पिता : साहिब, आप पुलिस को सँभाल लेना। हम पर कोई आफ़त नहीं आवे।

चाचा : नहीं, नहीं, कुछ नहीं होगा। शहर में हमारा अच्छा असर-रसूख है। हमने तो इसलिए कहा कि यहाँ तुम्हारी बेटी का रहना ठीक नहीं, पुलिसवाले हिरासत में ले लें तो बात बिगड़ जाती है।

परमेश्वरी का पिता : जी!

[Pause]

[दूर जाते क़दमों की आवाज़।]

चाची : जी, मामला रफ़ा-दफ़ा हो गया है, अब ये हमारे क्या लगते हैं जो आपने ढेर सारे रुपए इन्हें दे दिए? तुम पैसे लुटा रहे हो।

चाचा : क्या कह रही हो! जग्गे ने दस साल तक हमारी सेवा की है, हम इसे कैसे भूल सकते हैं? सौ-पचास दे दो तो ग़रीब का मुँह बन्द हो जाता है।

[Fade out]

[Fade in]

चाची : प्रमिला, ज़रा घंटी तो बजाना। मुए जानते भी हैं, रात पड़ गई है, मगर मज़ाल है, जो अपने आप आकर बत्ती जलाएँ। बार-बार घंटी बजानी पड़ती है। कानों में तेल डाले पड़े रहते हैं।

प्रमिला : अच्छा, चाची, अब मैं चलूँगी, देर बहुत हो रही है।

चाची : अब खाना खाए बिना तो मैं तुम्हें जाने नहीं दूँगी। यह जाने कब लौटेंगे! कभी दस बजे आते हैं, कभी खाना खाकर आते हैं, मैं दिन भर अकेली बैठी कव्वे उड़ाती रहती हूँ।

प्रमिला : मैं फिर आऊँगी चाची, अब चलूँ, देर हो रही है।

चाची : अब खाना खाए बिना तो मैं तुम्हें नहीं जाने दूँगी। तुम आ गईं तो घड़ी भर दिल बहल गया। हमने अपनी बातें तो अभी तक की ही नहीं। दोनों बैठी बातें करेंगी। तुमने साग-मीट का पूछा तो बीच में मुए जग्गे की बात चल पड़ी, मैं तुम्हें खाना खाए बिना तो नहीं जाने दूँगी। यह भी अभी आते ही होंगे...।

[Fade out]

अहं ब्रह्मास्मि

[दो मित्र लम्बी सैर को निकले हैं। एक चौराहे पर आकर रुक जाते हैं। उनमें से एक–रमेश–छोटी उम्र का है जबकि जितेन्द्र उससे लगभग 10 साल बड़ा है। एक 20-22 का होगा, दूसरा 30-32 का।]

जितेन्द्र : अब बोलो, किधर चलें?

रमेश : आप तो जानते हैं, मैं किस इलाक़े में सैर करना चाहता हूँ, जहाँ रौनक़ हो, जहाँ कुछ देखने-सुनने को मिले।...और मैं यह भी जानता हूँ कि आपको क्या पसन्द है। आप एकान्त चाहते हैं; शहर के बाहर निकलकर खेतों में, खुले मैदानों में घूमना चाहते हैं। फिर आप मुझसे पूछते ही क्यों हैं? आप जिस ओर हो लेंगे, उसी ओर मैं भी आपके साथ-साथ चल पड़ूँगा।

जितेन्द्र : *(हँसकर)* आज न तुम्हारी बात, न मेरी बात। या यों कहो, आज हम दोनों की पसन्द की सैर होगी। हम इधर से टोपी पार्क की तरफ़ निकल जाएँगे, उधर जंगल में घूमेंगे, फिर वहाँ से निकलकर हम माल रोड पकड़ लेंगे, और वहाँ से सीधा कैंटोन्मेंट में जा पहुँचेंगे जहाँ तुम्हारे लिए रौनक़ ही रौनक़ है।

रमेश : *(उत्साह से)* मंज़ूर है।

जितेन्द्र : और कैंटोन्मेंट में पहुँचने पर हम भाटिया के घर जाएँगे, वहाँ सुस्ताएँगे और अगर उसने कुछ खिला-पिला दिया तो खा-पी लेंगे।

रमेश : वाह, और क्या चाहिए! ऐसी सैर पर रोज़-रोज़ निकला कीजिए।

[चौराहे पर वे एक ओर की सड़क पकड़ लेते हैं। हम उन्हें घूमते हुए, अलग-अलग पृष्ठभूमि के सामने दिखाते हैं–कहीं लम्बी सपाट सड़क पर, कहीं कोई पुल

पार करते हुए, कहीं ढलान उतरते हुए, किन्हीं किसी पेड़ों के झुरमुट में...]

रमेश : यह भाटिया का और तो सब ठीक है, पर उसका विलायतीपन मुझे बहुत अखरता है।

जितेन्द्र : तुम उसे कुछ कहते क्यों नहीं?

रमेश : मैं कैसे कह सकता हूँ, मुझसे बड़ा है और वह मुझे तो बच्चा समझता है। यों तो खिलाता-पिलाता है, सब ठीक है, पर उसके घर में बैठना मुझे बड़ा अटपटा लगता है। बैरा दरवाज़ा खोल रहा है, बैरा हुक्म बजा लाने के लिए सामने खड़ा है, बैरा आपको बैठाने के लिए पीछे से कुर्सी ठीक कर रहा है। यह अदब-क़ायदे बड़े अखरते हैं।

जितेन्द्र : छावनी में जो दुकान करता है, उसके ज़्यादा ग्राहक अंग्रेज़ हैं तो उनके रंग-ढंग, तौर-तरीक़े तो सीखेगा ही।

रमेश : नहीं, ऐसी भी क्या बात है, हँसता है तो मसनूई ढंग से, पूरी बत्तीसी दिखाता हुआ। मैंने उसे अंग्रेज़ ग्राहकों के साथ बात करते हुए सुना है। लगता है, जैसे उनकी चापलूसी कर रहा है। उनके सामने बार-बार झुकता है, बार-बार बत्तीसी दिखाता है।

जितेन्द्र : *(रुककर)* आदमी का जैसा व्यवसाय होता है, उसी के मुताबिक़ उसका स्वभाव भी बन जाता है।

रमेश : नहीं, भाई साहिब, आत्मसम्मान भी तो कोई चीज़ है। तुम्हारी दुकान पर अंग्रेज़ ग्राहक आते हैं तो इसका यह मतलब तो नहीं कि तुम उनके सामने झुक-झुककर, 'यस्सर, यस्सर' करते रहो!

जितेन्द्र : यह मत भूलो कि वह बहुत पढ़ा-लिखा आदमी है।

रमेश : यही तो दुर्भाग्य की बात है। किताबों की बात करो तो वह इतना कुछ जानता है, ज्ञान बघारता है, पर जब अंग्रेज़ सामने आ जाएँ तो उनके सामने जैसे दुम हिलाने लगता है।

जितेन्द्र : तुम उसके साथ अन्याय कर रहे हो। वह बड़ा संवेदनशील व्यक्ति है। *(चलते-चलते रुक जाता है)* सुनो, देश-भर में आन्दोलन चल रहा है, आज़ादी की लड़ाई ज़ोरों पर है। ऐसे वक़्त में इस जैसे आदमी के ज़ेहन पर भी तो दबाव पड़ता होगा न। वह भी तो हिन्दुस्तानी है।

रमेश : यही तो दुर्भाग्य की बात है। यह तो मैं मानता हूँ कि उसके ज़्यादा ग्राहक अंग्रेज़ हैं और वह छावनी में किताबों की दुकान करता है। पर वह आत्मसम्मान के साथ व्यवहार तो कर सकता है।...मैंने उसे एक अंग्रेज़ महिला के साथ बातें करते देखा है।

[Fade out]

[Fade in]

[किताबों की प्रभावशाली दुकान। दुकान के बीचोबीच एक अंग्रेज़ महिला किताबों की अलमारी के सामने खड़ी है, उसके हाथ में एक काग़ज़ है।]

महिला : *(दुकान के एक कारिन्दे से)* कहाँ है दुकान का मालिक? उसे बुलाओ।

[भाटिया बड़ी चुस्त पोशाक में, चुस्ती से चलते हुए आता है।]

महिला : तुम इस दुकान के मालिक हो?

भाटिया : यस, मैडम।

महिला : यह बिल तुमने मुझे भेजा है?

भाटिया : *(बिल को हाथ में लेकर ग़ौर से देखता है)* यस मैडम, क्या ग़लती है?

महिला : ऊपर यह लेबल क्या लगाया है–Please Pay यह गुस्ताख़ी नहीं तो क्या है? बिल Payment के लिए भेजा जाता है इसके ऊपर लेबल लगाने का क्या मतलब?

भाटिया : I am sorry madam, but this is an old bill जिसे हमने बार-बार आपको भेजा है, किसी ने ध्यान नहीं दिया। मजबूर होकर हमने उसके ऊपर Please Pay का लेबल लगाया है।

महिला : यह गुस्ताख़ी नहीं तो क्या है? ऐसा लेबल लगाकर बिल हमको मत भेजो, हम तुम्हारी दुकान पर आना बन्द कर देगा।

भाटिया : I am sorry madam! I am very sorry. It was a mistake! *(भाटिया घबराहट में बार-बार झुककर शोक प्रकट करता है। महिला बिल को फाड़कर कूड़ेदान में फेंक देती है।)*

[Fade out]

[Fade in]

[जितेन्द्र और रमेश सैर करते, बतियाते हुए। दृश्यावली बदलती रहती है।]

जितेन्द्र : अब तो भाटिया अध्यात्म में दिलचस्पी लेने लगा है।

रमेश : *(हँसकर)* अध्यात्म से उसे क्या लेना-देना, भाई साहिब! वह अपनी दुकान चलाए, धन कमाए, ठाठ से रहे।

जितेन्द्र : क्यों? धन कमानेवाला आदमी क्या अध्यात्म में रुचि नहीं ले सकता? क्या वह वेदान्त और दर्शन का अध्ययन नहीं कर सकता?

रमेश : क्यों नहीं कर सकता? ज़ेहनी ऐयाशी के लिए भूल कर सकता है।...*(सहसा हँस पड़ता है)* पहली बार जब मैं उसके घर गया था, आप ही के साथ गया था, तो उसने हमें नाश्ते पर बुलाया था। याद है आपको?

जितेन्द्र : उसके घर दसियों बार नाश्ता किया है...।

रमेश : मेरे लिए तो वह चौंकानेवाला अनुभव था।

जितेन्द्र : क्यों, क्या हुआ था?

रमेश : वह स्वयं तो चाँदी के बर्तनों में भोजन करता है, और मेहमानों के सामने चीनी की प्लेटें...अजीब सनकी है। *(फिर से हँसते हुए)* और खाता उबले हुए आलू है, वह भी छुरी-काँटे के साथ।

जितेन्द्र : तुम्हें तो आमलेट खिलाता है और जूस पिलाता है। बड़े कृतघ्न आदमी हो तुम!

रमेश : आमलेट तो आज भी खा लेंगे...क्या सच वह अध्यात्म में रुचि लेने लगा है?

[Fade out]

[Fade in]

[दोनों मित्र पेड़ों के झुरमुट, खुले मैदान, ढलानों आदि पर घूमने के बाद पक्की सड़क पर आ जाते हैं जहाँ जगह-जगह यूरोपीय जीवनयापन के चिह्न मिलते हैं—

*कहीं कटे बालोंवाली ऐंग्लो-इंडियन लड़की अपने मित्र की बाँहों में बाँहें डाले, कहीं कोई फ़ौजी अफ़सर चुस्त चाल चलता हुआ। कहीं घोड़े पर सवार कोई अंग्रेज़ महिला हवाख़ोरी के लिए जाती हुई। कहीं कोई अंग्रेज़ कुत्ते को साथ लिये सड़क पर, पाइप का धुआँ छोड़ता जाता हुआ आदि।**

[जितेन्द्र और रमेश सैर करते, बतियाते हुए। दृश्यावली बदलती रहती है।]

रमेश : *(हँसता है)* कैसे आदमी के साथ आपने दोस्ती गाँठ रखी है! काला अंग्रेज़। नहीं, नहीं, देसी अंग्रेज़। अक्तूबर महीने में ही अँगीठी में आग जलाकर उसके पास बैठने लगता है, जैसे अंग्रेज़ जाड़ों में अपने यहाँ करते हैं। और वैसे ही पोर्टवाइन की चुस्कियाँ लेता है। इतवार के दिन सिगार पीता है और कुत्ता लेकर घूमने जाता है–अंग्रेज़ों जैसी ही पोशाक पहनकर। सिर पर फेल्ट टोपी और मुँह में सिगार ; अपने बैरे से वैसे ही बात करता है जैसे अंग्रेज़ अपने बैरों से करते हैं।...*(नक़ल लगाते हुए)* बैरा! गुसल लगाओ! *(ठहाका मारकर हँसता है)* आपको याद है, पिछले साल इसने नया tweed का कोट सिलवाया–अंग्रेज़ी तर्ज़ का, और नए कोट के बाज़ुओं की कोहनियों पर चमड़े के झब्बे लगवा लिये। नए कोट पर वैसे ही, जैसे अंग्रेज़ लोग अपने पुराने कोटों पर लगवा लेते हैं, जब कोट कोहनियों पर से घिसने लगता है। और यह नए कोट पर झब्बे लगवा लाया। *(ठहाका मारकर हँसता है)* विलायतज़दह!

जितेन्द्र : इसमें इतना हँसने की क्या बात है?

रमेश : ज़माना बदल रहा है, भाई साहिब! इस तरह के लोग बड़े अटपटे नज़र आते हैं। और मैं आपको बताऊँ? अंग्रेज़ भी इन्हें पसन्द नहीं करते होंगे।

[Fade in]

---

* नोट : यदि यह सम्भव न हो तो इन छोटे-छोटे प्रतीकात्मक दृश्यों को निकाला भी जा सकता है।

[भाटिया के घर के बाहर। घंटी बजाने पर दरवाज़ा खुलता है। भाटिया सामने खड़ा है।]

भाटिया : आओ जितेन्द्र, आओ। *(रमेश से)* Come, my young friend, come.

(रमेश के जूतों की ओर देखकर) किसी रेगिस्तान में से आ रहे हो क्या? तुम्हारे जूतों से तो लगता है, पूरा सेहरा लाँघकर आ रहे हो।

रमेश : कहें तो बाहर ही उतार दूँ?

भाटिया : पहने रहो, पहने रहो। सिर्फ़ मेरी मेज़ पर पाँव रखकर नहीं बैठना। *(हँसता है)* कहो, जितेन्द्र, मुझे मालूम था तुम आओगे, इसीलिए मैंने अभी तक नाश्ता नहीं किया। *(बैरे को आवाज़ लगाते हुए)* बैरा! ख़ानसामा! *(ख़ानसामा दाख़िल होता है)*

ख़ानसामा : जनाब!

भाटिया : तीन आदमियों के लिए मेज़ लगाओ। Sonny Boy, तुम तो आमलेट खाओगे, मुझे मालूम है। जितेन्द्र तुम?

जितेन्द्र : आमलेट ही हो जाए!

भाटिया : कॉफी या चाय?...*(ख़ानसामा से)* दोनों रखो!...इतनी देर आओ, इधर बैठते हैं।...

ख़ानसामा : जनाब! *(चला जाता है।)*

[भाटिया की बैठक, उसकी सजधज प्रभावशाली है। दीवारों पर यूरोपीय कला के चित्र। अंग्रेज़ी किताबों से सजी अलमारियाँ, तरह-तरह के यूरोपीय सजावट के नमूने आदि।]

[सभी बैठ जाते हैं।]

जितेन्द्र : तुम्हारा वेदान्त कैसा चल रहा है?

भाटिया : जितेन्द्र, जानते हो आल्डस हक्सले ने 'अहं ब्रह्मास्मि' का अंग्रेज़ी में क्या अनुवाद किया है?

जितेन्द्र : क्या?

भाटिया : *(उच्चारण करते हुए)* अहं ब्रह्मास्मि! I am the Divine Flame! बहुत बढ़िया अनुवाद है! है ना! I am the Divine Flame!

जितेन्द्र : हाँ!

भाटिया : I am the Divine Flame! सचमुच इस मन्त्र में बड़ी शक्ति है। जब भी मैं इसे दोहराता हूँ तो हर बार लगता है, मेरे अन्दर शक्ति का संचार हो रहा है। I am the Divine Flame!

जितेन्द्र : अब इसी वाक्य को संस्कृत में कहकर देखो।

भाटिया : संस्कृत में वह बात नहीं है। *(उच्चारण करते हुए)* 'अहं ब्रह्मास्मि!' नहीं, वह बात नहीं है। अंग्रेज़ी के Flame शब्द में बड़ी शक्ति का भास होता है। संस्कृत में फुसफुसा-सा लगता है। Flame! Flame! I am the Divine Flame!

जितेन्द्र : नहीं, 'ब्रह्म' शब्द भी बड़ा प्रभावशाली है।

भाटिया : नहीं, पर वह बात उसमें नहीं जो अंग्रेज़ी के Flame शब्द में है—लपट! Flame! इस मन्त्र में बड़ी जान है, जितेन्द्र! बड़ा ओज है। इसका उच्चारण करते समय मन में से सारा भय, सारा संशय, त्रास दूर हो जाते हैं। मैं विश्व की सत्ता का अंग बनने लगता हूँ। मेरा अस्तित्व ब्रह्मांड की ऊँचाइयाँ छूने लगता है।...इसी में भारत की आत्मा बसती है। मैं डिक को बताऊँगा।

जितेन्द्र : डिक कौन?

भाटिया : डिक? तुम डिक को नहीं जानते? तुम्हें शर्म आनी चाहिए!

जितेन्द्र : *(धीमी आवाज़ में)* डिक! कौन डिक?

भाटिया : शहर का अंग्रेज़ डिप्टी कमिश्नर, और कौन?

जितेन्द्र : ओ, डिकिन्सन!

भाटिया : दूसरों के लिए डिकिन्सन है, पर मेरे लिए तो डिक ही है, या फिर, डिकी! मैं तो उसे डिकिन्सन बुलाऊँ तो उसे बुरा लगता है।

जितेन्द्र : उसे भी भारतीय दर्शन में रुचि है?

भाटिया : बहुत ज़्यादा! हम घंटों इसकी चर्चा करते रहते हैं।

जितेन्द्र : उसने भी वेदान्त का अध्ययन कर रखा है?

भाटिया : मैं डिक के सामने विस्तार से इस मन्त्र की व्याख्या करूँगा। इसमें भी उसकी बड़ी रुचि है। I am the Divine Flame! इस मन्त्र का उच्चारण करते हुए मुझे लगता है, मैं विश्व की

सत्ता का अंग बनने लगा हूँ।...यह वह तन्तु है जिससे भारत की आत्मा के साथ जुड़ जाता हूँ।

रमेश : आपको भी भारत की प्राचीन संस्कृति पर गर्व का भास होता है?

भाटिया : क्यों नहीं, Sonny Boy! I am proud of our ancient culture! इसमें मुझे भारत की आत्मा के दर्शन होते हैं।... पर एक बात बताऊँ, Sonny Boy, मैं अंग्रेज़ी हुकूमत को भारत के लिए वरदान मानता हूँ, भारत का सौभाग्य है कि ये अंग्रेज़ लोग राज्य का संचालन कर रहे हैं।

रमेश : क्या सच?

भाटिया : उनकी इंसाफ पसन्दी, उनका अनुशासन, उनकी जनतन्त्रात्मकता–उनकी जितनी तारीफ़ की जाए, थोड़ी है।...

[दूर से ढोल बजने की आवाज़! मुनादी का ढोल।]

भाटिया : यह क्या है?

[तीनों ध्यान से सुनते हैं।]

रमेश : यह तो मुनादी का ढोल लगता है। किसी जलसे *(ढोल की आवाज़ नज़दीक आती जा रही है)* की मुनादी का ढोल!... लगता है, कांग्रेस का कोई जलसा होने जा रहा है।

भाटिया : *(घबराकर)* लेकिन कैंटोन्मेंट में यह कैसे बज रहा है?... *(स्वगत)* कितना भयावह लगता है!

रमेश : *(उठकर खिड़की की ओर जाता है)* हाँ, ठीक है, मुनादी का ही ढोल है। कोई आदमी ताँगे पर बैठा ढोल बजाए जा रहा है, कांग्रेस का तिरंगा झंडा ताँगे पर लहरा रहा है।

[जितेन्द्र भी खिड़की की ओर चला जाता है। भाटिया दोनों के पीछे खड़ा हो जाता है, ताकि बाहर से नज़र नहीं आ पाए।]

भाटिया : कितनी भयानक आवाज़ है!

रमेश : कौन-सी आवाज़?

भाटिया : यही, ढोल की आवाज़।

रमेश : इसमें तो आज़ादी की जंग की धड़कन है, भाटिया साहिब! यह भयानक कहाँ है?

भाटिया : कैंटोन्मेंट में इसका मतलब? वे क्या जानते नहीं कि यह अंग्रेज़ों की छावनी है, यहाँ कोई जलसा नहीं हो सकता?

रमेश : कल बम्बई में नेताओं की गिरफ़्तारियाँ हुई हैं, शायद उसी सिलसिले में कोई जलसा हो रहा होगा।

भाटिया : लेकिन कैंटोन्मेंट में मुनादी का क्या मतलब? यहाँ क्या वे अंग्रेज़ों में कांग्रेस का प्रचार करने आए हैं?

रमेश : यहाँ हिन्दुस्तानी भी तो रहते हैं। चलिए, बाहर चलकर देखते हैं।

भाटिया : जितेन्द्र, इसे देखना ही है तो ऊपर चलकर देखते हैं। यह खिड़की सड़क के बिलकुल सामने है। *(तीनों खिड़की पर से हट जाते हैं और सीढ़ियों की ओर जाते हैं।)*

[Fade out]

[Fade in]

[सड़क का दृश्य। ताँगे पर तिरंगा झंडा। अगली सीट के ऊपर एक दुबला-पतला युवक खड़ा है। पिछली सीट पर ढोल बजानेवाला बैठा है। ताँगा मोड़ काटकर इस सड़क पर आ गया है और दुकान के सामने रुक गया है। सड़क पर आते-जाते लोग रुक गए हैं।

ऊपर की मंजिलवाली खिड़की में तीनों खड़े हो जाते हैं। दुकान के सामने ताँगे के रुक जाने पर, भाटिया सरककर पीछे हो जाता है ताकि सड़क पर से उसे कोई देख नहीं सके।]

मुनादी करनेवाला

युवक : *शहीदों की चिताओं पर*
लगेंगे हर बरस मेले
वतन पर मरनेवालों का
यही बाक़ी निशाँ होगा।

साहिबान, आपने सुना होगा कि कल रोज़ बम्बई में हमारे नेताओं को पकड़-पकड़कर जेल में डाल दिया गया है। सरकार की इस शर्मनाक कार्रवाई के विरुद्ध सभी भारतवासी-देशवासी अपनी आवाज़ उठाएँ। आज के दिन सभी दुकानें, सभी बाज़ार बन्द रहेंगे। मैं इस बाज़ार के अपने दुकानदार भाइयों से भी दरख़्वास्त करूँगा कि अपनी-अपनी दुकानें बन्द कर दें। शाम को छह बजे कम्पनी बाग़ में आम पब्लिक जलसा होगा...। *(ढोल फिर से बजने लगता है)*

[मुनादी करनेवाला युवक झाँक-झाँककर भाटिया की दुकान की ओर देख रहा है। किसी को वहाँ न पाकर, उसकी आँखें ऊपरवाली खिड़की की ओर उठती हैं, जहाँ ये तीनों खड़े हैं। वह हाथ बाँधकर दुकान बन्द करने का आग्रह करता है। भाटिया उसे, हाथ के इशारे से आगे बढ़ जाने को कहता है।]

दुकान बन्द कीजिए। नेताओं की गिरफ़्तारी पर सरकार की शर्मनाक कार्रवाई की मज़म्मत कीजिए!...

[जब वह बोल रहा है तो भाटिया पीछे हट जाता है। कुछ देर बाद मुनादीवाला ताँगा आगे बढ़ जाता है।]

[Fade out]

[Fade in]

[तीनों सीढ़ियाँ उतर रहे हैं।]

रमेश : *(भाटिया से)* आपने तो इस तरह आगे बढ़ जाने का इशारा किया है, जैसे भिखमंगे को आगे बढ़ जाने को कहते हैं।

भाटिया : कितनी बड़ी बेवकूफ़ी यह आदमी कर रहा है। तुम यह नहीं समझते। इसे तो फ़ौजी अफ़सर गोली से उड़ा देंगे। कैंटोन्मेंट में कांग्रेस की मुनादी करना क्या कोई मज़ाक है? और फिर, दुकानें बन्द करने को कह रहा था। वह यहाँ पहुँच कैसे गया?

रमेश : अपनी जान जोख़िम में डालकर आया होगा।

भाटिया : पर यह कोई अक़्ल की बात है? वह जानता नहीं कि कैंटोन्मेंट में जाना मौत के मुँह में जाना है।

जितेन्द्र : बड़े साहस का काम है—इस तरह छावनी में आकर मुनादी करना।

भाटिया : साहस का नहीं, बेवकूफ़ी का, पागलपन का। तुम्हारी आवाज़ को यहाँ कौन सुनेगा? वे हिन्दुस्तानी दुकानदार, जिनकी रोज़ी अंग्रेजों पर निर्भर करती है, क्या वे दुकानें बन्द कर देंगे?

[Fade out]

[Fade in]

[सड़क पर ताँगा आगे बढ़ता जा रहा है। दूर, एक जगह पर रुककर, युवक फिर से खड़ा होकर मुनादी करने लगता है। यह दृश्य दूर से दिखाया गया है।]

[Fade out]

[Fade in]

[भाटिया की बैठक। तीनों व्यक्ति फिर से आराम कुर्सियों पर बैठे हैं।]

भाटिया : *(उत्तेजित आवाज़ में)* तुम समझते हो, चरखा कात-कातकर तुम अंग्रेज़ों को यहाँ से भगा दोगे?

जितेन्द्र : चरखा और खादी तो हमारे स्वाधीनता संग्राम के हथियार हैं। इस अहिंसात्मक संग्राम में...।

भाटिया : बस, बस, मैं ये तर्क तुम्हारे मुँह से बहुत सुन चुका हूँ। ये और कुछ नहीं, एक बूढ़े नेता की सनक है जो देश को नपुंसक बना रहा है।

जितेन्द्र : अहिंसात्मक आन्दोलन के पीछे आत्मबलिदान की भावना होती है, कुरबानी का जज़्बा होता है। अहिंसा की लड़ाई लड़ने के लिए बड़े साहस की ज़रूरत होती है।

[जब भाटिया बात करने लगता है, तभी।]

[Fade out]

[Fade in]

[मुनादी का ताँगा एक बाज़ार में खड़ा है और युवक जलसा और हड़ताल के बारे में बता रहा है, तब कोई आदमी आगे बढ़कर युवक के मुँह पर थप्पड़ रसीद कर देता है, और उसे घसीटकर ताँगे पर से उतार लिया जाता है। झगड़ा-सा उठ खड़ा होता है। ढोल ज़मीन पर फेंक दिया जाता है।]

[पुलिस पहुँच जाती है और दुबले-पतले युवक को हिरासत में ले लेती है। वह बार-बार 'भारत माता की जय!'... 'इन्किलाब ज़िन्दाबाद!'...'महात्मा गांधी की जय!' के नारे लगा रहा है।]

[Fade out]

[Fade in]

[भाटिया की बैठक।]

भाटिया : चलो यार, आज कोई फ़िल्म हो जाए। अब तुम आए हो तो एक फ़िल्म ही देख लेते हैं।

जितेन्द्र : कोई नई फ़िल्म लगी है? हाँ, आज शुक्रवार है न, शुक्रवार को फ़िल्म बदल जाती है।

भाटिया : हाँ, मुझे नाम तो याद नहीं, पर उसमें Ronald Colman काम कर रहा है, बढ़िया फ़िल्म होगी।

जितेन्द्र : चलो, देख लेते हैं। *(जितेन्द्र इस दौरान पुस्तकों की अलमारी के पास खड़ा किसी आध्यात्मिक पुस्तक (Aldous Huxley) की या किसी अन्य लेखक की पुस्तक के पन्ने पलट रहा है।)*

भाटिया : इसी पुस्तक में हक्सले ने 'अहं ब्रह्मास्मि' की चर्चा की है। वह भी लिखता है कि यह एक अद्‌भुत मन्त्र है जिससे उसे बड़ा आत्मिक बल मिलता है।

जितेन्द्र : मैं इसे पढ़ूँगा।

भाटिया : हाँ-हाँ, ज़रूर पढ़ो। जब कभी मेरा मन उदास होता है या मन पर किसी समस्या का बोझ होता है, परेशानी होती है, तो मैं तो सीधा अपने घर की छत पर चढ़ जाता हूँ और खुले आकाश के नीचे, मुट्ठियाँ भींचकर, ऊँची आवाज़ में, बार-बार इस मन्त्र

का उच्चारण करता हूँ–

I am the Divine flame,

For, I am the Divine flame!

I am the Divine flame!

तो मेरे मन को शान्ति मिलने लगती है। मन में धैर्य और साहस के सोते जैसे फूटने लगते हैं। मुझे लगने लगता है, जैसे मेरा अस्तित्व आकाश की ऊँचाइयों को छूने लगा है!

[Fade out]

[Fade in]

[सड़क पर मुनादी करनेवाले युवक को पुलिस के सिपाही हथकड़ी लगाए हाँककर लिये जा रहे हैं। आस-पास खड़े लोग त्रस्त से देखे जा रहे हैं।

एक और जगह पर मुनादी के ढोल को फाड़ दिया गया है और दो मनचले लड़के, सड़क पर उसे, किसी गोल पहिए की तरह चला रहे हैं।]

[Fade out]

[Fade in]

[सिनेमाघर के बाहर।]

भाटिया : *(रमेश और जितेन्द्र से)* तुम लोग यहाँ ठहरो, मैं टिकट लेकर आता हूँ। पहले ध्यान नहीं आया, नहीं तो ख़ानसामा को भेजकर मँगवा लेते।

[अपने साथियों को छोड़कर वह सिनेमाघर की ओर जाता है।]

[Fade out]

[Fade in]

[टिकट घर की खिड़की के सामने टिकट ख़रीदनेवाले गोरे फ़ौजियों की लम्बी लाइन खड़ी है। भाटिया सबसे पीछे खड़ा हो जाता है। पीछे से एक गोरा आकर भाटिया को धकेलकर उसकी जगह खड़ा हो जाता है।]

भाटिया : I beg your pardon, *(और अपनी बत्तीसी दिखाता हुआ)* I was standing here, wasn't I ? गोरा फ़ौजी, कोहनी से उसे एक ओर धक्का देता है। *(बत्तीसी दिखाते हुए)* I won't make an issue of it, though! *(कहते हुए भाटिया उसके पीछे खड़ा हो जाता है।)*

[थोड़ी ही देर में एक और गोरा पीछे से आकर, उसे धक्का देकर उसकी जगह खड़ा हो जाता है।]

I beg your pardon, I was standing there, wasn't I?

[एक और धक्का पड़ता है। गोरे सिपाही हँसने लगते हैं। फिर तो उनके लिए एक खेल-सा बन गया है। जहाँ खड़ा होता है, वहीं उसे धक्का देकर अलग कर दिया जाता है। यही नहीं, लाइन से अलग खड़े गोरे सिपाही उसे यों ही धक्के देने लगते हैं।

भाटिया, बदहाल-सा हाँफता हुआ, वहाँ से बाहर निकलने की कोशिश करता है। दूर से उसकी दुर्दशा देखकर जितेन्द्र और रमेश उसकी ओर भागते हुए आते हैं, पर इस वक़्त तक भाटिया सिनेमाघर की परिधि से काफ़ी दूर आ गया है। पीछे खड़े गोरे ठठाकर हँस रहे हैं।]

जितेन्द्र : यहाँ आना ही भूल थी।

[भाटिया को सहारा देकर वे घर की ओर जाने लगते हैं।]

रमेश : इनकी ऐसी की तैसी, मैं जाकर टिकट लाता हूँ। देखता हूँ, मुझे कौन रोकता है?

जितेन्द्र : लौट आओ, रमेश! तुम कहीं नहीं जाओगे। लौट आओ!

[रमेश लौट आता है। दोनों भाटिया को सहारा देकर घर की ओर ले चलते हैं।]

यह वक़्त भड़कावे में आने का नहीं है।

भाटिया : *(तुनककर)* यह सब तुम्हारी उस मुनादी की वजह से हुआ है। कैंटोन्मेंट में तनाव पैदा हो गया है, वरना अंग्रेज़ कभी किसी के साथ नहीं उलझता।...ग़लती मेरी थी, मुझे आज की स्थिति का जायज़ा ले लेना चाहिए था।

जितेन्द्र : तुम्हें चोट तो नहीं आई?

रमेश : कमीज़ फट गई है, घुटनों पर से पतलून छिल गई है, चोट कैसे नहीं आई?...*(क्रुद्ध होकर)* आप लोग चुप हैं, पर मेरा तो ख़ून खौल रहा है।

जितेन्द्र : बस, बस, रमेश, इधर कोई बखेड़ा खड़ा नहीं करना।

भाटिया : क़सूर मेरा है। मुझे उस लाइन में खड़ा ही नहीं होना चाहिए था। आज के दिन गोरे भड़के हुए हैं।...और करो यहाँ मुनादी! देख लिया?

[Fade out]

[Fade in]

[पुलिस की हिरासत में मुनादीवाला युवक। फ़र्श पर अधलेटा-सा। उसके होंठों पर से ख़ून बह रहा है। गाल चाँटे खा-खाकर जगह-जगह से सूजे हुए हैं। वह अभी भी बड़ी दिलेरी के साथ चिल्ला-चिल्लाकर नारे लगा रहा है :

'भारत माता की जय!'

इस पर थानेदार उसके मुँह पर घूँसा मारता है। युवक के मुँह में से ख़ून बहने लगता है, पर इसके बावजूद वह मुट्ठियाँ भींचकर चिल्लाता है :

'महात्मा गांधी की जय!
बोल, महात्मा गांधी की जय!'

उसे एक और घूँसा पड़ता है।

युवक इन प्रहारों के नीचे 'बोल, भारत माता की जय!' के शब्द बुदबुदाता हुआ पुलिस चौकी के फ़र्श पर लुढ़क जाता है।]

[Fade out]

[Fade in]

[बाहर अँधेरा है। भाटिया अपने घर की छत पर खड़ा है। मुट्ठियाँ भींचे हुए, पहले धीमी आवाज़ में, फिर धीरे-धीरे ऊँची उठती आवाज़ में, सिर आकाश की ओर उठाए] :

I am the Divine flame!
I am the Divine flame!
I am the Divine flame!
अहं ब्रह्मास्मि! अहं ब्रह्मास्मि

[उसने अभी भी वही कपड़े पहन रखे हैं जो जगह-जगह से फटे हैं—पतलून घुटनों पर से, कमीज़, कोहनियों पर से। सिर के बाल उलझे हुए।]

[Fade out]

निमित्त

[(चाय चल रही है) पिर्च-प्यालों की आवाज़ें।

"मठरियाँ सचमुच बहुत अच्छी बनी हैं।"

"मठरियों का मज़ा तो अचार के साथ है।"

"आम के अचार की फाँक हो, और साथ में मठरी...वाह!"]

भाभी : खाओ जी, ताज़ा मठरियाँ हैं, बिलकुल ख़ालिस घी की बनी हैं।

मैं : नहीं भाभी जी, मेरा मन नहीं है। मैंने पहले ही बहुत खा लिया है।...लाइए, प्लेट मैं इधर रख देता हूँ, आप क्यों उठाए-उठाए घूम रही हैं?

भाभी : इतनी अच्छी मठरियाँ लाई हूँ और तुम इनकार किए जा रहे हो। और नहीं तो मेरा ही दिल रखने के लिए ही एक मठरी खा लेते।

बुज़ुर्ग : मैं तो यह मानता हूँ कि दाने-दाने पर मोहर होती है। जो मठरी खाना इसके भाग्य में लिखा है तो यह खाकर ही रहेगा।

भाभी : *(दबी आवाज़ में)* यह बीच में ज़रूर बोलेंगे। न काम, न धाम।

भाभी : ले लो न, आख़िर इतना नख़रा भी क्या हुआ!

मैं : *(कुछ लोग हँस देते हैं)* नहीं, नहीं, बस।

बुज़ुर्ग : देखो जी, किसी को मजबूर नहीं करते। अगर इसकी क़िस्मत में मठरी खाना नहीं लिखा है तो एक बार नहीं, 'बीस बार कहो, यह नहीं खाएगा। दाने-दाने पर मोहर होती है।

भाभी : *(दबी आवाज़ में)* उँह! यह अपना ही अड़ंगा मारते रहेंगे।

देवेन्द्र : बड़े ज़िद्दी हो यार, बीवी तुमसे बार-बार कह रही है और तुम मना किए जा रहे हो। बिलकुल ताज़ा मठरियाँ हैं, अभी तो इन पर मक्खी भी नहीं बैठी है।

मैं : नहीं-नहीं, बस मुझे भूख नहीं है।

[हँसी।]

देवेन्द्र : जिस तरह से तुम सिर हिला रहे हो उससे तो लगता है कि मठरी के लिए तुम्हारा मन ललचाने लगा है। एक मठरी खा लोगे तो तुम्हें कोई नुकसान नहीं होगा। मेरा तो हाज़मा कमज़ोर है, नहीं तो मैं सारी प्लेट चट कर जाता। लो, अचार के साथ खाओ।

मैं : वह तो मैं जानता हूँ, पर...।

देवेन्द्र : चखकर तो देखो। तुमने कह क्या दिया कि जैसे पत्थर पर लकीर हो गई।

भाभी : खा लो, खा लो, सचमुच बड़ी ख़स्ता मठरियाँ हैं।

मैं : अच्छा जब इतना इसरार करती हो भाभी, तो लाओ...।

[ठहाका।]

बुज़ुर्ग : मैंने पहले ही कहा था दाने-दाने पर मोहर होती है। यह मठरी तो इसे खानी ही थी, इससे यह बच नहीं सकता था।

मैं : आप ख़ुद तो खाते नहीं, मुझे ज़बरदस्ती खिला दिया।

बुज़ुर्ग : सब बात पहले से तय होती है, कौन-सी मठरी किस मुँह में जाएगी, कोई माने या नहीं माने।

मैं : वाह! हैं तो बढ़िया।

[लोग हँसते हैं।]

देवेन्द्र : तुमसे कहा था न! बस इतना ही था संयम? मैं नहीं खाऊँगा, मैं नहीं खाऊँगा...।

भाभी : अचार के साथ खाओ, और भी मज़ा आएगा।

मैं : अब खाने ही लगे तो आधी क्या और पूरी क्या! लाइए, अचार की डली...।

[हँसी।]

शीला : लगता है, दूसरी मठरी पर भी इन्हीं की मोहर है!

देवेन्द्र : *(हँसकर)* खाने दो, खाने दो, इस बेचारे को मठरियाँ खाने को मिलती ही कहाँ हैं...।

भाभी : छोड़ो भी, इन्हें किस चीज़ की कमी है, ये खानेवाले बनें, मैं रोज़ इन्हें मठरियाँ खिलाऊँगी।

देवेन्द्र : शीला, तू भी एक-आध मठरी उठा ले, नहीं तो यह प्लेट साफ़ कर जाएगा। आज मठरियों पर इसी की मोहर जान पड़ती है।

बुज़ुर्ग : वाह जी, अगर इनकी मोहर है तो शीला कैसे खा सकती है?

देवेन्द्र : शीला, तू खाकर दिखा दे कि मठरियों पर भले ही इसकी मोहर हो, मठरी तेरे मुँह में जाएगी।

शीला : ठीक है, यह साबित करने के लिए ही सही...*(मठरी उठाने की हलकी-सी आवाज़)* अब बोलो!

[लोग हँसते हैं।]

बुज़ुर्ग : बोलो क्या, इस मठरी पर शीला की मोहर थी, इसीलिए उसके मुँह में गई।

शीला : वाह जी, यह भी कोई बात हुई!

बुज़ुर्ग : तुम मानो या न मानो, जो भाग्य में लिखा है, वही, केवल वही होकर रहेगा। दाने-दाने पर मोहर होती है...।

भाभी : *(दबी, बड़बड़ाती आवाज़ में)* मोहर होती है, कभी न कुछ किया न कराया, घर में बैठे रोटियाँ तोड़ते रहते हैं, फिलॉसफियाँ बघारते रहते हैं।

शीला : *(धीमी आवाज़ में)* सुन लेंगे भाभी।

भाभी : कुछ करते-धरते नहीं, शीला, मैं तुम्हें क्या बताऊँ! दिन भर धूप सेंकते हैं और अख़बार पढ़ते हैं। यहाँ मन उकता जाता है तो अपने बेटे के पास बम्बई चले जाते हैं...।

शीला : *(धीमे)* ठीक है, ठीक है, धीरे बोलो भाभी।

भाभी : *(दबी आवाज़ में)* अगर पूछो कि घर कब जाएँगे तो कहते हैं जब वक़्त आएगा, अन्न-जल उठ जाएगा तो अपने आप चल दूँगा। दाने-दाने पर मोहर होती है...।

[दोनों हल्का-सा हँसती हैं।]

ख़ुद तो मिठाई नहीं खाएँगे, पर मेरे घरवाले को मिठाई खाने की मनाही है, बढ़ावा देते जाएँगे कि ज़रूर खाओ, ज़रूर खाओ। मैं कुछ कहूँ तो कहते हैं—अगर देवेन्द्र के भाग्य में रसगुल्ला लिखा है तो रसगुल्ला उसके मुँह में ज़रूर जाएगा।

[शीला हँसती है।]

ख़ुद तो अच्छे-भले हैं, पर उसे बीमार कर देते हैं।

[जितनी देर शीला और भाभी फुसफुसाकर बातें करती हैं, उतनी देर अन्य आवाज़ें सुनाई पड़ती रहती हैं जैसे पिर्च-प्यालों की आवाज़, 'चाय इधर भी लाना, भाई।' 'चीनी कितनी, एक चम्मच।' 'मैं चीनी के बग़ैर पीता हूँ।' 'प्रगति मैदान में बड़ी अच्छी नुमाइश लगी है। साड़ियों पर तीस परसेंट डिस्काउंट है।' आदि]

मैं : आप चाय लेंगे, चाचा जी?

बुज़ुर्ग : नहीं, मैं शाम को कुछ नहीं लेता।

मैं : आपकी सेहत तो भगवान की दया से बहुत अच्छी है।

बुज़ुर्ग : नहीं, ऐसी अच्छी क्या है...।

मैं : क्यों आपके दाँत अभी भी मज़बूत हैं, इस उम्र में भी ख़ूब घूमते-फिरते हैं, और क्या चाहिए...।

बुज़ुर्ग : देखो जी, जब दिन पूरे हो जाएँगे, तो मालिक अपने आप उठा लेगा। मैंने तो अपने को भगवान के हाथ में सौंप रखा है। इसी को मेरी सेहत का राज़ समझ लो।

मैं : भाग्य के सामने तो सभी को झुकना पड़ता है, इसमें क्या शक है...पर शायद आप ज़्यादा महसूस नहीं करते, किसी बात को दिल से नहीं लगाते।

बुज़ुर्ग : दिल को क्या लगाना, जो होना है वह तो होकर ही रहेगा, हम और आप कर ही क्या सकते हैं!

भाभी : ये ज़िन्दगी के पचड़ों से दूर रहते हैं, इन्हें कोई बात परेशान नहीं करती।

बुज़ुर्ग : सुनो, तुम्हें एक क़िस्सा सुनाऊँ...देश के बँटवारे के दिनों में मैं राजगढ़ में था। फ़ैक्टरी का मैनेजर था।

मैं : जी।

बुज़ुर्ग : मेरा तब भी यही विश्वास था कि जो होना है, होकर रहेगा।

मैं : सच है।

बुज़ुर्ग : जिनके भाग्य में बचकर निकलना लिखा था, वे दंगों में से बचकर निकल आए, जिन्हें मरना था, वे मारे गए।

मैं : जी!

बुज़ुर्ग : कितने ही लोग मारे गए। राजगढ़ में क्या थोड़ी मार-काट हुई थी।

मैं : फ़सादों के दिनों में आपने बहुत-कुछ देखा होगा।

बुज़ुर्ग : मैं फ़ैक्टरी में था, फ़ैक्टरी के अन्दर ही मेरा बँगला था और फ़ैक्टरी को कोई ख़तरा भी नहीं था।

इसे भी आपका सौभाग्य ही कहें कि आप फ़ैक्टरी के अन्दर ही रहते थे।

देवेन्द्र : हमने भी बहुत क़िस्से सुने हैं, उन दिनों के बारे में। आपका हमसाया आपको तो बचाता था, पर वही हमसाया शहर के दूसरे हिस्से में जाकर क़त्ल-ओ-ग़ारत करता था।

भाभी : मेरी माँ सुनाती थीं कि उन्हें सचमुच मुसलमान मुहल्लेवालों ने बचाया। वह तो अपना ज़ेवर भी निकाल लाई थीं।

मैं : हाँ, फिर चाचा जी।

बुज़ुर्ग : राजगढ़ में भी बड़ी मार-काट हुई थी।

मैं : जी।

बुज़ुर्ग : जब फ़िसाद शुरू हुए तो हमारी फ़ैक्टरी बन्द हो गई। पर जो हमारी लेबर थी न, पन्द्रह-बीस मज़दूर, वह फ़ैक्टरी में फँस गई। ये लोग फ़ैक्टरी के बाहर झोंपड़ियों में रहा करते थे, पर दंगे शुरू होने पर वे डर गए और फ़ैक्टरी के अन्दर आ गए, कहने लगे कि हमें फ़ैक्टरी के अन्दर ही पड़ा रहने दो, बाहर हमें डर लगता है।

मैं : फिर?

बुज़ुर्ग : मैंने उनसे कहा, बेशक फ़ैक्टरी के अन्दर पड़े रहो। अगर तुम्हें बचना है तो बाहर भी बच जाओगे, अगर तुम्हें मरना है तो फ़ैक्टरी के अन्दर भी मारे जा सकते हो।

मैं : हूँ।

बुज़ुर्ग : उन दिनों पटियाला में मुसलमान शरणार्थियों के लिए कैम्प खोला गया था क़िले में, सभी को वहाँ इकट्ठा किया जा रहा था ताकि बाद में वहीं से उन्हें पाकिस्तान भेजा जा सके।

मैं : जी।

बुज़ुर्ग : एक दिन शाम का वक़्त था, बस, यही वक़्त रहा होगा, अँधेरा अभी पड़ ही रहा था जब फै क्टरी का एक बूढ़ा मिस्त्री–इमामदीन नाम था उसका–मेरे पास आया। वह पिछले पन्द्रह साल से फ़ैक्टरी में काम कर रहा था, बड़ा शरीफ़ आदमी था, सफ़ेद दाढ़ी, बड़ी उम्र का था। मेरे सामने हाथ बाँधकर खड़ा हो गया...।

[Fade out]

[Fade in]

: क्या है इमामदीन?

इमामदीन : साहिब सभी तरफ़ आग जल रही है। सभी रास्ते बन्द हो गए हैं।

बुज़ुर्ग : फिर?

इमामदीन : मैं अपने गाँव नहीं जा सकता। मुझे कुछ मालूम नहीं मेरे बाल-बच्चों का क्या हुआ है?

बुज़ुर्ग : फिर, इमामदीन, बताओ मैं क्या कर सकता हूँ?

इमामदीन : आप मुझे पटियाला भेज दो।

बुज़ुर्ग : पटियाला? पर तुम्हारे बाल-बच्चे तो गाँव में हैं न?

इमामदीन : क्या मालूम वे पटियाला पहुँच गए हों, मुझे वहीं पर मिल जाएँ।

बुज़ुर्ग : *(तनिक सोचकर)* देखो, इमामदीन इस वक़्त अँधेरा पड़ रहा है। मैं तुम्हें कहाँ भेजूँ?

इमामदीन : हुज़ूर, फ़ैक्टरी में आपके पास दो मोटरें हैं, आप एक मोटर में मुझे भेज दें।

बुज़ुर्ग : मोटरें तो हैं, तुम अच्छी तरह से सोच लो, इमामदीन।

इमामदीन : हुज़ूर मैं आपका एहसान कभी नहीं भूलूँगा। मेरा दिल यहाँ मछली की तरह तड़पता रहता है।

बुज़ुर्ग : अच्छी बात है, अगर तुम्हारा यही मन कहता है तो बेशक जाओ, मैं ड्राइवर को बुला देता हूँ। वह घंटी दबा दो।

[दूर, घंटी बजने की आवाज़।]

इमामदीन : आपको मैं परेशान कर रहा हूँ, साहिब...।

बुज़ुर्ग : मुझे क्या परेशानी है इमामदीन, फ़ैक्टरी की मोटर है, फ़ैक्टरी ही पेट्रोल के पैसे देगी, मुझे अपनी जेब से तो नहीं देना है! और पटियाला कौन-सा दूर है!

इमामदीन : यहाँ बैठकर फ़िक्र करते रहने से तो अच्छा है कि मैं पटियाला चला जाऊँ। अपनी आँखों से देख लूँ।

बुज़ुर्ग : हर तरफ़ मारकाट चल रही है, इमामदीन, पर मैं कौन हूँ तुम्हें रोकनेवाला, बचकर निकल जाओ तो निकल ही जाओ।

[दरवाज़ा खुलने की आवाज़।]

शेरसिंह : आपने याद किया, हुज़ूर?

बुज़ुर्ग : हाँ, बुलाया है। मिस्त्री इमामदीन को जानते हो न?

शेरसिंह : जानता कैसे नहीं, हुज़ूर, मैं भी यहाँ पिछले पन्द्रह साल से काम कर रहा हूँ।

बुज़ुर्ग : इसे अपने घर-परिवार की चिन्ता है। इसे तुम पटियाला क़िले में छोड़ आओ।

शेरसिंह : इस वक़्त हुज़ूर? इस वक़्त तो रात पड़ रही है, और चारों तरफ़ आग ही आग जल रही है।

बुज़ुर्ग : अब क्या किया जाए! यह जाना चाहता है। तुम अपनी तरफ़ से हिफ़ाज़त से ले जाना, आगे भगवान मालिक है।

शेरसिंह : चलो भाई, इमामदीन...।

[Fade out]

[Fade in]

मैं : आपको डर तो लगा होगा। अकेले आदमी को फ़िसाद के इलाक़े में अकेला भेज दिया।

बुज़ुर्ग : सब कुछ भगवान के हाथ में है बरख़ुरदार, लिखे को कोई नहीं मिटा सकता।

मैं : दिन के वक़्त जाने की बात अलग है पर रात के वक़्त...।

बुज़ुर्ग : मैंने कहा इसके अन्दर फुरण फुटी है, जाता है तो जाए।

मैं : पर आप दिन के वक़्त भेज देते तो और बात थी, रात के वक़्त तो ख़तरा बहुत बढ़ जाता है न।

बुज़ुर्ग : सुनो बरख़ुरदार, यह जो इमामदीन मेरे पास आया था तो भाग्य का निमित्त बनकर। यह सब भाग्य का खेल है। वह भी निमित्त था, मैं भी निमित्त था, शेरसिंह ड्राइवर भी निमित्त था। हम सब निमित्त हैं।

मैं : फिर?

बुज़ुर्ग : मैंने उसे शेरसिंह ड्राइवर के साथ भेज दिया। शेरसिंह बड़ा ईमानदार ड्राइवर था। पर उन दिनों कौन जानता था, किसके दिल में क्या है! क्या मालूम रास्ते में शेरसिंह ही उसका काम तमाम कर दे। पर मैं क्या कर सकता हूँ। बूढ़ा मिस्त्री जाना चाहता था, चला गया।

[Fade out]

[Fade in]

[मोटर का इंजन घरघराने की आवाज़।]

थोड़ी देर के बाद इंजन की आवाज़ बन्द हो जाती है।

शेरसिंह : तुम तो ढेर सारा सामान उठा लाए हो, इमामदीन।

इमामदीन : क्या मालूम, लौटना हो या नहीं हो, शेरसिंह।...दो गठरियाँ हैं, एक ट्रंकी है। यह एक बिस्तर है, बस।

शेरसिंह : चलो रखो! गठरियाँ पिछली सीट पर रख दो। ट्रंकी और बिस्तर मैं पीछे रख देता हूँ। अब जल्दी करो, देर नहीं करो।

इमामदीन : अभी लो, भाई।

[तनिक हाँफने, सामान रखने, मोटर का दरवाज़ा बन्द करने की आवाज़।]

शेरसिंह : चलो बैठो।

इमामदीन : कहाँ बैठूँ। तुम्हारे पास, आगे की सीट पर?

शेरसिंह : नहीं, पीछे, सामान के साथ बैठो।

इमामदीन : अल्लाह तुम्हें सलामत रखे, शेरसिंह, तुम बड़े सवाब का काम कर रहे हो।

शेरसिंह : बैठो-बैठो, बातें करने का वक़्त नहीं है।

[कार स्टार्ट करने की आवाज़।]

इमामदीन : किस रास्ते चलोगे?

शेरसिंह : *(तनिक खीझकर)* कितने रास्ते हैं पटियाला जाने के? एक ही तो रास्ता है। दाएँ-बाएँ दोनों तरफ़ गाँव पड़ते हैं और हर जगह आग लगी है।

इमामदीन : आग तो रुकने भी लगी है। या अल्लाह!

[मोटर के दूर जाने की आवाज़।]

[Fade out]

[Fade in]

बुज़ुर्ग : वे दोनों चले गए। मैं खिड़की के पीछे खड़ा मोटर को दूर जाते देखता रहा।

मैं : बड़े जोखिमवाली बात थी।

बुज़ुर्ग : जोख़िम जैसा जोख़िम, तीन-चार जगह आग लगी थी और आग की लपटें आसमान को छू रही थीं। मैंने दिल में कहा–बचकर निकल गया तो मिस्त्री सचमुच क़िस्मत का धनी होगा।

मैं : मैं आपकी जगह होता तो मेरी तो हिम्मत न पड़ती।

बुज़ुर्ग : मैं भी उसे कहाँ जाने देना चाहता था! पर वह बार-बार मेरे पाँव पकड़ रहा था। यहाँ से मुझे निकाल दो, यहाँ से मुझे निकाल दो।...मैं मोटर को दूर जाते देखता रहा। आग की लपटों की ओर मोटर आगे बढ़ती जा रही थी। मुझे लगा जैसे मिस्त्री सीधा आग के कुंड की ओर बढ़ रहा है।

शीला : हाय! आप कैसा क़िस्सा सुना रहे हैं! आपको उसे रोक देना चाहिए था।

बुज़ुर्ग : मैं कैसे रोकता, उसकी क़िस्मत उसे खींचे लिये जा रही थी। भाग्य के आगे किसी की अक़्ल काम नहीं करती।

मैं : फिर?

बुज़ुर्ग : अब आगे सुनो—उधर मोटर आँखों से ओझल हुई, और मैं वापस आकर बैठा ही था कि फ़ैक्टरी के फाटक पर शोर होने लगा।

[Fade out]

[Fade in]

बुज़ुर्ग : दीनू, यह गेट पर शोर कैसा है?

दीनू : साहिब, बाहर के लोग हैं, मैं उन्हें नहीं जानता। अगर उन्हें रोका नहीं गया तो फाटक तोड़कर अन्दर आ जाएँगे। फाटक खोलो, फाटक खोलो का शोर मचा रहे हैं।

बुज़ुर्ग : गोरखा चौकीदार कहाँ है?

दीनू : वह भी उधर ही था गेट के पास...वह इधर आ रहा है, भागता आ रहा है।

[भागता आदमी नज़दीक आ रहा है।]

बुज़ुर्ग : क्या बात है, चौकीदार? क्या मिस्त्री इमामदीन मारा गया है? क्या उसकी लाश को गेट पर लाए हैं?...अरे, ये लोग कौन हैं? ये अन्दर कैसे घुस आए?

[कुछ लोगों के क़दमों की आवाज़।]

कौन हैं आप लोग? क्या चाहते हैं?

बलवई-1 : ओ मैनेजर, तुमने अपनी क़ौम के साथ ग़द्दारी की है। हमारे शिकार को यहाँ से भगा दिया है।

बलवई-2 : क्यों जाने दिया उस मुसले को? तुम कौन हो उसे फ़ैक्टरी की कार में भेजनेवाले? तुम्हारे बाप की गाड़ी है?

बुज़ुर्ग : भाई, वह फ़ैक्टरी का पुराना मुलाज़िम है, अपने बाल-बच्चों की खोज में पटियाला गया है। मेरे पाँव पकड़कर गिड़गिड़ाता रहा, मैंने जाने दिया।

बलवई-1 : वह तुम्हारा क्या लगता है? उसे क्यों जाने दिया?

बलवई-2 : क्या तुम हिन्दू नहीं हो? मुसले को जाने दिया?

बलवई-1 : तेरे जैसे ग़द्दार आदमी का तो सिर क़लम कर देना चाहिए।

बुज़ुर्ग : बिगड़ते क्यों हो भाई, फ़ैक्टरी की दो कारें हैं, चाहो तो दूसरी कार तुम ले जाओ...अगर उसके भाग्य अच्छे हुए तो वह

भागकर निकल जाएगा, अगर तुम्हारी क़िस्मत अच्छी हुई तो वह तुम्हारे हाथ पड़ जाएगा।

बलवई-1 : हम इस फ़ैक्टरी को आग लगा देंगे। यहाँ तुम मुसलों को पनाह देते रहे हो।

बलवई-2 : हिन्दू होकर मुसलों को पनाह देते हो?

बुज़ुर्ग : ज़रा ठहरो। *(क़दमों की आवाज़, फिर क़दम लौटते हुए)* यह लो, दूसरी मोटर की चाभी। मुझे इस पचड़े से क्या मतलब! तुम जानो और तुम्हारा काम!

बलवई-1 : तुमने उसे जाने क्यों दिया है? अब हम उसे ढूँढ़ते फिरें?

बुज़ुर्ग : इससे ज़्यादा मैं क्या कर सकता हूँ? एक मोटर वह ले गया है, दूसरी तुम ले जाओ। अगर उसे बच निकलना है तो बच जाएगा, अगर उसका ख़ून तुम्हारे हाथों होना लिखा है तो वह होकर ही रहेगा।

बलवई-2 : अगर वह नहीं हाथ आया तो हम तुमसे समझ लेंगे। हम तुम्हारी फ़ैक्टरी में आग लगा देंगे और तुम्हें भी उसमें झोंक देंगे।

[Fade out]

[Fade in]

दीनू : आप कहाँ जा रहे हैं, साहिब?

बुज़ुर्ग : मैं ऊपर छत पर जा रहा हूँ। देखूँ तो क्या करते हैं?

दीनू : ऊपर मत जाओ सरकार, आप नीचे ही रहिए।

बुज़ुर्ग : तुम भी चले आओ। देखें तो कहाँ-कहाँ आग लगी है?

[Steps]

[Fade out]

[Fade in]

दीनू : देखो सरकार, मोटर धूल उड़ाती जा रही है।

बुज़ुर्ग : उसी तरफ़ जा रही है जिस तरफ़ शेरसिंह पहली गाड़ी को ले गया है। तुम क्या सोचते हो, पकड़ लेगा?

दीनू : अँधेरा बहुत बढ़ गया है, साहिब।

[दूर से ढोल पीटने और ऊँचे-ऊँचे नारे लगाने की आवाज़ आ रही है।]

बुज़ुर्ग : यह आवाज़ क्या है?

दीनू : कहीं से बलवई आए होंगे। देखो साहिब, तीन जगह पर आग लगी है। लोग छतों पर खड़े अनुमान लगा रहे हैं कि किन घरों को आग लगाई गई है।

बुज़ुर्ग : क्या फ़र्क़ पड़ता है, कहाँ आग लगी है और कहाँ नहीं लगी है?

दीनू : साहिब, आप अगर इन लोगों को फ़ैक्टरी की मोटर नहीं देते तो शायद शेरसिंह बच जाता। अब तो ये उसे छोड़ेंगे नहीं।

बुज़ुर्ग : क्या उनकी मोटर अब तुम्हें नज़र आ रही है?

दीनू : अब क्या नज़र आएगी, साहिब, अँधेरा बहुत बढ़ गया है।

बुज़ुर्ग : अँधेरा हो या उजाला, कोई फ़र्क़ नहीं पड़ता। कल दिन के वक़्त क्या हुआ था? फ़ैक्टरी के बारह मज़दूर, जो पटियाला कैम्प में जाना चाहते थे, वे भी तो इसरार करते थे कि हमें भेज दो, हमें भेज दो, गाँव ख़ाली हो गया है, और मैंने उनकी बात मानकर सभी को फ़ैक्टरी के ट्रक में भेज दिया था। फिर क्या हुआ था, सबके सब मारे गए थे। सब काट डाले गए थे। दिन हो या रात हो, इसका कोई फ़र्क़ नहीं पड़ता।...चलो, नीचे। यहाँ खड़े रहने का क्या तुक है।

[Steps]

दीनू : भोजन करेंगे, साहिब?

बुज़ुर्ग : पहले स्नान करूँगा। फिर, जो खाना हुआ खाऊँगा।

दीनू : जी, क्या लाऊँ?

बुज़ुर्ग : जानते तो हो, दूध का गिलास और दो बिस्किट। जानते तो हो कि मैं यही कुछ रात को खाता हूँ।...दूध गरम हो, देख लेना।

[Fade out]

[Fade in]

[दो-तीन बार दरवाज़ा खटखटाने की आवाज़।]

दीनू : कौन है?

चौकीदार : मैं हूँ, गोरखा चौकीदार।

[दरवाज़ा खोलने की आवाज़।]

क्या साहिब जाग गए?

दीनू : हाँ, जाग गए हैं। कमरे में बैठे हैं।

चौकीदार : *(After a long pause)* साहिब?

बुज़ुर्ग : कहो चौकीदार, क्या है?

चौकीदार : दोनों मोटरें, एक-एक करके रात को लौट आई थीं साहिब।

बुज़ुर्ग : अच्छा! चाबियाँ सँभाल ली हैं ना!

चौकीदार : जी, हुज़ूर।

बुज़ुर्ग : और क्या ख़बर है?

चौकीदार : इमामदीन तो मारा गया, साहिब।

बुज़ुर्ग : मारा गया?...चलो, इसमें हैरानी की कोई बात नहीं, बच निकलता तो भी हैरानी की कोई बात नहीं होती। मालिक के खेल हैं, जैसे खेलें। शेरसिंह कहाँ है?

चौकीदार : शेरसिंह की बातों से तो लगता है, साहिब कि इमामदीन की हत्या उसी ने कर डाली है।

बुज़ुर्ग : *(After a long pause)* क्या शेरसिंह ने तुमसे ऐसा कहा है?

चौकीदार : उसकी बातों से तो यही लगता है, साहिब।

बुज़ुर्ग : क्या?

चौकीदार : जब शहर पीछे छूट गया और वे पटियाला को जानेवाली सड़क पर आ गए तो अँधेरा गहराने लगा था। फिर...।

बुज़ुर्ग : फिर क्या?

चौकीदार : एक जगह पर शेरसिंह ने मोटर रोक दी और अपनी किरपान से इमामदीन का सिर क़लम कर दिया।

बुज़ुर्ग : और इमामदीन की लाश, उसकी लाश कहाँ पर है?

चौकीदार : वहीं साहिब, इस ख़याल से कि उसकी लाश को कोई पहचान नहीं ले, उसने उसे वहीं सड़क के किनारे उस पर पेट्रोल

छिड़ककर आग लगा दी। उसके कपड़े-लत्ते की गठरियाँ भी साथ में जला दीं।

[Fade out]

[Fade in]

[दूर से ढोल बजने की आवाज़! फिर, किसी मोटर की घरघराने की... ।]

बलवई-1 : रुको, रुको, फ़ैक्टरी की कार यहाँ पर खड़ी है और वह शेरसिंह ड्राइवर खड़ा है। रुक जाओ। *(मोटर का दरवाज़ा खोलने की आवाज़। दूर से ढोल बजने की आवाज़ किसी-किसी वक़्त आती रहती है।)*

बलवई-2 : कहाँ है वह मुसला?

शेरसिंह : कौन-सा मुसला?

बलवई-1 : अरे वही इमामदीन, जिसे मोटर में बिठाकर लाया है। क्या वह तेरा बाप लगता है?

शेरसिंह : बाप मेरा नहीं, तेरा बाप लगता होगा। वह देख सामने, धू-धू करती आग में उसे अगले जहान पहुँचा दिया है।

बलवई-2 : तूने उसे मार डाला?

शेरसिंह : मारता नहीं तो क्या करता? उसे ज़िन्दा पटियाला छोड़ आता? कैम्प में?

बलवई-1 : तू उसे फ़ैक्टरी से लाया ही क्यों था? वहीं पर उसे ख़त्म कर देता।

शेरसिंह : अरे, छोड़ो, क्या बक रहे हो? यहाँ मारना ज़्यादा आसान था, या फ़ैक्टरी में? एक ही वार में उसका काम तमाम हो गया, न कोई देखनेवाला न पूछनेवाला। फिर कपड़े-लत्ते की गठरियों पर उसकी लाश रखी, ऊपर थोड़ा पेट्रोल छिड़का, और चल मरे भाई... ।

बलवई-2 : हमारा शिकार हमसे छीन लिया, साले अब बड़ी-बड़ी बातें करने लगा है? हमने तो सोचा था कि इमामदीन हाथ लग गया तो उसे भी ख़त्म करेंगे और साथ में तुम्हें भी...पर अब तुम्हें बख़्श दिया।

बलवई-1 : जान की ख़ैर मना कि हमारे हाथ नहीं लग गया, और तूने मुसले को मार दिया वरना इस वक़्त तेरी भी लाश सड़क पर पड़ी होती।

बलवई-1 : चलो, मुसला कैम्प तक तो नहीं पहुँच पाया, यही बहुत है...।

[Fade out]

[Fade in]

बुज़ुर्ग : वे लौट आए, और थोड़ी देर बाद शेरसिंह भी लौट आया, और दोनों मोटरें फ़ैक्टरी के गराज में पहुँच गईं।

शीला : उफ़! चाचा जी आपने क्या किया? ऐसे भी कोई करता है? एक ग़रीब आदमी को मरवा दिया?

बुज़ुर्ग : अब आगे सुनो, क़िस्मत की बात जो मैं कह रहा था।... *(ठहराव)* इमामदीन ज़िन्दा है, वह मारा नहीं गया था।

शीला : क्या? क्या सच? यह आप क्या पहेली बुझा रहे हैं?

देवेन्द्र : क्या वह उसके बाद आपसे कभी मिला है?

बुज़ुर्ग : नहीं, मिला नहीं है।

शीला : फिर आप कैसे जानते हैं कि वह ज़िन्दा है?

बुज़ुर्ग : वह ज़िन्दा है...शेरसिंह ने यह कहानी बलवइयों की आँखों में धूल झोंकने के लिए बनाई थी। हुआ वहाँ पर कुछ और ही था...।

[Fade out]

[Fade in]

[मोटर के चलने की आवाज़।]

शेरसिंह : इमामदीन?

इमामदीन : क्या है, शेरसिंह?

शेरसिंह : यह मामला तो बिगड़ा हुआ है!

इमामदीन : क्यों?

शेरसिंह : मैंने सोचा था तुम्हें पुलन्दरी के रास्ते ले जाऊँगा। वहाँ पर कोई गड़बड़ नहीं थी।

इमामदीन : फिर?

शेरसिंह : अब तो वहाँ भी आग की लपटें उठ रही हैं। वह देख...।

[दूर बलवइयों की आवाज़। 'हर हर महादेव' के नारे...]

(Pause) बलवइयों का गिरोह इधर को आ रहा है।

इमामदीन : या अल्लाह!

शेरसिंह : मैं तुम्हें बचा नहीं सकता। इधर से तू भागकर भी कहीं नहीं जा सकता।...अगर उन्होंने देख लिया कि मैं तुम्हें यहाँ लाया हूँ तो वे मोटर को जला देंगे और मेरे साथ भी न जाने कैसा सुलूक करें।

इमामदीन : कोई बात नहीं शेरसिंह, जो सिर पर आई है, उसे झेल लूँगा। कोई बात नहीं, तू यहाँ से लौट जा, उनके यहाँ पहुँचने से पहले ही लौट जा।

शेरसिंह : और कोई रास्ता नहीं है। बलवई पटियाला जानेवाले रास्ते पर से ही आ रहे हैं।

इमामदीन : मुझे अल्लाह के रहम पर छोड़ दे, तू लौट जा। अभी भी वक़्त है।

शेरसिंह : अब कोई वक़्त नहीं है।

[दूर, बलवइयों के नारे नज़दीक आते जा रहे हैं 'जो बोले सो निहाल...सतसिरी अकाल, हर हर महादेव!']

[जल्दी से उत्तेजित आवाज़ में] सुन इमामदीन, तू खिसककर सीट के नीचे हो जा, जल्दी कर, नीचे लेट जा।

[मोटर का दरवाज़ा खुलने की आवाज़। शेरसिंह के हाँफने की आवाज़।]

चुपचाप लेटा रह। मैं ट्रंकी और गठरियाँ निकाल रहा हूँ।

[बलवई नज़दीक आ रहे हैं।]

(हाँफते हुए) इधर पीछे पेट्रोल का डिब्बा रखा है।...दम साधे पड़ा रह।

[चन्द भागते क़दम। ट्रंकी का ताला तोड़ने की आवाज़। फिर माचिस जलाए जाने की आवाज़, धू-धू करती आग की आवाज़।]

आवाज़ें : भागते क़दम 'मारो'!...निकलने न पाए। 'हर हर महादेव!'

बलवई-1 : यह मोटर किसकी है?

शेरसिंह : फ़ैक्टरीवालों की है, राजगढ़ से आई है...।

बलवई-2 : *(चिल्लाकर)* अरे देखो, सड़क पर ट्रंकी रखी है।

[भागते क़दम।]

बलवई-3 : ताला तोड़ दो,...

बलवई-2 : पहले से टूटा है...खोलो...अरे, यह तो कपड़ों से भरी है। इसमें तो बहुत-कुछ है। निकालो, निकालो...।

बलवई-1 : किसका है यह सामान? क्या कोई मुसला भाग रहा था?

शेरसिंह : हाँ, मुसला भाग रहा था। मैं ही उसे राजगढ़ से लाया था।

बलवई-2 : कहाँ है वह, जल्दी बताओ! 'हर हर महादेव!'

शेरसिंह : अरे, तुम क्या करोगे, जो उसके साथ करना था मैंने कर दिया है।

[मोटरकार के नज़दीक आने की आवाज़।]

बलवई-1 : ठहरो, रुक जाओ। यह रही फ़ैक्टरी की मोटर। वह है, शेरसिंह, पकड़ो साले को।

बलवई-2 : कहाँ है, मुसला?

शेरसिंह : कौन-सा मुसला?

बलवई-2 : जिसे तुमने पनाह दे रखी है। इमामदीन मिस्त्री और कौन?

शेरसिंह : मुसला वह रहा।

बलवई-1,2,3 : कहाँ?

शेरसिंह : वह पेड़ के नीचे।

बलवई : वह तो आग है। वहाँ तो धू-धू करके आग जल रही है।

शेरसिंह : वही है।...मारकर आग में झोंक दिया, साले को।

बलवई-2 : हमारा शिकार हमसे छीन लिया?

शेरसिंह : वह मेरा शिकार था, तुम्हारा कहाँ था?

बलवई-1 : इतना रास्ता, उसके पीछे हम तय करके आए हैं।

बलवई-2 : *(ऊँची आवाज़ में)* अरे, ट्रंकी में से कोई काम की चीज़ भी निकली?

बलवई-3 : हाँ, चाँदी की पाज़ेब निकले हैं। मुसले की घरवाली पहनती होगी, चूड़ियाँ भी हैं...।

बलवई-4 : एक जगह पर सब सामान रख दो। कोई अपने घर नहीं ले जाए।

बलवई-3 : अब ढूँढ़ते फिरो, कौन क्या ले गया है। चलो, आगे चलो, निकलो यहाँ से...।

बलवई-4 : उस ढोक की तरफ़ चलो, वहाँ दस घर मुसलों के हैं।

बलबई-3 : चलो, आगे बढ़ो...।

[ढोल बजने की आवाज़...धीरे-धीरे दूर होती जाती है...]

बलवई-1 : चलो, चलाओ मोटर, वापस राजगढ़ चलो। *(मोटर स्टार्ट करने की आवाज़)*
इधर आकर वक़्त बर्बाद किया। चलो वापस...राजगढ़।

बलवई-2 : कल अच्छा रहा, ट्रक फ़ैक्टरी में से निकला और हमने धर दबोचा। आज अभी तक एक भी हाथ नहीं आया।

[मोटर के इंजन चलने की आवाज़।]

[Long pause]

[Fade out]
[Fade in]

मैं : यह क़िस्सा आपको किसने सुनाया? शेरसिंह ने?

बुज़ुर्ग : नहीं जी, वह तो कुछ बोला ही नहीं। वह तो मेरे सामने ही नहीं आया।

शीला : कौन जाने, सच क्या है और झूठ क्या है।...शेरसिंह आपसे क्यों कहेगा कि उसने इमामदीन को मार डाला।

बुज़ुर्ग : सुनो शीला, अगर उसने इमामदीन को मारकर जला भी डाला होता तो मुझे उसे क्या कहना था, उन दिनों चारों तरफ़ यही कुछ हो रहा था।

शीला : पर चाचा जी, उसने बचाया होता तब तो कहता? आप तो कहते हैं कि वह आपसे मिला तक नहीं।

बुज़ुर्ग : वह तो उन लोगों के डर से कुछ नहीं बोला जो फ़ैक्टरी की गाड़ी में इमामदीन का पीछा करने गए थे।

शीला : फिर आपको कैसे मालूम है कि इमामदीन बच गया?

बुज़ुर्ग : वाह जी, यह भी कोई पूछनेवाली बात है? इमामदीन ने पाकिस्तान से मुझे ख़त लिखा। और सारा क़िस्सा बयान किया। शेरसिंह पटियाला में क़िले के फाटक के सामने उसे उतारकर आया था...।

[Fade out]

[Fade in]

[मोटर की आवाज़। मोटर रुकती है।]

शेरसिंह : आ जा, इमामदीन, निकल आ बाहर।...ओ डर नहीं, मैं, शेरसिंह, तुम्हें बुला रहा हूँ।...हम पटियाला पहुँच गए हैं...। *(अपने से बुदबुदाते हुए)* यह समझे बैठा है कि कोई बलवई चिल्ला रहा है।...आ जा, आ जा, बेफ़िक्र होकर बाहर आ जा।

इमामदीन : शेरसिंह! *(दुबली-सी आवाज़)*

शेरसिंह : आ जा, आ जा, गुरु महाराज की बड़ी किरपा हुई है। तू बच गया है, आ जा, बेख़बर होकर आ जा।

इमामदीन : ख़ुदा तुझे सलामत रखे, शेरसिंह...तूने अपनी जान जोख़िम में डालकर मुझे बचा लिया है।

शेरसिंह : गुरु महाराज का हज़ार-हज़ार शुक्र है तू बच गया, नहीं तो मैं ज़िन्दगी भर अपने को माफ़ नहीं कर पाता।...वह सामने कैम्प का फाटक है, बेख़बर होकर चला जा, गुरु महाराज ने चाहा तो तेरे बाल-बच्चे भी तुझे मिल जाएँगे।...तेरा सामान तो नहीं बचा, पर तू बच गया, यही बहुत है...।

इमामदीन : अल्लाह तुम्हें सलामत रखे।

शेरसिंह : अरे, बग़लगीर होकर तो जा,...अब हम तुम कहाँ मिलेंगे, कौन जाने आगे क्या होगा?

[Fade out]

[Fade in]

बुज़ुर्ग : इमामदीन अभी भी ज़िन्दा है और हर बैसाखी पर उसका ख़त आता है। और कोई चिट्ठी आए या नहीं आए, इमामदीन की चिट्ठी हर बैसाखी पर मुझे ज़रूर मिलती है।

शीला : क्या लिखाता है?

बुज़ुर्ग : वही दुआ-सलाम, हज़ार-हज़ार दुआएँ कि तुमने मुझे मेरी ज़िन्दगी बख़्शी है कि मैं तुम्हारा किया भूल नहीं सकता...। अब पाकिस्तान में बैठा है। क़िस्मत अच्छी थी, कैम्प में उसे अपने घर-परिवार के लोग भी मिल गए थे...वही मैंने कहा न, जिसे बचना हो, वह बच निकलता है...दाने-दाने पर मोहर होती है।

शीला : पर उसे बचाया तो शेरसिंह ने। आपने तो...।

बुज़ुर्ग : यही तो मैं कह रहा हूँ न, वह भी निमित्त, मैं भी निमित्त, मैंने उसे मोटर दी, शहर से बाहर भेज दिया, मेरा इतना ही निमित्त था, आगे शेरसिंह का निमित्त था, वह उसे क़िले के फाटक तक छोड़ आया...।

[Fade out]

खिलौने

वीणा : लो जी, आप दो प्याज़ छील दो, मैं दाल ऊपर चढ़ाती हूँ। वे लोग आया ही चाहते होंगे।

दिलीप : तुम चिन्ता नहीं करो। आ भी गए तो दोस्त-यार ही तो हैं, इतनी मारा-मारी करने की ज़रूरत नहीं।

वीणा : मुझसे पूछो तो आज के दिन उन्हें बुलाना ही नहीं चाहिए था।

[संवाद के साथ-साथ, हलकी-हलकी रसोई करने की आवाज़ आ रही है—कलछी चलाने की, ढक्कन हटाने की, प्याज़ छीलने की, आदि।]

दिलीप : कोई तुम्हें टेलीफ़ोन करे और कहे कि मैं तुमसे मिलना चाहता हूँ, तो क्या तुम इनकार कर दोगी?

वीणा : इनकार नहीं करूँगी, पर खाने पर भी तो नहीं बुलाऊँगी, आएँ, मिलें, बैठें, पर खाने पर बुलाने की क्या ज़रूरत थी?

दिलीप : पूछना तो होता ही है न, कोई जमुना पार से मिलने आए, तो तुम इतना भी नहीं कहोगे कि खाना फिर हमारे यहाँ खा लेना।

वीणा : उन्होंने क्या कहा?

दिलीप : उसने कहा, खा लेंगे, खा लेंगे, खाने की क्या बात है? इसीलिए कह रहा हूँ कि वह कोई ज़ियाफ़त खाने नहीं आ रहे हैं; जो दाल-भाजी बनेगी, खिला देंगे।

वीणा : काम के दिन यह नहीं निभता जी। थक-टूटकर दफ़्तर से आओ, और आकर चूल्हे के आगे मरो, उधर एक घंटे से बिजली बन्द है, पहले तुम जल्दी आ जाया करते थे, आज तुम भी देर से आए।

दिलीप : मैं क्या करता बस छूट गई, मैं उसके पीछे भाग तो नहीं सकता था।

वीणा : सभी बातें आज ही होनी थीं।...सुनो जी, तुम यह प्याज़ छीलना छोड़ दो, तुम पप्पू को ले आओ।

दिलीप : नहीं वीणा, पप्पू को वहीं बैठा रहने दो–हमसाया के घर। जब खाना तैयार हो जाएगा, तब उसे ले आऊँगा, अभी से ले आया तो वह तुम्हें कुछ भी नहीं करने देगा।

वीणा : देखो जी, आठ बजने को आए हैं, वह वहाँ भूखा बैठा-बैठा ही सो जाएगा।

दिलीप : *(तनिक खीझकर)* सोने दो जो सोता है तो, अभी से लाऊँ तो तुम उसका ख़याल करोगी या खाना बनाओगी?

वीणा : और वह भूखा-प्यासा सो गया तो? तुम तो जानते हो उसे जगाकर खिलाना नामुमकिन होता है।

दिलीप : कोई बात नहीं, कुछ कर लेंगे। पहले इस काम से तो निबट लें।

[दाल छौंकने की आवाज़।]

[सीढ़ियों पर क़दमों की आवाज़।]

वीणा : लो, वे लोग आ गए। अभी ढेर सा काम पड़ा है।

दिलीप : कोई बात नहीं, तुम आराम से करती जाओ।

वीणा : तुम बाहर उनके साथ जाकर बैठ जाओ, मैं जैसे-तैसे निबटा लूँगी।

दिलीप : घबराती क्यों हो? तुम चुपचाप काम करती जाओ।

[आँगन लाँधकर आते क़दमों की आवाज़।]

[दरवाज़ा खटखटाने की आवाज़। फिर आँगन लाँघते क़दमों की आवाज़।]

बलदेव : दिलीप! कहाँ हो यार! तुमने सब बिजलियाँ बुझा रखी हैं ताकि हम अन्दर आ ही नहीं पाएँ।...चलो गनीमत है, रसोईघर में तो मोमबत्ती जल रही है। नमस्कार भाभी, तुम लोगों ने इतना अँधेरा कर रखा है।

दिलीप : बिजली अभी आती ही होगी। इसे बन्द हुए दो घंटे हो चुके हैं।

वीणा : रेणु कहाँ है?

बलदेव : आ रही है। मुझे अँधेरे में रास्ता सूझ जाता है, उसे नहीं सूझता।

रेणु : *(टुनटुनाती हँसी के साथ)* लो, मैं पहुँच गई।

वीणा : माफ़ कीजिए, बिजली की ही बात नहीं, इधर खाना भी अभी तक तैयार नहीं हुआ।

रेणु : बिजली जो नहीं थी, तो आप क्या करतीं? मैं तो आपकी जगह होती तो किचन में ही नहीं घुसती। इतनी गर्मी में चूल्हे के सामने कौन मरे।...*(अपने पति से)* देखो जी, भाई साहिब किस तरह अपनी पत्नी का हाथ बँटा रहे हैं। देखो...कुछ असर हुआ आप पर?

दिलीप : *(हँसकर)* भाभी, यह हाथ बँटाना नहीं है। इसे मैं हाथ बँटाना नहीं कहता। जिसे मैं हाथ बँटाना कहता हूँ वह मेरी बीवी को मंज़ूर नहीं।

बलदेव : यह हाथ बँटाना नहीं है तो क्या है? तुम हमारे लिए काँटे बीन रहे हो।

दिलीप : हाथ बँटाने का मतलब है किचन का काम बाँट लिया जाए, कुछ काम यह करे, कुछ काम मैं करूँ, और चुपचाप दोनों अपना-अपना काम करते रहें।

बलदेव : भाभी क्या कहती हैं?

दिलीप : यह चाहती है कि किचन में यह हुक्म चलाए और मैं हुक्म बजा लाऊँ। यह कहे, आलू छील दो तो मैं आलू छीलने लगूँ, यह कहे चिमटा पकड़ाओ और मैं भागकर चिमटा उठा लाऊँ। यह मुझे मंज़ूर नहीं।

वीणा : काम तो सारा मुझे ही करना पड़ता है जी, बाँट दो तो भी और नहीं बाँट दो तो भी। यह भुलक्कड़ आदमी हैं, करते कम हैं बिगाड़ते ज़्यादा हैं—जो कहो, वही कर दें तो बड़ी बात है।

[बलदेव और रेणु हँसते हैं।]

दिलीप : लो, सुन लो। देख लिया! यह हमें हाथ बँटाने का इनाम मिल रहा है।

वीणा : *(पति से)* नाराज़ हो गए? बात-बात पर तो यह मुँह फुला लेते हैं...नहीं जी, इनकी बड़ी मदद है, यह न हों तो मैं कुछ भी नहीं कर सकूँ।

दिलीप : बस, यही मुझे मंज़ूर नहीं, सारा काम भी करो और फिर भी यह कहे कि मैं केवल मदद कर रहा हूँ।

बलदेव : घर चलाती तो स्त्रियाँ हैं न! तुम भले ही कितना काम करो, होगी तो आख़िर मदद ही।

बलदेव : *(हँसकर)* भाभी ठीक कहती हैं, तुम्हारी पोज़ीशन यही रहेगी मिस्टर, प्याज़ छीलना रसोई बनाना नहीं है, और तुम सदा प्याज़ ही छीलते रहोगे।

वीणा : इस मुई बिजली का क्या करें! इसका कोई भरोसा नहीं, कब आए, कब बन्द हो जाए!

बलदेव : कुसूर दिलीप का है भाभी, इसने बड़ी बेदिली से हमें बुलाया है। उत्साह से बुलाया होता तो बिजली नहीं जाती।

वीणा : तुम इन्हें बैठाओ जी, बाहर छत पर ले जाओ, लाओ, यह चाकू मुझे दे दो, मैं सब देख लूँगी।

दिलीप : चलो भाई, यही सब क्रेडिट लेना चाहती है, बाद में कहेगी सारा खाना तो मैंने बनाया है।

[सभी हँसते हैं।]

बलदेव : हमारे घर में भी यही हाल हैं, औरतें रसोईघर में अपनी हुकूमत बनाए रखना चाहती हैं।

रेणु : हाँ जी, इसमें उन्हें बड़े लड्डू मिलते हैं न, और मैं आपसे पूछूँ, आप घर में करते ही क्या हैं? सारा वक़्त अख़बार ही बाँचते रहते हो। यहाँ भाई साहिब मदद तो करते हैं।

दिलीप : फिर कहिए, फिर कहिए, भाभी जी मैं तो अब चपातियाँ भी सेंकने लगा हूँ। कहो तो आज बनाकर खिला दूँ?

वीणा : बहुत डींग नहीं मारो जी, आटा गूँथ लो यह भी बड़ी बात है। चपाती बनाते हैं, लकड़ी की लकड़ी। दोनों तरफ़ से जली हुई।

बलदेव : आओ चलो, हम बाहर बैठते हैं। भाभी, कोई तक़ल्लुफ़ नहीं करना, जो है, हम वही खा लेंगे। आओ दिलीप।

[Pause]

(धीमी आवाज़ में) देख नहीं रहे हो, भाभी खीझी हुई हैं।

दिलीप : जानता हूँ, यार, उधर गर्मी, इधर बिजली नहीं है। और मकान मालिक ने आधी ईंट की दीवार खींचकर ऊपर टीन का छप्पर डाल दिया है। यह हमारा रसोईघर है—दिन को भी झुलसो,

रात को भी झुलसो...आओ, बाहर बैठते हैं।

रेणु : तुम दोनों बाहर बैठो, मैं वीणा की मदद करूँगी।

[Pause]

बलदेव : वाह, यहाँ कितना सुकून है। हलकी-हलकी हवा तो बह रही है और ऊपर असंख्य तारे जगमगा रहे हैं। गर्मियों में तो छत पर ही सोने का मज़ा है।

दिलीप : इस वक़्त बिजली बन्द है, इसीलिए तुम्हें अच्छा लग रहा है, बिजली आ जाने दो फिर देखना।

बलदेव : फिर क्या होगा?

दिलीप : फिर होगा यह कि सामने सड़क की बिजलियाँ भी जल जाएँगी, और उस सामनेवाले ऊँचे सिनेमाघर की भी। उसकी चौंधियाती रोशनी आँखों में पड़ने लगेगी, और रात-भर पड़ती रहेगी। और अगर पड़ोसवाले घर की ऊँची दीवार की ओर मुँह करके लेटो तो डर लगता है। इतनी ऊँची भयानक दीवार है वह।

बलदेव : सोते समय तुम आँखें बन्द करके नहीं सोते हो क्या?

दिलीप : एक रात सोकर देखो। तुम्हें पता चल जाएगा।...माफ़ करना यार, तुम पहुँच गए और हमारे यहाँ अभी तक खाना भी तैयार नहीं हुआ।

बलदेव : चिन्ता नहीं करो अब पहुँच गए हैं तो खाना खाकर ही जाएँगे।

दिलीप : दिल्ली में रहने का एक टंटा थोड़े ही है। एक छोटी-सी चूक हो जाए तो सब काम चौपट हो जाता है।

बलदेव : अरे, हम तुम्हारे मेहमान तो नहीं हैं। चिन्ता क्यों करते हो? बस, साढ़े दस की बस पकड़वा दो। अगर वह निकल गई तो ज़रूर मुसीबत आएगी, मगर अभी बहुत वक़्त है।...तुमसे कौन-सी चूक हो गई?

दिलीप : आज मैं दफ़्तर से निकला तो ठीक साढ़े चार बज रहे थे। रोज़ मेरा यही नियम होता है। साढ़े चार निकलता हूँ, चार-चालीस की बस मुझे मिल जाती है। दफ़्तर के नज़दीक से ही चलती है। अगर वह मिस हो जाए तो बंटाधार हो जाता है। और आज वही हुआ। सामने से बस निकल गई और मैं देखता रह गया।

बलदेव : क्यों?

दिलीप : यार दफ़्तर के दरवाज़े में से निकला तो तिलकराज मिल गया। तुम जानते हो न तिलकराज को? मेरा पुराना सहपाठी है। ऐन दफ़्तर के सामने से जा रहा था। पहले तो मैंने आँख फेर ली। मैंने सोच लिया यह दिन किसी से मिलने का नहीं। जल्दी-से-जल्दी घर पहुँचो। पर फिर मुझसे रहा नहीं गया, मैं उसे आवाज़ दे बैठा।

बलदेव : समझा!

दिलीप : अब यह तो नहीं हो सकता कि दोस्त सामने से जा रहा हो और मैं मुँह फेर लूँ। पहले ही यहाँ किसी के घर आना-जाना नहीं हो पाता। और मैंने यह भी सुना था कि तिलकराज बीमार रह चुका है।

बलदेव : फिर।

दिलीप : मैंने सोचा चलते-चलते ही बीमारपुर्सी भी हो जाएगी और न मिलने का गिला भी ख़त्म हो जाएगा। पर ज्यों ही उसे बुलाया कि मेरा माथा ठनका, मन ने कहा कि भूल कर बैठे हो। पर अब क्या हो सकता था!

बलदेव : मतलब कि दफ़्तर से निकलो तो कोई दोस्त-यार सामने नहीं होना चाहिए, सीधा आँखें बन्द करके बस-स्टॉप की ओर बढ़ जाना चाहिए। न दाएँ देखना चाहिए, न बाएँ।

दिलीप : बिलकुल! फिर भी मैंने सोचा—बस इससे हाथ मिलाऊँगा, माफ़ी माँगूँगा और आगे बढ़ जाऊँगा। पर यार, उस पट्ठे ने मिलते ही छाती से लगा लिया और फूट-फूटकर रोने लगा। वह पहले ही भरा बैठा था।

बलदेव : क्यों, ऐसी क्या बात थी?

दिलीप : उसके छाती से लगाने की देर थी कि मेरा भी दिल भर आया। वर्षों के बाद तो दोस्त मिल रहा है। इसे कैसे छोड़ दूँ? बस की ऐसी की तैसी, नहीं हुआ तो स्कूटर कर लूँगा।

बलदेव : फिर?

दिलीप : वह तो जैसे तरसा बैठा था। उसने बताया कि इस बीच उसकी बीवी चल बसी थी और इसका मुझे पता ही नहीं चला था। अब मैं क्या कहूँ? तिलकराज खड़ा रोए जा रहा था और उधर बस निकली जा रही थी।

बलदेव : ठीक कहते हो, यहाँ बर्सों बीत जाते हैं किसी से मेल-मुलाक़ात नहीं होती और जब मिलते हैं तो ज़िन्दगी एक और करवट बदल चुकी होती है।

दिलीप : पिछली बार तिलकराज मिला था तो उसके घर में दूसरी बेटी हुई थी, अबकी मिला तो उसकी बीवी को मरे चार महीने बीत चुके थे। सच पूछो तो अब तो मैं जान-पहचान के किसी आदमी से मिलने से भी घबराता हूँ। लगता है, मिलूँगा तो एक फ़र्ज़ का बोझ सिर पर चढ़ जाएगा। एक बार तो झँझोड़ता-सा विचार मेरे मन में आया कि अभी भी वक़्त है निकल चलो...।

बलदेव : ऐसी भी क्या मारामारी थी यार, हम घर के ही तो लोग हैं! देर हो गई तो क्या हुआ!

दिलीप : मैं तुम्हारा कहाँ सोच रहा था, यार, मैं तो पप्पू का सोच रहा था। पप्पू स्कूल से लौटकर सड़क पर डोलता रहता है। वीणा को तो घर पहुँचते-पहुँचते छह बज जाते हैं।

बलदेव : फिर?

दिलीप : फिर क्या? मेरे मुँह से निकल ही गया। मैंने कहा—जल्दी ही हाज़िर होऊँगा, तिलकराज, मुझे कुछ भी मालूम नहीं था। मेरे कहने की देर थी कि वह जैसे सकते में आ गया। उसे उम्मीद नहीं थी कि उसके दुख में मैं इतनी रुखाई से पेश आऊँगा। बस, मैं ठस हो गया और उसके पास खड़ा रहा और उधर से बस निकल गई।

बलदेव : तुम बेकार की चिन्ता करते रहते हो। देर-सबेर हो ही जाती है...पप्पू कहाँ है?

दिलीप : हमसायों के घर में है। हमें देर हो जाए तो हमसायों के घर चला जाता है। अभी खाना तैयार हो जाए तो उसे बुला लाऊँगा।

[रसोईघर में से दाल छौंकने की आवाज़।]

वीणा : मैं सोचती हूँ जी तुम तन्दूर पर से ही रोटियाँ लगवा लाओ। देर बहुत हो रही है।

दिलीप : ठीक है, लाओ डिब्बा दे दो।

[Pause]

[दोनों स्त्रियाँ बतियाती हुईं।]

वीणा : आज दाल छौंकी है, यों तो मैं अलग से छौंकती भी नहीं; इतना टंटा कौन करे। मैं तो दाल चूल्हे पर चढ़ाती हूँ तो उसी वक़्त उसमें प्याज़, टमाटर, जो डालना हो डाल देती हूँ। इतना वक़्त किसके पास है कि छौंकते फिरे!

रेणु : एक ही बात है। बाद में ऊपर से थोड़ा घी डाल लो तो छौंकने जैसा ही हो गया।

वीणा : मैं तो मक्खन डालती हूँ। कच्चे घी से इन्हें बास आती है।

[Pause]

बलदेव : मैंने देखा है कि औरतें चहकना जानती हैं। हम मर्द लोग तो सारा वक़्त झीकते-झुँझलाते ही रहते हैं।

दिलीप : क्यों क्या मैं झीक-झुँझला रहा हूँ?

बलदेव : अरे नहीं, मैं तो आमतौर पर स्त्रियों के स्वभाव की बात कर रहा हूँ। वे मर्दों से कहीं ज़्यादा ख़ुश रहना जानती हैं। वे छोटी-छोटी बातों में से सुख के कण बीन लेती हैं, रसोई की बातें कहेंगी फिर बच्चों को ले बैठेंगी, फिर साड़ियों की चर्चा शुरू हो जाएगी, केवल साड़ियों के बारे में ही वे घंटों तक बात कर सकती हैं।

वीणा : हाय जी, आप तो पप्पू को भूल ही गए! उसे लाओगे नहीं?

दिलीप : भूलूँगा क्यों, मैंने सोचा था, रोटियाँ लाने जाऊँगा तो उसे भी साथ लेता आऊँगा। लाओ, डिब्बा मुझे दे दो।

वीणा : देर हो गई तो वह सो नहीं जाएगा? दिन भर का भूखा बैठा है। यों भी रोज़-रोज़ हमसाये के घर उसका जा बैठना ठीक नहीं।

दिलीप : उनके घर में बैठकर टेलीविज़न ही देखता है, और क्या करता है। चुपचाप बैठा होगा। *(हँसकर)* तुमने उसे ऐसा सिखा दिया है कि हमसायों के घर में पानी तक नहीं माँगता। लाओ, डिब्बा दे दो।

वीणा : अगर सो गया हो तो उसे जगाना नहीं। अब बहुत देर हो गई है, मैं सोए-सोए उसे थोड़ा दूध पिला दूँगी। कटोरी भर दूध घर में रखा है।

[सीढ़ियों से उतरते क़दमों की आवाज़।]

बलदेव : *(रेणु से)* यह आपने बहुत अच्छा इन्तज़ाम कर रखा है कि आपके देर-सबेर हो जाने पर पप्पू हमसायों के घर बैठता है। वरना बच्चे तो इधर-उधर भटक जाते हैं।

वीणा : नहीं जी, पप्पू ऐसा कभी नहीं करता।

बलदेव : नहीं...आपने इसे अच्छी तरह से समझा-बुझा दिया।

वीणा : इधर नज़दीक ही एक दुकान है, पेरिस हाउस। उसी के सामने उसकी बस खड़ी होती है। हमने पप्पू को समझा रखा है कि बस से उतरकर सीधा दुकान के चबूतरे पर बैठ जाया करे, और जब तक हम पहुँचे नहीं, वहीं बैठा रहे।

बलदेव : और यह हमेशा वहीं बैठा मिलता है?

वीणा : मज़ाल है जो एक इंच भी इधर से उधर हिल जाए।

बलदेव : वाह! बड़ा संयम है बच्चे में।

वीणा : एक बार हम लोग चार घंटे देर से पहुँचे। अँधेरा पड़ चुका था। मैं दिल में घबराऊँ कि पप्पू जाने कहाँ होगा? पर नहीं पप्पू सचमुच वहीं था, बुत-का-बुत, भूखा-प्यासा, दुकान के चबूतरे पर खड़ा था।

बलदेव : वाह, बच्चा हो तो ऐसा हो।

वीणा : बल्कि हमसे दुकानदार कहने लगा—जी आपका लड़का तो सच्चा योगी है, मैंने इसे लिम्का की बोतल दी, इसने छुई तक नहीं। सारी दोपहर, सामने बच्चे खेलते रहे, यह उनके नज़दीक तक नहीं गया, सारा वक़्त चबूतरे पर खड़ा उन्हें देखता रहा।

बलदेव : भूख-प्यास लगे तो क्या करता है?

वीणा : मैं उसे सुबह ही सब कुछ दे देती हूँ—तीन सैंडविच और एक केला, पानी की बोतल अलग से। दो सैंडविच स्कूल में खा लेता है और एक सैंडविच और केला रख छोड़ता है। वह स्कूल से लौटकर खाता है।

बलदेव : सचमुच योगी है।

वीणा : इतना तो सिखाना ही पड़ता है। इसके बिना चारा भी तो नहीं।

रेणु : हमारी बेटी तो अभी छोटी है। जब स्कूल जाने लगेगी तो हमें भी सब इन्तज़ाम करने पड़ेंगे।

वीणा : लड़कियों का ध्यान करना तो और भी मुश्किल होता है।

बलदेव : कौन-सी क्लास में पढ़ता है पप्पू?

वीणा : अभी क्या पढ़ता है, पहली जमात में ही तो है!

बलदेव : बड़ा समझदार है। मेरे भाई का बेटा है, आफ़त है आफ़त। न माँ की सुनता है, न बाप की,...लो, दिलीप आ गया। बेटे को कन्धे के साथ लगा रखा है।

वीणा : सो गया है...मुझे इसी बात का डर था।

[पास आते क़दमों की आवाज़।]

दिलीप : श श श श...अभी-अभी सोया है।

वीणा : तो लिटा दो खाट पर, मैं इसे बाद में दूध पिला दूँगी।

[Pause]

दिलीप : वर्मा जी कह रहे थे सारा वक़्त टेलीविज़न पर आँखें लगाए बैठा रहा। घर के लोग खाना खाने के लिए उठ गए, लेकिन यह वहीं जमकर बैठा टेलीविज़न देखता रहा।

वीणा : हमसाये कभी सीधी बात कह जाएँ तो मानूँ। हमेशा यही कहते हैं हम तो टेलीविज़न नहीं देख रहे थे, तुम्हारा बेटा देख रहा था। *(तुनककर)* बुढ़िया रांड, गहनों से लदी रहती है पर दिल चिड़ी जितना है।

बलदेव : *(फुसफुसाकर)* रेणु, थैले में खिलौना रखा है जो हम बच्चे के लिए लाए हैं। उसे निकाल लाओ तो।

रेणु : *(फुसफुसाकर)* बच्चा सो रहा है जी, अभी नहीं दो। घर लौटते समय इसे बच्चे के सिरहाने रख देंगे।

दिलीप : वीणा! तुमने बच्चे को जगा दिया है।

वीणा : मैंने कुछ नहीं किया जी।

दिलीप : तुम इसके बाल क्यों सहलाने लगीं।...इसके साथ लाड-प्यार करना हो तो छुट्टी के दिन कर लिया करो बाक़ी दिन इसे पड़ा रहने दिया करो...*(थपथपाने की आवाज़)* सो जा, सो जा पप्पू देर हो गई है। कल सुबह स्कूल जाना है।

बलदेव : लो बिजली आ गई। सभी बत्तियाँ जलने लगी हैं। सड़क पर भी रोशनी हो गई है।

दिलीप : अब यह ख़ाक सोएगा।...*(धमकाते हुए)* पप्पू, आँखें बन्द कर। यह बत्ती बुझा दो वीणा।

वीणा : अब जाग ही गया है तो जगा रहने दो जी, दो कौर रोटी खा लेगा।

दिलीप : श श श श्!...सो गया, पप्पू!

[ठहराव, इस दौरान बच्चे को थपथपाने की हलकी-हलकी आवाज़ आती रहती है।]

पप्पू : *(Pause)*...पापा, मैं आँखें खोल दूँ?

रेणु : हाय, बेचारा!

दिलीप : श श श श्!

वीणा : रोशनी में बच्चा जाग गया है जी।

दिलीप : *(खीझकर)* अब तुम्हीं इसे सुलाओ। मैं नहीं सुला सकता।

वीणा : दिन भर का भूखा है जी, अब जाग गया है तो थोड़ा खा लेगा।

दिलीप : तुम इसे बिगाड़ रही हो।

वीणा : नहीं-नहीं, यह बिगड़ा कहाँ है, यह तो बड़ा प्यारा बच्चा है।

बलदेव : रेणु, वह खिलौना दे दो ना, जो हम पप्पू के लिए लाए हैं।

दिलीप : लो, अब तो पूरा जाग गया है। तुमने सब गुड़गोबर कर दिया, यार, अब यह हज़रत ग्यारह बजे तक नहीं सोएँगे।

बलदेव : कोई बात नहीं, एक दिन वक़्त पर नहीं सोया तो कुछ नहीं होगा।

दिलीप : तुम इसकी नींद को नहीं जानते यार, सुबह इसकी आँखें खुलती ही नहीं, पत्थर की तरह पड़ा रहता है। आँखों पर ठंडे पानी के छींटे मारते हैं, तब कहीं उठता है।

बलदेव : कोई बात नहीं, कोई बात नहीं।...पप्पू, लो जी, देखो तो हम तुम्हारे लिए क्या लाए हैं?

पप्पू : देखो पापा, मोटर है।...कितनी अच्छी है!

वीणा : देखा, अंकल तुम्हारे लिए कितनी अच्छी चीज़ लाए हैं, इस पर एक बार हाथ फेर लो फिर मुझे दे देना, खिलौना तुम्हारा ही है तुम्हारे ही सिरहाने रख दूँगी। सुबह उठकर देख लेना।

दिलीप : इसने खिलौने को छाती से चिपका लिया है। *(तनिक रुखाई से)* नहीं पप्पू, एक बार कह दिया न कि तुम केवल एक बार, इस पर हाथ फेर सकते हो इससे ज़्यादा नहीं।

वीणा : दे दो बेटा, अब खिलौना लौटा दो। शाबाश, बेटा पप्पू बहुत अच्छा बेटा है।

पप्पू : इसे मैं अपने सिरहाने पर रख लूँ, माँ?

दिलीप : नहीं पप्पू, मैं तुम्हें अपने आप कल दे दूँगा। अब तुम लेट जाओ।

[Long pause]

पप्पू : अच्छा पापा...।

दिलीप : वीणा तुम दूध ले आओ। इसे अभी पिला दो, यह बत्ती भी बुझा दो। सड़क से आनेवाली रोशनी ही हमारे लिए काफ़ी है।

रेणु : *(धीमी आवाज़ में)* खिलौने को पप्पू के सिरहाने रख देते तो क्या ठीक नहीं था? पप्पू इत्मीनान से उस पर हाथ रखे सो जाता।

दिलीप : नहीं भाभी, इससे वह सो नहीं पाता। पप्पू खिलौने के साथ बातें करने लगता है। उसकी सारी नींद ग़ायब हो जाती है।

रेणु : कितना छोटा-सा तो है। खाट के एक कोने में ही सिमट गया है।...आपने सचमुच बच्चे को ख़ूब सिखा रखा है।

दिलीप : सिखाते नहीं तो काम कैसे चलता।...पहले बड़ा नटखट हुआ करता था, आपको क्या बताऊँ! चैन से बैठने ही नहीं देता था...।

[नज़दीक आते, वीणा के क़दमों की आवाज़।]

वीणा : लो बेटा, थोड़ा दूध पी लो।

दिलीप : इसे जगाओ नहीं वीणा, चुपचाप कटोरी इसके होंठों से लगा दो।

[Pause]

हाँ भाभी,...तब यह जहाँ जाओ, साथ जाने के लिए तैयार हो जाता था। एक-एक चीज़ पर मचलने लगता था...।

वीणा : पप्पू के बारे में बता रहे हो? हाँ, सचमुच बड़ा चंचल नटखट हुआ करता था।

दिलीप : अगर हम उस वक़्त इसे ढील दे देते तो यह सचमुच बिगड़ जाता। *(तनिक हँसकर)* वीणा तो अभी भी इसे बिगाड़ने का कोई मौक़ा हाथ से जाने नहीं देती।

वीणा : आप जानती नहीं बहन जी यह कितना नटखट था। हमारे पहले फ्लैट में, जिसमें हम लोग रहा करते थे, एक छोटी-सी

कोठरी थी, यह तब बहुत छोटा था। हम इसे खटोले में डालकर, बाहर से, खटोले के दर के आर-पार रस्सी बाँध देते थे, ताकि यह बाहर नहीं निकल सके। और यह गाँठ खोलकर बाहर आ जाता।

दिलीप : एक बार मैंने कुछ नहीं तो पन्द्रह गाँठें लगाई होंगी। और यह पूरी पन्द्रह गाँठें खोलकर बाहर निकल आया। ऐसा था यह पप्पू...।

वीणा : पर अब तंग नहीं करता।

दिलीप : *(धीमी आवाज़ में)* पप्पू के सामने उसकी तारीफ़ नहीं किया करो। मैंने तुमसे पहले भी कहा था। इससे वह मचल जाता है...।

वीणा : तो मैंने तो कुछ नहीं कहा!

दिलीप : अब सुबह फिर हाय-तौबा ही मचेगी। अब साहिबज़ादे सुबह सात बजे जाग चुके।

वीणा : चिन्ता नहीं करो जी, अगर नहीं जागा तो खिलौने का नाम लेकर जगा लूँगी। झट से उठ बैठेगा...।

दिलीप : सो गया है...अब हम खाना खा सकते हैं...।

वीणा : आप लोग बातें कीजिए, मैं मिनटों में खाना लगा देती हूँ।

[दूर जाते क़दमों की आवाज़।]

[Fade out]

[Fade in]

वीणा : उफ़! आज तो बड़ी हड़बड़ी हुई। इस तरह खाने पर नहीं बुलाया करो जी। मुझसे नहीं सँभाला जाता।

दिलीप : बुलाता कैसे नहीं? गरज़ हमारी थी। नहीं बुलाता तो कैसे चलता।

वीणा : कोई बात हुई?

दिलीप : हाँ, मैंने कहा तो है, अब देखो, मदद करता है या नहीं।

वीणा : तुमने क्या कहा?

दिलीप : ज़्यादा बात नहीं हो सकी? वक़्त ही नहीं था। पर मैंने बात उसके कान में डाल दी है।

वीणा : क्या कहा?

दिलीप : मैंने ज़्यादा तो तुम्हारे बारे में कहा।

वीणा : क्या?

दिलीप : मैंने कहा, वीणा बी.एड. का कोर्स करना चाहती है। अगर तुम अपने मामू से कहकर उसे दाख़िला दिलवा दो तो साल भर में वह बी.एड. कर लेगी।

वीणा : उन्होंने क्या कहा?

दिलीप : कहने लगा–कोशिश करूँगा।

वीणा : उनका मामू क्या सचमुच मदद कर सकता है?

दिलीप : करना चाहे तो क्यों नहीं कर सकता? डायरेक्टर है।

वीणा : तुम अपने बारे में भी कह देते।

दिलीप : कहा था।

वीणा : क्या कहा?

दिलीप : मैंने कहा मैं ख़ुद भी बैंक के कोर्स में दाख़िला लेना चाहता हूँ। कहने लगा–तुम दो-दो काम कैसे कर सकते हो?

वीणा : फिर? फिर तुमने क्या कहा?

दिलीप : मैंने उसे बताया कि उसकी क्लासें शाम को लगती हैं। मैं दफ़्तर से सीधा, दो घंटे के लिए वहाँ चला जाया करूँगा।

वीणा : फिर? फिर क्या बोला?

दिलीप : कहता था, कोशिश करूँगा। पर फिर हँसने लगा।

वीणा : क्यों? इसमें हँसने की क्या बात है?

दिलीप : कहने लगा, दोनों दफ़्तर से भी जाओगे और कोर्स भी करोगे तो पप्पू का क्या होगा?

वीणा : तो तुमने क्या कहा?

दिलीप : मैंने कहा, पप्पू अब कोई दूध पीता बच्चा तो नहीं है, बड़ा हो गया है। और धीरे-धीरे और भी बड़ा होता जाएगा, समझदार होता जाएगा। अब पप्पू की वजह से अपने कैरियर को ताक पर तो नहीं रखा जा सकता न, यही दिन हैं कुछ करने-कराने के। कुछ सीखने-सिखाने के। एक ही जगह पर घिसटते तो नहीं रह सकते ना...।

[Fade out]

आवाज़ें

[हमारे इस मुहल्ले को देखते हो? कैसा रच-बस गया है। रौनक़ ही रौनक़। बच्चे, बूढ़े, जवान...जहाँ तीन-तीन पीढ़ियाँ एक साथ रहती हों, एक पीढ़ी ढल रही हो, दूसरी नई-नवेली चहक-बोल रही हो, और नई पौध, छोटे-छोटे बच्चे सिर निकाल रहे हों, ऐसे में, समझो, मुहल्ला रच-बस गया है।

पर इसी इलाक़े में, दसियों साल पहले, दिन को सूअर घूमते थे और रात को सियार बोलते थे। कच्ची सड़कें, इस पर न बिजली, न पानी। रात पड़ने पर, कहीं पर टिमटिमाते हरीकेन लैम्प और कहीं पर टिमटिमाती मोमबत्तियाँ, अँधेरे से जूझती नज़र आती थीं।

मुहल्ले के गिने-चुने निवासी, दिनभर तो शहर में जगह-जगह भटकते फिरते, पर शाम ढलते लौट आते, तब मुहल्ले की सड़कों पर थोड़ी-सी रौनक़ होती, वे चहलक़दमी करते और एक-दूसरे से पूछते, घरों में बिजली कब आएगी, सड़कें कब पक्की होंगी, होंगी भी या नहीं।

उन दिनों मुहल्ले के सभी निवासी एक-दूसरे से अपरिचित थे, कोई सिन्ध से आया था, कोई पश्चिमी पंजाब से, कोई किसी लहज़े में बात करता कोई किसी लहज़े में, कोई मुलतान की बोली बोलता कोई पोठोहार की, कोई गुजराँवाला की, पहनावा भी अलग-अलग। कोई पेशावरी ढंग से पगड़ी बाँधता, कोई लाहौरी ढंग से। कोई सलवार पहनता तो कोई पाजामा। कहीं घुटनों तक लम्बा कोट तो कहीं वास्कट। कुछ लोग अभी भी नीचे सलवार और ऊपर गले में नेकटाई। देखते ही पता चल जाता कि यह अंग्रेज़ों की किसी छावनी में सरकारी कारिन्दा रहा होगा। इस पर लटकती मूँछोंवाले और चुस्त नुकीली मूँछोंवाले—सभी अपने-अपने संस्कार लेकर आए थे। कुछ परिवार सिन्धियों के थे—सिर पर काले रंग की किश्तीनुमा टोपी, सफ़ेद कमीज़ और नीचे चौड़े पाँयचोंवाला चमचमाता सफ़ेद पाजामा, और कमीज़ पर सुनहरे बटनों की लड़ी। लगता, जैसे आते समय, पाकिस्तान से नए कपड़े सिलवाकर लाए हैं। सिन्धी स्त्रियाँ घरों से निकलतीं तो शोख़ कपड़ों में, कहीं

लिपस्टिक, कहीं कन्धों पर झूलते अधकटे बाल। लगता, हिन्दुस्तानी लड़कियों को उनके पिछड़ेपन से आज़ाद कराने आई हैं।

आइए, आपको दसियों साल पहले के उस मुहल्ले में ले चलें और उन लोगों से मिलवाएँ जो उन बीते दिनों में यहाँ घूमते नज़र आते थे।

अभी-अभी मक्खनलाल अपने घर से निकला है। यह पश्चिमी पंजाब के देहात से आया है। घुटा हुआ सिर, नाटी, बलग़मी देह, नीचे तहमद और देसी जूती, 'पोपट' मार्का सिगरेट के कश ले रहा है और हर बार, चुटकी बजाकर, सिगरेट की राख फेंकता है। मुहल्ले में यही एक आदमी है जिसके आँगन में गाय बँधी रहती है। और इसे वह न जाने कैसे पाकिस्तान से ले आया है!

और उधर से, सड़क के बीचोबीच चलता हुआ, वकील माणिकलाल चला आ रहा है। यह सदा सड़क के बीचोबीच चहलक़दमी करता है, छाती तानकर और सिर ऊँचा किए हुए। लगता है, जैसे कह रहा हो—मैं वह नहीं हूँ जो तुम समझे बैठे हो—एक शरणार्थी—यह तो न जाने भाग्य के किस थपेड़े ने यहाँ पटक दिया, वरना इस समय मिंटगुमरी में मैं ऑनरेरी मजिस्ट्रेट होता।

वकील माणिकलाल और बलग़मी देहवाला मक्खनलाल दोनों एक ही शहर से आए हैं—मिंटगुमरी से—पर इनकी मुलाक़ात पहली बार यहीं, इसी बस्ती में हुई थी। वकील माणिकलाल तनकर चलनेवाला, रोब-दाब का मारा और मक्खनलाल, देहाती वज़ह-कतह का आदमी।]

[Fade out, Pause]

[Fade in]

[माणिकलाल के चलते क़दम। मक्खनलाल के घर के सामने रुक जाते हैं।]

माणिकलाल : कहो मक्खनलाल, कैसे हो?

मक्खनलाल : नवाज़िश है, वकील साहिब, आपके साये में ज़िन्दगी कट रही है।

माणिकलाल : तुम्हारी गाय है तो बड़ी सुन्दर, किरमिज़ी रंग की सलोनी- सी गाय, पर मक्खनलाल, इन नई बस्तियों में सरकार गाय-भैंस रखने नहीं देगी।

मक्खनलाल : *(दुलार की-सी आवाज़ में)* हमारी बुलबुल को तो यहाँ से कोई नहीं निकाल सकता जी। यही एक चीज़ तो अपने वतन से लाए हैं।

माणिकलाल : तुम इसे ले कैसे आए हो? इसका तुम्हें ख़याल ही कैसे आया?

मक्खनलाल : वकील साहिब, भांडा-टिंडर, कपड़ा-लत्ता सब वहाँ छोड़ आए हैं। पर इस जीते जीव को कैसे छोड़ आते? और इसका छोटा-सा बछड़ा जो सारा वक़्त अपनी माँ के आस-पास कूदता रहता था, देखकर आँखें भरती थीं। जब घर से निकलने लगे तो आँगन में बँधी इस बुलबुल पर नज़र गई और मेरे दिल में हूक-सी उठी। रँभाती गाय को वहाँ कैसे छोड़ देता? मैंने घर के दो ट्रंक वहीं छोड़ दिए और इसे खोल लाया, इसे भी और इसके बछड़े को भी। देखा जाएगा जो होगा। मैंने कहा–हम ही जानते हैं, हम इसे कैसे ला पाए हैं! *(मन्द-मन्द हँसी)* चलिए, घर का दूध-दही तो है, गौ-माता की सेवा तो करते हैं। दिल्ली का दूध तो निरा पानी है, उसे कौन पिए। *(हँसकर)* बस, इसका अगला सू आ जाए, आप सबको लस्सी पिलाया करेंगे। *(मीठी-सी हँसी हँसता है)*

माणिकलाल : *(धीमी आवाज़ में)* देखो मक्खनलाल, मुझे कहना तो नहीं चाहिए, तुम समझदार, बाल-बच्चेदार आदमी हो, पर...।

मक्खनलाल : कहिए न, वकील साहिब, ज़रूर कहिए।

माणिकलाल : यह जो तुम गली में पेशाब करने बैठ जाते हो, यह अच्छा नहीं लगता...यह तुम...।

मक्खनलाल : *(सादगी से)* क्यों जी, अपने ही घर के सामने तो करता हूँ, किसी दूसरे के घर के सामने तो नहीं करता?...आप इत्मीनान रखें वकील साहिब, मज़ाल है किसी दूसरे के घर के सामने करूँ।...तोबा करो जी, ऐसा कभी हो सकता है।...लो जी, मुहल्ले के और मेहरबान भी आ रहे हैं...। क्यों बृजलाल जी, बिजली का क्या कर आए? बिजली-दफ़्तर गए थे? कब कनेक्शन देंगे?

बृजलाल : कहेंगे क्या, वही रोज़ का क़िस्सा।

माणिकलाल : आपको मैनेजर के पास जाना चाहिए था। मैं होता तो मैं तो सीधा मैनेजर के पास जाता।

बृजलाल : आप तो मैनेजर के पास जाते, मैं तो जनरल मैनेजर के पास भी गया था। सभी एक ही बात कहते हैं।

मक्खनलाल : क्यों, क्या कहते हैं?

बृजलाल : कहते हैं, क्यों फ़िक्र करते हो लालाजी, बस्ती में खम्भे लग चुके हैं, तारें बिछाई जा चुकी हैं, बाक़ी रह गया कनेक्शन, वह भी मिल जाएगा।

माणिकलाल : कब मिल जाएगा?

बृजलाल : बस मिल जाएगा, पिछले तीन महीने से यही जवाब सुन रहा हूँ।

मक्खनलाल : वहाँ गए थे तो पानी के दफ़्तर भी हो आते।

बृजलाल : वहाँ चौधरी गया था। क्यों चौधरी, पानी के दफ़्तर में क्या हुआ?

चौधरी : *(हँसकर)* वहाँ भी यही जवाब था। सड़कों पर तो नल लग गए हैं, अब घरों में भी लग जाएँगे। घबराते क्यों हो।

बृजलाल : चौधरी, तुम्हें कहना चाहिए था, सड़क के नल में से पानी आता है वह भी दो घंटे के लिए, दो घंटे सुबह, दो घंटे शाम और धार इतनी पतली कि आधे घंटे में बाल्टी भरती है।

चौधरी : कहा था, यह सब कहा था।

मक्खनलाल : फिर क्या बोले?

चौधरी : कहने लगा आता तो है, इसे ही ग़नीमत समझो। धीरे-धीरे ज़्यादा पानी मिलने लगेगा।

मक्खनलाल : वकील साहिब, आप अगर कमेटी के दफ़्तर में जाएँ तो काम जल्दी हो जाएगा। किसी मोतबिर आदमी को जाना चाहिए।

माणिकलाल : अब यही काम मेरे लिए रह गया है? मिंटगुमरी में मेरे सात घर थे, नौकर-चाकर थे। क़िस्मत फूट गई जो यहाँ आना पड़ा। इस वक़्त मैं वहाँ ऑनरेरी मजिस्ट्रेट होता।

बृजलाल : क़िस्मत तो सभी की फूट गई वकील साहिब, कोई क्या कहे। रहना तो अब यहीं पर है।

मक्खनलाल : *(हँसकर)* दिल छोटा नहीं करते चौधरी, जो हमारे साथ हुआ है, वह लाखों के साथ हुआ है। *(गुढ़ककर हँसता है)* हम तो कहते हैं, जो पाकिस्तान नहीं बनता तो हम दिल्ली की सैर कहाँ कर पाते? क्यों जी? वहीं, क़स्बे में पड़े सड़ते रहते...। वाह, गुरु महाराज, तेरियाँ बरकताँ, तूने दिल्ली दिखा दी। अब सारी उम्र तेरी दिल्ली की सैर करेंगे। क्यों जी? *(हँसता है)* दिल्ली की सड़कें नापेंगे।

माणिकलाल : चलता हूँ, देर हो रही है।

[Pause]

[क़दम दूर जाते हुए।]

मक्खनलाल : *(धीमी आवाज़ में)* क्यों चौधरी, पीछे, तेरे कितने घर थे? कितने नौकर-चाकर? क्या तू भी इस वक़्त ऑनरेरी मजिस्ट्रेट होता?

चौधरी : जो हो गया, सो हो गया, उसका रोना कौन सारा वक़्त रोता रहे।

मक्खनलाल : फ़िक्र क्यों करते हो, यार, जो होगा देखा जाएगा। वह सामने लाला दीवानचन्द रहते हैं या नहीं? मैं इन्हें जानता हूँ, बड़ी पुरानी वज़ह के आदमी हैं। धर्म-कर्मवाले।

बृजलाल : हाँ-हाँ, उन्होंने अपने घर में सत्संग लगाना शुरू कर दिया है।

मक्खनलाल : हाँ, वही।...जब इस मुहल्ले में आए थे तो इनकी बहू इनके सामने घूँघट काढ़कर आती थी, और अब?

बृजलाल : क्यों, अब क्या हुआ है?

मक्खनलाल : एक दिन मेरे सामने अपने बेटे और बहू की शिकायत करने लगे। कहने लगे—जेहलम में थे तो शर्म-हया से रहते थे। कहीं ताँगे पर भी बैठकर जाना होता तो बहू मुँह-सिर ढाँपकर पिछली सीट पर बैठती और बेटा, गाड़ीवान के साथ, अगली सीट पर। पर यहाँ? यहाँ उन्हें दिल्ली की हवा लग गई है।

बृजलाल : क्या हवा लग गई है?

मक्खनलाल : यहाँ इनका बेटा कहीं से फटीचर-सा मोटर साइकिल ले आया है। कहते थे—मेरी आँखों के सामने अब बहू कूदकर मोटर साइकिल पर अपने पति के पीछे चढ़ बैठती है। सिर ढकना तो दूर, कई बार तो वह अपनी चुन्नी को कमर में बाँध लेती है और दोनों हँसते-चहकते निकल जाते हैं। मैं खड़ा देखता रह जाता हूँ।

चौधरी : फिर तुमने क्या कहा?

मक्खनलाल : मैंने कहा—ज़माने-ज़माने की बात है लालाजी, अब यह जेहलम तो नहीं है न, यह तो दिल्ली है। आप अपना सत्संग लगाइए, भजन-कीर्तन कीजिए। इन्हें मोटर साइकिल पर घूमने दीजिए।

[हँसी।]

पर वह हर बार मिलते हैं तो शिकायत ही करते हैं। कल मिले तो कहने लगे--अब तो बहू नौकरी की तलाश में भी जाने लगी है। सारी शर्म-हया खो बैठी है।

[हँसी।]

बृजलाल : पर अन्दर से लाला को बुरा नहीं लगता होगा। नौकरी लग गई तो घर में पैसे तो आएँगे...।

[Fade out]

[मोटर साइकिल के इंजन की आवाज़।]

मक्खनलाल : वह देखो, दोनों जा रहे हैं। दिल्ली में मोटर साइकिल पर घूमने का बड़ा मज़ा होगा। मैंने लाला दीवानचन्द से कहा। अब यह जेहलम तो नहीं है न लाला, यह तो दिल्ली है। आप भी बैठिए मोटर साइकिल पर। आप भी घूमने जाया कीजिए।...मुझे तो जब मौक़ा मिलता है, मैं तो घूमने निकल जाता हूँ, कभी बस पर, कभी किसी की फटफटी पर। वाह, क्या बात है, दिल्ली, दिल्ली है आख़िर!

बृजलाल : काम-धन्धों का कोई ठिकाना नहीं, सिर छिपाने के लिए ढंग की जगह नहीं, मारे-मारे सड़कों की ख़ाक छान रहे हैं, और तू दिल्ली की सैर करने को कह रहा है।

मक्खनलाल : सब अपनी-अपनी जगह भाई साहिब, सब अपनी-अपनी जगह। जब सड़कों की धूल फाँकने का वक़्त होता है तो धूल फाँकते हैं, जब रंगीनी देखने का वक़्त होता है तो रंगीनी देखते हैं। अब देखो न, हम लोग इधर आए हैं, अपने आप एक नई बिरादरी बन रही है, हमें दुख-सुख के नए साथी मिल रहे हैं, अब जीना-मरना तो आप लोगों के साथ है न, पाकिस्तान तो पीछे छूट गया क्यों जी, चौधरी जी?

चौधरी : ठीक है मक्खनलाल, पर इन बखेड़ों से भी तो फ़ुर्सत मिले।

मक्खनलाल : वही मैंने कहा न, बखेड़े अपनी जगह, सैर-सपाटा अपनी जगह।...वह देखो जी सामने, क्या हो रहा है। एक घर के बच्चे आँगन की दीवार फाँद-फाँदकर दूसरे घर में जा रहे हैं। नई-नई दोस्तियाँ पनप रही हैं, यही बच्चे खेल बड़े होंगे, फिर

इधर इश्कपेचे पड़ेंगे।

बृजलाल : इश्कपेचे क्या?

मक्खनलाल : इश्कपेचाँ नहीं जानते हो, बृजलाल? तुम्हारा इश्कपेचाँ कभी नहीं पड़ा?

बृजलाल : मैं क्या जानूँ, तुम क्या कह रहे हो?

मक्खनलाल : कभी पतंग उड़ाई है? पतंग उड़ाते हैं तो पेचे पड़ते हैं या नहीं? एक की डोरी दूसरे की डोरी में फँस जाती है। इश्क के पेचे भी ऐसे ही पड़ते हैं। आँखों ही आँखों में इश्कपेचाँ पड़ जाता है।

बृजलाल : बस, बस, फ़िज़ूल की बातें नहीं किया कीजिए।

मक्खनलाल : क्यों जी, प्यार-मुहब्बत की बातें फ़िज़ूल होती हैं? इधर, इसी बस्ती में नई फुलवाड़ी खिल रही है। नई-नई दोस्तियाँ पड़ रही हैं, नए-नए रिश्ते पनप रहे हैं। तुम्हें तो सारा वक़्त पानी-बिजली की फिक्र खाए जा रही है।...वह लो, वह आदमी स्कूटर पर जा रहा है।...रुको! रुकिए भाई साहिब!

[स्कूटर के इंजन की आवाज़, पास आकर रुक जाती है।]

स्कूटरवाला : कहिए, क्या बात है?

मक्खनलाल : आप किस तरफ़ जा रहे हो? कनॉट प्लेस? मुझे रास्ते में कहीं उतार देना।

[स्कूटर पर बैठने की आवाज़।]

स्कूटरवाला : आप तो बैठ भी गए। मैं कनॉट प्लेस नहीं जा रहा हूँ। मैं तो चाँदनी चौक जा रहा हूँ।

मक्खनलाल : ठीक है, मुझे चाँदनी चौक उतार देना।...बाई-बाई बृजलाल! बाई-बाई चौधरी! *(हँसकर)* दिल्ली में बाई-बाई कहते हैं!

[इंजन चलने की आवाज़।]

[स्कूटर चलने पर मक्खनलाल गाने लगता है 'अखियाँ रस-भरियाँ, किसे ने कदरे नाल लाइयाँ अखियाँ रस भरियाँ!....']

[वह एक ही पंक्ति गुनगुनाता है, स्कूटर दूर चला जाता है।]

बृजलाल : यार, यह अजीब नमूना इस बस्ती में आया है।

चौधरी : पर है ज़िन्दादिल आदमी!

बृजलाल : ज़िन्दादिल क्या? जो भी स्कूटर या मोटर साइकिलवाला इधर से गुज़र रहा हो, उसके पीछे कूदकर बैठ जाता है, न काम न धाम, हवाख़ोरी करता फिरता है।

चौधरी : करोलबाग़ में यह ठेला लगाता है, गज़-गज़ करके कपड़ा बेचता है। लगता है यह काम इसे रास नहीं आया। कहाँ अपनी खुली ज़मीन, खेती-बाड़ी और कहाँ यह काम, हाँक लगा-लगाकर एक-एक गज़ कपड़ा बेचना। यह कोई आसान काम थोड़े ही है। सोचता होगा, वह काम तो चलता ही रहेगा, दिल्ली की थोड़ी सैर ही कर लूँ।...अपने-अपने मिज़ाज की बात है।

[Fade out]

[Fade in]

बृजलाल : कहिए वकील साहिब! कैसे तकलीफ़ की?...आप तो चार नम्बर ब्लॉक में रहते हैं ना?

चौधरी : हाँ-हाँ, चार नम्बर में ही रहते हैं, पर टहलने के लिए आठवें ब्लॉक में चले आते हैं।

माणिकलाल : आपके इधर रौनक़ ज़्यादा होती है। चार नम्बर ब्लॉक तो अभी भी सुनसान पड़ा है। केवल तीन या चार घरों में लोग आकर बस पाए हैं।

चौधरी : आप हैं भी तो वकील न, माणिकलाल जी, वकील लोगों से अलग-थलग कैसे रह सकता है, लोगों से मेल-मिलाप बढ़ाएगा तो मुकदमे भी मिलेंगे।

माणिकलाल : *(तुनककर)* आप क्या समझते हैं मैं अपनी प्रैक्टिस चलाने के लिए आठ नम्बर ब्लॉक में घूमने आता हूँ? भाई साहिब अगर पाकिस्तान नहीं बना होता तो मैं इस वक़्त मिंटगुमरी में ऑनरेरी मजिस्ट्रेट होता।

बृजलाल : बेशक, बेशक!

माणिकलाल : मैं तो इसलिए यहाँ आता हूँ कि लोगों को पता चल जाए कि मैं कौन हूँ।

चौधरी : नहीं साहिब, यह तो सभी लोग जान गए हैं, आपकी शख़्सियत कैसे छिपी रह सकती है।

माणिकलाल : आपने देखा होगा कि मकान एलॉट होने पर मैंने ही सबसे पहले उसकी टीप-टॉप करवाई है—आँगन की दीवार में फाटक लगवाया है, आँगन में पक्का फ़र्श बँधवाया है।

चौधरी : बेशक, बेशक...!

माणिकलाल : कुछ तो हमारे रहने लायक़ हो जाए, कुछ तो अपने स्टैंडर्ड के मुताबिक़ हो।

चौधरी : बेशक, बेशक!

माणिकलाल : अब, सब तैयार हो गया है। दरवाज़ों-खिड़कियों पर रंग-रोग़न हो गया है। मैंने हरा रंग लगवाया है।

चौधरी : हरा रंग बहुत अच्छा है। उस पर दूर से ही नज़र जाती है। लोग देखते ही समझ लेंगे कि वकील माणिकलाल साहिब का घर है।

माणिकलाल : इसके लिए दरवाज़ों का रंग देखने की ज़रूरत नहीं, भाई साहिब, मैंने गेट पर संगमरमर की प्लेट लगवाई है जिस पर मेरा नाम ख़ुदा है।

बृजलाल और चौधरी : वाह! मुबारक हो!

माणिकलाल : अब घर तैयार हुआ है तो मैंने सोचा है बस्तीवालों को अपने घर पर बुलाऊँ।

बृजलाल : दावत करना चाहते हैं क्या?

माणिकलाल : दावत क्या, मिल-बैठने का बहाना समझो।

चौधरी : बड़ा नेक ख़याल है वकील साहिब, मिल-बैठने की व्यवस्था तो होनी चाहिए। महीने में एकाध बार ताकि बस्ती के लोग एक दूसरे के ज़्यादा नज़दीक आ सकें।

बृजलाल : और लोग भी इस बारे में सोच रहे हैं। इंजीनियर अहूजा के घर पर कुछ लोग पहली मीटिंग करना चाहते हैं।

माणिकलाल : मीटिंग करोगे तो वही पानी-बिजली का रोना रोते रहोगे। करना है तो चाय-पार्टी करो। तुम मेरे घर आओ, मैं पार्टी करूँगा।

चौधरी : बड़ी अच्छी बात है। पर वकील साहिब, सादा सी पार्टी होनी चाहिए, बस, चाय-बिस्किट, ताकि किसी पर पार्टी का बोझ न हो, जिसके घर भी पार्टी हो...।

माणिकलाल : मेरे घर आओगे तो क्या बिस्किट खाओगे? वकील माणिकलाल की नाक कटवाओगे? उसके मुँह पर कालिख पोतोगे।

चौधरी : नहीं साहिब, मैंने तो इसलिए कहा था कि और लोगों के घरों में भी यह मिल-बैठना होगा, किसी पर पार्टी बोझ नहीं बने।

बृजलाल : आपकी मेहमाननवाज़ी पर किसे शक होगा! आप तो अभी से इस बस्ती के बेताज बादशाह हैं!

माणिकलाल : हमारी बस्ती को तहज़ीबयाफ़्ता भी तो बनना है। कोई यह तो न कहे कि यहाँ जाट-गँवार रहते हैं। मुझे इस बात का भी तो ख़याल रहता है।

चौधरी : बेशक! बेशक!

[Fade out]

[Fade in]

[माणिकलाल के घर में।]

माणिकलाल : दो मेज़ें जोड़कर एक लम्बी मेज़ बना लो। इसी पर खाने-पीने की सभी चीज़ें रख देना। दीवारों के साथ कुर्सियों की क़तार लगा दो।

पहली बेटी : इतनी कुर्सियाँ कहाँ से लाएँ पिताजी?

माणिकलाल : मँगवा लो न, पास-पड़ोस के घरों से। दो-दो कुर्सियाँ भेज देंगे, तो उनके लिए आफ़त नहीं आ जाएगी, आख़िर माणिकलाल के घर में पार्टी हो रही है, और उसमें वे लोग बुलाए गए हैं।

दूसरी बेटी : *(हँसकर)* फिर तो कुछ क्रॉकरी भी मँगवानी पड़ेगी।

माणिकलाल : मँगवाओ, मँगवाओ, एक बार ऐसी पार्टी करो कि इन सबके भड़ास निकल जाएँ। ये भी क्या याद करेंगे!

दूसरी बेटी : *(हँसकर)* लोगों के घरों की कुर्सियाँ और क्रॉकरी मँगवा रहे हैं तो थोड़ी-बहुत खाने-पीने की चीज़ें भी मँगवा लें।

पहली बेटी : चुप रह, यों भी कभी हुआ है!

दूसरी बेटी : क्यों? चाचा मक्खनलाल के घर से पकौड़े बनवा लें। उनकी पत्नी झट से बनाकर भेज देंगी।

माणिकलाल : उसका तो नाम ही न लो। मैं तो चाहता ही नहीं कि वह पार्टी में आए। गँवार आदमी पार्टी को बदमज़ा करेगा।... और उसके घर से पकौड़े बनवाने की तो सोचो ही नहीं। सारी बस्ती में ढिंढोरा पीट देगा कि पकौड़े उसने बनवाकर भेजे थे।

दूसरी बेटी : मेज़ पर तो छुरी-काँटे भी होने चाहिए, और नैपकिन भी। क्या करें?

माणिकलाल : यह मिंटगुमरी नदी है, बेटी, मिंटगुमरी को भूल जाओ। वहाँ तो डिप्टी कमिश्नर की पार्टी की थी। याद है, मेज़ छुरी-काँटों से जगमग करती थी।...इन लोगों को छुरी-काँटों की ज़रूरत भी नहीं है। इन्हें हाथ से ही खाने दो, इन्हें उँगलियाँ ही चाटने दो।

[Fade out]

[Fade in]

[सड़क पर, मक्खनलाल डॉ. मोहकमचन्द से मिलता है।]

मक्खनलाल : डॉक्टर साहिब, चल पड़े कमेटी के दफ़्तर?

डॉक्टर मोहकमचन्द : और क्या? बार-बार उनसे कहेंगे नहीं तो काम कैसे होगा?

मक्खनलाल : आप सारा रास्ता साइकिल चलाकर जाते हो जी इस उम्र में। इधर कड़ी धूप होती है।

मोहकमचन्द : धूप से डरो तो घर बैठे रहो। पब्लिक का काम करना हो तो गर्मी-सर्दी से नहीं डरते।

मक्खनलाल : आपको देखकर, डॉक्टर साहिब, बड़ा रश्क आता है कि हम भी पब्लिक की सेवा कर सकें। कोई काम हमें भी बतलाइए। हरकारे का काम कहोगे तो वह भी करेंगे, चपरासी का काम कहोगे तो वह भी करेंगे। आप हुक्म करो, जो आनन्द पब्लिक की सेवा करने में आता है वैसा और कहीं नहीं मिलता।

मोहकमचन्द : तू पहले अपने रोज़गार का बन्दोबस्त तो कर ले, फिर मेरी मदद भी करते रहना।

मक्खनलाल : वह तो चल ही रहा है जी, पर ठेले पर बैठकर कपड़ा बेचने का काम मुझे पसन्द नहीं आया। कोई और काम ढूँढ़ रहा हूँ। कुछ-न-कुछ तो मिल ही जाएगा।

मोहकमचन्द : तू सुबह थोड़ी देर के लिए मेरे दवाख़ाने पर आ जाया कर। लोग तस्दीक करवाने के लिए मेरे पास अपनी अर्ज़ियाँ लाते हैं, मेरी मदद हो जाएगी। ये उन्हीं की अर्ज़ियाँ कमेटी के दफ़्तर में ले जा रहा हूँ।

मक्खनलाल : ज़रूर जी, कल सुबह ही पहुँच जाऊँगा। ठीक आठ बजे पहुँच जाऊँगा। और कोई ख़िदमत?

[Fade out]

[Fade in]

[पार्टी में प्लेटें आदि खनकने की आवाज़ स्त्रियों के हँसने-चहकने ही आवाज़ें।]

पहली युवती : पाकिस्तान बना, एक बात अच्छी हुई। हम यहाँ खुला घूम-फिर तो सकती हैं। वहाँ तो सारा वक़्त कभी सिर ढको, कभी ऊँचा नहीं बोलो, कभी खिड़की में से बाहर नहीं झाँको।

दूसरी युवती : तुम वहाँ पर्दा करती थीं क्या? हमारे शिकारपुर में पर्दा तो कोई नहीं करता था, पर खुले में औरतें बहुत घूमती भी नहीं थीं।

तीसरी युवती : हमारा घूमना यहाँ दिल्लीवालों को अच्छा नहीं लगता। कुछ लोग कहते हैं बाहर से आनेवाली लड़कियाँ हमारी लड़कियों को बिगाड़ रही हैं।

[हँसती हैं।]

माणिकलाल : आओ डॉक्टर, आओ। फ़ुर्सत मिल गई कमेटी के कामों से?

मोहकमचन्द : यह कमेटी का काम तो नहीं है, आप लोगों का ही काम है।

माणिकलाल : करो, करो समाज सेवा, पुण्य कमाओ।

मोहकमचन्द : बहुत दंगे-फ़साद देखे हैं, न जाने कैसे बचकर आए हैं! अब सोचता हूँ, कुछ लोगों की भी ख़िदमत करें।

माणिकलाल : क्यों नहीं, क्यों नहीं। आज ख़िदमत करोगे तो कल लीडर भी बनोगे। अगले चुनावों में कमेटी की मैनेजरी के लिए खड़े होना।

मोहकमचन्द : इसका तो मुझे ख़याल ही नहीं आया, माणिकलाल।

माणिकलाल : आएगा, आएगा, मुफ़्त में लोगों की ख़िदमत कौन करता है। यह ख़िदमत तो तुम्हारी Investment है।

मोहकमचन्द : तुम ख़ुद क्यों नहीं अगले चुनावों में खड़े होते?

माणिकलाल : क्या? मैं और कमेटी के चुनावों में? पाकिस्तान नहीं बना होता तो इस वक़्त मैं मिंटगुमरी में ऑनरेरी मजिस्ट्रेट होता। और उसके बाद गवर्नर की कौंसिल का मेम्बर होता। कमेटी की मेम्बरी का तो मुझे कभी ख़याल ही नहीं आया।...आओ बैठो। *(आवाज़ लगाते हुए)* कमला! डॉक्टर साहिब के लिए प्लेट लाओ,...आइए बृजलाल जी, आओ चौधरी। वक़्त निकाल ही लिया आपने?

[पार्टी की गहमागहमी। स्त्रियों की फुसफुसाती आवाज़ें।]

पहली युवती : पकौड़ों में मिर्ची ज़्यादा पड़ गई। हाय, मेरा तो मुँह जल गया!

दूसरी युवती : पकौड़े करारे न हों तो मज़ा ही क्या है?

एक स्त्री : *(फुसफुसाकर)* कप्तान की दोनों बीवियाँ आ गई हैं। देखा? वे एक साथ कभी नहीं बैठतीं। छोटी ने बाल कटवा लिये हैं ताकि जवान नज़र आए। *(हँसी)* वह बैठती-उठती भी छोटी उम्र की लड़कियों के साथ है। देखा, उठकर खिड़की के पास चली गई है। *(हँसती हैं)*

[बाहर हलका-सा शोर, किसी के खखारने, थूकने की आवाज़, फ़र्श पर लट्ठ के पटपटाने की आवाज़।]

माणिकलाल : शेयर तो डालमिया कम्पनी के भी ऊँचे उठ रहे हैं। मैं कुछ शेयर ख़रीदने की सोच रहा हूँ।

पहली युवती : कोई आया है। *(फुसफुसाकर)*...पिताजी, पिताजी।

माणिकलाल : क्या है बेटी?

पहली युवती : मक्खनलाल जी आए हैं।

माणिकलाल : अरे, मुझे इसी बात का डर था कि वह ज़रूर टपक पड़ेगा।

पहली युवती : *(धीमी आवाज़ में)* आपने मना कर दिया होता।

माणिकलाल : मना कर देता तब तो वह ज़रूर ही पहुँचता। कितने क़रीने से पार्टी चल रही थी, अब यह पहुँच गया। सारी पार्टी खटाई में पड़ गई!

[Pause]

[मक्खनलाल का प्रवेश।]

मक्खनलाल : माफ़ करना जी देर हो गई। यही शाम का वक़्त होता है दो पैसे कमाने का। ठेले पर के माल उतारते-सँभालते देर हो गई।

पहली युवती : *(धीमी आवाज़ में दूसरी लड़की से)* हाय, यह कैसे कपड़े पहनकर आए हैं। पार्टी पर कोई ऐसे भी कपड़े पहनकर आता है!

दूसरी युवती : *(टुनटुनाती हँसी के साथ)* तहमद पहने हुए हैं और उसका एक सिरा साथ-साथ ज़मीन पर घिसट रहा है।

पहली युवती : *(हँसकर)* वह भी मैली-सी और अढ़ाई गज़ी। इनकी तोंद तो देखो, और घुटा हुआ सिर। सिर कैसे पसीने से चमक रहा है!

मक्खनलाल : *(बैठते ही डकार छोड़ता है)* नारायण! नारायण!

बृजलाल : पहुँच गए मक्खनलाल!

मक्खनलाल : जी? अभी कहाँ पहुँचा हूँ मेहरबान, अभी तो रास्ते में ही हूँ। *(इस पर, अपने ही मज़ाक पर गुढ़क-गुढ़ककर हँसता है)* आप देख तो रहे हैं, पहुँच गया हूँ। *(फिर से गुढ़कता है)* इधर सिगरेट पीने की इजाज़त है न? *(सिगरेट की डिबिया निकालने, दियासिलाई जलाने की आवाज़)* मैं तो पोपट मार्का सिगरेट पीता हूँ, कम ख़र्च, बालानशीन *(फिर से गुढ़ककर हँसता है दो-तीन कश खींचने और चुटकी बजाकर सिगरेट की राख़ झाड़ने की आवाज़)*

पहली युवती : *(दूसरी युवती से, फुसफुसाकर)* फ़र्श पर ही राख झाड़ रहा है, गँवार कहीं का।

मक्खनलाल : कहो बृजलाल जी! परसन्न हो? आनन्द-मंगल है? वाह, वाह, चौधरी जी भी आए हुए हैं। आज तो रमेश नगर की सारी चंडाल-चौकड़ी यहाँ मौज़ूद है *(हँसता है)* गुस्ताख़ी माफ़! मैं

मज़ाक कर रहा था। आप सब तो मेरे सिर के साहिब हो जी! आपकी छत्तर-छाया में तो हम जी रहे हैं।...*(वकील माणिकलाल से)* वकील साहिब, कहीं छोटा-मोटा काम हमें भी दिलवा दो, आप लोगों की तो ऊपर तक पहुँच है।

चौधरी : काम तो कर रहे हो, मक्खनलाल।

मक्खनलाल : यह भी कोई काम है, ठेले पर माल रखो, और हेंक लगाकर गज़-गज़ कर कपड़ा बेचो। *(हेंक लगाता है)*

"लठ्ठा चानी, चार आने।
छींट जापानी, चार आने!"

यह कोई काम है, बेसवा की तरह सारा दिन ग्राहक को बुलाते रहो। *(Silence, long pause)*...बोल-बोलकर मेरा तो मुँह टेढ़ा हो गया है, और आवाज़ ऐसी बैठ गई है कि ठीक होने में नहीं आती। पहले गाने का शौक था, अब वह भी नहीं रहा, खरखराती आवाज़ से कोई क्या गाएगा?...कोई इलाज बताओ डॉक्टर साहिब, आप तो वाणी-त्राण हो।

मोहकमचन्द : तू बहुत बोला नहीं कर।

मक्खनलाल : बोलूँ नहीं तो खाऊँ कहाँ से? घर में पाँच जीव खानेवाले। चिल्लाए बिना ठेलेवाले के पास कौन आता है? यह दुकान तो नहीं है कि ग्राहक अपने आप आ जाएगा। क्यों जी?

पहलील युवती : *(दूसरी युवती से दबी आवाज़ में)* सिगरेट का ठूँठ फ़र्श पर ही फेंक दिया है। अब उसे पैर से मसल रहा है। हाय, कैसा गँवार आदमी है!

मक्खनलाल : सियाने कह गए हैं जी, "उत्तम खेती, मद्धम व्यापार, निषिद्ध चाकरी!" चाकरी करना सबसे बुरा है।

बृजलाल : पर तुम वकील साहिब से चाकरी ही तो माँग रहे हो।

मक्खनलाल : चाकरी बुरी है जी, पर इस व्यापार से तो अच्छी है। सुबह से शाम तक गला तो नहीं फाड़ना पड़ता। नौकरी में कोई फिकर-फाका तो नहीं न। साफ़-सुथरी चीज़ है। वक़्त पर गए, वक़्त पर घर लौट आए। क्यों जी? कपड़े भी मैले नहीं होते।

बृजलाल : हाँ, यह तो है।

मक्खनलाल : पर ठेला लगाओ तो माँ...या, न दिन को चैन न रात को आराम! दिनभर गधे की तरह हेंक लगाते रहो।

माणिकलाल : क्या गाली बक रहे हो, मक्खनलाल।

मक्खनलाल : माफ़ करना जी, आप लोग तो पढ़े-लिखे आलम-फ़ाजल लोग हो, हम जाट-बूट, मुँह में से माँ...या, कभी-कभी गाली निकल जाती है।

[कुछ लोग हँस देते हैं।]

बृजलाल : यह बाज़ नहीं आएगा।

मक्खनलाल : एक और सिगरेट पी लूँ। *(दीयासिलाई जलाने की आवाज़)* घर में से कोई कितनी देर निकाल-निकालकर खा सकता है, क्यों जी?

माणिकलाल : बेटी!

पहली युवती : क्या है पिताजी?

माणिकलाल : एक तश्तरी इनके पास रख दो, सिगरेट की राख डालने के लिए।

मक्खनलाल : माफ़ करना जी, हम जाट-बूट हमारे लिए तो सारा फ़र्श ही तश्तरी है। *(गुढ़ककर हँसता है)* गाँव में थे तो हुक्का पीते थे। बड़ी सुथरी चीज़ है।...वाह, वाह...हाँ तो, मैंने अर्ज़ किया ना, पैसे की बड़ी ज़रूरत है। बीवी के गहने बेचकर तो घर की आधी किस्त चुकाई है। फिर घर में पाँच जीव खानेवाले...क्यों जी? पचास रुपए तो रोटी-भाजी पर निकल जाते हैं, कुछ नहीं तो सौ रुपए साग-सब्ज़ी, चीनी, लटरम-पटरम पर फिर बच्चों के कपड़े-लत्ते, स्कूल की फ़ीस...क्या-क्या गिनाऊँ!

[प्याला खनकने की आवाज़।]

पहली युवती : लीजिए अंकल, चाय का कप लीजिए।

मक्खनलाल : यह क्या है, चाय? नहीं, बहिन जी, हम तो लस्सी-दूध पीनेवाले आदमी हैं। चाय-कॉफी से हमारा कुछ नहीं बनता। कॉफी हमारे लिए काफ़ी नहीं है *(गुढ़ककर हँसता है)*—आप मुझे काम दिलवा दो, वकील साहिब, फिर देखो, मैं आप लोगों की कैसी ख़िदमत करता हूँ।

बृजलाल : *(हँसकर)* मक्खनलाल, तुम्हें नौकरी मिल गई तो तू दिल्ली की सैर कब करेगा?

मक्खनलाल : क्यों बादशाहो, काम अपनी जगह, दिल्ली की सैर अपनी जगह।

चौधरी : हर राह जाते स्कूटरवाले के तो पीछे तुम चढ़ बैठते हो, फिर यह जा और वह जा...।

मक्खनलाल : *(हँसकर)* दिल्ली की सैर नहीं करूँ तो, बन्दानवाज़, दो दिन में मर जाऊँ...मैं तो सबसे कहूँगा, दिल्ली की सैर करो, काम-धन्धे तो होते रहेंगे। *(हँसता है)*

[Pause]

चौधरी : कल रात तेरे घर में क्या शोर था, मक्खनलाल, बड़ा ऊँचा-ऊँचा बोल रहे थे?

मक्खनलाल : अहो जी, वही झगड़ा जो पराचीन से चला आ रहा है,... सास-बहू का झगड़ा, और क्या?

चौधरी : और।

मक्खनलाल : मैं अपनी माँ से कहता हूँ...।

माणिकलाल : बस, बस, सारा क़िस्सा सुनाने की क्या ज़रूरत है?

मक्खनलाल : वकील साहिब, यह तो घर-घर की कहानी है।

बृजलाल : सुनाने दीजिए माणिकलाल जी...हाँ, तो फिर?

मक्खनलाल : मैं अपनी माँ से कहता हूँ, भलीलोक, तू ही चुप हो जा। अब मैं अपनी घरवाली पर रोज़-रोज़ हाथ उठाऊँ, यह भी तो अच्छा नहीं लगता, क्यों जी?

बृजलाल : ठीक है।

मक्खनलाल : गाँव की बात दूसरी थी, पर यह तो दिल्ली है मुल्क का दारुलख़िलाफ़त है।

बृजलाल : किसी बात पर झगड़ा हो गया होगा।

मक्खनलाल : बात क्या थी जी, मेरी घरवाली के मुँह से निकल गया कि मायके में उसे रोज़ खाने के साथ दही मिलता था...

[Fade out]

[Fade in]

[मक्खनलाल के घर में।]

मक्खनलाल : दही मिलता था, तो तू फ़िक्र नहीं कर! गाय का दूध सूख गया है, पर अगली सू के बाद घर में ख़ूब दूध-दही होगा।

सास : इतने ही बड़े राजे-रजवाड़े थे तेरे माँ-बाप, तो दहेज़ में दो भैंसें ही दे देते।

मक्खनलाल : बस-बस, माँ बात बढ़ाने की कोई ज़रूरत नहीं।

सास : मैंने क्या कहा है, यह आई बड़ी ख़ानदानी, रोज़ दही खानेवाली।

बहू : किसी के घर में भैंसें बाँधने की जगह होती तो वे भैंसें भी भेज देते।

सास : *(ऊँची आवाज़ में)* ले, सुन ले! सुन ले बरख़ुरदार, तेरे बाप को कंगाल कह रही है। यह आई महल-माड़ियोंवाली, हवेलियोंवाली...।

मक्खनलाल : बस, बस, माँ...अब दोनों चुप हो जाओ...मुझ पर तरस खाओ। कुछ वेला-वक़्त देखा करो।

[ज़मीन पर भोजन की थाली सरकाने की आवाज़।]

सास : इसके हाथ की रोटी खाऊँ, बुरी वस्तु खाऊँ। *(...बड़बड़ाती हुई उठ जाती है)* हम कंगाल हैं, यह बड़ी आई राजकुमारी...।

मक्खनलाल : कहाँ जा रही हो माँ? यह क्या कर रही हो? *(ज़ोर से दरवाज़ा भेड़ने की आवाज़)* बाहर चली गई...*(पत्नी से)* तू भी नेक-बख़्त कोई वेला-वक़्त नहीं देखती।

पत्नी : मैंने क्या कहा है...इनको दिन में दस बार तप चढ़ जाता है।

मक्खनलाल : यहाँ घर के बाहर क्यों आ गई है माँ, लोगों को तमाशा दिखाना चाहती है?...चल अन्दर...*(Pause)* ज़मीन पर बैठ गई है, ठंड लग जाएगी। उठ, चल अन्दर, माँ चल *(चिल्लाकर)* मैं तुम्हें खींचकर अन्दर ले जाऊँ? क्यों गली-मुहल्ले के सामने मुझे रुसवा करती है?...चल अन्दर।

सास : बुरी वस्त खाऊँ जो उसके हाथ की रोटी खाऊँ।

मक्खनलाल : *(तनिक ऊँची आवाज़ में)* अन्दर चल माँ, गली-मुहल्ले को तमाशा नहीं दिखा।

सास : जा-जा, तू उसके तलवे चाट। अपनी राजकुमारी के। उसके सामने तो तेरा मुँह ही नहीं खुलता।

मक्खनलाल : ओ माँ, मुझे परेशान नहीं कर। तुम दोनों ने मेरा जीना हराम कर दिया है।

सास : मैंने तेरा जीना हराम कर दिया है, तो मुझे घर से निकाल बाहर कर।

मक्खनलाल : चल अन्दर माँ...नहीं चलेगी तो मैं इस फाटक के साथ अपना माथा फोड़ लूँगा। चलेगी या नहीं?...*(ठक् की आवाज़ जैसे मक्खनलाल ने फाटक के साथ टक्कर मारी हो।)*...चलेगी या नहीं...

सास : *(छाती पीटकर)* सुनो वे लोको!...हाय, वे लोको!...

[Long pause]

यह क़िस्सा है, मेहरबान। माँ ने भूख-हड़ताल कर दी। यह गांधी बाबा जो घर-घर में भूख-हड़ताल करना सिखा गया है, कुछ न पूछो, कभी माँ भूख-हड़ताल कर बैठती है, कभी घरवाली...!

बृजलाल : इन्हें समझा कि घर के बाहर आकर ऊँचा-ऊँचा नहीं बोला करें। पास-पड़ोसवाले सुनते हैं, अच्छा नहीं लगता।

मक्खनलाल : मुझसे पूछो जी, तो सही करती हैं, ऊँचा-ऊँचा चिल्लाकर अपनी भड़ास निकाल देती हैं। गैस निकल जाए तो आदमी जल्दी ठंडा पड़ जाता है। मैं तो दो घंटे मुँह बन्द रखूँ तो खोपड़ी फटने को होती है।

[पार्टी में स्त्रियों की हलकी-हलकी आवाज़ें।]

एक लड़की : 'हमसफ़र' फ़िल्म देखी? देव आनन्द की है। बड़ी अच्छी है। मैंने तो तीन बार देखी है। मुझे तो उसके डायलॉग भी याद हो गए हैं...।

दूसरी लड़की : कटलेट अच्छे बने हैं न? पहले हमने सोचा, पनीर के पकौड़े बनाएँगे। फिर माँ कहने लगी—कौन झंझट करे। हमारे घर में पार्टी होगी तो पनीर के पकौड़े बनाएँगे...। यहाँ तुम कटलैट ही बनाकर ले चलो।

तीसरी लड़की : यह हार कहाँ से लिया? बड़ा अच्छा है, सुच्चे मोती हैं क्या? आजकल सुच्चे मोती कहाँ मिलते हैं।...मैं भी लेना चाहती हूँ। पिताजी कहते हैं, अगले महीने ले दूँगा...

[Slight pause]

[मक्खनलाल की आवाज़।]

गाना होना चाहिए, बादशाहो, महफ़िल में रंग तो मौसीकी से आता है। क्यों जी? *(गुढ़ककर हँसता है)*

बृजलाल : अच्छी तजवीज़ है, कौन गाएगा?

मक्खनलाल : जब हम छोटे थे न जी, तो हम झलार पर, तफ़रीह के लिए जाया करते थे। वाह, क्या दिन थे! आमों का पूरा टोकरा साथ में लेकर जाते थे। वहाँ पहुँचते ही आमों को तो सीधा रेत में दबा देते और ख़ुद 'सरदाई' बनाने लगते। फिर घंटा-दो घंटे, झलार में स्नान करते। हमारे झलार का पानी गर्मियों में ठंडा और जाड़ों में गुनगुना होता था। फिर, पेड़ के नीचे बैठकर आम चूसते और 'सरदाई' पीते। वाह जी वाह, बहिश्त था, बहिश्त! तब महमूदा गाने लगता था, कभी टप्पे, कभी हीर, कभी मिर्ज़ा साहिबा! ख़ूब मज़ा रहता था।...हो जाए जी, गाना हो जाए। क्यों बेटी, तुम गाओ। तुम्हें बहुत से फ़िल्मी गीत आते होंगे...।

लड़की : *(धीमे से)* हाय, नहीं।

मक्खनलाल : तुम तो शरमाने लगी हो!

बृजलाल : तुम ही कुछ सुनाओ, मक्खनलाल।

मक्खनलाल : मैं क्या गाऊँगा, मेहरबान, मेरी आवाज़ ही फटे ढोल जैसी है। इधर कितने नौजवान बैठे हैं। गाओ बेटा, कुछ सुनाओ। आज का दिन बड़ा मुबारक दिन है, अब यही हमारी बिरादरी है, यही सुख-दुख के साथी हैं। मुहल्ले के लोग मिल बैठे हैं। सुनाओ कोई रसभरा गीत।

[चुप्पी! pause]

वाह जी, यह भी कोई बात हुई।

मोहकमचन्द : तुम ही रीत करो, मक्खनलाल।

मक्खनलाल : यही सही जी। और कोई नहीं गाता तो हम ही सही...। *(हँसकर)* हम तो आपके कानों के पर्दे फाड़ेंगे। ह ह... *(खखारता है)*...*(फिर गाने लगता है)*

[पंजाबी गीत।]

सूहे वे चीड़े वालिया, मैं कहनी आँ
कर छतरी दी छाँह, वे छावें बैहनी आँ।

[एक ओर से लड़कियों की टुनटुनाती हँसी की हलकी-सी आवाज़।]

[मक्खनलाल मस्ती में गाए जा रहा है।]

सूहे वे चीड़े वालिया, फुल तोरी दा
बाँझ तेरे, माई के कुझ नहीं लोड़ी दा।
(मक्खन चुटकी बजा-बजाकर गा रहा है, वह बढ़िया गानेवाला नहीं है पर डूबकर गाता है)
सूहे वे चीड़े वालिया, फुल किकराँ दे
किकराँ लई बहार, मेले मितराँ दे

[भावावेश में मक्खनलाल की आवाज़ लड़खड़ाने लगती है। वह बार-बार एक ही पंक्ति गाए जा रहा है।]

किकराँ लाई बहार, मेले मितराँ दे,
मेले मितराँ दे...
मेले मितराँ दे...

[सहसा मक्खनलाल रो पड़ता है। रोए जा रहा है और गीत के तीन शब्द गाए जा रहा है।]

मेले मितराँ दे
मेले मितराँ दे
मेले मितराँ दे
हाय ओ रब्बा! कित्थे लिया सुट्टिया ई!

[एक सुबकी के साथ चुप हो जाता है।]

[Pause]

माफ़ करना जी,...यह माँ-याँ गीत ही ऐसा है जो दोस्त-यार आँखों के सामने आ जाते हैं।...यहाँ तो मैं अभी भी परदेसी हूँ जी, दिल अभी तक ठिकाने नहीं आया।

मोहकमचन्द : *(Slight pause)* तेरा जज़्बा हम समझ सकते हैं, मक्खनलाल। अब हम सब एक ही नाव के साथी हैं। अब जिधर यह नाव ले जाएगी, उधर एक साथ ही जाएँगे। हमें अब इसी नाव पर बने रहना है...।

मक्खनलाल : सच है जी।

[Pause]

नैरेटर : ये सब बेसी पहले की बातें हैं। अब तो लगता है एक युग बीत गया है। बहुत से लोग मर-खप चुके हैं, बहुत से नए लोग मुहल्ले में रहने के लिए आ गए हैं। पहले मुहल्ला ख़ाली-ख़ाली लगा करता था, अब खचाखच भर गया है। तौर-तरीक़े बदल गए हैं, रहन-सहन बदल गया है। 'शरणार्थी' शब्द पीछे ही कहीं, कब का गुम हो चुका है।

[नैरेटर किसी आगन्तुक से बात करते हुए।]

तुम नए-नए मुहल्ले में आए हो, तुम नहीं जानते यहाँ पर क्या कुछ बदल गया है। आओ, तुम्हें मैं बताऊँगा...वे घरों के आँगन देखते हो, अब आँगनों के बीच की दीवारें ऊँची उठ गई हैं। अब एड़ियाँ उठाकर भी देखो तो पड़ोस का आँगन देख नहीं पाओगे।...अब तो दीवारों के ऊपर लोहे की नुकीली सलाख़ें जगह-जगह लग गई हैं, या काँच के टुकड़े। जगह-जगह लोहे के दरवाज़े लग गए हैं। क्या अब भी मुहल्लेदारों के बीच पहले जैसी पार्टियाँ होती हैं?

नैरेटर : भगवान का नाम लो जी, अब तो लोगों को अपनी-अपनी पड़ी है, अब तो सड़क पर ही दुआ-सलाम हो जाए तो बहुत बड़ी बात है।

आगन्तुक : ज़माना सचमुच बदल गया है?

नैरेटर : पहले था कि जब, मन आए फाटक लाँघकर पड़ोसी के घर पहुँच जाओ।

आगन्तुक : अब?

नैरेटर : अब तो लोगों ने कुत्ते रख लिये हैं, हिफ़ाज़त के लिए। अब तो किसी दोस्त के घर भी जाओ तो टेलीफ़ोन करके जाओ।

आगन्तुक : *(हँसकर)* और अगर बिना टेलीफ़ोन किए पहुँच जाओ तो?

नैरेटर : अब तो सब दरवाज़े अन्दर से बन्द रहते हैं, अच्छी तरह से देख-पहचानकर ही कोई दरवाज़ा खोलता है। अब तो हर परिवार अपने-अपने घर में बन्द होता जा रहा है।

आगन्तुक : क्या लोग ही बदले हैं या हालात भी बदल गए हैं?

नैरेटर : हालात भी बदल गए हैं और लोग भी बहुत-कुछ बदल गए हैं। अब डॉक्टर मोहकमचन्द जैसे लोग नज़र नहीं आते जो लोगों की अर्ज़ियाँ ख़ुद लेकर कमेटी के दफ़्तर में जाया करते थे। अब तो लोग सिर्फ़ वोट माँगने आते हैं। वह भी जब चुनाव नज़दीक आते हैं।

आगन्तुक : और? और क्या बदला है?

नैरेटर : अब लोग अपने-अपने घर टेलीविज़न देखते हैं। पहले जैसी मेल-मिलापवाली बात अब नहीं रही है।

आगन्तुक : वह साहिब कौन हैं, जो सड़क के बीचोबीच चले जा रहे हैं?

नैरेटर : वह वकील माणिकलाल है। पुराने लोगों में अभी भी ज़िन्दा है, पर बहुत बुढ़ा गया है, छड़ी के सहारे रास्ता टटोल-टटोलकर चलता है।

[Pause]

कभी-कभी रास्ता भटक जाता है और किसी अनजान आदमी के घर के सामने जा खड़ा होता है। घरवाले इसे पहचान लें तो इसे अपने घर तक पहुँचा देते हैं।...देखो, कैसे पीठ झुक गई है। और रास्ता टटोल-टटोलकर चल रहा है...।

[Pause]

आगन्तुक : उस डब्बू का क्या हुआ? मक्खनलाल का?

नैरेटर : वह अभी ज़िन्दा है, पर बहुत बुढ़ा गया है।...ज़िन्दगी इनसान के साथ कैसे-कैसे खेल खेलती है!

आगन्तुक : क्यों?

नैरेटर : देश का बँटवारा हो जाने के बाद वह यहाँ आकर ठेला लगाने लगा था, और हेंक लगा-लगाकर कपड़ा बेचने लगा था।...पर कुछ देर बाद उसे एक फ़ैक्टरी के गोदाम में नौकरी मिल गई।

डॉ. मोहकमचन्द की सिफ़ारिश पर, कि यह आदमी बड़ा ईमानदार है, फ़ैक्टरीवालों ने गोदाम की हिफ़ाज़त के काम पर लगा लिया। यह भी क़िस्सा अजीब है।

रोज़ सुबह मक्खनलाल उर्फ़ 'डब्बू' डॉ. मोहकमचन्द की दुकान के सामने जा खड़ा होता।

[Pause]

मक्खनलाल : नमस्कार, डॉक्टर साहिब। जुग-जुग जियो डॉक्टर साहिब!

मोहकमचन्द : आओ, मक्खनलाल! काम मिल गया?

मक्खनलाल : आपकी दया से मिल गया, डॉक्टर साहिब।

मोहकमचन्द : अब रोज़-रोज़ मेरा शुक्रिया अदा करने नहीं पहुँच जाया करो।

मक्खनलाल : हम तो आएँगे डॉक्टर साहिब! जो हमारे साथ भलाई करे, उसके लिए तो जान भी हाज़िर है। काम पर जाने से पहले आपके दर्शन तो करेंगे ही।

मोहकमचन्द : इसका मतलब है तुम मुझे काम नहीं करने दोगे।

मक्खनलाल : आप काम करो, डॉक्टर साहिब, हम आपका दीदार लेकर और नमस्कार करके चले जाया करेंगे।

मोहकमचन्द : *(हँसता है)* और बैठ जा। *(Pause)* फ़ैक्टरी में क्या काम मिला है?

मक्खनलाल : सीधा-सा काम है ग़रीबनवाज़, कोई झंझट नहीं, कोई बखेड़ा नहीं। गोदाम की चौकीदारी समझो। *(धीमी आवाज़ में समझाता है)* फ़ैक्टरी के दफ़्तर से पर्ची आती है कि इतना माल उठवा दो मैं पर्ची की पड़ताल करके उसके मुताबिक़ गोदाम में से माल उठवा देता हूँ।

मोहकमचन्द : बस यही काम है?

मक्खनलाल : बड़ी ज़िम्मेदारी का काम है, डॉक्टर साहिब। फ़ैक्टरी में से जो पर्ची बनकर आए, उस पर मोहर लगी होनी चाहिए। मैं पर्ची को रजिस्टर पर चढ़ाता हूँ। पर्ची पर अपनी भी चिड़ी मारता हूँ। दस्तख़त करता हूँ। गोदाम की मोहर लगाता हूँ—मुझे भी मोहर मिली है, साहिब!—और गोदाम में से माल गिनकर उठवा देता हूँ।

मोहकमचन्द : मैंने फ़ैक्टरी के मालिक से कहा था कि हमारा मक्खनलाल

बड़ा ईमानदार आदमी है, बेफ़िक्र होकर उसे इस काम पर लगाओ।

मक्खनलाल : आपकी सिफ़ारिश पर ही उन्होंने फूल चढ़ाए हैं। आप ही का दिया खाते हैं, डॉक्टर साहिब। अब आप भी हमें सेवा का मौक़ा दो। कुछ लोग कहने लगे तुम्हें गोदाम की चौकीदारी का काम मिला है। मैंने कहा, कम्बख़्तो, तुम्हें कुछ मालूम भी है? मैं Godown Officer हूँ। मुझे तीन पट्टियोंवाली वर्दी भी मिलेगी। गोदाम के नौकर-चाकर तो मुझे सैल्यूट मारते हैं।

मोहकमचन्द : अच्छा अब जाओ, मुझे काम भी करने दोगे या नहीं?

मक्खनलाल : आपका दिया खाते हैं, डॉक्टर साहिब। हमें भी कोई सेवा का मौक़ा दीजिए।

मोहकमचन्द : *(हँसकर)* तू मेरी क्या सेवा करेगा?

मक्खनलाल : क्यों? आप म्युनिसिपैलिटी के चुनावों में खड़े हो, मैं घर-घर जाकर आपके लिए वोट माँगूँगा...।

नैरेटर : मक्खनलाल ने सचमुच मोहकमचन्द के चुनाव अभियान में जी-तोड़ मेहनत की! गोदाम की नौकरी से लौटता, तो सीधा तहमद बाँध लेता और सिगरेट के कश छोड़ता, एक घर से दूसरे घर, घर-घर वोट माँगने निकल पड़ता। उसे यक़ीन था कि मोहकमचन्द जैसे आदमी को जिताना बस्तीवालों का फ़र्ज़ बनता है। तरह-तरह के करतब करता रहा। मुनादी का ढोल भी वही पकड़ लाया था। एक दिन, एक सजा-धजा घोड़ा भी कहीं से ले आया, और उस पर डॉक्टर को बैठाकर, आगे से घोड़े की लगाम स्वयं खींचता हुआ, इधर ढोल बज रहा है, उधर नारे बोले जा रहे हैं, सैकड़ों बस्तीवालों को साथ लेकर, जुलूस निकाल दिया। जब किसी ने उससे पूछा कि घोड़े पर तो उम्मीदवार जीत जाए तभी बैठता है, तो कहने लगा, कि मोहकमचन्द जब जीतेगा तो मेरे कन्धों पर बैठेगा।

और सचमुच मोहकमचन्द चुनाव जीत गया था, और सचमुच ही मक्खनलाल मोहकमचन्द को कन्धों पर उठाए, सारी बस्ती के चक्कर लगाता रहा था–आगे-आगे ढोल, पीछे-पीछे बस्ती के नाचते-गाते लोग और मक्खनलाल के कन्धों पर बैठा मोहकमचन्द, फूलों से लदा। यों मक्खनलाल

ने ख़ुद, अपने गले में, मोहकमचन्द से भी ज़्यादा हार डाल रखे थे।

बाद में, घर-घर जाकर लड्डू बाँटता फिरा था...।

[Pause]

आगन्तुक : क्यों, तुम चुप क्यों हो गए?

नैरेटर : मैं तुम्हें क्या बताऊँ, उन दिनों लोग ज़रूर कुछ अलग तरह के रहे होंगे। या फिर, ज़िन्दगी की फिज़ा ही कुछ दूसरी थी।

आगन्तुक : क्यों?

नैरेटर : चुनाव जीत जाने के बाद मोहकमचन्द ने सचमुच ही बस्तीवालों की वह ख़िदमत की कि तुम्हें क्या बताऊँ। ये लोग जो ख़ुद बँटवारे की मुसीबतें झेलकर आए थे, दूसरों का दुख-दर्द जानते थे।

वह, चुनाव जीत जाने के बाद भी पहले की ही तरह, लोगों की अर्ज़ियों पर दस्तख़त करता—किसी को बिजली का कनेक्शन चाहिए, किसी को पानी का, वह सब अर्ज़ियाँ थैले में डालकर, पहले की ही भाँति साइकिल पर सवार, सात मील दूर, नगरपालिका के दफ़्तर में जा पहुँचता। वह, कभी कहीं पर गड्ढा साफ़ करवा रहा है, कहीं पर अपनी देख-रेख में बच्चों को टीके लगवा रहा है। पूरे पाँच साल तक उसने ने दिन-रात एक करके बस्ती के लोगों की सेवा की। और तभी एक दिन—

आगन्तुक : क्या?

नैरेटर : एक दिन बस में बैठा, वह नगरपालिका के दफ़्तर की ओर जा रहा था, अर्ज़ियों और काग़ज़ों से भरा बैग उसके घुटनों पर रखा था जब बैठे-बैठे ही एक ओर को लुढ़क गया था।... *(आह भरकर)* समाजसेवी हो तो ऐसा हो! उसकी जब अर्थी निकली—उसका सारा आयोजन मक्खनलाल ने किया था—तो किसी राजा की अर्थी क्या निकलेगी! सारी बस्ती उसकी अर्थी को कन्धा देने के लिए निकल आई थी।

आगन्तुक : *(Pause)* क्या तुम सचमुच समझते हो कि ज़माना बहुत-कुछ बदल गया है?

नैरेटर : हाँ, स्थितियाँ तो बदली हैं, वे तो सदा बदलती रहती हैं। पर लोगों की मानसिकता में अन्तर आ गया है। अब मोहकमचन्द जैसे नगरपालिका के सदस्य बिरले ही कभी देखने को मिलते हैं। और मक्खनलाल जैसे सीधे-सीधे पर गहरी निष्ठावाले लोग भी। अब तो एक तरह की आपाधापी मची हुई है। हर कोई अपनी जेब भरने में लगा है। मक्खनलाल को इसकी जो क़ीमत चुकानी पड़ी, वह भी...।

आगन्तुक : क्यों? क्या मक्खनलाल भी अपनी जेब भरने लगा था?

नैरेटर : नहीं। पर वह जेब भरनेवालों की चपेट में आ गया था।

आगन्तुक : वह कैसे?

नैरेटर : मक्खनलाल बड़ी मुस्तैदी से फ़ैक्टरी के गोदाम में काम कर रहा था–दफ़्तर से पर्ची आती और उसी हिसाब से माल गोदाम में से उठवा देता। पर एक दिन–

[Pause]

मक्खनलाल : ठहरो भैया, ज़रा यह पर्ची फिर से दिखाना।

ग्राहक : आपने पर्ची देख तो ली है। फिर से क्या देखोगे?

मक्खनलाल : दिखा दो, दिखा दो एक बार फिर, तुम्हारा क्या जाता है?

ग्राहक : *(ऊँची आवाज़ में)* अरे, आपने देख तो ली है। लो, देख लो...*(काग़ज़ की आवाज़)* मैं गोदाम के अन्दर माल उठवाने जा रहा हूँ।

मक्खनलाल : ठहरो, ठहरो! रुको, रुको!

ग्राहक : क्या बात है? पर्ची को क्या आँखें फाड़-फाड़कर देख रहे हो?

मक्खनलाल : तुम अन्दर नहीं जा सकते।...यह पर्ची नकली है।...यह तुम कहाँ से लाए हो?

ग्राहक : मैं कहाँ से लाऊँगा, फ़ैक्टरीवालों ने दी है।

मक्खनलाल : *(Pause)* यह फ़ैक्टरी की पर्ची नहीं है, यह जाली पर्ची है, तुम ठहरो, मैं दरियाफ़्त करता हूँ। किस बाबू ने तुम्हें यह पर्ची दी है?

ग्राहक : *(सहसा धीमी आवाज़ में)* बिगड़ते क्यों हो, यार, ऐसी भी क्या बात है? हम तुम्हें भी ख़ुश कर देंगे।

मक्खनलाल : क्या?

ग्राहक : *(धीमी फुसफुसाती आवाज़ में)* चिल्लाते क्यों हो यार, हम तो तुम्हारी ख़िदमत करने के लिए बैठे हैं। तुम्हारा क्या जाता है...*(नोटों की सरसराहट सुनाई देती है)*।

मक्खनलाल : क्या? मेरे हाथ में नोट पकड़ा रहा है। तेरी यह हिम्मत!

[घूँसा मारने की आवाज़।]

तीसरी आवाज़ : अरे, अरे! यह क्या कर रहे हो? मक्खनलाल! क्या बात है। बस, बस, छोड़ दो, छोड़ दो।

मक्खनलाल : छोड़ दूँ? छोड़ क्यों दूँ? इसे मैं हवालात में न भिजवाऊँ? जाली पर्ची लाया है, नक़ली पर्ची है, देख लो...।

तीसरी आवाज़ : तुम इसकी शिकायत कर दो, पर इस पर हाथ क्यों उठाते हो?

मक्खनलाल : अरे, तुम नहीं जानते यह क्या कर रहा था...चलो, चलो मेरे साथ, फ़ैक्टरी में...मैं अभी तुम्हें हथकड़ी लगवाता हूँ।...

[Pause]

नैरेटर : मक्खनलाल उसे पकड़कर फ़ैक्टरी में ले गया।

[Pause]

मक्खनलाल : तुम समझते क्या हो? हम वहाँ पर ग़लत काम करने के लिए नहीं बैठे हैं। अपनी मेहनत की कमाई खाते हैं। इतनी ज़मीन-जायदाद पीछे छोड़ आए हैं, तो तुम क्या समझते हो, यहाँ आकर गू में मुँह डालेंगे?

ग्राहक : *(धीमी आवाज़ में)* छोड़ बाबू, अपना ग़ुस्सा थूक दे। जो हुआ, उसे भूल जा, अब बात को आगे नहीं बढ़ा।

मक्खनलाल : हम हराम की कमाई नहीं खाते हैं। तू चल मेरे साथ...।

[Pause]

[दरवाज़ा खटखटाने की आवाज़।]

फ़ैक्टरी मैनेजर : क्यों, मक्खनलाल, क्या बात है?

मक्खनलाल : साहिब, मैंने एक आदमी को रँगे हाथों पकड़ा है। यह आदमी जाली पर्ची मेरे पास लाया था। गोदाम में से माल उठवाने जा रहा था। मैंने पकड़ लिया।

फ़ैक्टरी मैनेजर : कहाँ है पर्ची? *(काग़ज़ की सरसराहट)*

मक्खनलाल : यह रही जनाब।

फ़ैक्टरी मैनेजर : बैठिए, साहिब, आप तशरीफ़ रखिए,...तुमने कैसे जाना यह जाली पर्ची है।

मक्खनलाल : पर्ची पर मैनेजर साहिब के दस्तख़त होने चाहिए। दफ़्तर की मोहर होनी चाहिए, इस पर न मोहर है, और यह दस्तख़त भी अजीब से हैं। क्या यह मैनेजर साहिब के हैं?

[Pause]

ग्राहक : इस आदमी ने मेरे मुँह पर घूँसा मारा है।

मक्खनलाल : ग़लत काम करेगा तो मैं पकड़ूँगा नहीं, छोड़ दूँगा? उलटा मुझे रिश्वत देने चला था।

फ़ैक्टरी मैनेजर : तुम्हारे पास क्या सबूत है कि यह साहिब तुम्हें रिश्वत देने चले थे?

मक्खनलाल : रिश्वत क्या साहिब, मैं कह जो रहा हूँ। जाली पर्ची पकड़ ली तो यह गिड़गिड़ाने लगा।

क्लर्क : बस, बस, ज़्यादा बोलने की ज़रूरत नहीं, यह पर्ची मेरे पास रहेगी और मैं मैनेजर साहिब से बात करूँगा।

मक्खनलाल : अभी बात कीजिए बाबू। सब बात साफ़ होनी चाहिए! दूध-का-दूध और पानी-का-पानी।

क्लर्क : तुम जाओ, ज़रूरत हुई तो मैं तुम्हें बुला लूँगा।

मक्खनलाल : नहीं बाबू, यह नहीं हो सकता। मैं बड़े मैनेजर साहिब से मिलकर जाऊँगा। उन्हें सारी बात ख़ुद बताऊँगा।

क्लर्क : मैनेजर साहिब दफ़्तर में नहीं हैं। कल उनसे मिलना।

मक्खनलाल : यह पर्ची आप मुझे दे दीजिए। मैं कल उनसे बात करूँगा।

क्लर्क : यह पर्ची अब तुम्हें नहीं मिल सकती। तुम मेरे पास शिकायत लाए हो, पर्ची मेरे पास रहेगी। मैं ख़ुद मैनेजर साहिब को दिखा दूँगा। अब तुम जाओ।

मक्खनलाल : *(Pause)* यहाँ कोई गोलमाल है, मुझे लगता है गोलमाल है। *(ऊँची आवाज़ में)* मैं सब बात मैनेजर साहिब को बताऊँगा।...मैं फ़ैक्टरी के बड़े मालिक तक के पास जाऊँगा।

[Pause]

नैरेटर : दूसरे दिन, मक्खनलाल सचमुच बड़े मैनेजर के दफ़्तर के बाहर जा पहुँचा, पर उलटे उसे लेने के देने पड़ गए।

[Pause]

मैनेजर : क्यों? क्या बात है?

मक्खनलाल : हुज़ूर, आपकी फ़ैक्टरी में गोलमाल चल रहा है। मैंने कल एक झूठी पर्ची पकड़ ली।

मैनेजर : मेरे पास तो तुम्हारे ख़िलाफ़ शिकायत आई कि तुमने किसी ग्राहक को थप्पड़ मारा था।

मक्खनलाल : थप्पड़ मारा था हुज़ूर, एक तो वह झूठी पर्ची लाया था, इस पर मुझे रिश्वत देने की कोशिश कर रहा था। मुझे गुस्सा आ गया और मैंने थप्पड़ दे मारा।

मैनेजर : तुम्हारे पास क्या सबूत है कि उसने तुम्हें रिश्वत देने की कोशिश की? और किधर है वह झूठी पर्ची?

मक्खनलाल : पर्ची तो क्लर्क के पास है। कल मैंने उसे दे दी थी।

मैनेजर : क्या वह यह पर्ची है?...क्लर्क ने तो मुझे यह पर्ची दी है?

मक्खनलाल : नहीं साहिब, यह वह पर्ची नहीं है।

मैनेजर : ग्राहक ने तो तुम्हारे ख़िलाफ़ शिकायत की है कि तुम उससे रिश्वत माँगते थे। उसने देने से इनकार किया तो तुमने उसे थप्पड़ दे मारा।

मक्खनलाल : यह सरासर झूठ है, सर।

मैनेजर : अगर यह पर्ची वह नहीं है तो सही पर्ची बरामद करो...। और जब तक इस मामले का फ़ैसला नहीं हो जाता, तुम्हें नौकरी से मुअत्तल किया जाता है।

मक्खनलाल : *(उसे गहरा धक्का लगता है)* क्या! मुझे मुअत्तल करोगे? मैं फ़ैक्टरी के गोदाम में चोरी पकड़ता हूँ और मुझे ही मुअत्तल करोगे?

मैनेजर : बस, बस, जाओ यहाँ से। न तुम्हारे पास जाली पर्ची है, ऊपर से तुम रिश्वत का इलज़ाम लगा रहे हो। और तुमने क़बूल किया है कि तुमने ग्राहक को थप्पड़ मारा है।

मक्खनलाल : *(चिल्लाकर)* वह ग्राहक नहीं था, चोर था। मैंने चोर को पकड़ा था।

मैनेजर : *(चिल्लाकर)* मत चिल्लाओ इधर। निकल जाओ यहाँ से...

[Long pause]

नैरेटर : *(हँसकर)* मक्खनलाल चला था फ़ैक्टरी की ख़िदमत करने, उलटे मुअत्तल होकर घर आ गया। उसके दिल को ऐसा सदमा पहुँचा कि वह सँभल ही नहीं पाया। पूरे छह महीने तक मामला लटका रहा। कभी वह एड़ियाँ रगड़ता फ़ैक्टरी के मालिक के पास जाता तो कभी मैनेजर के पास। कभी कोई मिलता, कभी कोई नहीं मिलता। मक्खनलाल को लेने के देने पड़ गए। उलटे बदनाम होने लगा। दुश्मनों ने उसके मुहल्ले में फैला दिया कि रिश्वत के अपराध में उसे मुअत्तल कर दिया गया है।...दिन भर वह सड़कों की ख़ाक छानकर कभी एक का दरवाज़ा खटखटाता कभी दूसरे का। डॉक्टर मोहकमचन्द अब था नहीं कि उसकी मदद कर पाता। छह महीने में ही वह थककर चूर हो गया।

आगन्तुक : फिर?

नैरेटर : फिर क्या? छह महीने की दौड़-धूप के बाद उसे नौकरी पर बहाल किया गया।

आगन्तुक : बहाल हो गया?

नैरेटर : हाँ, बहाल हो गया। उस दिन वह बड़ा ख़ुश था। हलवाई की दुकान पर से लड्डू बनवाकर लाया। घर-घर जाकर मुहल्लेवालों को ख़ुशख़बरी सुनाता फिरा।

[Pause]

मक्खनलाल : लो, मुँह मीठा करो, ग़रीबनवाज़!

मुहल्लेदार : मुबारक हो, मक्खनलाल तुम नौकरी पर बहाल हो गए।

मक्खनलाल : साँच को आँच नहीं, ग़रीबनवाज़। पर इज़्ज़त रह गई। यही बहुत है। आप लोगों की आँखों के सामने शर्मसार तो नहीं होना पाड़ा। इज़्ज़त रह गई, ग़रीबनवाज़, इज़्ज़त रह गई! मेरे लिए यही बहुत है! यही बहुत है...।

[उसकी आवाज़ धीरे-धीरे दूर होती जाती है।]

[Pause]

एनाउंसर : ज़िन्दगी इनसान के साथ कैसे-कैसे खेल खेलती है!

आगन्तुक : क्यों? वह कैसे?

एनाउंसर : बस्ती के पुराने लोगों में मक्खनलाल अभी भी ज़िन्दा है।...वह घर देखते हो, वह चारमंज़िला घर। उस घर की छत पर, एक बरसाती में मक्खनलाल रहता है।

आगन्तुक : उसके अपने घर का क्या हुआ?

एनाउंसर : यही उसका घर था।

आगन्तुक : मगर यह तो चारमंज़िला घर है।

एनाउंसर : मक्खनलाल के एक बेटा था, बड़ा होकर वह कारोबार करने लगा। कारोबार तो उसका चल पाया या नहीं चल पाया, पर जब मकानों के किराए बढ़ने लगे और ज़मीन-जायदाद की क़ीमतें बढ़ने लगीं, तो उसने अपने पिता पर ज़ोर दिया और मकान किराए पर चढ़ा दिया। ऊपरी मंज़िल पर किराएदार रहता है, निचली मंज़िल पर लड़का स्वयं अपने परिवार के साथ रहता है, और बूढ़े माँ-बाप सबसे ऊपरवाली मंज़िल पर बरसाती में रहते हैं।...लो, वह उसके बेटे की बहू चली आ रही है। वही जिसके साथ बड़ा-सा कुत्ता पीछे-पीछे चला आ रहा है।

[Pause]

कहिए लीलाजी, इस वक़्त कहाँ चलीं?

लीला : इसे हवाख़ोरी के लिए ले जा रही हूँ। इसके साथ ही जो ड्यूटी लगी रहती है।

एनाउंसर : बड़ा ध्यान करती हैं इसका?

लीला : इन दिनों खाता-पीता ही कुछ नहीं।...मैं पूछती हूँ तुम्हें क्या ग़म है, खाते क्यों नहीं? हड्डियों का ढाँचा निकल आया है। पर नहीं, किसी की सुने तो!

...जैकी! जैकी! सुनते हो? यह तेरे अंकल हैं...। *(एनाउंसर से)* सब समझता है। जीभ निकाल ली है। आप समझो, आपको नमस्ते कह रहा है।... बड़ा समझदार है। दिगाम़ इसका बड़ा अच्छा है।

एनाउंसर : जी! वह तो, जिस तरह यह जीभ निकालकर, चारों ओर देख

रहा है और सिर झटक रहा है, उसी से पता चल जाता है।

लीला : दिन में तीन-तीन बार मुझे घर से खींच लाता है। उठ, मुझे बाग़ में ले चल। ऐसा नख़रेबाज़ है, बाग़ में ही रफ़ा-हाज़त करेगा। मज़ाल है कहीं और कर जाए।

एनाउंसर : जी।

लीला : मैं इससे कहती हूँ, ये तेरे नख़रे मेरे घर में ही चल सकते हैं किसी और घर में होता तो तुम्हें आटे-दाल का भाव पता चल जाता। यह नहीं खाना, वह नहीं खाना। इधर से चल, उधर से चल। देखिए, अब फिर मुझे खींच रहा है।

एनाउंसर : घर में सब मज़े में हैं। तुम्हारे सास-ससुर? मक्खनलाल जी कैसे हैं?

लीला : ठीक हैं, दोनों मज़े में हैं। सास-ससुर तो अब सबसे ऊपर की मंजिल पर रहते हैं न। नीचे थोड़े ही रहते हैं।

एनाउंसर : तभी मैंने कहा, बहुत दिन से नज़र नहीं आए।

लीला : बीचवाली दो मंज़िलें किराए पर जो चढ़ा दी हैं। हमने पहले तो सोचा कि एक कमरा और बाथरूम तीसरी मंज़िल पर रख छोड़ें पर नया किराएदार नहीं माना। वह सारी-की-सारी मंज़िल लेना चाहता था।

एनाउंसर : इस बुढ़ापे में, ऊपर की मंज़िल पर तो दोनों टँगे रहते होंगे। नीचे रहते थे तो कभी-कभी मिल जाया करते थे। यों भी, बड़ी उम्र के लोग नीचे की मंज़िल पर रहें तो आते-जाते लोगों को देख सकते हैं, इसी तरह ज़िन्दगी के साथ जुड़े रहते हैं। वह तो लोगों की बड़ी मदद किया करते थे।

लीला : किया करते थे तो किया करते थे। अब उन्हें नीचे उतरने की ज़रूरत ही क्या है? दोनों को खाना ऊपर ही मिल जाता है, सुबह-शाम। एक और बात भी है...।

एनाउंसर : वह क्या?

लीला : बाबूजी सिगरेट बहुत फूँकते थे। नीचे थे, तो झट से जाकर सिगरेट की डिब्बियाँ ख़रीद लाते थे। मैंने कहा—उन्हें ऊपर चौबारे में ही रखो, अब कैसे नीचे उतर-उतरकर सिगरेट की डिब्बियाँ लाएँगे?

एनाउंसर : वह तो सिगरेट के लिए तरस-तरस जाते होंगे?

लीला : तरसते हैं तो तरसते रहें। बुरी आदत बुढ़ापे में भी छूट जाए तो ग़नीमत है।

एनाउंसर : कुत्ता आपकी ज़ंजीर खींचने लगा है।

लीला : बोर होने लगा है।...चलती हूँ बेटा, चलती हूँ। देख तो रहा है, अंकल से बातें कर रही हूँ। यह हर बात में अपनी करता है।...अच्छा चलूँगी, यह मानेगा थोड़े ही...।

[Slight pause]

एनाउंसर : ज़िन्दगी सचमुच इनसान के साथ कैसे-कैसे खेल खेलती है!...मुहल्ला बदल गया है।...सचमुच बदल गया है।

एनाउंसर : दोपहर ढलने लगी है। साये लम्बे होने लगे हैं। जाड़ों की खुनकी हवा में फैलने लगी है। अभी थोड़ी ही देर में साँझ उतरने लगेगी, साए गहराने लगेंगे...।

दफ़्तरों में काम करनेवाली युवतियाँ-स्त्रियाँ मुहल्ले में लौट रही हैं। वह, कन्धे से बैग लटकाए नीलम चली आ रही है। नीलम को अपना बेटा सड़क पर ही खेलता मिल गया है। उसने लपककर बेटे को बाँहों में भर लिया है।

नीलम : तू कब स्कूल से लौटा?

बेटा : अभी-अभी आया हूँ, माँ।

नीलम : तेरी बहन कहाँ है?

बेटा : कमला दीदी अभी स्कूल से नहीं आईं।

नीलम : कैसे नहीं आई? पाँच बज रहे हैं।...तूने कुछ खाया?

बेटा : घर पर ताला चढ़ा है, कैसे खाता? चाभी तो दीदी के पास है।

नीलम : वह कहाँ मर गई? कहा था, दोनों एक साथ आया करो। *(बेटे से)* तू इधर ठहर, मैं उसे ढूँढ़ लाती हूँ।

बेटा : कहाँ जा रही हो, माँ? मुझे भूख लगी है।

नीलम : बस, अभी आई बेटा, देखूँ तो तेरी बहन क्यों नहीं आई? *(अपने से)* हज़ार बार कहा है, दिन रहते घर लौट आया करो।

बेटा : (चहककर) वह आ रही है, दीदी।

नीलम : *(Pause) (क़दमों की आवाज़)* कहाँ मर गई थी, कमला? पाँच बज रहे हैं।

कमला : मैं सिम्मी के घर में थी, माँ, स्कूल का काम कर रही थी।

नीलम : इधर तेरा भाई भूखा-प्यासा सड़कों पर भटक रहा है।

कमला : क्या करती माँ, स्कूल से ढेर सारा काम मिला है—और सवाल मेरी समझ में ही नहीं आ रहे थे, इसीलिए सिम्मी के घर चली गई।

नीलम : अँधेरा पड़ जाता तो मैं तुम्हें कहाँ ढूँढ़ती? बता तो?

कमला : मैं तो आ ही रही थी, माँ।

नीलम : ख़बरदार जो आगे कभी देर से आई! पहले सीधी घर आओ।

[Fade out]

[Fade in]

एनाउंसर : घर क्या है, एक कमरा है, पीछे छोटा-सा बाथरूम। कुछ बरस पहले उसका पति किसी औरत के साथ भाग गया था और धर्म बदलकर उसके साथ शादी भी कर ली थी। और यह अपने दो बच्चों को छाती से लगाए, जैसे-तैसे अपनी गुज़र कर रही है। नीलम की नौकरी है तो घर में चूल्हा जल रहा है। पर इसकी सास इसके पीछे पड़ी है कि नीलम घर से निकल जाए, घर ख़ाली करे।

नीलम : *(ऊँची आवाज़ में)* क्यों कमरा ख़ाली करूँ? नहीं करूँगी। कोई देखे तो मुझे निकालकर!

सास : तुम्हें अपनी नौकरी का बड़ा गुमान है जो इस तरह आँखें दिखा रही है। मैं चाहूँ तो एक दिन में कमरा ख़ाली करवा लूँ।

नीलम : करवा के तो देखो। मैं तुम्हें और तुम्हारे बेटे को जेल भिजवाऊँगी।...पहले एक कमरा माँगा, मैंने ख़ाली कर दिया, तुमने मेरे साथ झूठ बोला कि तुम्हारी विधवा बहन आकर रहेगी। पर तुमने कमरा किराए पर चढ़ा दिया।

सास : *(गुस्से से)* तू अब हमारी कुछ नहीं लगती। चली जा यहाँ से।

नीलम : मैं तो तुम्हारी कुछ नहीं लगती पर ये बच्चे तो तुम्हारे बेटे की ही औलाद हैं। वह कलमुँहा इन्हें छोड़कर चला गया। और अब तू इन्हें घर से निकाल रही है। देखूँ तो कैसे निकालती है। मैंने भी तुम्हें जेल नहीं भिजवाया तो कहना।

सास : *(बड़बड़ाती हुई)* नौकरी क्या करने लगी सबको आँखें दिखाने लगी है। देख लूँगी मैं तुमको...।

[दूर जाते क़दमों की आवाज़।]

नीलम : *(Pause)* बैठो बेटा, तू भी बैठ जा कमला। मैं तुम्हारे लिए दूध गर्म करके लाती हूँ। बैठ जा।

कमला : दादी माँ क्या कह रही थीं, माँ वह हमें घर से निकाल देंगी?

नीलम : कोई नहीं निकालेगा, कोई नहीं निकाल सकता। तुम लोग बेफ़िक्र रहो।...निकालेगी तो मैं तुम्हें इससे भी अच्छे घर में ले जाऊँगी...।

[Fade out]

एनाउंसर : घर-घर में तरह-तरह के तनाव, तरह-तरह की खींचातानी चलने लगी हैं, परेशानियाँ बढ़ गई हैं। संघर्ष भी बढ़ गया है, अपनी-अपनी स्थिति से सभी जूझ रहे हैं।

[Pause]

रात गहराने लगी है। दिन भर का शोर थमने लगा है। हाँफता-सा दिन अब धीरे-धीरे शान्त होने लगा है।

[Pause]

नीलम : अब सो जाओ कमला, कब तक पढ़ती रहोगी?

कमला : आज बहुत काम मिला है, माँ, ख़त्म होने में ही नहीं आता।

नीलम : सुबह जल्दी उठकर कर लेना, मैं तुम्हें जगा दूँगी।

कमला : सुबह मुझसे नहीं उठा जाता माँ, तुम तो जानती हो।

[Pause]

[दूर सड़क की ओर से शोर सुनाई देने लगता है।]

[शोर बढ़ता जा रहा है।]

ये आवाज़ें क्या हैं, माँ? तुमने सुना?

नीलम : हाँ, हैं तो? लगता है जैसे कोई जुलूस निकल रहा है।

कमला : *(हँसकर)* इस वक़्त जुलूस क्यों निकलेगा माँ? तुम भी कैसी बातें करती हो।

[शोर नज़दीक आता जा रहा है।]

कमला : चलो, बाहर चलकर देखते हैं...। *(तनिक ऊँची आवाज़ में)* लोग घरों से बाहर निकल-निकलकर आ रहे हैं, माँ, आओ, आओ, जल्दी आओ?

आवाज़ें : मुर्दाबाद! मुर्दाबाद!
दहेज का कीड़ा मुर्दाबाद!
चड्ढा मुर्दाबाद! मुर्दाबाद!

कमला : यह क्या है, माँ?

[Pause]

नीलम : देखती जाओ, मुझे नहीं मालूम।

कमला : *(Pause)* माँ, वे लोग स्टेशनरीवाले की दुकान के सामने खड़े होकर नारे लगा रहे हैं।

आवाज़ें : चड्ढा मुर्दाबाद! मुर्दाबाद!

कमला : यह क्या है, माँ? किसे मुर्दाबाद कह रहे हैं?

नीलम : *(Pause)* चलो, अन्दर चलो, मैं तुम्हें बता दूँगी।

[Pause]

इधर चड्ढा की दुकान है या नहीं?

कमला : हाँ, माँ, जानती हूँ।

नीलम : कुछ दिन पहले उसके बेटे की शादी हुई थी। लड़के की माँ हमारे घर भी लड्डू बाँटने आई थी। पर शादी के कुछ ही दिन बाद उनकी बहू जल मरी थी। लोगों की समझ में नहीं आया कि क्या बात है। और फिर उनका बेटा घर से भाग गया। अब सुनने में आया है कि वह पकड़ा गया है और सरकार ने चड्ढा को भी पकड़ लिया है। कहते हैं, लड़की को तंग करते थे...। *(Pause)*

कमला : तो क्या...?

नीलम : *(Pause)* जमकर पढ़ो, कमला बेटी! मैं बस, इतना ही चाहती

हूँ, ख़ूब पढ़ो और एक दिन अपने पाँव पर खड़ी हो जाओ। फिर तुम्हें किसी बात का डर नहीं रहेगा। अब पहलेवाली बात नहीं रह गई है। कोई भी तुम्हारी मदद करने नहीं आएगा।... तुम तो सुन रही थी तुम्हारी दादी-माँ क्या कह रही थी। वह तो हमें घर में से निकालने पर तुली हुई है।

[दूर से चड्ढा मुर्दाबाद, मुर्दाबाद की आवाज़ें अभी भी आ रही हैं।]

[Fade out]

झूमर

अर्जुनदास : क्यों बेटा, कहाँ भागे जा रहे हो?

युवक : अभी बहुत काम पड़ा है, सर। स्टेज तो खड़ा कर दिया, पर अभी पर्दे लगना बाक़ी है। नाटक खेलनेवाले लोग भी, सबके सब, अभी तक नहीं पहुँचे हैं। एक को तो दूसरे शहर से आना है, दो घंटे तो उसे बस में लग जाएँगे।

अर्जुनदास : तो ऐसे आदमी को तुमने नाटक में रखा ही क्यों है जिसे इतनी दूर से आना पड़े।

युवक : वह हमारा सबसे अच्छा ऐक्टर है, सर! सबसे ज़्यादा लगनवाला। जहाँ कहीं नाटक करें, पहुँचता है अभी भी रास्ते में होगा। उसका दस घंटे का सफ़र है।

अर्जुनदास : यों तुम लोगों ने रात दस बजे का वक़्त देकर भूल की है। दस बजे तक तो नाटक ख़त्म हो जाना चाहिए। अब तो साढ़े दस-ग्यारह बजे कहीं नाटक शुरू होगा।

युवक : नहीं सर, यहाँ लोग खाना खाकर आते हैं। चहलक़दमी करते हुए। उनके लिए तफ़रीह का यही वक़्त होता है। आराम से देर तक बैठे रहते हैं।

अर्जुनदास : ठीक है, तुम जानो तुम्हारा काम। पर मैं तो बूढ़ा आदमी हूँ। इनाम देने के लिए मुझे बुलाया है तो नाटक ख़त्म होगा तभी इनाम दूँगा। रात दो बजे तक जगाए रखोगे?

युवक : अब मैं क्या करूँ सर। स्थिति ही ऐसी है...।

अर्जुनदास : अब जगह भी तुमने ऐसी चुनी है, खुला मैदान। जब से बैठा हूँ मच्छर काट रहे हैं। पास में गन्दा नाला बहता है। बाक़ायदा किसी हॉल में नाटक करते तो बना-बनाया स्टेज तुम्हें मिल जाता। अब तख़्ते जोड़कर, तुम स्टेज बनाते रहे हो, अब पर्दे

टाँगोगे, तारें खींच-खींचकर बिजली के कुमकुमें जलाओगे इससे तो बेहतर था किसी हॉल में करते।

युवक : हॉल बुक करने के लिए पैसे कहाँ से आते, सर मुश्किल से चन्दा करके तो नाटक खेल पाते हैं, और नाटक के बाद लोगों के सामने झोली फैला देते हैं तब भी कुछ आमदनी हो जाती है।

अर्जुनदास : अगर इसी तरह चलता रहा तो जल्दी ही थककर बैठ जाओगे।

युवक : नहीं सर, थककर बैठ क्यों जाएँगे?

अर्जुनदास : अच्छी बात है। तुम जानो तुम्हारा काम। मैं यहीं पर बैठा हूँ। जब मेरी ज़रूरत हो मुझे बुला लेना।...मैदान में इतना अँधेरा है कि मैं कुछ पढ़ भी नहीं सकता वरना बैठा, अख़बार ही बाँचता रहता।

युवक : कुछ चाय-कॉफी भिजवाऊँ सर?

अर्जुनदास : जब से शाम हुई है, तीन बार पी चुका हूँ। और कितनी बार पिलाओगे।...सुनो, बरख़ुरदार, तुम एक काम करो। तुम मेरी छुट्टी करवा दो।

युवक : जी?

अर्जुनदास : इनाम देने का काम किसी दूसरे आदमी से करवा लो।

युवक : यह कैसे हो सकता है, सर! आप इतनी दूर से आए हैं। आपके हाथ से इनाम लेंगे तो खेलनेवालों को बड़ी प्रेरणा मिलेगी, सर। आप तो इस संगठन से वर्षों से जुड़े हुए हैं। यह आप ही का तो संगठन है, सर।

अर्जुनदास : आज यों भी मन कुछ उदास, उखड़ा-सा है, और देर रात तक जागते रहने को भी मन नहीं है।

युवक : *(उत्साह से)* आज हमारा नाटक नहीं देखेंगे सर? हमने बड़ी मेहनत से तैयार किया है। जब से सुना था, आप आ रहे हैं, तो हम पूरी मेहनत से इस पर लगे हुए हैं, सर। आप नहीं रहेंगे, तो सभी को बड़ी मायूसी होगी।...पर मैं पूरी कोशिश करता हूँ, सर, कि नाटक जल्दी शुरू कर दें। मुझे आज्ञा दीजिए, सर...।

[प्रस्थान]

[Pause]

[Fade out]

[Fade in]

अर्जुनदास : *(स्वतः)* कैसी थकावट-सी मन पर आने लगी है।...कभी मैं भी इस युवक की तरह नाटक खेला करता था, दिन है या रात, इसका पता नहीं चलता था, पर अब?...जिन बातों ने ज़िन्दगी भर परेशान नहीं किया था वे अब जीवन के इस चरण में पहुँचकर अन्दर ही अन्दर कचोटने लगी हैं। अगर मुझे फिर से ज़िन्दगी मिल जाए तो मैं उसे कैसे जिऊँगा? क्या फिर से वही कुछ करने लगूँगा जो अब तक करता रहा हूँ? जिसमें ज़िन्दगी के दसियों साल निकल गए। क्या जवानी के जोश में वैसे ही, सब कुछ भूलकर, अन्धाधुन्ध कूद जाऊँगा? बिना सोचे-समझे? *(और ज़्यादा धीमी आवाज़ में अपने से पूछता है)* क्या कह रहा हूँ? क्या ज़िन्दगी के अहम फ़ैसले कभी सोच-समझकर भी किए जाते हैं? भावावेग में ही किए जाते हैं।

(स्वतः) उसी पुराने ढर्रे पर अभी भी हमारा रंगमंच चल रहा है। अब भी तख़्ते जोड़-जोड़कर मंच खड़ा किया गया है, पचास साल पहले भी ऐसा ही फटीचर-सा मंच खड़ा किया करते थे। बिजली नहीं मिलती तो गैस के लैम्प उठा लाते। न तब जेब में पैसे थे, न अब हैं। बस, खेल दिखाओ और दर्शकों के सामने झोली फैला दो। कोई दुवन्नी डाल देता, कोई चवन्नी। हम समझते, देश का काम कर रहे हैं, इसी में सारी जवानी खप गई। तब भी पाँवों में सस्ते रबर के चप्पल हुआ करते थे, आज भी वैसे ही चप्पल हैं। और अब ज़िन्दगी ढलने लगी है। अब तो अभिनय भी नहीं कर पाता हूँ। साँस फूलने लगती है, टाँगें काँपने लगती हैं।

आज भी उसी भाँति नाटक खेला जाएगा...दस बजे का वक़्त दिया है, ग्यारह बजे शुरू करेंगे। दर्शक लोग, भोजन करने के बाद, तोंद पर हाथ फेरते हुए, पान चबाते, गप्पें हाँकते आएँगे, किसी को समय का ध्यान नहीं होगा। नाटक

भी अधकचरा होगा, मंच की साज-सज्जा से ही उसका नौसिखुआपन झलक रहा है। मन में बड़ा खेद उठता है, क्या करूँ? अभिनय-कला कहाँ से कहाँ पहुँच चुकी है, परन्तु हमारा रंगमंच अभी भी पुराने ढर्रे पर चल रहा है। धूल-भरा मैदान फटी-पुरानी दरियाँ, फटे-पुराने पर्दे, सामने का पर्दा ऐसा जो स्टेज को पूरी तरह ढक ही नहीं पाता।...ऐसे ही रंगमंच पर मैंने अपनी ज़िन्दगी बिता दी है।

यहाँ भी यही होगा, अगर संवाद अच्छे हुए तो नाटक चल निकलेगा, या फिर गीतों के बल पर। वे असरदार हुए तो नाटक जम जाएगा, वरना नहीं। हम लोग केवल भावना के बल पर नाटक का अभिप्राय दर्शकों के दिल में उतारना चाहते हैं। अब यह नहीं चलेगा। लोग नफ़ासत माँगते हैं। साज-सज्जा माँगते हैं। मनोरंजन माँगते हैं।

आज सुबह, जब हम पुराने रंगकर्मी मिल बैठे थे, सभी बूढ़े लोग जो यहाँ इन युवा लोगों को आशीर्वाद देने आए हैं तो सभी पुराने दिनों को याद करके चहकने लगे थे! और तो और, मेरी पत्नी कमला भी। मैं भी पुराने दिनों को याद करता हुआ उत्साह से भर उठा था।

[Fade out]

[Fade in]

[पुराने रंगकर्मी, बतियाते हुए।]

अर्जुनदास : याद है, जब मॉडल बस्ती में 'शिखरिणी' खेला था?

दूसरा रंगकर्मी : याद है, याद है।

अर्जुनदास : रात इतनी देर से शो ख़त्म हुआ कि सामान समेटते एक बज गया। सभी बसें बन्द, गाड़ियाँ बन्द। बहुत से लोग तो अपने-अपने घरों को निकल गए, पर मैं और रमेश पीछे रह गए। रमेश याद है! हम रात को वहीं मंच पर ही पसर गए। जाते भी कहाँ? सुबह उठकर नाटक का सामान बाँधा, ढूँढ़-ढूँढ़कर एक बैलगाड़ी पकड़ी, उस पर सामान लादा। और सामान के अम्बार के ऊपर हम दोनों बैठ गए। और बैलगाड़ी धीरे-धीरे एक सड़क से दूसरी सड़क और हम सामान के ऊपर

बैठे गीत गा रहे हैं, एक के बाद दूसरा गीत, बैलगाड़ी रेंगती हुई सुबह दस बजे से चली हुई दोपहर चार बजे कार्यालय के सामने जाकर रुकी। सारा दिन इसी में निकल गया।...ऐसे भी दिन थे...।

कमला : तुम तो दिन भर बैलगाड़ी पर बैठे गीत गा सकते थे, तुम्हें मैं जो मिली हुई थी, घर पर पिसने के लिए।

[कुछ देर के लिए सन्नाटा।]

पुराना रंगकर्मी : यह क्या ले बैठी हो भाभी, बीत गए वे दिन।

कमला : बीत कहाँ गए हैं, अभी भी वैसे ही चल रहे हैं।

अर्जुनदास : सुनो यार, एक नाटक था 'कुर्सी', याद है? इस नाटक पर सरकार ने रोक लगा दी थी। पर हमने वह नाटक अजीब ढंग से खेला। एक जगह खेलते तो फ़ौरन ही बाद, बस में बैठकर, अगले शहर जा पहुँचते। वहाँ खेलते और फिर अगले शहर के लिए रवाना हो जाते। पुलिस पीछे-पीछे, हम आगे-आगे...।*(हँसता है)*

कमला : उसी दिन हमारी बिटिया को खसरा निकला हुआ था और तेज बुख़ार था। और थकी-माँदी मैं बच्ची के सिरहाने बैठी घड़ियाँ गिन रही थी कि कब मेरे पतिदेव घर लौटेंगे, और बच्ची के इलाज का कोई प्रबन्ध हो पाएगा।

[सन्नाटा, चुप्पी।]

दूसरा रंगकर्मी : छोड़ो इन बातों को। आओ कोई गीत गाएँ।

[धीमी मधुर आवाज़ में ये पुराने रंगकर्मी गीत गाते हैं।]

यही है, यही है, मेरी जन्मभूमि,
प्यारी जन्मभूमि।
नीलम का आसमान है, सोने की धरा है
चाँदी की हैं नदियाँ, पवन में गीत भरा है
मेरी जन्मभूमि। प्यारी जन्मभूमि,
मेरी जन्मभूमि।

[एक रंगकर्मी खाँसने लगता है।]

रंगकर्मी : हाय, नहीं गाया जाता।

[Long pause]

अर्जुनदास : *(धीमी आवाज़ में, स्वतः)* कमला ठीक कहती थी, मैंने परिवार का ध्यान नहीं किया। अपने जुनून में खोया रहा। इसी जुनून में लड़कपन और जवानी बीत गए। इतना ज़्यादा वक़्त इस काम को दिया, क्या तुक थी? अब तो मेरा विश्वास शिथिल पड़ने लगा है, इस रंगमंच का आनन्द भी मन्द पड़ने लगा है। बल्कि अब तो मेरे अन्दर एक प्रकार की अपराध-भावना बढ़ने लगी है। मैं अपनी आदर्शवादिता में खोया रहा अपनी ज़िम्मेदारियाँ नहीं निभाईं एक तरह से, कहो तो 'स्वान्तः सुखाय' ही जीता रहा हूँ।

[Fade out]

[Fade in]

[रंगमंच की ओर से माइक्रोफ़ोन टेस्ट करने की आवाज़ें।]

हैलो! हैलो! हैलो!

कृपया आप लोग बैठते जाइए। बच्चों को आगे, मंच के पास भेज दीजिए। हैलो! अब कुछ ही देर में नाटक आरम्भ होने जा रहा है।...यदि देवेन वर्मा पहुँच गए हों तो मंच के पीछे आ जाएँ...।

[Fade out]

[Fade in]

अर्जुनदास : *(स्वतः)* यही कार्यक्रम का संयोजक है। यही युवक कुछ देर पहले मेरे पास आया था। हाथ में कार्यक्रम की सूची थी, किस लगन और तन्मयता से काम कर रहा है। सब कुछ भूला हुआ। हाथ में कार्यक्रम और तरह-तरह के कामों की सूची। उसके चेहरे पर ऐसा भाव है, मानो सारे देश का संचालन उसी के हाथ में

हो। और हाथ में पकड़ा काग़ज़ का टुकड़ा, कोई सूची न होकर, मानो कोई ऐतिहासिक दस्तावेज़ हो।...मैं भी ऐसे ही उलझा रहता था, काम में डूबा रहता था। कौन जाने, कुछ वर्षों बाद इसका भी विश्वास शिथिल पड़ने लगे! इस समय तो अगर इसके हाथ से काग़ज़ का टुकड़ा गिर जाए तो मानो पृथ्वी की गति थम जाएगी। कितना उत्साह है इसमें...पर क्या यह बचकाना उत्साह नहीं है? इस वक़्त तो यह सब कुछ भूला हुआ है। अरे! युवक इधर ही आ रहा है। शायद सचमुच खेल शुरू होनेवाला है। शायद वह मुझे बुलाने आ रहा है।

अर्जुनदास : कहो, बरख़ुरदार, सब तैयारी हो गई? अब पर्दा उठनेवाला है?

युवक : नहीं सर, हमारे दो कलाकार अभी तक नहीं पहुँच पाए हैं। उन्हें दूर से सरगाँव से आना है, उन्हें पहुँचने में देर हो गई है।

[Pause]

अर्जुनदास : सरगाँव से आ रहे हैं?

युवक : जी।

अर्जुनदास : अरे! वह तो बहुत दूर है। वहाँ से तो दस घंटे का सफ़र है।

युवक : जी, मगर वह आएँगे।

अर्जुनदास : दो घंटे के नाटक के लिए दस घंटे का सफ़र तय करके आएँगे?

युवक : जी!

अर्जुनदास : क्या तुम उन्हें कोई अनुदान भी देते हो?

युवक : *(हँसकर)* हमारे पास देने को है क्या, सर।

अर्जुनदास : तो क्या अब नाटक बहुत देर से होगा?

युवक : क्या कहूँ सर, हम लोग बहुत शर्मिन्दा महसूस कर रहे हैं। इस वक़्त तक बस को पहुँच जाना चाहिए था। मुमकिन है रास्ते में कोई रुकावट आ गई हो।

अर्जुनदास : तुम बड़े होनहार लड़के हो। बैठो। अगर बहुत मसरूफ़ नहीं हो तो थोड़ी देर के लिए बैठ जाओ।

युवक : जी, धन्यवाद!...सर, आपसे एक अनुरोध है, आप मेरी सहायता करें।

अर्जुनदास : कहो, क्या बात है?

युवक : सर, आप मेरे पिताजी को समझाएँ। वह नहीं चाहते कि मैं रंगमंच का काम करूँ।

अर्जुनदास : वह क्या चाहते हैं?

युवक : वह चाहते हैं मैं नौकरी करूँ, सरकारी नौकरी। वह इसे फ़िज़ूल काम समझते हैं, आप समझाएँगे तो वह समझ जाएँगे।

अर्जुनदास : मैं क्या समझाऊँगा? *(हँसकर)* मैं तुम्हारी परिस्थितियों को तो नहीं जानता हूँ।

युवक : नहीं सर, आपने बहुत काम किया है, आपने जीवनदान दिया है, आपको ज़िन्दगी भर का अनुभव है।

अर्जुनदास : *(तनिक रुककर)* पर बेटा, जिस दिन मैंने रंगमंच के साथ नाता जोड़ा था, मैं तो किसी से परामर्श करने नहीं गया था। क्या कहूँ, शायद यह मेरी भूल थी। मैंने न तो पत्नी से पूछा था, न घरवालों से, सीधा भावावेश में कूद गया था।

युवक : तो क्या हुआ, सर! आपका बहुत योगदान रहा है।

अर्जुनदास : हाँ, पर इसके लिए मुझे अपने बच्चों और पत्नी के सुख-सुविधा की क़ीमत चुकानी पड़ी है। मैंने तो अपना काम किया, पर उनके साथ तो न्याय नहीं हुआ।...यह मसला सुलझाना इतना आसान नहीं है।

युवक : आप कैसे इस रंगमंच के साथ जुड़े थे?

अर्जुनदास : तुम्हें क्या बताऊँ? बहुत दिन पहले की बात है। बंगाल में दुर्भिक्ष फूटा था। और उस समय बंगाल से रंगकर्मियों का एक दल हमारे शहर में आया था। वे बंगाल के संकट को नाटक-संगीत द्वारा प्रस्तुत कर रहे थे। मुझे इसकी कोई ख़बर नहीं थी। एक शाम बाहर घूमते हुए अचानक ही एक जगह छोटी-सी सीट देखकर मैं उस ओर बढ़ गया था। वहाँ वे लोग अभिनय कर रहे थे।

आज भी वह दृश्य मेरी आँखों के सामने आ गया है।

[तनिक धीमी आवाज़ में।]

पर्दा उठने पर एक बड़ी उम्र का आदमी—कोई अभिनेता जो

बूढ़े आदमी का पार्ट कर रहा था—पीठ झुकी हुई, सफ़ेद दाढ़ी हाथ में हरीकेन लैम्प उठाए मंच पर आया था और काँपती आवाज़ में बोला था :

"सुनोगे? अभागे बंगाल की कहानी सुनोगे?" और मुझे जैसे बिजली छू गई थी। और उसके बाद जितने दृश्य आए, दिल को हिला देनेवाले। लगभग डेढ़ घंटे तक यह कार्यक्रम चला। कुछ गीत थे, जिनमें गहरा दर्द था। मैं पहली बार ऐसा नाटक देख रहा था। साज-सज्जा न के बराबर थी, स्टेज भी अनगढ़-सा! पर लोग मन्त्रमुग्ध से सुने जा रहे थे। नाटक में कुछ था जो सीधा दिल में उतरता था।

और अन्त में, वही वयोवृद्ध आदमी, मंच पर से उतर आया था और दुर्भिक्ष-पीड़ितों की सहायता के लिए झोली फैला दी थी, झोली फैलाए दर्शकों की पाँतों के सामने आने लगा था। तभी—मैं तुम्हें सच कह रहा हूँ—मेरे सामनेवाली सीट पर बैठी एक युवती ने अपने कानों में से झिलमिलाते, सोने के झूमर उतारकर, वयोवृद्ध की झोली में डाल दिए थे...और उसी क्षण मेरे जीवन का काँटा बदल गया था।

तभी, बिना किसी से परामर्श किए, मैं रंगकर्मियों की उस टोली में शामिल हो गया था।

[Pause]

यह मेरे स्वभाव का ही दोष रहा होगा कि मैं भावावेश में अपना सन्तुलन खो बैठता हूँ और बिना आगा-पीछा देखे कूद पड़ता हूँ।

[Pause]

भीड़ बढ़ने लगी है। लो, मेरी पत्नी भी आ गई। आओ कमला, बैठो, यह युवक मुझसे पूछ रहा था कि मैं रंग-मंडली से कैसे जुड़ा।

कमला : फिर तुमने क्या कहा? मैं तो कहूँगी, तुम जैसे रंगकर्मियों को ब्याह नहीं करना चाहिए। तुम जैसे लोग ब्याह करके अपने घरवालों को भी दुखी करते हैं और ख़ुद भी दुखी

होते हैं।

अर्जुनदास : सुन लिया बेटा? इसीलिए मैंने कहा यह मसला इतना आसान नहीं है। इस पर सोच-विचार कर बात करेंगे।

युवक : पर आपने तो सोच-विचार कर रंगमंच को नहीं चुना था।

अर्जुनदास : कौन जाने! *(मानो अपने से)* कभी-कभी सोचता हूँ, यदि उस दिन उस युवती ने अपने सोने के झूमर उतारकर उस अभिनेता की झोली में नहीं डाल दिए होते तो मेरी ज़िन्दगी का काँटा नहीं बदलता।

कमला : नहीं जी, इनका स्वभाव ही ऐसा है। यह न होता, कोई और निमित्त बन जाता। इन पर तो जुनून सवार हो जाता है। एक बार मुझसे कहने लगे—बम्बई में बहुत बड़ी कॉन्फ्रेंस है तुम भी चलो। मैंने कहा—जी, देशसेवा का काम तो मर्दों के लिए बना है। तुम जाओ। मैं अपने दो छोटे-छोटे बच्चों को छोड़कर कहाँ जाऊँ?'...और यह साहिब अपना बुचक उठाकर चल दिए।...बेटा, तुम भी इनकी तरह नाटक खेलते हो, पर इनकी तरह हवा में नहीं उड़ते रहना, अपने पैर ठोस ज़मीन पर बनाए रखना। नहीं तो हमारी उम्र तक पहुँचते-पहुँचते कहीं के नहीं रहोगे।

युवक : यह आप क्या कह रही हैं? क्या अर्जुनदास जी कहीं के नहीं रह गए हैं। इनके नाम से तो हम प्रेरणा ग्रहण करते हैं।

कमला : *(हँसकर)* इनके नाम का भले ही डंका बजता रहे, पर इनसे इनके परिवारवालों को तो कोई सुख नहीं मिला। इनके डंके का कोई क्या करे!

अर्जुनदास : कमला ठीक कहती है।...तुम्हें एक क़िस्सा सुनाऊँ। एक बार हम लोग दिल्ली में नाटक खेलने गए। अचानक ही सड़क पर मुझे मेरा एक पुराना सहपाठी मिल गया। रेडियो में एक ऊँचे ओहदे पर काम करता था। कहने लगा— रेडियो में बहुत-सी नौकरियाँ निकली हैं। तुम चाहो तो बात करूँ?

तुम मानोगे नहीं, मैंने सुना तो मुझे लगा जैसे उसने मेरा अपमान किया है, मैं और नौकरी करूँगा? वह भी सरकारी नौकरी?

युवक : तो आपने उससे क्या कहा?

अर्जुनदास : मैं हँस दिया। मैंने कहा, "इसका तुम्हें ख़याल ही कैसे आया?" उलटे मैंने उसे हमारा नाटक देखने को कहा। आज हम अपना रंगारंग प्रोग्राम कनॉट प्लेस के खुले मैदान में पेश कर रहे हैं, तुम भी आकर देखना।

कमला : तुम्हें घर-परिवार की चिन्ता होती तो तुम नौकरी करते! तुम तो आदर्शवाद के घोड़े पर सवार तीसमार ख़ाँ बने घूम रहे थे। ज़मीन पर तुम्हारे पाँव ही नहीं टिकते थे।

युवक : तो आपने कोई भी काम-धन्धा नहीं किया क्या?

कमला : उस वक़्त रेडियो की नौकरी कर ली होती तो इस वक़्त तक यह ऊँचे पद पर होते, पंडारा रोड पर इन्हें बँगला मिला होता, बाद में पेंशन मिलती। मैं भी कुछ सीख-पढ़ लेती।

युवक : मगर कोई काम तो किया होगा?

कमला : ले-देकर किताबों की दुकान खोल ली। यह काम नाटक खेलने के आड़े नहीं आता था। पर बेटा, दुकान खोल लेना एक बात है, उसे चलाना दूसरी बात। इनके नाटक के साथी मुफ़्त में पुस्तकें उठाकर ले जाते। वहीं पर नगोडों की बैठक जमने लगी, वहीं पर रिहर्सलें होने लगीं, सभी इनके पॉकेट से चाय पीते और गप्पें हाँकते। रंगकर्मियों का ताँता लगा रहता। इससे छुटकारा तब हुआ जब मैं स्वयं दुकान पर बैठने लगी। मेरे लिए दुकान पर बैठने का मतलब था कि घर पर भी पिसती और दुकान पर भी। पर मैंने इन महाराज से कहा, कुछ फ़िक्र नहीं, मैं दोनों निभा लूँगी। तुम स्वतन्त्र हो, जो मन में आए करो।

अर्जुनदास : इसीलिए मैंने तुमसे कहा, बेटा, इस मसले पर विचार करना बहुत ज़रूरी है। जल्दी फ़ैसला नहीं किया जा सकता।

कमला : इन महाराज के क़िस्से तुम्हें क्या सुनाऊँ, बेटा, यह बड़ा अनोखा जीव है।...एक बार इन्हें एक चिट्ठी आई, चिट्ठी सरकार की ओर से थी–गृहमन्त्रालय की ओर से। कहने लगे चिट्ठी आई है, सरकार उन लोगों को पेंशन देगी जिन्होंने आज़ादी की लड़ाई में भाग लिया था, कुर्बानियाँ दी थीं, जेल गए थे। तुम भी एक स्वतन्त्रता-सेनानी हो, पेंशन के लिए अपनी दरख़्वास्त लिख भेजो। साथ में एक फ़ॉर्म

भेजा गया था।

युवक : फिर?

कमला : अरे, मैं तुम्हें क्या बताऊँ? यह उलटे भड़क उठे। कहने लगे, क्या मैंने पेंशन की ख़ातिर देश का काम किया था? और जो मर गए, जो फाँसी चढ़ गए? उन्हें पेंशन कौन देगा?

युवक : फिर? क्या इन्होंने दरख़्वास्त दी?

कमला : नहीं तो, बल्कि सरकार को बौखलाहट-भरी चिट्ठी लिखी कि यह स्वतन्त्रता सेनानियों का अपमान है। बहुत से लोगों को पेंशनें मिलीं। कई लोगों को झूठी दरख़्वास्तों पर भी पेंशन मिल गई। पर यह सज्जन अपने आदर्शवाद पर डटे रहे।

[Pause]

[घंटी की आवाज़।]

युवक : मैं आपसे इजाज़त लूँगा, नाटक शुरू होने जा रहा है। मैडम, चलिए, मैं आपको किसी अच्छी जगह पर बिठा दूँ। भीड़ बढ़ती जा रही है। सर? आप तो मंच पर चलेंगे न?

अर्जुनदास : नहीं बेटा, मैं यहीं पर कुछ देर ठहरूँगा। जब नाटक खेला जाने लगेगा तो अपनी श्रीमती के पास ही जा बैठूँगा।

कमला : हाँ, आ जाना, मैं तुम्हारे लिए सीट रखूँगी।

[Fade out]

[Fade in]

अर्जुनदास : *(स्वतः)* क्या सचमुच मेरा आदर्शवाद झूठा है, जो रोशनी की लौ की तरह जीवन भर मेरा पथ-प्रदर्शन करता रहा है? क्या सचमुच मैंने अपनी ज़िन्दगी बर्बाद की है? क्या सचमुच मेरी ज़िन्दगी नासमझी में निकल गई?

[बुदबुदाता है।]

जिस दिल पे मुझको नाज़ था
वह दिल नहीं रहा।

[स्टेज की घंटी फिर से बजती है।]

नाटक शुरू होने जा रहा है।...कार्यक्रम के बाद वह युवक मेरे पास आएगा, मार्गदर्शन के लिए। मैं उससे क्या कहूँगा? क्या मैं उससे कहूँगा कि बेटा, कूद जाओ, दिल का रास्ता ही सीधा रास्ता होता है, जो तुम्हारा मन कहे, वही करो। या मैं उससे कहूँ, यह नाटक-वाटक को भूल जाओ, इसमें न पैसा है, न ख्याति है, न कोई भविष्य है। हाँ, कला है, समाज-सेवा है, जन-जीवन से जुड़ना है, उनकी आशाओं-आकांक्षाओं को व्यक्त करना है, उनके सपनों को वाणी देना है। लोगों को देश की धड़कन को महसूस कराना है, पर इसमें तुम्हें कुछ नहीं मिलेगा, केवल तुम्हें इस बात का आश्वासन कि तुमने एक सार्थक काम किया है, लोगों को सचेत किया है,...उस युवक में कितना उत्साह है, नाटक मंचन के काम में खो जाने की उत्सुकता है, क्या मैं उससे कहूँ, कुछ देर के लिए अपना शौक पूरा कर लो, फिर व्यवहार की दुनिया में लौट आओ। क्या मैं उससे कहूँ कि जिन आदर्शों का दामन पकड़कर मैं दसियों साल पहले इस रास्ते पर आया था, वे आदर्श अपनी सार्थकता खो चुके हैं? कि आदर्शों में विश्वास करना भूल होगी कि तुम केवल अपने व्यावहारिक जीवन की ओर ही ध्यान दो।...मैं उससे क्या कहूँगा?

[घंटी बजती है।]

एक गीत गाया जाने लगता है।
लड़के-लड़कियाँ एक गीत गाने लगे हैं।

वही है वही है मेरी जन्मभूमि
प्यारी जन्मभूमि
नीलम का आसमान है, सोने की धरा है
पवन में गीत भरा है
मेरी जन्मभूमि, प्यारी जन्मभूमि...

[घंटी की आवाज़।]

[संगीत की धीमी-सी धुन शुरू हो जाती है।]

और सुन्दर वाह!

अर्जुनदास : क्या है?

साथी : चित्र है, विशालकाय, भारतमाता का चित्र है।

अर्जुनदास : बहुत से लोग उठकर खड़े हो गए हैं, ठीक तरह से दिखाई नहीं देता। यहाँ से दूर भी तो है। तुम मुझे बताते रहना।

साथी : भारत माँ का चित्र है। सचमुच आजकल लड़के बड़ी मेहनत से काम करते हैं। *(ऊँची आवाज़ में)* वाह! चित्र पर जगह-जगह कुमकुमे जल उठे हैं।

अर्जुनदास : कुमकुमे? क्या मतलब?

साथी : समझ गया। यह भारत के ऐतिहासिक पवित्र स्थल हैं। तीर्थस्थान हैं। धर्म और संस्कृति के केन्द्र हैं। कन्याकुमारी से बदरीनाथ तक। उधर तक्षशिला, नालन्दा...

(धुन साथ-साथ बजती जा रही है)

मेरी जन्मभूमि, प्यारी जन्मभूमि!

मित्रो! अपनी-अपनी जगह पर बैठ जाइए। पीछे बैठे लोग देख नहीं सकते। कृपा कीजिए!

[घंटी की आवाज़।]

वाह!

अर्जुनदास : अब क्या है?

साथी : जहाँ पर पहले तीर्थस्थल थे, अब जगह-जगह महापुरुषों के चित्र आ गए हैं। भारत की महान विभूतियों के चित्र, भगवान कृष्ण, भगवान राम, महर्षि व्यास, गौतम बुद्ध, वाल्मीकि, कालिदास, भवभूति। कुछेक के चेहरे तो पहचाने हुए हैं; जैसे—महात्मा बुद्ध, राम और कृष्ण, पर बहुत से तो केवल नाम पढ़कर ही...।

[घंटी फिर बजती है।]

अरे चित्र फिर बदल गया। अब सन्तों, महापुरुषों के चित्र आ गए। ये भी भारतमाता के सपूत हैं। सन्त कवि तुलसीदास, कबीर, नानक, सूरदास, मीराबाई। सम्राट् अकबर, बसवन्ना, सूफी कवि, ये सब हमारे मध्ययुग के रत्न हैं।

[घंटी फिर से बजती है।]

वाह! ये हमारी आधुनिक युग की विभूतियाँ हैं। स्वामी विवेकानन्द, स्वामी रामतीर्थ, बंकिम बाबू, स्वामी दयानन्द, भारतेन्दु हरिश्चन्द, ईश्वरचन्द्र विद्यासागर, राजा राममोहन, लोकमान्य तिलक इन्होंने ये कैसे किया। भारतमाता के उसी मानचित्र पर जगह-जगह नए-नए चित्र आ जाते हैं, नए-नए कुमकुमे चमकने लगते हैं।

वही धुन धीमी आवाज़ में बजती जा रही है, इस देश पर तो किसी को भी गर्व होगा?

[फिर से घंटी बजती है।]

अब हम और निकट आ गए। सबसे ऊपर बापू का चित्र देश के लिए प्रेरणा और प्रकाश का स्रोत। पतली-सी लाठी हाथ में लिये हुए लाखों-लाख स्वतन्त्रता सेनानियों का नेतृत्व करते हुए। जवाहरलाल नेहरू, रवीन्द्रनाथ ठाकुर, भगत सिंह, मौलाना आज़ाद। सुब्रह्मण्यम भारती, वल्लथोल, भाई वीर सिंह...सचमुच, इस देश ने कैसे-कैसे रत्न पैदा किए हैं!

[घंटी बजती है। उसके फ़ौरन बाद ही बिजली की कड़क।]

(चुप्पी-सी छा जाती है) देश का विभाजन। 'प्यारी जन्मभूमि' वाला गीत बन्द हो जाता है। उसके स्थान पर आर्तनाद।

वाह, चित्र पर अँधेरा उतर आया था पर अब स्वतन्त्र भारत का झंडा लहराने लगा है, केवल उस झंडे पर ही रोशनी पड़ रही है।

'माँ, हम शपथ लेते हैं कि तन-मन से तेरी सेवा करेंगे, हमारी देशसेवा से तेरा माथा ऊँचा होगा। अपने ख़ून-पसीने से देशवासियों के लिए उज्ज्वल भविष्य का निर्माण करेंगे। अपने पूर्वजों का, महान मनीषियों और नेताओं का नाम रोशन करेंगे...।

[फिर से घंटी बजती है।]

अरे! आग! आग के शोले उठने लगे हैं। भारत जल रहा है।

[कहीं से हाहाकार की पृष्ठभूमि में आवाज़।]

फिर से भारत का मानचित्र सामने आ गया है। भारत माँ का चेहरा हिमालय की शृंखला के पीछे से झाँक रहा है। उसके चेहरे पर कैसी उदासी छाई है। क्लेश और अवसाद की प्रतिमा।

[घंटी की आवाज़।]

भारत माँ के शरीर पर जगह-जगह पर घाव हैं। उनमें से ख़ून बह रहा है।

साथी : जमशेदपुर, भागलपुर, सूरत, अहमदाबाद, मेरठ, बम्बई। एक-एक घाव, एक-एक शहर का प्रतीक है। प्रत्येक नाम से ख़ून की बूँदें टपक रही हैं। अरे! जगह-जगह से आग के शोले उठने लगे हैं। सारा देश जैसे आग की लपेट में आ गया है।

कैसा आर्तनाद है!

गीत *(पहले धीमी आवाज़ में, फिर प्रभावशाली ढंग से ऊपर उठता हुआ)*

सुनो हिन्द के रहनेवालो
सुनो, सुनो!
ये किन बच्चों की चीख़ें हैं
किस दुखिया माँ की आहें हैं
किस बेवा दुलहन की ख़ामोश निगाहें हैं।
हम हिन्दू हैं, हम मुस्लिम हैं
हम सब सब दुखियारे
सब एक ही विपदा के मारे।
बस्ती-बस्ती मौत का डेरा
गली-गली श्मशान
धरती लहूलुहान है सारी
धरती लहूलुहान

तुम सुनो सुनो
तुम सुनो सुनो!

(*गीत की आवाज़ धीमी पड़ती जाती है। उसमें से वयोवृद्ध का रोल अदा करनेवाले एक्टर की आवाज़ आती है*)–सुनोगे? दुखिया माँ की कहानी सुनोगे? इस बदनसीब देश की कहानी सुनोगे?

साथी : अरे, रोशनी हो गई। यह प्रस्तावना रही होगी। पर बहुत अच्छी थी।...वह कौन आ रहा है?

अर्जुनदास : कौन है?

साथी : स्टेज पर से उतरकर दर्शकों के बीच चला आ रहा है। एक अकेला नहीं है, उसके और बहुत से साथी भी झोला फैलाए मंच की सीढ़ियाँ उतरकर दर्शकों के सामने आ रहे हैं।

अर्जुनदास : हम भी तो ऐसा ही करते थे।

[अर्जुनदास : Soliloquy continues hereafter]

[Pause]

अर्जुनदास : (*धीमी आवाज़ में*) यहीं पर बैठ जाऊँ।...अरे, मेरे पुराने साथी भी यहीं पर बैठे हैं। कमला भी यहीं कहीं बैठी है...। यह कुर्सी खाली है क्या?

(*बहुत ही धीमी आवाज़ में*) वही, बर्सों पहले जैसी ही स्थिति है। इस गान मंडली के पास भी एक ढोलक और एक हार्मोनियम ही है। गानेवाले युवक-युवतियाँ भी सधे हुए गायक नहीं हैं। पर भावना सभी अभावों की पूर्ति कर देती है, लोग कैसे मन्त्रमुग्ध होकर सुन रहे हैं।

[Pause, the song is over]

(*धीमी आवाज़ में*) अरे, वही युवक स्टेज पर आया है, बूढ़े बुज़ुर्ग की दाढ़ी लगाए, हाथ में लालटेन थामे। यह क्या कह रहा है?

आवाज़ : सुनोगे? इस अभागे देश की कहानी सुनोगे?

[Pause]

अर्जुनदास : *(धीमी आवाज़ में)* दर्शकों की भीड़ दत्तचित्त सुने जा रही है। उस वयोवृद्ध के हाथ में झूलता हरीकेन लैम्प, लगता है, देश के, दुख-दर्द से भरे गली-कूचों में से गुज़रता हुआ, चला जा रहा है।

आवाज़ : "सुनोगे? इस अभागे देश की कहानी सुनोगे...?"

[Long pause]

(लगभग डेढ़ घंटा बीत चुका है। दर्शकों की आँखें अभी भी स्टेज पर लगी हैं।)

अर्जुनदास : *(धीमे)* वही युवक, वयोवृद्ध की वेशभूषा में, मंच पर से उतर आया है, और झोली फैलाए, मैदान में बैठे दर्शकों की पाँत की ओर बढ़ता आ रहा है। भावविह्वल लोग उसकी झोली में अपनी सामर्थ्यानुसार कुछ-न-कुछ डाल रहे हैं। युवक के पीछे-पीछे मंडली के अन्य युवक-युवतियाँ भी स्टेज पर से उतर आए हैं और झोली फैलाए, सभी नीचे उतरकर छितर गए हैं, और एक पाँत से दूसरी पाँत की ओर जा रहे हैं। वही युवक, वयोवृद्ध की वेशभूषा में, चलता हुआ इधर आ रहा है। अरे! एक स्त्री ने अपने दोनों हाथ उठाकर, भावविह्वल, अपने कानों में से सोने के झूमर उतारकर युवक की झोली में डाल दिए हैं। रोशनी इतनी कम है कि उस स्त्री को पहचान पाना कठिन हो रहा है। अरे, यह तो कमला है, मेरी पत्नी। यही एकमात्र झूमरों का जोड़ा उसके पास था जो उसने बेटी की शादी के समय अपने लिए बनवाया था!...कमला, सिर पर से अपनी ओढ़नी ठीक कर रही है और अपनी आँखें पोंछ रही है...।

कल, यह युवक मेरे पास आएगा तो उसे मैं क्या परामर्श दूँगा?

झुटपुटा

[दूध के बूथ के बाहर।]

एक : कितनी लम्बी लाइन लगी है। दूध के बूथ के बाहर पहले कभी इतनी लम्बी लाइन नहीं देखी।

दूसरा : पिछले दो दिन से दूध आया जो नहीं था।

एक : आज भी क्या मालूम दूध आएगा या नहीं आएगा। बूथ का दरवाज़ा बन्द पड़ा है, उधर लोगों की लाइन लम्बी होती जा रही है। देखिए, पीछे पार्क तक जा पहुँची है।

दूसरा : कितना सन्नाटा है! लोग चुपचाप आकर खड़े होते जा रहे हैं। पहले तो लाइन लगती थी तो कितनी धक्का-मुक्की, तू-तू, मैं-मैं हुआ करती थी।

एक : पिछले दो दिन जो कुछ शहर में होता रहा है उससे लोग सहम गए हैं। अभी भी बहुत लोग डरे हुए हैं।

दूसरा : सामने सब्ज़ीवाले की दुकान आज भी नहीं खुली। टाट का पर्दा पड़ा हुआ है। मैं मक्खन-डबलरोटी लेने गया तो दुकानदार बोला, जो लेना है जल्दी से ले लीजिए, क्या मालूम आज फिर दुकानें बन्द हो जाएँ।

एक : जो कुछ हुआ है, बहुत बुरा हुआ है।...कल तो हमारे मुहल्ले का रूप ही बदला हुआ था।...किसे मालूम था कि यहाँ पर भी दुकानें लूटी जाएँगी, मोटरों, गाड़ियों को आग लगाई जाएगी। वह सामने जली हुई मोटर देख रहे हो न! मेरी आँखों के सामने यह सब हुआ, सरदार, दवाइयोंवाले की दुकान भी लूट ली गई। और भी कितना कुछ हुआ!

[Fade out]

[Eade in]

पत्नी : *(पति से)* ऊपर क्यों जा रहे हो जी? छत पर क्या रखा है?

पति : तुम भी आ जाओ। शहर में बड़ा तनाव है। कहते हैं, जगह-जगह आग लगी है। नीचे दरवाज़ा बन्द है न?

पत्नी : जी!

[सीढ़ियाँ चढ़ते क़दम।]

[Pause]

पति : अफ़वाहें भी तो बहुत उड़ती रहती हैं ना, लोग बहुत बढ़ा-चढ़ाकर बात करते हैं। *(Pause)* हाँ, लगी है आग। वह करोलबाग़ का इलाक़ा है ना। एक जगह नहीं, तीन जगहों से धुआँ उठ रहा है।...बहुत बुरा हुआ है।...कुछ ही बरस पहले हम सब शरणार्थी बनकर आए थे, सिर छिपाने को जगह नहीं थी। अब एक-दूसरे के घर जलाने हैं।

पत्नी : उधर भी तो आग लगी जान पड़ती है। वहाँ भी तो धुआँ उठ रहा है। वह कौन-सा इलाक़ा है?

पति : रणजीत नगर की बस्ती जान पड़ती है!

पत्नी : क्या मालूम आग न लगी हो! यों ही कहीं से धुआँ उठ रहा हो।

पति : दिन के वक़्त कहीं आग लगे तो दूर से इतनी भयानक नहीं जान पड़ती, क्योंकि दिन के वक़्त उसके शोले दिखाई नहीं देते। पर रात के वक़्त कहीं आग लगे तो उसकी लपटों की लाली दूर-दूर से दिखाई देती है।

पत्नी : दिन हो या रात, आग तो आग है, ज़िन्दगी भर की कमाई को मिनटों में राख कर डालती है।

पति : जब मैं छोटा था तो हमारे शहर में पहला दंगा हुआ था। उस रात अनाज मंडी में आग लगी थी, आग के शोलों से आधा आसमान लाल हो गया था। नीचे की ओर देखो तो लपलपाते शोले, साँपों के फन की तरह, ऊपर को उठते,

नाचते से नज़र आते थे। वह दृश्य मैं आज तक नहीं भूल पाया।

पत्नी : कोई क्या-क्या याद करे! यहाँ तो अब आए दिन तरह-तरह की वारदातें होने लगी हैं।

पति : तुमने देखा, जगह-जगह लोग छतों पर खड़े हैं। सभी आग का नज़ारा देख रहे हैं हमारी तरह।

पत्नी : हम करना भी चाहें तो क्या कर सकते हैं?

पति : मैं कुछ तो कर सकता हूँ पर मेरा मन जड़ हो रहा है। कुछ सूझता ही नहीं। पहले कभी कहीं पर झगड़ा होता तो मैं निचला बैठ ही नहीं सकता था। भागकर बीच में कूद पड़ता था। पर अब, लगता है कुछ फूट पड़ा है जो पकड़ में नहीं आ रहा है, कुछ है जो हाथों में से छूटता-सा जा रहा है। ... *कभी सोचा था कि हिन्दुओं और सिक्खों के बीच संशय और भेदभाव पनपने लगेंगे*। कभी इस बात की कल्पना भी नहीं की थी कि एक दिन *सिक्खों के घरों को आग की नज़र किया जाएगा, और* हम लोग छतों से खड़े इसका तमाशा देखेंगे।

पत्नी : क्या कह रहे हो जी, तुम तमाशा कहाँ देख रहे हो? हमारे बस में है ही क्या? हम कर ही क्या सकते हैं?..चलो नीचे, नीचे चलते हैं।

पति : छतों पर खड़े लोगों में कहीं भी कोई सिक्ख परिवार नज़र नहीं आता। देखा तुमने?

पत्नी : वे क्यों होंगे? कुछ जुनूनी लोग फ़िसाद कर रहे हैं, इसमें हम-तुम क्या कर सकते हैं।...चलो, नीचे।

[Pause]

[सीढ़ियों पर से उतरते क़दमों की आवाज़।]

पति : बहुत बुरा हो रहा है, बहुत बुरा।

[Fade out]

[Fade in]

[Pause]

यह शोर कैसा है? क्या गुंडे हमारे मुहल्ले में भी पहुँच गए हैं?

पत्नी : बाहर मत जाओ जी! न जाने कैसा शोर है। तरह-तरह के लोग आजकल घूम रहे हैं।

पति : घर पर कैसे बैठा रहूँ? बाहर जाकर देखूँ भी नहीं कि क्या हो रहा है?

पत्नी : बीच में कूद नहीं पड़ना जी, ये सब गुंडे हैं जो शरारत करवा रहे हैं। तुम्हारी कोई नहीं सुनेगा।

पति : मैं क्या करूँगा, मैं कुछ भी नहीं करूँगा। पर घर पर भी कैसे बैठा रह सकता हूँ?

[बाहर जाते क़दमों की आवाज़]

[Fade out]

[Fade in]

[मुहल्ले के ही कुछ लोग उधर खड़े बतिया रहे हैं।]

कन्हैयालाल : अभी-अभी यह शोर कैसा था? क्यों मल्होत्रा जी?

मल्होत्रा : लठैतों का शोर था। एक पूरा-का-पूरा गिरोह इधर चला आ रहा है। लगता है, मोती नगर की ओर से आए हैं।

कन्हैयालाल : अब कहाँ पर हैं? नज़र तो नहीं आ रहे।

मल्होत्रा : बाएँ हाथ घूम गए हैं। उधर भी दो-तीन सिक्ख-सरदारों की दुकानें हैं। एक तो हलवाई की दुकान है...वह देखो धुआँ उठने लगा है। देखा, कन्हैयालाल?

कन्हैयालाल : हाँ।

मल्होत्रा : मैंने कल रात ही कहा था कि गड़बड़ होगी मुहल्ले की एक कमेटी बना लो, जो सारा वक़्त मुहल्ले की चौकसी करती रहे। अगर बाहर से गुंडे आएँ तो उन्हें मुहल्ले के अन्दर ही घुसने नहीं दिया जाए।

कन्हैयालाल : फिर? बनाई क्यों नहीं कमेटी?

मल्होत्रा : हमारे यहाँ यही तो मुसीबत है। बातें बहुत करते हैं, पर

करता-कराता कोई कुछ नहीं।...यह बुढ़िया यहाँ क्या करने आई है?

कन्हैयालाल : कौन है?

मल्होत्रा : कृष्णलाल की बूढ़ी माँ है।

बुढ़िया : वे, जीण जोगियो, इन्हीं गुंडियाँ नू रोक दियो। इन्हां नू मना कर दियो।

[चुप्पी।]

कोई बोलता ही नहीं। जवाब तो दो।

मल्होत्रा : माँ, हम क्या कर सकते हैं? गुंडों के साथ कौन उलझेगा? मैंने कहा था कमेटी बनाओ जो मुहल्ले में गश्त करे, पर किसी ने मेरी बात नहीं मानी।

बुढ़िया : मेरा दिल थर-थर काँपता है। मेरे तीनों बेटे अमृतसर में हैं। यहाँ पर तुम अपने सिक्ख भाइयों को बचाओगे, तो कोई माई का लाल अमृतसर में मेरे बच्चों को बचाएगा। *(चुप्पी)* लोगों के दिल में दर्द भर गया है।

मल्होत्रा : हम चार-पाँच मुहल्ले के आदमी उनका क्या मुक़ाबिला कर सकते हैं, माई? उनके हाथ में तेगे-भाले हैं, लोहे की छड़ें हैं।

बुढ़िया : तो फिर यहाँ क्या कर रहे हो? घर के अन्दर जाकर बैठो।

एक लड़के की आवाज़ : वे आ रहे हैं। दल-बल के साथ आगे बढ़ रहे हैं।

[Pause]

मल्होत्रा : इनमें से जाना-पहचाना तो एक भी चेहरा नहीं है। सभी बाहर के लोग जान पड़ते हैं।

[Pause]

एक तरफ़ को हो जाओ, इन लोगों का कोई भरोसा नहीं है। हम पर ही पिल पड़ें?

[ज़ोर से ठक् की आवाज़, जैसे किसी ने लकड़ी की किसी चीज़ पर प्रहार किया है।]

दवाइयों की दुकान के बाहर रुक गए हैं, साइन बोर्ड तोड़ डाला है। उसका एक सिरा टूट गया है, और साइन बोर्ड टेढ़ा होकर लटक गया है।

[दरवाज़ा तोड़ने की आवाज़।]

दरवाज़ा भी तोड़ डाला।

बुढ़िया : *(बुढ़िया की आवाज़ दूर से सुनाई देती है)* वे जीण जोगियो, कुछ रहम करो। किसी ने अपने ख़ून-पसीने की कमाई से दुकान बनाई होगी।

मल्होत्रा : लूटने लगे हैं। अन्दर घुस-घुसकर माल लूटने लगे हैं...।

बुढ़िया : और सभी लोग खड़े तमाशा देख रहे हैं।...वे जीण जोगियो...!

गुंडा : यहाँ से हट जाओ, बुढ़िया चली जाओ!

बुढ़िया : हाय, कैसा कहर फूटा है! *(बुढ़िया की आवाज़ नज़दीक से सुनाई देती है)* दूर खड़े तुम लोग, उन्हें कुछ तो समझाओ, तुम तो इस तरह तमाशबीनी कर रहे हो, जैसे मेला देखने आए हो।

[शीशा तोड़ने की आवाज़।]

कन्हैया : वह साँवले रंग का लम्बा-सा लड़का इनका सरग़ना जान पड़ता है। वह जो लाठी उठाए दुकान के अन्दर घुस गया है।

मल्होत्रा : कौन है वह?

कन्हैयालाल : क्या मालूम कौन है? लोग चीज़ें उठा-उठाकर बाहर ला रहे हैं।

बुढ़िया : अरी पुष्पा, तू कहाँ जा रही है?

पुष्पा : क्यों मौसी? सब लोग चीज़ें उठा-उठाकर ला रहे हैं, मैं क्यों न लाऊँ?

बुढ़िया : अपनी बेटी को भी साथ ले आई है? बेशर्म!

पुष्पा : इसमें शर्म-वर्म की कोई बात नहीं।...मुझे समझाती हो, मौसी, पहले उन्हें तो समझाओ। *(बेटी से)* जा री, तू भागकर जा, देर कर दी तो कुछ हाथ नहीं लगेगा।

[Pause]

मल्होत्रा : *(बुढ़िया से)* चिन्ता की कोई बात नहीं, मौसी। दुकानवाले को बीमा कम्पनी मुआवज़ा दे देगी।

तीसरा आदमी : नहीं, नहीं, फ़िसादों में अगर लूट-पाट हो तो उसका मुआवज़ा कम्पनी नहीं देती।

मल्होत्रा : क्या मालूम उसने दंगे-फ़िसाद के लिए भी बीमा करवा रखा हो!

[कुछ लोग हँस देते हैं।]

वह देखो, दुकान के अन्दर से अलमारी को घसीटकर बाहर ला रहे हैं।

मल्होत्रा : यह किसलिए?

दूसरा : इसे आग लगाएँगे?

तीसरा : बाहर, सड़क पर लाकर आग लगाएँगे। *(हँसकर)* दुकान सरदार की है, पर घर तो हिन्दू का है।...इधर पीछे, ड्राई-क्लीनर की दुकान को भी आग नहीं लगाई।

दूसरा : क्यों?

तीसरा : *(हँसकर)* क्योंकि उसमें एक हिन्दू और एक सिक्ख दोनों साझीदार हैं।

मल्होत्रा : यह भी अच्छी रही।

तीसरा : उधर रणजीत नगर में एक टेलर मास्टर की दुकान है, वह सिक्ख है। कल उस दुकान को जलाने लगे तो किसी ने पुकारकर कहा, 'ओ कमबख़्तो, दुकान सिक्ख की है, पर इसमें कपड़े तो ज़्यादा हिन्दुओं के ही हैं। इस पर उन्होंने आग नहीं लगाई। उसे भी छोड़ दिया।

[कुछ लोग हँसते हैं।]

कन्हैयालाल : तुमने ठीक कहा था। अलमारी को सड़क पर लाकर आग लगा दी है।

[छड़ से अलमारी को पीटने की आवाज़।]

मल्होत्रा : जलती अलमारी के इर्द-गिर्द यों खड़े हैं जैसे लोहड़ी मना रहे हों!

एक : लो, किसी की मोटरकार धकेलते हुए ला रहे हैं।

दूसरा : वही साँवले रंग का लड़का ही यहाँ भी सबसे आगे है।

[मोटर के शीशे पर लाठी का वार।]

एक ही वार में शीशा तोड़ डाला। उसी ने शीशे को तोड़ा है। अपने करतब दिखाने लगा है।

तीसरा : इन लोगों के लिए तमाशा बना हुआ है।

[लट्ठ मारने की आवाज़।]

दो मनचले मोटर की छत पर चढ़ बैठे हैं। सवारी कर रहे हैं।

मल्होत्रा : *(हँसकर)* कारवाले को भी बीमा कम्पनी से पैसे मिल जाएँगे।

कन्हैयालाल : पर नुकसान तो हुआ! मोटर का क्या रह गया? देखो, अभी भी इसे तोड़े जा रहे हैं।

[मोटर पर डंडे बरसाने की आवाज़ें।]

दो लौंडे इसकी छत पर बैठे सवारी कर रहे हैं। कैसे अश्लील इशारे कर रहे हैं। इन लौंडों के लिए खेल बना हुआ है। अरे, रे, बहुत-से लड़के मोटर को एक बाज़ू टेढा कर रहे हैं। छत पर बैठे लड़के कूदकर उतर रहे हैं। लो, मोटर को उलट दिया है। अब फिर उस पर डंडे बरसाने लगे हैं।

दूसरा : लो, सेठी की कार तो गई।

मल्होत्रा : सेठी? कौन-सा सेठी?

दूसरा : वही सरदार जो सात नम्बर में रहता है। मैंने पहचान लिया, यह उसी की कार है। इसे उसी के घर के सामने से धकेल लाए हैं।

तीसरा : *(हँसता है)* यह भी अजीब तमाशा रहा।

एक : क्यों?

तीसरा : यह सरदार की कार समझकर उसे धकेल लाए हैं, जबकि यह कार तो उसके दामाद की है जो हिन्दू है।

एक : क्या?

तीसरा : हाँ, हाँ, वह हिन्दू है *(हँसता है)*, गाज़ियाबाद में रहता है, अपने ससुराल आया हुआ था। सुभाष नाम है उसका, अभी भी वहीं अन्दर बैठा होगा।

[कार पर अभी भी लाठियाँ बरसाई जा रही हैं।]

लो, मोटर की टंकी फट गई। पेट्रोल का कैसा फव्वारा फूट निकला है!

[निकट से लौंडे-लपाड़ों की आवाज़ें।]

लड़का-1 : मैं आग लगाऊँगा, माचिस है मेरे पास।

लड़का-2 : अरे हट जा पीछे। वहाँ तीली लगाने जाएगा तो ख़ुद झुलस जाएगा। ऐसे आग नहीं लगाते।

लड़का-3 : ठहरो,...देख बे, जा उधर से वह थिगली उठा ला। पहले थिगली को पेट्रोल से भिगोएँगे, फिर थिगली को आग लगाकर पेट्रोल की टंकी पर फेंकेंगे।...बस, बस, अब कोई लाठी नहीं मारे।

ले आया? ला, इधर ला, मुझे दे।

[Pause]

(फिर दियासिलाई जलाने की आवाज़) धू-धू करके पेट्रोल जलने लगा है।

लड़के तालियाँ बजा-बजाकर, हू-हू करते हुए उसके इर्द-गिर्द नाचने लगे हैं।

कन्हैयालाल : कैसी तहज़ीब पाई है इन लौंडों ने! अपने ही घरों को आग लगाने में ये नहीं झिझकेंगे।

मल्होत्रा : गुंडे हैं, चोर-उचक्के, इन्हें तहज़ीब से क्या लेना-देना? *(लड़के हू-हू करते वहाँ से हटने लगते हैं)* अब वहाँ से जा रहे

हैं।...मोटर का रंग कैसा काला पड़ गया है। स्याह काले धुएँ के बवंडर उठ रहे हैं।

कन्हैयालाल : हम तो इन्हें नहीं टोक सकते, मैंने मान लिया, पर पुलिस कहाँ है? यहाँ एक भी पुलिस का सिपाही नज़र नहीं आ रहा। वहाँ पीछे पुलिस की चौकी है।

मल्होत्रा : इस वक़्त वहाँ पर कोई भी नहीं है। *(आज सबको ख़ुली छुट्टी है, जो मन आए, करो)* पुलिस की चौकी ख़ाली पड़ी है।

बुढ़िया : किस बदनसीब का सामान उठा लाई है री, बेटी को भी ऐसे पाप करना सिखा रही है? लानत है तुम पर। अभी जाओ और जहाँ से यह सामान उठाया है, वहीं पर रख आओ।

पुष्पा : जाएगी मेरी जूती! मैं क्यों जाऊँ, सभी लोग सामान उठा रहे हैं, मैं क्यों न उठाऊँ?

दूसरा : पीछे, रणजीत नगर में भी यही हुआ। लोग दुकान लूटते रहे। पर जब गुंडे उसे आग लगाने लगे तो छत पर खड़ा एक हिन्दू चिल्लाने लगा—आग मत लगाओ, मत लगाओ, दुकान बेशक सरदार की है, पर घर तो मेरा है।

[Long pause]

कन्हैयालाल : मल्होत्रा जी, हमारा देश कैसी स्थिति में आ पहुँचा है! कभी-कभी मुझे लगता है कि हम सब किसी कगार पर खड़े हैं और एक झीनी काँच की दीवार हमें गिरने से बचाए हुए है। यह काँच की दीवार चटक गई तो बचाव का कोई भी साधन नहीं रहेगा और हम सीधे किसी अथाह गर्त में जा गिरेंगे।

[Fade out]

[Fade in]

दूध अभी तक नहीं आया। लगता है, आज भी नहीं आएगा। लाइन और लम्बी खिंच गई है। दिन चढ़ आया है, जो अभी तक नहीं आया तो अब क्या आएगा?

[लाइन में खड़े दो लड़के बतिया रहे हैं।]

लड़का-1 : कल तेरे हाथ क्या लगा?

लड़का-2 : मुँह पर लगानेवाली क्रीम होती है या नहीं? उसी की दो शीशियाँ मिली हैं। और तू? तू क्या लाया?

लड़का-1 : वह ड्राई-क्लीनर की दुकान थी, यार, लोगों ने कुछ उठाने ही नहीं दिया। हम तो अन्दर घुस गए थे, पर अन्दर किसी आदमी ने हमें रोक दिया। अपने ही कपड़े लूटोगे? चलो, यहाँ से, हमारे हाथ तो कुछ नहीं लगा।

कन्हैयालाल : वह चौधरी आ रहा है। उसे मालूम होगा कि दूध आएगा या नहीं।

मल्होत्रा : कैसा जोकर बना हुआ है। सिर पर रंग-बिरंगी टोपी, फुँदनेवाली जैसी जोकर पहनते हैं। लगता है, उसकी घरवाली ने पुराने मोज़े उधेड़कर बनाई है!

कन्हैयालाल : क्यों चौधरी जी, आपके राज में हमें अभी तक दूध नहीं मिला।

चौधरी : हम तो सेवादार हैं, भाई साहिब, पब्लिक के सेवादार हैं।

कन्हैयालाल : दूध की क्या पोज़ीशन है? आएगा या नहीं?

चौधरी : अभी-अभी सेंटर में टेलीफ़ोन किया है। बाबू बोलता है दूध तो बहुत है, आओ और आकर ले जाओ।

मल्होत्रा : क्या मतलब? क्या हम दूध लेने जाएँगे? ऐसे भी कभी हुआ है? दूध है तो भेजता क्यों नहीं?

चौधरी : बोलता है, दूध के तो ड्रम-के-ड्रम भरे हैं, पर भेजें कैसे?

मल्होत्रा : क्यों?

चौधरी : सभी ड्राइवर सरदार हैं। उन्हें नहीं भेजा जा सकता। ख़तरा है न।...कोई हिन्दू यहाँ ट्रक चलाना जानता हो तो जाकर ले आए।

मल्होत्रा : यहाँ से कौन जाएगा? ट्रक चलाना जानता भी हुआ तो भी नहीं जाएगा। रास्ते में कुछ भी हो सकता है।

चौधरी : *(ऊँची आवाज़ में)* वाह जी, दूध लेने के लिए सभी दौड़े आएँगे, पर वहाँ से लेने कोई नहीं जाएगा। पब्लिक की सेवा करने में हिन्दू की माँ मरती है।

[फिर धीमी आवाज़ में।]

कल रात, वकील का बेटा बहुत बोलता था। हम यह कर देंगे, हम वह कर देंगे। मैंने कहा, 'साईं तू क्या कर देगा? यह मुहल्ला तो पहले ही शरणार्थियों का मुहल्ला है। यहाँ पर तो लुटे-पिटे लोग सिर छिपाने के लिए आकर बैठ गए थे, जब पाकिस्तान बना था। अब इन्हीं में से सिक्खों को चुन-चुनकर मारेगा? और किसी दूसरी जगह सिक्ख हिन्दुओं को चुन-चुनकर मारेंगे?

मल्होत्रा : कल तू कहाँ था, चौधरी? जब लूट-पाट मची थी और लोग दुकान जला रहे थे? तू कहीं नज़र नहीं आया?

चौधरी : क्या मुझे मरना था? गुंडे न जाने कहाँ से आ गए थे! उनके मुँह लगने के लिए क्या चौधरी ही रह गया है?

(धीमी आवाज़ में) मेरे घर में दरबार साहिब रखा है न। एक कमरे में हमने छोटा-सा गुरुद्वारा बना रखा है न, साईं। अब किसी बदमाश को पता चल जाता तो मेरे घर को ही आग लगा देता।

कन्हैयालाल : शहर की क्या पोज़ीशन है, चौधरी?

चौधरी : इधर पीछे, सन्तनगर के पास सात ट्रकों को जला दिया है, इधर भी तीन मोटरें जलाई हैं, एक मोटर तो वह सामने पड़ी है।...*(धीमी आवाज़ में)* वेस्ट पटेल नगर के पीछे एक सरदार को भून डाला है।

कन्हैयालाल : कौन था वह?

चौधरी : कोई बढ़ई था। अपनी बेटी से मिलने आया था। उसे कुछ मालूम तो था नहीं, बलवई आए तो बीच में कूद पड़ा। उन्हें रोकने लगा। अब वहाँ कौन सुननेवाला था! उसे वहीं...।

कन्हैयालाल : उफ़!

चौधरी : *(धीमी आवाज़ में)* कल रात, वकील का बेटा कहने लगा, 'सभी सिख गुरुद्वारे में इकट्ठा हो रहे हैं। असला जमा कर रहे हैं। रात को दो बजे नंगी तलवारें लेकर बाहर निकल आएँगे।' मैंने कहा, 'साईं, मेरे सामने तो एक भी सिक्ख घर में से नहीं निकला। वे सब गुरुद्वारे में कैसे पहुँच गए? और इस वक़्त असला? कहाँ से लाएँगे? सभी सिख घरों के अन्दर बैठे हैं।

कन्हैयालाल : बहुत बुरा हुआ है, बहुत बुरा...।

चौधरी : अरे साईं, इधर किसी को पता नहीं चल रहा कि क्या करें! *(धीमी आवाज़ में)* अभी नासमझ हैं न, यही बात है। हिन्दू-सिक्ख में पहले कभी झगड़ा नहीं हुआ न, यही बात है। अभी दोनों कच्चे खिलाड़ी हैं। *(हँसता है)* "धीरे-धीरे सीख जाएँगे। हिन्दू-मुसलमान का दंगा होता है या नहीं? उसे तो अब ख़ूब पहचान गए हैं। उसे अच्छी तरह से समझ भी लिया है। पीछे से किसी के क़दमों की आहट भी आ जाए तो पहचान लेते हैं कि हिन्दू आ रहा है या मुसलमान। क्यों साईं? पर ये तो अभी इस काम में नए हैं न। *(हँसकर)* इन्हें तो इतनी भी समझ नहीं है कि वक़्त बदल गया है, पहलेवाली बात नहीं रही। *(धीमी आवाज़ में)* मेरे पड़ोस में एक सरदार रहता है। रोज़ सुबह घूमने जाता है। कल सुबह मैंने दरवाज़ा खोला तो वह अपने घर के बाहर निकल रहा था। मैंने कहा, सरदारजी, कहाँ जा रहे हो, आज तो शहर में बड़ा ख़तरा है। कहने लगा, ख़तरा तो है, पर मैंने सोचा थोड़ा घूम आऊँ। लो, देखो। बड़ी मुश्किल से उसे बाहर जाने से रोका। *(फ़लसफ़ाना अन्दाज़ में)* अभी शुरुआत है, साईं, अभी शुरुआत है। जब सीख जाएँगे तो ऐसी ग़लतियाँ नहीं करेंगे। तब तो एक-दूसरे को दूर से ही देखकर रोंगटे खड़े हो जाया करेंगे।...कल, साईं, जब दवाइयोंवाली दुकान जलाई गई तो इस सरदार के दो बेटे भी तमाशा देखने बाहर निकल आए। लो, देखो, पीछे-पीछे उनकी माँ भागती हुई बाहर आई...बड़ी मुश्किल से उन्हें लौटा ले गई...।

कन्हैयालाल : कौन जानता था ऐसे दिन भी आएँगे!

चौधरी : अच्छा, चलूँ, दूध का पता लगाऊँ।

[Fade out]

[Fade in]

कन्हैया : यार, मैं तो खड़े-खड़े थक गया हूँ? न जाने दूध आता भी है या नहीं। *(Pause)* सुनो, वह लड़की सक्सेना की बेटी नहीं है?

मल्होत्रा : कौन-सी?

कन्हैयालाल : वह जो हमारे आगे, तीन आदमियों को छोड़कर खड़ी है। जिसने हाथों में तीन डोलचियाँ उठा रखी हैं। देखा?

मल्होत्रा : हाँ, वही है।

कन्हैयालाल : ठहरो, मैं उससे पूछता हूँ...*(Pause)* बेटी, तुम तीन डोलचियाँ उठा लाई हो। तुमने यह लाइन देखी है? अगर सभी लोग तीन-तीन डोलचियाँ दूध लेना चाहेंगे तो कितने लोगों को दूध मिल पाएगा?

(Pause) क्यों, चुप क्यों हो गईं? शरमा रही हो?

लड़की : *(धीमी आवाज़ में)* एक डोलची साथवालों की है, सरदार अंकल की, दूसरी ऊपरवालों की, वह भी सरदार अंकल की। तीसरी हमारी।

[Pause]

[Steps]

कन्हैयालाल : मैंने ठीक ही समझा था मल्होत्रा, लाइन में कई लोग दो-दो, तीन-तीन डोलचियाँ उठाए हुए हैं।...*(Pause)* अरे, वह बलराम नहीं है क्या? वह गंजे सिरवाला? यहाँ क्या कर रहा है?...*(ऊँची आवाज़ में)* बलराम?...बलराम!!...उसने देख लिया है। *(Pause)* इधर सुबह-सुबह क्या करने आए हो? कहीं आग लगाने आए हो क्या?

बलराम : अब यही काम करना बाक़ी रह गया है। यही करने आया हूँ।

कन्हैयालाल : फिर भी?–

बलराम : इधर किसी से मिलने आया हूँ।

कन्हैयालाल : कौन है वह?

बलराम : एक बुज़ुर्ग सरदारजी हैं, पीछे पाकिस्तान से हैं, हमारे ही क़स्बे के हैं। हमारे पिताजी के बड़े दोस्त थे। मैंने सोचा उनकी ख़ैर-ख़बर ले आऊँ। कल बड़ी गड़बड़ रही है न।...यहीं कहीं रहते हैं। मैं मकान का नम्बर भूल गया हूँ। बहुत दिन से उनके साथ मेल-मुलाक़ात नहीं हुई थी।

कन्हैयालाल : नाम क्या है?

बलराम : केसर सिंह, सरदार केसर सिंह।

कन्हैयालाल : वह जो मोटर-पार्ट्स की दुकान करते हैं?...उधर जाओ। 35 नम्बर में रहते हैं।

बलराम : ठीक है, शुक्रिया! फिर मिलूँगा।
(क़दम, दूर जाते हुए)

[Pause]

कन्हैयालाल : *(धीमी फ़लसफ़ाना आवाज़ में)* मल्होत्रा, मुझे कभी-कभी लगता है जैसे हम लोग इतिहास के झुटपुटे में जी रहे हैं। आपसी रिश्तों के इतिहास का पन्ना पलटा जा रहा है, दूसरा खुल रहा है। इस अगले पन्ने पर, जाने हमारे लिए क्या लिखा होगा!

[Pause]

[दूर से किसी ट्रक के इंजन के घरघराने की आवाज़।]

एक आदमी : यह आवाज़ कैसी है? सुना तुमने?

दूसरा आदमी : किसी इंजन की आवाज़ है।...वह लड़का दौड़ता चला आ रहा है।...वह, जिसने अभी-अभी मोड़ काटा है। इधर से ही आवाज़ आ रही है।

लड़का : *(ऊँची आवाज़ में)* दूध आ गया! दूध की लॉरी आ गई!

कन्हैयालाल : दूध कैसे पहुँच गया? *(Pause)* यह लॉरी की आवाज़ है। इस लड़के ने ठीक कहा है। वह देखो, दूध की लॉरी चली आ रही है। *(हँसकर)* कैसी घिसी-पिटी छकड़ा लॉरी है।

मल्होत्रा : पर हमें तो आज सर्वांग सुन्दरी लग रही है।

कन्हैयालाल : ग़नीमत है, दूध आ गया, मैं तो उम्मीद छोड़ चुका था।

मल्होत्रा : बस, अब लाइन न टूटे। लम्बी लाइन एक बार टूट जाए तो हंगामा उठ खड़ा होता है। बावेला मच जाता है।

[लॉरी की घरघराती आवाज़ नज़दीक आ रही है।]
[कुछ देर बाद आवाज़ बन्द हो जाती है।]

कन्हैयालाल : ठीक है, डिपो के सामने आकर रुकी है?...अरे, ड्राइवर तो सरदार है? यह यहाँ कैसे पहुँच गया?

मल्होत्रा : हाँ, सच! तरह-तरह की वारदातें हो रही हैं। यह तो जान जोखिम में डालनेवाली बात है।

कन्हैयालाल : ठहरो, मैं इससे पूछता हूँ।

[Pause] [Steps]

सरदार जी, आप कैसे पहुँच गए? आज तो शहर में बड़ा ख़तरा है...।

सरदार ड्राइवर : बीबा, बच्चों ने दूध तो पीना है ना! मैंने कहा, चल मन, देखा जाएगा, जो होगा। दूध तो पहुँचा आऊँ!

[Fade out]

मक़बरा शाह शेर अली

[चलते क़दमों की आवाज़। कहीं-कहीं पर साँस लेने की आवाज़...]

बुज़ुर्ग : बस, अब ज़्यादा दूर नहीं है। इसी टीले पर चढ़ने पर ही तुम्हें उसके गुम्बद और मीनार नज़र आने लगेंगे।

लड़का : क्या यह मक़बरा बहुत पुराना है, दादा?

बुज़ुर्ग : जब मैं छोटा-सा लड़का था, तुम जैसा, तो मेरे दादा मुझे यहाँ लाए थे। तभी उन्होंने इस मक़बरे का क़िस्सा भी सुनाया था।

लड़का : क्या आपके दादा ने शाह शेर अली को देखा था?

बुज़ुर्ग : *(हँसकर)* नहीं! पर मेरे दादा का कहना था कि उन्होंने इस मक़बरे का क़िस्सा अपने दादा के मुँह से सुना था। और वह यह भी कहते थे कि उनके किसी पुरखा ने शाह शेर अली को देखा भी था।

लड़का : तो यह सच्चा क़िस्सा है, दादा?

बुज़ुर्ग : सच्चा ही होगा।

लड़का : फिर इसे ख़ाली क़ब्रवाला मक़बरा, क्यों कहते हैं? मक़बरा तो उस इमारत को कहते हैं, जहाँ किसी की क़ब्र होती है।

बुज़ुर्ग : बिलकुल ठीक है! इसे ख़ाली क़ब्रवाला मक़बरा इसलिए कहते हैं कि वहाँ किसी को दफ़नाया नहीं गया। क़ब्र तो खोदी गई, पर वह खाली है।

लड़का : जब से मक़बरा बना, तब से ख़ाली है?

बुज़ुर्ग : हाँ, तब से ख़ाली है।

लड़का : ऐसा कैसे हो सकता है दादा? मक़बरा तो बनाया ही तब जाता है जब वहाँ पर क़ब्र हो। क़ब्र ही नहीं थी तो मक़बरा कैसे बनाया गया?

बुज़ुर्ग : इसी में तो इसकी विचित्र कहानी है।

[Fade out]

[Fade in]

[क़दमों की, ऊँची-ऊँची साँस लेने की आवाज़...]

बस अब पहुँच गए समझो। चन्द क़दम ही और चलना बाक़ी है। तुम समझो हम पहुँच गए।

[Fade out]

[Fade in]

[चलते क़दमों की आवाज़।]

लो, वह देखो!

लड़का : *(After a slight pause)* वाह! यह तो बहुत बड़ा मक़बरा है!

बुज़ुर्ग : अब तो यह बहुत-कुछ टूट-फूट गया है पर मेरे दादा बताया करते थे कि यह बड़ी शानदार इमारत हुआ करती थी।

लड़का : चार में से तीन मीनार बचे हैं, एक गिर चुका है। दाएँ हाथवाला हिस्सा तो बिलकुल खँडहर-सा लगता है।

बुज़ुर्ग : अब तो यहाँ उल्लू बोलते हैं। सियार घूमते हैं और जगह-जगह साँप लोटते हैं।...फिर भी इसे बहुत लोग देखने आते हैं। पहले तो यहाँ सैलानियों का ताँता लगा रहता था!

लड़का : वह खाली क़ब्र कहाँ है, दादा?

बुज़ुर्ग : उस गुम्बद के नीचे। अब तो वहाँ छत में कबूतरों ने घोंसले बना रखे हैं। पर ख़ाली क़ब्र अभी भी मुँह फाड़े पड़ी है, और दीवार के साथ वह संगमरमर की लम्बी-चौड़ी सिल भी रखी है जिससे क़ब्र को ढका जाता है।

लड़का : चलो, देखें, दादा।

[Fade out]

[Fade in]

[क़दमों की आवाज़, जैसे ढलान उतर रहे हों।]

[Pause]

बुज़ुर्ग : वह रही ख़ाली क़ब्र!

[Pause]

लड़का : *(धीमी आवाज़ में)* उसे देखकर तो दिल में दहशत-सी उठती है। मैंने कभी कोई ख़ाली क़ब्र नहीं देखी।

बुज़ुर्ग : लो, और भी बहुत-से सैलानी पहुँचे हुए हैं।...ख़ाली क़ब्र की वजह से ही तो यह मक़बरा इतना मशहूर हुआ।

सैलानी : *(सहसा ही ऊँची आवाज़ में कोई सैलानी चिल्लाता है)* शाह शेर अली! *(...आवाज़ गुम्बद में गूँजती है।)*

बुज़ुर्ग : यह भी यहाँ का दस्तूर बन गया है। लोग, गुम्बद के नीचे शाह शेर अली का नाम ऊँची आवाज़ में पुकारते हैं, और फिर गुम्बद में देर तक गूँजनेवाली आवाज़ को सुनते रहते हैं।

[Pause]

लड़का : किसी को यहाँ दफ़नाया क्यों नहीं गया, दादा? क़ब्र ख़ाली क्यों पड़ी रह गई?

[Pause]

बुज़ुर्ग : इस मक़बरे को शाह शेर अली ने ख़ुद अपने जीते-जी बनवाया था अपने लिए, कि मरने के बाद उसे यहाँ दफ़नाया जाएगा।

लड़का : कभी ऐसा भी हुआ है, दादा, अपना मक़बरा ख़ुद कौन बनवाता है? मरने के बाद और लोग बनवाते हैं।

बुज़ुर्ग : यही तो विचित्र बात है। शाह ने ख़ुद अपना मक़बरा, जीते-जी, बनवाया था। जब वह हुकूमत कर रहा था...अब यहाँ इस सीढ़ी पर बैठ जाओ, और सुनो शाह शेर अली की कहानी। इस मक़बरे की कहानी!

[Pause]

शेर अली का बाप एक मामूली अध्यापक था। उसकी माँ भी ग़रीब देहातिन थी। उनकी क़ब्रें भी यहाँ से थोड़ी दूर पर, बस्ती के क़ब्रिस्तान में हैं। *(हँसकर)* और सच तो यह है कि

शाह शेर अली की क़ब्र भी वहीं पर, उसी क़ब्रिस्तान में है। अपने बाप की क़ब्र की बग़ल में।

लड़का : वाह, जी!...तो उसे...?...ओह!

बुज़ुर्ग : *(हँसकर)* यहाँ नहीं दफ़नाया गया। दफ़नाया गया होता तो क़ब्र ख़ाली क्यों होती?...अब सुनो...बचपन में शेर अली बड़ा होशियार, बड़ा चुस्त, बड़ा नटखट लड़का हुआ करता था... जब वह बारहेक साल का था तो एक दिन...।

[Fade out]

[Fade in]

अध्यापक : शेर अली!

शेर अली : हाँ, बापू।

अध्यापक : आज छुट्टी का दिन है। चलो तुम्हें राजधानी की सैर करा लाएँ।

शेर अली : वहाँ पर क्या है, बापू?

अध्यापक : वहाँ पर अजायबघर है, बादशाह का महल है। झील है, बड़े-बड़े बाग़ हैं। तुम्हारा दिल ख़ुश हो जाएगा।

शेर अली : हाँ, बापू। चलो। मैं भी देखना चाहता हूँ कि किस शान से बादशाह रहता है।

अध्यापक : सुनो शेर अली की माँ! हम दोनों राजधानी की सैर करने जा रहे हैं। शाम गए लौटेंगे। तुम इन्तज़ार नहीं करना।

शेर अली : बापू, आपने राजधानी देखी है?

अध्यापक : हाँ बेटा, देखी है। राजधानी में हुकूमत की सज-धज होती है, माहौल में सारा वक़्त बादशाह की सत्ता का भास होता रहता है।

माँ : कहो तो कुछ खाना साथ में बाँध दूँ?

शेर अली : नहीं माँ, साथ में खाना तो मज़दूर लोग ले जाते हैं, पोटलियों में बाँधकर। राजधानी की सड़कों पर क्या हम पोटली उठाए घूमेंगे?

[माँ-बाप हँस देते हैं।]

[Fade out]

[Fade in]

[चलते क़दमों की आवाज़।]

कितनी चौड़ी सड़क है, बापू! सड़क पर चलते हुए मुझे लगता है जैसे यह सड़क मेरे लिए, मेरे चलने के लिए बनाई गई है... क्या आपको भी ऐसा लगता है।

[बाप चुप रहता है।]

सड़क पर तो शान से, छाती तानकर चलना चाहिए।...बापू, आप क्यों सकुचाए सकुचाए-से चल रहे हैं? सड़क के किनारे-किनारे, गर्दन झुकी हुई।...आप तो बहुत दब्बू हो, बापू! अगर मैं बादशाह होता तो मैं इन सड़कों पर सोने की पालकी में बैठकर निकलता। दुनिया अश-अश करती। लोग झुक-झुककर आदाब बजा लाते। मेरे अंगरक्षक नंगी तलवारें निकाले, मेरे पीछे-पीछे आ रहे होते।

अध्यापक : *(हँसता है)* तुम पर अभी से राजधानी का असर होने लगा है। लो, यह राजधानी का सबसे बड़ा संग्रहालय है।

[Pause]

शेर अली : वाह! यह किसका बुत है, बापू? घोड़े पर सवार, ज़िरह बख्तर पहने!

अध्यापक : किसी हाकिम का बुत है।

शेर अली : बहुत ज़बर्दस्त आदमी रहा होगा, बापू। कैसे छाती ताने, घोड़े की पीठ पर बैठा है। मूँछें ऊपर को उठी हुईं। सिर पर लोहे की टोपी, बग़ल में नंगी तलवार! वाह! कोई बहुत बड़ा सूरमा रहा होगा।

अध्यापक : यह देखो पुराने ज़माने के कपड़े। शाही लिबास! कैसी बढ़िया क़सीदाकारी हुई है।...क्यों शेर अली, क्या सोच रहे हो?

शेर अली : सोच रहा हूँ बापू, अगर यह चुग़ा मैंने पहन रखा हो तो कैसा लगूँ? मैं भी कोई शाहज़ादा लगूँगा या नहीं?

अध्यापक : *(हँस देता है)* ज़रूर लगोगे।...तुम क्या बनना चाहते हो, शेर अली?

शेर अली : बापू, मैं स्कूल का अध्यापक तो नहीं बनूँगा आपकी तरह।

अध्यापक : अध्यापक बनना बुरी बात तो नहीं है, शेर अली। इल्म हासिल करना, दूसरों को तालीम देना, यह बहुत बड़ी ख़िदमत है, शेर अली।

शेर अली : इसमें आपको क्या मिला, बापू! आप पिछले 20 साल से पाँव घसीट रहे हो वहीं-के-वहीं। अब तो पीठ भी झुक गई है। आपको देखकर तो मैं शर्मसार महसूस करता हूँ बापू! आप बहुत दब्बू हो! आदमी में रोआब होना चाहिए। रोआब और दबदबा!

अध्यापक : *(हँस देता है)* मैंने तो अपनी ज़िन्दगी गुज़ार ली बेटा, अब देखें तुम क्या करते हो!

[Fade out]

[Fade in]

Narrator : देर तक बाप-बेटा राजधानी में घूमते रहे, शेर अली बड़े चाव से शाही इमारतें देखता रहा। किसी-किसी वक़्त कोई हाकिम, कोई बड़ा अफ़सर पास से गुज़र जाता, राह जाते लोग झुक-झुककर आदाब बजा लाते।

रात गए, दोनों लौटकर आए।...*(Pause)* और लौटने के कुछ ही दिन बाद एक घटना घटी जिसने उसके माँ-बाप को परेशान कर दिया।

[Fade out]

[Fade in]

माँ : शेर अली अपने कमरे में नहीं है।

अध्यापक : कमरे में नहीं है?

माँ : मैं रोज़ की तरह उसे जगाने गई, पर वह वहाँ पर नहीं है। उसका बिस्तर भी ज्यों-का-त्यों बना है, लगता है, उस पर वह लेटा ही नहीं।

अध्यापक : *(गम्भीर आवाज़ में)* रात को ही कहीं चला गया है।

माँ : आपके साथ कोई कहा-सुनी तो नहीं हुई?

अध्यापक : नहीं तो?

माँ : तो फिर यहीं कहीं गया होगा। इन लड़कों का क्या भरोसा!

मुमकिन है किसी से कह रखा हो, और हमें न बताना चाहता हो। मनमानी तो वह बचपन से करता आया है।

[Pause]

अध्यापक : *(गम्भीर आवाज़ में)* शेर अली की माँ, मुझे लगता है अब वह लौटकर नहीं आएगा। वह घर से भाग गया है।

माँ : हाय, यह क्या कह रहे हो? ऐसा मत कहो जी, वह मेरा लख़्त-ए-जिगर है। मेरा इकलौता बेटा है।

अध्यापक : अगर मैं उसे ठीक समझा हूँ तो हमारा यह घर उसके लिए छोटा पड़ने लगा था।

माँ : *(घबराकर)* आप यहाँ बैठे-बैठे क्या बोले जा रहे हो जी, उठकर जाओ और उसका पता लगाओ। क्या मालूम यहीं कहीं बैठा हो। रूठकर चला गया हो।...मैं जा रही हूँ। क़स्बे का चप्पा-चप्पा छान मारूँगी। जैसे भी हुआ उसे ढूँढ़कर लाऊँगी...।

[Fade out]

[Fade in]

Narrator : शेर अली के बाप ने ठीक अनुमान लगाया था। शेर अली के लिए माँ-बाप का घर सचमुच छोटा पड़ने लगा था। उसकी महत्त्वाकांक्षाएँ बहुत ऊँची उड़ानें भरने लगी थीं। वह गया तो फिर वर्षों तक लौटकर नहीं आया। इस बीच...।

[Fade out]

[Fade in]

एक स्त्री : क्यों मौसी, साँझ पड़ गई है, आसमान में तारे निकलने लगे हैं, तू यहाँ सड़क किनारे खड़ी क्या कर रही है?

शेर अली की माँ : तुमने मेरे बेटे शेर अली को तो नहीं देखा? कोई कहता था, वह इसी रास्ते क़स्बे के बाहर गया था।

पहली स्त्री : नहीं, मैंने नहीं देखा।

शेर अली की माँ : वह जो इस रास्ते गया है तो इसी रास्ते लौटकर आएगा।

पहली स्त्री : मौसी, तू हर शाम यहाँ आकर खड़ी हो जाती है। कब से हम लोग देख रहे हैं!

शेर अली की माँ : वह गया जो था। वज़ीर अली कहता था उसने अपनी आँखों से उसे जाते देखा था।

पहली स्त्री : जब वह आएगा तो सीधा तुम्हारे पास घर पर पहुँच जाएगा। तू यहाँ रोज़-रोज़ क्यों परेशान होती है?

शेर अली की माँ : वह भूखा-प्यासा चला गया। घर में बताकर भी नहीं गया। मैं घर पर जाकर कैसे बैठ जाऊँ? मेरा तो वहाँ दम घुटता है।

[Fade out]

[Fade in]

Narrator : शेर अली की माँ, वर्षों तक रोज़, हर शाम क़स्बे के बाहर उस सड़क पर जा बैठती जिधर से शेर अली क़स्बे के बाहर गया था। कुछ लोगों का कहना था कि वह पगला गई है। पर वह सब काम बड़ी समझदारी से करती। केवल शाम को घर में से बाहर निकल आती और सड़क के किनारे, दूर घाटी की ओर आँखें लगाए खड़ी हो जाती और तब तक वहीं बनी रहती जब तक अँधेरा नहीं उतर आता और आसमान में तारे नहीं जगमगाने लगते।...इसी में वर्षों बीत गए थे। फिर एक दिन शेर अली सचमुच लौट आया! और उसी रास्ते से!

[Fade out]

[Fade in]

[क़स्बे के कुछ लोग घबराए हुए, बातें कर रहे हैं।]

एक : सुना है एक पूरा-का-पूरा गिरोह है जो हुकूमत के ख़िलाफ़ उठ खड़ा हुआ है।

दूसरा : मैंने सुना है बलवई इसी रास्ते राजधानी पर हमला करेंगे।

तीसरा : तीन जगह पर झड़पें हो चुकी हैं। झील किनारेवाले गाँव में, पहाड़ के दामन में और अब यहाँ से दस कोस दूर उस घाटी में। पहली दोनों झड़पों में रियासत की फ़ौजों को भागना पड़ा है।

दूसरा : इस झड़प में भी अगर हाकिम की फ़ौज को मुँह की खानी पड़ी तो शेर अली का गिरोह सीधा राजधानी पर हमला बोलेगा। उसे रास्ते में कोई रोक भी नहीं पाएगा।

पहला : इस गिरोह को बड़ा जावर सरदार मिला है।

दूसरा : शेर अली? कौन शेर अली?

तीसरा : यह हमारा शेर अली ही तो है। उसका बाप मदरसे का उस्ताद था, उसे भूल गए हो क्या? वही बूढ़ा, बड़ा झुककर चलता था। बड़ा नेकसीरत इनसान था।

दूसरा : हाँ, याद आया। पर उस उस्ताद को मरे भी तो पाँच-सात बरस बीत गए होंगे।

पहला : माँ-बाप दोनों कब के मर-खप गए हैं। अगर ज़िन्दा होते तो आज के दिन क्या मालूम उसे लश्कर के आगे-आगे, लश्कर की सरदारी करते हुए देखते।

तीसरा : उसी की माँ हर रोज़ शाम को यहाँ आकर खड़ी हो जाती थी न, उसकी राह देखा करती थी।

दूसरा : वह कौन भागा आ रहा है? क्या बात है, कोई गड़बड़ जान पड़ती है।

[एक हाँफता हुआ युवक पास आता है।]

दूसरा : हमीदा है। क्यों हमीदे क्या है? कुछ सुना?

हमीदा : अब भाग चलो यहाँ से। शेर अली ने हाकिम की फ़ौज को खदेड़ दिया है। और वह अपने पूरे-के-पूरे लश्कर के साथ क़स्बे की ओर बढ़ता आ रहा है।

दूसरा : यहाँ से भागकर कहाँ जाएगा? अगर हाकिम की फ़ौज को खदेड़ दिया है तो शेर अली सीधा राजधानी की ओर बढ़ेगा। यहाँ पर वह तो रुकेगा ही नहीं।

एक : उसके साथी लूट-पाट तो कर सकते हैं।

तीसरा : क़स्बे में लूट-पाट के लिए रखा ही क्या है? यह तो शेर अली ख़ुद भी जानता है।

दूसरा : अपने क़स्बे की ओर आ रहा है, वह इतना तो जानता होगा, कि यह उसका वतन है, यहाँ उसका बचपन बीता, इसकी मिट्टी में उसके माँ-बाप दफ़न हैं।

पहला : *(फ़लसफ़ाना अन्दाज़ में)* अगर यह शेर अली हमारा ही शेर अली है तो मैं उससे जा मिलूँगा। वह तो मेरे साथ ही मदरसे में पढ़ता था। मैं उसे बताऊँगा कि कैसे उसकी माँ उसकी राह देखती रही, रोज़ शाम को उस सड़क किनारे जा खड़ी होती थी...।

तीसरा : *(हँसकर)* वह तेरी बात सुनेगा? वह तुम्हें पहचानेगा भी नहीं। हाकिम की अगाड़ी और गधे की पिछाड़ी खड़े नहीं होते, कुछ समझा कर।

[दूर से उठता शोर। फ़ौज बढ़ती आ रही है।]

हमीदा : लश्कर इसी तरफ़ बढ़ता आ रहा है।

दूसरा : तुम ठीक कहते थे। क़स्बे के लोग भागकर नहीं जा रहे हैं। बल्कि सड़क के किनारे जमा होने लगे हैं, सभी शेर अली को जानते हैं।

एक : अपने ही हाकिम के ख़िलाफ़ उसने तलवार उठाई है, बग़ावत की है।

दूसरा : बग़ावत का क्या है, बादशाहों के बेटे भी तो तख़्त के लिए बाप के ख़िलाफ़ बग़ावत कर देते हैं, और यह तो बड़ा जवाँमर्द निकला। कहाँ मदरसे के उस्ताद का बेटा, और कहाँ गिरोह की सरदारी! फ़ौजों को पछाड़ता चला आ रहा है।

[नज़दीक आती फ़ौज का शोर।]

तीसरा : धूल के बवंडर उठ रहे हैं।

हमीदा : पहुँच गया। तुमने ठीक कहा था, गिरोह यहाँ पर रुकेगा नहीं, सीधा राजधानी की ओर जाने लगा है।

[Pause]

[घोड़ों की टाप। जिरह-बख़्तरों आदि की आवाज़।]

दूसरा : वह रहा शेर अली! देखा? *(Pause)* नंगी तलवार हाथ में लिये। सफ़ेद घोड़े पर सवार! शेर अली ही है!

तीसरा : अपने क़स्बे में वर्षों बाद पहुँच गया है। लगता है, उसकी आँखें कुछ ढूँढ़ रही हैं। क्या मालूम अपने माँ-बाप को खोज रही हों? कौन जाने किसी पुराने यार-दोस्त का चेहरा खोज रही हों?

दूसरा : उसने अपने गाँव को पहचान लिया है। इसीलिए इसका चेहरा जैसे खिल उठा है।

पहला : अपने क़स्बे में से गुज़रते हुए न जाने वह कैसा महसूस कर रहा होगा।

तीसरा : वह मन ही मन कहता होगा, इस भीड़ में कुछ लोग तो होंगे जिन्होंने मुझे पहचान लिया होगा।

हमीदा : *(Pause)* गिरोह बाईं ओर को मुड़ गया है। सीधा राजधानी की ओर जाने लगा है।

दूसरा : कौन जाने अब क्या होगा! घमासान लड़ाई होगी। शेर अली मारा भी जा सकता है।

तीसस : शेर अली शाह के तख़्त पर बैठेगा, देख लेना। जिसने तीन झड़पों में, एक के बाद एक, शाह की फ़ौजों को हराया है, वह राजधानी की लड़ाई में भी शाह को हराएगा।

पहला : उसकी पेशानी कैसी चमकती थी। मुझे तो उसे देखकर बड़ा फ़ख़्र महसूस हुआ। हमारे ही गाँव का लड़का और इतने बड़े गिरोह का सरदार बन गया!

दूसरा : कौन जाने क्या होगा! अगर शाह की फ़ौजों की जीत हुई तो शेर अली पकड़ा जाएगा और उसका सिर क़लम कर दिया जाएगा।

पहला : अगर ऐसा नहीं हुआ तो शेर अली शाह शेर अली बनकर तख़्त पर बैठेगा।

[Fade out]

[Fade in]

Narrator : शेर अली, सचमुच शाह शेर अली बनकर तख़्त पर बैठा। बादशाह के सिपाहियों ने हथियार डाल दिए। शाह राजधानी से भाग गया। और शेर अली सचमुच रियासत के तख़्त पर बैठा।

[Fade out]

[Fade in]

एक : आज क़स्बे में कैसा मेले का-सा समा है। जगह-जगह सड़कों पर झंडियाँ और बन्दनवार लगाए जा रहे हैं। सड़कों पर

छिड़काव, सारे क़स्बे को धो-पोंछकर मानो साफ़ कर दिया गया है।

दूसरा : क्यों नहीं, बादशाह सलामत, शाह शेर अली अपने वतन को लौट रहे हैं।

तीसरा : वतन की कशिश उन्हें खींच लाई है।

पहला : अबकी बार उनसे जा मिलना, तुम्हें ज़रूर पहचान लेंगे। और क्या मालूम तुम जैसे नाकारा आदमी को किसी नौकरी पर लगा दें!

दूसरा : अगर तुम्हें नौकरी मिले तो हमारी सिफ़ारिश भी कर देना।

[हँसी।]

तीसरा : आज शेर अली के माँ-बाप ज़िन्दा होते तो कितने ख़ुश होते!

दूसरा : माँ तो उसके ग़म में ही चल बसी।

पहला : और वह उसी सड़क के किनारे मरी हुई मिली, जिस सड़क पर वह आँखें बिछाए अपने बेटे की राह देखा करती थी।

दूसरा : और वह लौटा भी उसी रास्ते से। क़िस्मत के खेल हैं, और क्या!

पहला : लो, सवारी आ पहुँची। शाह पालकी पर आए हैं, घोड़े पर सवार होकर नहीं आए। आगे-आगे घुड़सवार, पीछे चमचमाती पालकी! वाह, क्या ठाठ है! दाएँ-बाएँ घोड़ों पर सवार अंगरक्षक।

दूसरा : इस वक़्त उनसे मिलने की कोशिश नहीं करना। क्या मालूम तुम आगे बढ़ो और अंगरक्षक तुम्हें दुश्मन समझकर घोड़ों के नीचे रौंद डालें। जहाँ खड़े हो, वहीं खड़े रहो, और आदाब बजा लाओ। अगर बादशाह सलामत ने पहचान लिया तो वह ख़ुद ही पालकी को रोक देंगे।

तीसरा : वाह! बादशाहों का जाहो-जमाल!

[Sounds of an approaching procession]

दूसरा : पास आकर सवारी रुक गई है। क्या बात है? शाह ने अपने वज़ीर को तलब किया है, देखो, भागता हुआ अपना चुगा सँभालता हुआ दौड़ा आ रहा है।

[Pause]

शाह शेर अली : वज़ीर-ए-आला।

वज़ीर : हुज़ूर! *(जहाँपनाह)*

शेर अली : हमने फ़ैसला किया है कि हमारी राजधानी इस क़स्बे में बनेगी। यहीं पर से हमने अपने मुस्तक़बिल के सपने देखे थे, यहीं पर से हमने अपनी ज़िन्दगी का सफ़र शुरू किया था। हम आज जो अपने वतन लौटे हैं तो अपने वतन का नाम रोशन करेंगे।

वज़ीर : हुज़ूर!

शेर अली : अब ध्यान से सुनो! इधर पीछे, यहाँ से कुछ दूरी पर, हमारा मिट्टी का घर हुआ करता था। इस रास्ते हम अपने मदरसे को जाया करते थे।

वज़ीर : हुज़ूर!

शेर अली : यहाँ से अब भी हमारे मदरसे की इमारत नज़र आती है। वह देखो! चपटी छतवाली छोटी-सी इमारत।

वज़ीर : हुज़ूर, जहाँपनाह!

शेर अली : अब ग़ौर से सुनो! इस जगह, जहाँ हम खड़े हैं, सड़क के किनारे हमारा एक बुत खड़ा किया जाएगा। पन्द्रहेक साल के लड़के शेर अली का बुत।

वज़ीर : हुज़ूर!

शेर अली : कन्धे पर से बस्ता लटकता हुआ। आँखें क्षितिज पर लगी हुईं। समझे?

वज़ीर : हुज़ूर, समझ गया।

शेर अली : बुत पर सोने का झोल चढ़ा होगा। बुत दूर से ही चमचमाता नजर आए।

वज़ीर : हुज़ूर।

शेर अली : और यहाँ से थोड़ी दूरी पर, जहाँ सड़क से हम क़स्बे में दाख़िल हुए थे, वहाँ पर हमारा एक और बुत खड़ा किया जाएगा। वह जवानी के दिनों का बुत होगा, उसमें हम घोड़े पर सवार होंगे। शाही लिबास में, कमर में तलवार, सिर पर ताज। समझे? और हम अपनी नई राजधानी की ओर मुँह किए होंगे।

वज़ीर : हुज़ूर, क्या इस बुत पर भी सोने का झोल होगा?

शेर अली : नहीं, लेकिन इसमें एक शाह का दबदबा और रोआब झलके!

वज़ीर : हुज़ूर! जहाँपनाह!

शेर अली : उधर, झील के किनारे हमारा राजमहल बनेगा। राजमहल की इमारत का नक्शा हम शाही मअमार को समझा देंगे। जिस राजमहल में हम इस वक़्त रह रहे हैं, उससे बड़ा हो...।

वज़ीर : हुज़ूर!

शेर अली : और अब जो मैं कहने जा रहा हूँ, उसे ग़ौर से सुनो।

वज़ीर : हुज़ूर!

शेर अली : हमारा मक़बरा भी यहीं पर बनेगा। यह इमारत भी हम अपनी निगरानी में बनवाना चाहते हैं। इसके ख़त्त-ओ-रहन तो हम ख़ुद मअमार को समझा देंगे, पर हमारा मक़बरा हमारे महल से कहीं ज़्यादा शानदार होना चाहिए।

वज़ीर : हुज़ूर!

शेर अली : *(हँसकर)* ऐसा हमने क्यों कहा जानते हो?

वज़ीर : हुज़ूर!

शेर अली : हमारे महल में तो हमारे बाद हमारा जानशीन रहेगा, कोई और बादशाह रहेगा। लेकिन हमारी क़ब्रगाह में तो सिर्फ़ हम ही रहेंगे, सदा-सदा के लिए हम ही रहेंगे। इसीलिए कहा कि वह इमारत ज़्यादा शानदार होनी चाहिए।

वज़ीर : हुज़ूर!

शेर अली : उसके लिए संगमरमर बाहर से मँगवाओ! चार ऊँची मीनार हों, नीले रंग का बड़ा गुम्बद हो। यह मक़बरा उस पहाड़ी के दामन में बनेगा। कुछ ऊँचाई पर, जो दूर-दूर से नज़र आए। बुदबुदाता है–'मक़बरा, शाह शेर अली! मक़बरा शाह शेर अली!' लोग इसी नाम से इसे जानेंगे। दुनिया इसी नाम से इसे जानेगी। सफ़ेद संगमरमर इस्तेमाल किया जाएगा। दूर से लगे जैसे हीरा चमक रहा है।

वज़ीर : हुज़ूर!

शेर अली : ये सब काम जितनी जल्दी हो सकें सरअंजाम देने होंगे। मैं जान-बूझकर तुम्हें अपने साथ मौक़े पर लाया हूँ।

वज़ीर : हुज़ूर!...बेशक इससे हुज़ूर का नाम रोशन होगा...क़स्बे का नाम रोशन होगा!

[Fade out]

[Fade in]

Narrator : शाह शेर अली दो दिन तक अपने क़स्बे में रहे। क़स्बे भर में उनकी आमद-आमद रही। क़स्बे के बच्चे-बूढ़े एड़ियाँ उठा-उठाकर अपने क़स्बे के होनहार सपूत शेर अली को देख रहे थे। उस दिन दोपहर को ही दरबार लगा।

[Fade out]

[Fade in]

एक : *(फुसफुसाते हुए)* अब तुम वहाँ जाकर उनसे मिल सकते हो।

दूसरा : इन कपड़ों में मैं कैसे जाऊँ? मुझे कोई दरबार में ही नहीं घुसने देगा।

एक : तुम दरबान से कहना, शेर अली तुम्हारे चचाज़ाद भाई हैं। तुम्हारे साथ खेल बड़े हुए हैं। वह तुम्हें अन्दर जाने देगा।

दूसरा : तुम भी मेरे साथ चलो। तुम भी तो उनके सहपाठी रह चुके हो।

तीसरा : अगर शाह ने नहीं पहचाना तो बड़ी भद्द होगी।

एक : हिम्मत बाँधकर चलो, देखा जाएगा जो होगा।

[Pause]

दरबान : कौन हो? अन्दर नहीं जा सकते।

एक : शाह का खुला दरबार है। हर कोई जा सकता है।

तीसरा : नहीं जा सकते। कोतवाल की इजाज़त के बिना नहीं जा सकते।

दूसरा : कोतवाल हमें जानते हैं, भाई। वह हमारे रिश्ते के हैं।...हम लोग इसी क़स्बे के हैं।
वह देखो, कोतवाल-साहिब तुम्हें इशारा कर रहे हैं।

दरबान : अच्छा जाओ।...उधर, उस क़तार में जाकर खड़े हो जाओ। नज़राने के लिए कुछ लाए हो?

[Pause]

शेर अली : अरे आओ, सामने आओ! *(हँसकर)* तुम अमीर ख़ान हो न! वाह, मैंने तुम्हें झट से पहचान लिया। अमीर ख़ान, तुम बहुत बदल गए हो।

अमीर ख़ान : हुज़ूर, आपका इक़बाल बुलन्द हो।

शेर अली : तुम तो बड़े ज़हीन तालिब इल्म हुआ करते थे, अभी तक क़स्बों में ही बैठे हो क्या? रियाज़ी के सवाल तो तुम खड़े-खड़े हल कर दिया करते थे। हाँ, हाँ! ख़ूब याद आया।

एक : हुज़ूर, आप अपने क़स्बों में तशरीफ़ लाए। क़स्बे को चार चाँद लग गए।

दूसरा : हमें आप पर नाज़ है बादशाह सलामत! सच्चा फ़ख्र है।

अमीर ख़ान : मुझे वह दिन याद है हुज़ूर, जब आप अपने वालिद मरहूम के साथ राजधानी की सैर को गए थे। आपने लौटकर मुझे राजधानी के बारे में बहुत-सी बातें बताई थीं।

[शाह शेर अली चुप रहता है।]

हमें अफ़सोस है कि आप इससे पहले नहीं आ पाए। आपके वालिद और वालिदा तो आँखें बिछाए आपकी राह देखते रहे।

तीसरा : आपकी वालिदा मरहूमा—ख़ुदा उन्हें जन्नत बख़्शे, हर शाम सड़क के किनारे आकर खड़ी हो जाती थीं।
(शेर अली फिर भी चुप रहता है)

दूसरा : *(बहुत धीमी आवाज़ में अपने साथी को समझाते हुए)* और कुछ मत कहो।

[Pause]

शेर अली : हाँ, तो, मअमार, यह काम जल्दी शुरू कर दो। सब इमारतों पर एक साथ काम शुरू हो जाए। मक़बरे को सबसे ज़्यादा तवज्जो दी जाए।

मअमार : जहाँपनाह!

[Fade out]

[Fade in]

Narrator : फिर क्या था, हज़ारों की तादाद में मज़दूर और कारीगर इमारती काम में जुट गए। नई राजधानी जो बन रही थी।

और ख़बर फैलते देर नहीं लगी कि शाह शेर अली, अपने जीते-जी अपना मक़बरा बनवा रहा है।

नागरिक : इसमें क्या तुक है, साहिब, हमारी तो समझ में कुछ नहीं आया! फ़ख़रुद्दीन, तुम अपने को बहुत दानिशमन्द समझते हो, तुम क्या कहते हो, बादशाह ने ऐसा क्यों किया?

फ़ख़रुद्दीन : इसमें समझने की क्या बात है, नाम कमाने के लिए ऐसा किया।

दूसरा : इसकी तय में एक फ़लसफ़ा है। फ़लसफ़ा यह कि जीते-जी शेर अली अपने महल में रहेगा। लोग महल को देखकर उसे याद करेंगे। पर मर जाने के बाद तो महल में नया बादशाह आ जाएगा ना! अब अगर एक शानदार मक़बरा भी पहले से तैयार हो तो मरने के बाद शेर अली का वह मुकाम हो जाएगा। पहले लोग महल देखकर अश-अश करते थे, अब मक़बरा देखकर अश-अश करेंगे, शेर अली को याद करेंगे।

दूसरा : और इनसान की ज़िन्दगी तो बहुत छोटी होती है। पर मरने के बाद मक़बरे तो सैकड़ों साल तक बने रहते हैं। मरने के बाद शाह का नाम मक़बरे के साथ जुड़ जाएगा।

तीसरा : एक और बात भी है। अपने महल पर तो बादशाह का हक़ जीते-जी तक ही है। लेकिन मक़बरे पर तो उसका हक़ सदा-सदा के लिए बना रहेगा। महल में तो दूसरा राजा आ जाएगा, पर मक़बरे में तो कोई और नहीं आएगा। वह शाह शेर अली का मक़बरा ही बना रहेगा।

चौथा : बहुत दूर की सोची है, शेर अली ने।...पढ़ाई में तो सिफ़र था, हम तो सोचते थे आवारा ही घूमा करेगा, पर यह तो बड़ा दूरन्देश निकला।

तीसरा : बहुत ऊँची कमन्द फेंकी है शेर अली ने।

[Fade out]

[Fade in]

Narrator : आख़िर एक दिन मक़बरा बनकर तैयार हो गया, उसे और दीगर इमारतों के बनने में पूरे तेरह साल लग गए। इस बीच शेर अली की जवानी कुछ-कुछ ढलने लगी थी पर मकबरा

ऐसा कि देखकर आँखें भरती थीं। चाँदनी रातों में लगता जैसे दूध की धुली कोई इमारत जगमग-जगमग कर रही हो। चारमीनार, बीच में बड़ा-सा नीला गुम्बद। शाह शेर अली, रोज़ रात को अपने महल की छत पर खड़ा उसे निहारता रहता...।

[Fade out]

[Fade in]

वज़ीर : वक़्त हो गया है। बादशाह सलामत आते ही होंगे।...लो, वह आ गए।

कोतवाल : आज आसमान कितना साफ़ है। चाँद-सितारों से जड़ा हुआ। अपनी आँख से एक-एक तारा गिन लो।

[क़दमों की आहट।]

शेर अली : कहो कोतवाल! पहुँच गए?

कोतवाल : हुज़ूर का इक़बाल बुलन्द हो।

शेर अली : तुम्हें बहुत-से काम करने हैं।

कोतवाल : हुज़ूर!

शेर अली : सुना है बहुत लोग मक़बरा देखने आने लगे हैं।

कोतवाल : यह सही है, हुज़ूर। अपने लोग ही नहीं देस-बिदेस से लोग आ रहे हैं। उनका ताँता लगा रहता है।

शेर अली : ऐसी क्या ख़ास बात है कि देस-बिदेस से लोग आने लगे? क्यों वज़ीर?

वज़ीर : हुज़ूर, यह ख़ाली क़ब्रवाला मक़बरा के नाम से मशहूर हो रहा है। लोग गुम्बद के नीचे ख़ाली क़ब्र को देखने आते हैं। बहुत-से लोग तो इसके बाद महल के बाहर जा खड़े होते हैं ताकि आपका दीदार हासिल कर सकें।

शेर अली : *(हँसकर)* अगर इस तरह सैलानियों की भीड़ बनी रही तो मेरे मरने तक मक़बरे का क्या रह जाएगा! उसके तो फ़र्श भी घिस-मिट जाएँगे! *(फिर से हँसकर)* इधर लोग मक़बरा देखते हैं, उधर मेरी नुमाइश होने लगी है। सैलानी मुझे भी देखना चाहते हैं।

कोतवाल : आपका इक़बाल बना रहे हुज़ूर! पर इससे मुल्क को बहुत फ़ायदा है। बहुत लोग इसे देखने बाहर से आने लगे हैं।

शेर अली : तो कर लगा दो। फ़ी कर एक अशरफ़ी, शाही ख़ज़ाने में भी तो कुछ रक़म जाए।

वज़ीर : हुज़ूर।

शेर अली : और कोतवाल, मक़बरे के सब दरवाज़े-फाटक बन्द कर दिए जाएँ। जो लोग मक़बरा देखना चाहते हैं, वे उसे बाहर से देखें, उसके इर्द-गिर्द घूमकर उसे देखें। अन्दर जाने की इजाज़त नहीं दी जाए।

कोतवाल : हुज़ूर!

वज़ीर : इससे मक़बरे में लोगों की दिलचस्पी कम हो जाएगी, जहाँपनाह!

शेर अली : कम नहीं होगी, बल्कि बढ़ जाएगी। अन्दर तो सिर्फ़ ख़ाली क़ब्र ही देखेंगे, पर मक़बरे की आलीशान इमारत तो बाहर से ही नज़र आ जाएगी।...और बाहर संग-ए-मरमर से लम्बा-चौड़ा फ़र्श बाँध दो, बेलबूटों की रव्विशें लगा दो, फव्वारे लगा दो। लेकिन अन्दर जाने की मनाही हो।

कोतवाल : हुज़ूर।

शेर अली : हम दिन में दो बार तो घोड़ागाड़ी में बैठकर उसे देखने निकलते ही हैं। जिन सैलानियों को हमारा चेहरा देखना है, वे उस वक़्त हमें देख सकते हैं।

वज़ीर और कोतवाल : हुज़ूर।

शेर अली : अब आप जाइए, और इन कामों को सरअंजाम दीजिए।

वज़ीर और कोतवाल : जहाँपनाह!

[Pause]

शेर अली : *(स्वतः, अपने से बातें करते हुए।)*
ओ शेर अली! तुमने कैसा शानदार मक़बरा बनवा डाला! वर्षों पहले अपने वालिद के साथ जब मैंने राजधानी के उस गुम्बद के नीचे 'शेर अली' कहकर पुकारा था तो मुझे लगा

था जैसे मेरा नाम गुम्बद में ही नहीं गूँजता रहा था, बल्कि गुम्बद के बाहर निकलकर गूँजता हुआ दूरदराज़ फ़ासलों को तय कर गया था। पर अब तो यह मक़बरा सदियों तक मेरे नाम को ज़िन्दा रखेगा, सदियों तक इस गुम्बद में से मेरा नाम गूँजता हुआ घाटियों और वादियों में फैलेगा। अभी से सैलानी दूर-दराज़ के मुमालिक से मुझे एक नज़र देख पाने के लिए आने लगे हैं। मेरे चले जाने के बाद तो सदियों तक उनकी ज़बान पर मेरा नाम रहेगा।...रात के सन्नाटे में, झिलमिल करते चाँद-सितारों के नीचे मक़बरा कैसा ख़ामोश-सा खड़ा है! मानो मेरे सामने अदब से खड़ा हो, कितना पुरसुकून, कितना ख़ूबसूरत लगता है! वाह, इससे दुनिया भर में मेरी शोहरत का डंका बजेगा।

[Fade out]

[Fade in]

Narrator : बरस पर बरस बीतने लगे। शाह शेर अली ने सचमुच ठीक कहा था। फाटक और दरवाज़े बन्द किए जाने के बावज़ूद सैलानियों का ताँता लगा रहता। छोटा-सा क़स्बा, जब से राजधानी बना था, और जब से मक़बरा बनकर तैयार हुआ था, दुनिया की सैरगाहों में इसका नाम लिया जाने लगा था। पर एक दिन...।

[Fade out]

[Fade in]

[घोड़ों की टापों की आवाज़! लगता है घोड़ागाड़ी चली जा रही है।]

वज़ीर : गाड़ीवान, गाड़ी को आहिस्ता कर दो...।

शेर अली : वज़ीर, तुमने गाड़ी रोकने को क्यों कहा?

वज़ीर : जहाँपनाह, मक़बरे के बाहर, मशरिक़वाली सड़क पर सैलानी आपको देख पाने के लिए पाँत बाँधे खड़े हैं। घोड़ागाड़ी की रफ़्तार धीमी हो तो वह आपका दीदार हासिल कर सकेंगे।

शेर अली : हाँ, मगर वह कौन है जिसकी गाड़ी इस तरफ़ आ रही है?

[Pause]

वज़ीर : वह हमारे सिपहसालार हैं, हुज़ूर!

शेर अली : नहीं, यहाँ क्या करने आया है? क्या वह भी मक़बरे के इर्द-गिर्द चक्कर काटता रहता है?

वज़ीर : किसी काम से इस रास्ते से जा रहे होंगे, जहाँपनाह।

शेर अली : पर इसी रास्ते से क्यों और भी तो बहुत से रास्ते हैं?

वज़ीर : मैं क्या जानूँ, जहाँपनाह! मुमकिन है वह भी मक़बरा देख पाने के लिए इधर से आए हों।

शेर अली : उसने तो इसे कई बार देखा होगा वह इसे ख़ास देखने के लिए क्यों आएगा?

[घोड़ों की टाप नज़दीक आ रही है।]

वज़ीर : सिपहसालार ही हैं, हुज़ूर। इधर को ही आ रहे हैं। आपको देखकर खड़े हो गए हैं, हुज़ूर, आदाब बजा ला रहे हैं।

शेर अली : देख लिया, देख लिया।

[घोड़ों की टाप दूर चली जाती है।]

मुझे पहले भी किसी ने कहा था, कि सिपहसालार अक्सर इस तरह आता है। इसका क्या राज़ हो सकता है?

वज़ीर : यह बहुत बढ़िया सैरगाह बन गई है, हुज़ूर!

शेर अली : हँ! चलो, वापस!...महल में।

वज़ीर : हुज़ूर, इन सैलानियों का आदाब क़बूल फ़रमाएँ।

शेर अली : उन्होंने हमें देख लिया है, बस, बहुत है, अब वापस चलो! *(तीखी आवाज़ में)*

वज़ीर : हुज़ूर!

[घोड़ों की टाप के साथ-साथ।]

[Fade out]
[Fade in]

शेर अली : *(स्वतः, अपने आप से)* इसका क्या मतलब है? यह पहली बार नहीं है कि सिपहसालार मक़बरे का चक्कर काट रहा था। इसके ज़ेहन में क्या है? इसकी फ़र्माबरदारी पर हमें शक होने लगा है। इसके इरादे क्या हैं? क्या कहीं ऐसा तो नहीं कि इसकी हमारे मक़बरे पर नज़र हो?...यह मैं क्या सोच रहा हूँ? सिपहसालार तो वर्षों से मेरे साथ रहा है, मेरी हर जंग में मेरे साथ था...पर इनसान की फ़ितरत बदलने में देर नहीं लगती। वह किस तरह कनखियों से मेरी तरफ़ देख रहा था, आदाब बजा लाते हुए भी कनखियों से मेरी तरफ़ देख रहा था। दाल में कुछ काला लगता है। क्या वह मेरा मक़बरा हथियाने के मंसूबे तो नहीं बाँध रहा है? मक़बरा हथियाने का मतलब है, मुझे तख़्त पर से हटाना। मेरे ख़िलाफ़ कोई षड्यन्त्र भी रच सकता है।...उस पर नज़र रखनी होगी। उसके इरादों को जानना होगा।...जिस तरह झुक-झुककर वह आदाब बजा रहा था, लगता था जैसे कुछ छिपा रहा है। ज़रूर ऐसा ही है। मुझ पर नज़र पड़ने से पहले कैसे फटी-फटी आँखों से मक़बरे की ओर देख रहा था।...

[Pause]

...सिपहसालार ही क्यों, और लोग भी तो मुझसे डाह कर सकते हैं। मुझे गद्दी पर से उतारकर सिपहसालार या कोई दूसरा आदमी राजसिंहासन पर अपना अधिकार जमा सकता है। तब मक़बरा उसी का हो जाएगा। मरने के बाद उसी को वहाँ दफ़नाया जाएगा।...कोई आ रहा है...कौन हो सकता है? इस वक़्त महल की छत पर कौन आएगा?

ख़ादिम : हुज़ूर...*(नज़दीक आते क़दमों की आवाज़)* आपने याद फ़रमाया?

शेर अली : यहाँ अभी कोई आया था?

ख़ादिम : नहीं तो, हुज़ूर!

शेर अली : सिपहसालार तो नहीं आया? अभी मुझे ऐसा लगा जैसे सीढ़ियों के पास कोई खड़ा है, मैंने मुँह फेरा तो वह अँधेरे में खो गया।

ख़ादिम : नहीं हुज़ूर, यहाँ कोई नहीं आया।

शेर अली : हमारे वली अहद, हमारा होनहार बेटा क्या महल में है? उन्हें मेरे पास भेजो।

ख़ादिम : हुज़ूर!...लीजिए, वह इधर ही चले आ रहे हैं।

[नज़दीक आते क़दमों की आवाज़।]

शेर अली : तुम जाओ। आओ, बेटा आओ, मैं अभी-अभी तुम्हारे बारे में पूछ रहा था।

राजकुमार : फ़रमाइए अब्बाजान!

शेर अली : *(धीमी आवाज़ में)* सुनो, बेटा, मेरे चले जाने के बाद तुम्हीं को राज-पाट सँभालना है। जितने ज़्यादा सतर्क और सावधान रहोगे, उतना चैन से राज कर पाओगे। ग़फ़लत करोगे तो तुम्हारे चारों तरफ़ दुश्मन ही दुश्मन घूमने लगेंगे।

राजकुमार : दुरुस्त है, हुज़ूर। पर आज आपको इसका ख़याल कैसे आया?

शेर अली : *(धीमी आवाज़ में)* सिपहसालार के बारे में तुम्हारा क्या ख़याल है?

राजकुमार : वह तो मुझे अपने बेटे की तरह मानते हैं, हुज़ूर।

शेर अली : कभी उसने तुम्हारे सामने मक़बरे की चर्चा की है?

राजकुमार : हाँ, अक्सर करते हैं। कल ही कह रहे थे कि इस मक़बरे ने हमारी सल्तनत को चार चाँद लगा दिए हैं।

शेर अली : हमारी सल्तनत को?

राजकुमार : यह तो कहने का ढंग है, उन्हें इस मक़बरे पर बड़ा फ़ख़्र है। इसकी वजह से सैलानियों का ताँता लगा रहता है।

शेर अली : हाँ, मगर उसे इस मक़बरे में इतनी ज़्यादा दिलचस्पी क्योंकर होने लगी? वह तो सिपहसालार है, उसका काम तो अपनी फ़ौज को सँभालना है। मुल्क की हिफ़ाज़त करना है।

राजकुमार : क्यों, क्या आपको उनके रवैये में कुछ अटपटा नज़र आया है?

शेर अली : इनसान की फ़ितरत के बारे में कुछ भी नहीं कहा जा सकता, बरख़ुरदार, वह कभी भी बदल सकती है।

राजकुमार : पर वह तो आपके पुराने साथी हैं...।

शेर अली : हाँ, हैं तो...मगर तुम भी ख़याल रखना अगर मक़बरे के बारे में तुमसे कुछ कहें तो मुझे बता देना...।

राजकुमार : *(हँसकर)* ज़रूर बता दूँगा।...अब आप अन्दर तशरीफ़ ले चलें। सभी आपकी राह देख रहे हैं। मैं आपको बुलाने ही आया था...।

[Fade out]

[Fade in]

[मौसीक़ी की धुनें। चहल-पहल की आवाज़ें।]

[रक़्क़ासा नाच रही है। उसके घुँघरुओं की आवाज़।]

Narrator : कुछ दिन बीत गए। आज बहुत बड़ी ज़ियाफ़त चल रही है। रियासत भर के उमरा-वुजरा मौज़ूद हैं। चारों ओर मेले का-सा समाँ है।

[सहसा ही कहीं से चिल्लाने की आवाज़।]

मार डाला! मार डाला! पकड़ो, पकड़ो!! सिपहसालार को मार डाला।

एक : यह क्या हुआ?

दूसरा : सिपहसालार को किसी ने मार डाला? किसने? उनका तो यहाँ पर इन्तज़ार था।

तीसरा : सन्तरी किसी को पकड़कर ला रहे हैं। क्यों, क्या है?

ख़ादिम : हुज़ूर, सिपहसालार को किसी ने मार डाला। वह इधर ही तशरीफ़ ला रहे थे। ड्योढ़ी के अन्दर दाख़िल ही हुए थे कि अँधेरे में से कोई आदमी उन पर झपटा और उन पर छुरे से बार-बार वार किया।

शेर अली : कौन था वह आदमी?

ख़ादिम : मुश्कें बाँधे हुए था हुज़ूर, कोई पहचान नहीं पाया। वार करने के बाद अँधेरे में ही ग़ायब हो गया। सन्तरी उसका पीछा कर रहे हैं, पर कुछ मालूम नहीं कहाँ ग़ायब हो गया।

तीसरा : बादशाह के महल में ऐसी वारदात हो जाए, यह तो बड़ी भयानक बात है...।

[महल में भगदड़।]

एक : शाह कुछ कह रहे हैं।

शेर अली : *(चिल्लाकर)* मुजरिम को पकड़ो। मेरा मुँह क्या देख रहे हो? हटाओ यह सब सामान, मेरे सामने से!

दूसरा : बादशाह सलामत बेचैन हो उठे हैं।

तीसरा : ज़ाहिर है। सिपहसालार तो उनका संगी-साथी था।

[Fade out]

[Fade in]

शाह शेर अली : *(धीमी आवाज़ में)* मैंने ठीक ही किया। सिपहसालार को रास्ते में से हटाना निहायत ज़रूरी हो गया था। अब और दरबारी भी समझ जाएँगे! अब मक़बरे की ओर आँख उठाकर देखने की किसी में हिम्मत नहीं होगी। अब कोई भी वहाँ दफ़नाए जाने के ख़्वाब नहीं देखेगा। अब मक़बरा मेरे लिए महफ़ूज़ है, अब कोई भी उसे मुझसे छीन नहीं सकता...।

[Fade out]

Narrator : पर बात यहीं पर ख़त्म नहीं हुई। कुछ मुद्दत बाद, शाह शेर अली को इस बात का भास होने लगा कि दरबार में उसके ख़िलाफ़ कोई साज़िश पक रही है। बादशाह को शक होने लगा कि बड़ा वज़ीर इस साज़िश में शामिल हो गया है, बल्कि उसका सरग़ना बन गया है।

[Fade out]

[Fade in]

शाह शेर अली : *(बौखलाहट भरी आवाज़ में)* वज़ीर-ए-आला, लगता है मुझसे बहुत-कुछ छिपाया जाने लगा है। मैं पूछता कुछ हूँ, जवाब कुछ मिलता है। मैंने देखा है, कई बार बात मेरे साथ करते हुए, तुम कनखियों से दरबारियों की तरफ़ देखने लगते हो। बात क्या है? मैं बोल रहा होता हूँ और एक दरबारी दूसरे दरबारी के कान में फुसफुसाने लगता है। *(सहसा ऊँची आवाज़ में)* सँभल जाओ, वरना मुझसे बुरा कोई न होगा। मेरा नाम जानते हो, मैं शाह शेर अली हूँ।...अब कहो, क्या बात है?

वज़ीर : हुज़ूर, मैं समझता हूँ, हमें मक़बरे में दाख़िल होने की बन्दिश को हटा देना चाहिए।

शेर अली : हटा देना चाहिए? मतलब, लोगों को खुलेआम अन्दर जाने दिया जाए? भला क्यों? मैं भी सुनूँ।

वज़ीर : हुज़ूर, कुछ अर्से से सैलानियों की तादाद में कमी आने लगी है। वह मक़बरे को अन्दर से देखना चाहते हैं, ख़ासतौर पर गुम्बद के नीचे ख़ाली क़ब्र को। हम यह बन्दिश हटा देंगे तो हमें माली तौर पर बहुत लाभ होगा।

शेर अली : और कुछ?

वज़ीर : हमें लोहे के दरवाज़े और सींखचे भी हटा देने चाहिए। इनसे मक़बरा क़िलेबन्द-सा लगने लगता है। मक़बरा तो हुज़ूर ऐसी जगह होती है जहाँ इबादत करने का मन करता है। ख़ुदा से दुआ माँगने का।

शेर अली : सुन लिया। अब आगे कहो।

वज़ीर : वहाँ से संगीन पहरा भी हटा लिया जाए, जहाँपनाह, इससे लोगों के दिल में दहशत फैलती है। मक़बरे के तो सब दरवाज़े खुले होने चाहिए।

[बादशाह चुप रहता है।]

शेर अली : यह भी सुन लिया। हम सोचकर फ़ैसला देंगे, अब आप तशरीफ़ ले जाएँ।

[Pause]

Narrator : वज़ीर की दलीलों से बादशाह को तसल्ली नहीं हुई, बल्कि उसका शक और भी बढ़ गया। खुले दरवाज़े होंगे तो किसी दिन, किसी भी वक़्त किसी का जनाज़ा मक़बरे में ले जाया जा सकता है, हमें ख़बर भी नहीं होगी और वह दफ़ना दिया जाएगा। एक बार क़ब्र में लिटा दिया गया, क़ब्र ऊपर से बन्द कर दी गई तो सारा खेल ख़त्म समझो, मक़बरा हाथ से निकल गया।

[Fade out]

[Fade in]

(घबराया हुआ)

कोतवाल : बादशाह सलामत कहाँ हैं?

दरबारी : क्यों, इतने घबराए हुए क्यों हो?

कोतवाल : ग़ज़ब हो गया। बड़े वज़ीर की लाश उनके घर के बाहर पाई गई है। लगता है, वह महल की ओर जाने के लिए कल रात घर से निकले थे कि किसी ने उन पर हमला किया। उनकी हिफ़ाज़त करनेवाले सिपाही बरामदे से कुछ ही दूर पर खड़े थे, जब उन पर हमला हुआ। वह भागकर उनके पास पहुँचे, पर तब तक वह ढेर हो चुके थे। और क़ातिल निकल भागा था। इस मुल्क पर क़हर टूटेगा। कुछ दिन पहले सिपहसालार हलाक़ कर दिए गए।...बादशाह सलामत को इसकी ख़बर है?

दरबारी : वह इस वक़्त इबादतगाह में हैं। अब वह देर-देर तक इबादतगाह में रहने लगे हैं। इबादतगाह से निकलेंगे तो छत पर टहलने लगेंगे।...आप वली अहद से मिल लीजिए।

[Fade out]

[Fade in]

शेर अली : *(अपने आपसे)* खुदाबन्द ताला, कितना अच्छा होता अगर मक़बरा बन जाने पर ही मेरा जनाज़ा भी उठ जाता, मेरे दो बेटे ताबूत को कन्धा देते, उमरा-वुज़रा आँसू बहाते हुए जनाज़े के साथ होते। पूरे अदब-क़ायदे से मेरी लाश को क़ब्र में उतार दिया जाता। इस वक़्त मैं चैन से क़ब्र में मीठी नींद सो रहा होता।

किसी साज़िश को पनपने का मौक़ा ही नहीं मिलता अब तो चारों तरफ़ दुश्मन ही दुश्मन नज़र आने लगे हैं। सभी अपने ख़ंजर छिपाए हुए हैं, किसी दिन मेरे सीने में भोंकने के लिए!

किसी-किसी वक़्त मैं कितना थका-थका महसूस करता हूँ। पर नहीं, मैं साज़िश करनेवालों को तो सिर नहीं उठाने दूँगा। मैं अगर अपनी हुकूमत कायम कर सकता हूँ तो उस हुकूमत को कायम भी रख सकता हूँ। मैं एक-एक को कुचल दूँगा। बल्कि अब तो मैं मरना चाहता ही नहीं। मुझे अच्छा

लगता है जब हज़ारों लोग, पाँत बाँधे, मेरे मक़बरे को देखने आते हैं। मेरा मक़बरा? पर...यह मेरा कहाँ हुआ? अभी तक तो यह मेरा नहीं है। नहीं, नहीं, यह मेरा ही है। मैं ही इसमें दफ़नाया जाऊँगा। किसी की हिम्मत नहीं कि इसे मुझसे छीन सके...किसी की हिम्मत नहीं।

[बाहर खटका होता है।]

कौन है? *(चिल्लाकर)* बाहर कौन खड़ा है?

कोतवाल : हुज़ूर, आपका ख़ादिम, कोतवाल है।

शेर अली : कहो, किस काम से आए हो? वज़ीर की मौत की ख़बर लाए हो? यह ख़बर मुझे मिल चुकी है। अपना ऐमाल की सज़ा पा गया। *(सहसा चिल्लाकर)* मेरी रियासत में दिन-दहाड़े क़त्ल होने लगे हैं, और तुम्हारा सिर्फ़ यह काम रह गया है कि उनकी ख़बर मुझ तक पहुँचाओ। तुम कोतवाल हो या हरकारे हो? अगर इसके बाद कोई और क़त्ल हुआ तो तुम्हारा सिर क़लम कर दिया जाएगा। *(चिल्लाकर)* दूर हो जाओ मेरी नज़र से!

कोतवाल : हुज़ूर।

[कोतवाल के दूर जाते क़दमों की आवाज़।]

शेर अली : *(अपने से)* ख़ुदाबन्द ताला, मुझे सुकून बख़्शो, मुझ पर रहम करो। मैं चैन से साँस ले सकूँ।...यह कौन आ रहा है? बेटा है, हमारा वली अहद है! इसकी पेशानी कैसी खिली-खिली रहती है। ख़ुदा इसे लम्बी उम्र बख़्शे।...कहो बर्ख़ुरदार, इस वक़्त हमारी याद कैसे आई?

राजकुमार : अब्बाजान, आपसे मक़बरे के ही बारे में दो बातें करने आया हूँ।

शेर अली : मक़बरा? क्या मक़बरा तुम्हें भी परेशान कर रहा है? क्या उसने तुम्हारी नींद भी हराम कर रखी है?

राजकुमार : अब्बाजान, बड़े वज़ीर तो चले गए, पर मुझे लगता है कि मक़बरे को लेकर उनके सुझाव क़ाबिल-ए-ग़ौर थे।

शेर अली : *(ऊँची आवाज़ में)* क्या? मक़बरे के दरवाज़े खोल दूँ?

राजकुमार : अब्बाजान, मक़बरे से मिलनेवाली आमदनी इससे दस गुना बढ़ जाएगी। हम इस रियासत को जन्नत का टुकड़ा बना देंगे, आप ख़याल फ़रमाएँ। हज़ारों अशरफ़ियाँ छन-छन करती हमारे ख़ज़ाने में पहुँचने लगेंगी। हम उस दौलत से क्या नहीं कर सकेंगे। और फिर...।

शेर अली : कहो, कहो, कहते जाओ, मैं सुन रहा हूँ।

राजकुमार : मेरी एक और भी तजवीज़ है।

शेर अली : क्या?

राजकुमार : इस मक़बरे को आपके बाद पुश्तैनी मक़बरा बना दिया जाए। इसमें एक नहीं, हमारी सल्तनत की सभी अज़ीम हस्तियों को यहाँ दफ़नाया जाए। हमारी पूरी नस्ल को, सभी बादशाहों-बेग़मों को। तब यह सदियों तक हमारे ख़ानदान, हमारी सल्तनत के बड़े-बड़े ओहदेदारों का अज़ीम मक़बरा होगा। इससे हमारी हुकूमत को बड़ी पुख़्तगी मिलेगी। और अब्बाजान, मैं तो कहूँगा कि यहीं पर मुल्क को बड़े-बड़े दानिश्वर, फ़लसफ़े के माहिर, अदीब, शायर वग़ैरह भी यहीं दफ़नाए जाएँ।

शेर अली : यह मैं क्या सुन रहा हूँ, और वह भी अपने बेटे के मुँह से।

राजकुमार : मक़बरा, एक तारीख़ी मकाम बन जाएगा, अब्बाजान। एक के बाद एक, हमारे ख़ानदान के सभी हाकिमों-बेग़में सभी शाहज़ादे, सभी बादशाहों का मक़बरा। सच्चे मायने में शाही मक़बरा, अब्बाजान, ख़ानदानी मक़बरा...

शेर अली : बस, बस, मैं तुम्हारा मतलब समझ गया हूँ। मैं तुम्हारे इरादे भी समझ गया हूँ। पर, मत भूलो कि मेरे नाम से ही ख़ानदान का नाम रोशन होगा।

राजकुमार : बिलाशक, अब्बाजान, मक़बरा तो फिर भी शाह शेर अली का मक़बरा नाम से ही जाना जाएगा। पर इसकी छत के नीचे, पीढ़ी-दर-पीढ़ी आपके शाही ख़ानदान के पिसर, वक़्त के आगोश में पड़े होंगे, इससे आपका बड़ा नाम होगा। अब्बाजान!

शेर अली : सुन लिया, सुन लिया फ़र्ज़न्द मेरे, सुन लिया।

राजकुमार : आप ग़ौर फ़रमाइए अब्बाजान, और मुझे इजाज़त दीजिए।

शेर अली : जाओ, जाओ, आराम करो।

राजकुमार : ख़ुदा हाफ़िज़, अब्बाजान।

[क़दमों के दूर जाने की आवाज़।]

[Fade out]

[Fade in]

Narrator : उस रात, शाह शेर अली दो बजे तक अपने महल की छत पर टहलता रहा। कभी टहलते हुए रुक जाता और मक़बरे की ओर देखने लगता। किसी-किसी वक़्त तो मक़बरा, हीरे की तरह चमकता हुआ अत्यन्त लुभावना, अत्यन्त सुन्दर जान पड़ता, फिर सहसा ही उसे अँधियारे साये ढकने लगते, हू-हू की आवाज़ें आने लगतीं और शेर अली को लगता जैसे वह कोई दुःस्वप्न देखने लगा है। कभी उसका रोने को मन चाहता, कभी उसे लगता जैसे वह तलवार हाथ में लिये दुनिया भर का मुक़ाबिला कर सकता है। देर रात गए शाह शेर अली बिस्तर में जाकर लेटा। पर मीठी नींद जैसे अब उसकी क़िस्मत में नहीं रह गई थी। वह अभी घंटा भर भी नहीं सो पाया होगा कि चिल्लाकर उठ बैठा।

शेर अली : 'कौन है? किसने मक़बरे का फाटक खोल दिया है? पूरी-की-पूरी भीड़ अन्दर घुसी जा रही है। ये किसका ताबूत लाए हैं? *(चिल्लाकर)* यहाँ कोई जगह नहीं है। चले जाओ, यहाँ से। किसका ताबूत है यह? तुम इसे इस मक़बरे में नहीं दफ़ना सकते।...*(और भी ज़्यादा ऊँची आवाज़ में)* मत उतारो क़ब्र में। यह क़ब्र तुम्हारी नहीं है...।'

[Fade out]

[Fade in]

Narrator : शाह शेर अली, हाँफता हुआ उठ बैठा। उसका बदन पसीना-पसीना हो रहा था, और दिल धक्-धक् कर रहा था। वह झट से उठ खड़ा हुआ...।

[Fade out]

[Fade in]

शेर अली : *(बुदबुदाता है)* यह सपना नहीं, सच्चाई है।
(चिल्लाकर) मुलाज़िम!

[मुलाज़िम भागता हुआ आता है।]

मुलाज़िम : हुज़ूर!
शेर अली : कहाँ है मेरा चोग़ा? मेरा चोग़ा लाओ, देखते क्या हो?
मुलाज़िम : हुज़ूर!
शेर अली : मेरी तलवार! वह, देख तो रहे हो? दीवार पर टँगी है! *(चिल्लाकर)* उतार लाओ। पहरेदारों से कहो घोड़ागाड़ी लाएँ। जल्दी!...*(बुदबुदाते हुए)* रात के अँधेरे में, तुम समझते हो ताबूत क़ब्र में उतरवा दोगे?
मुलाज़िम : हुज़ूर!

[हाँफने की आवाज़।]

शेर अली : लाओ, तलवार मेरे हाथ में दो। निकाल दो इसे म्यान में से।

[भागते क़दमों की आवाज़। कुछ ही देर बाद भागती घोड़ागाड़ी की आवाज़।]

मेरे जीते-जी तुम्हारी यह हिम्मत! तुम लोग इस मक़बरे को मामूली क़ब्रिस्तान में बदलना चाहते हो, यह नहीं होगा। *(चिल्लाकर)* यह नहीं होने दूँगा! यह शाह शेर अली का मक़बरा है। सुनते हो?...गाड़ी तेज़ चलाओ।
(कुछ देर बाद) रुको! रुको! देखते नहीं हम मक़बरे के बड़े फाटक के सामने पहुँच गए हैं।

[गाड़ी रुक जाती है।]

कहाँ है पहरेदार?
पहरेदार : हुज़ूर! मैं हाज़िर हूँ।
शेर अली : मक़बरे का फाटक किसने खोला है?
पहरेदार : फाटक बन्द है, जहाँपनाह!
शेर अली : तुम झूठ बोलते हो, मैं तुम्हारी ज़बान खींच लूँगा। सारी-की-सारी भीड़ अन्दर चली गई है।

पहरेदार : हुज़ूर, यहाँ कोई नहीं आया।

शेर अली : तुम झूठ बोलते हो, मैंने अपनी आँखों से देखा है।

पहरेदार : नहीं मालिक, यहाँ कोई नहीं आया। सब दरवाज़े रोज़ की तरह बन्द हैं।

[Fade out]

[Fade in]

Narrator : बादशाह का वहम तब दूर हुआ जब वह आगे बढ़कर फाटक के सींखचों को झिंझोड़ने लगा। तब उसके ज़ेहन में से भीड़ भी छँट गई और आँखों के सामने से वह ताबूत भी ओझल हो गया, जिसे देखकर वह चीख़ता हुआ मक़बरे के पास आया था।

इस बीच महल की ओर से बहुत-से लोग भागते हुए आए थे, और शाह शेर अली को सँभालकर महल में वापस ले गए।

पर इसके दूसरे ही दिन...।

[Fade out]

[Fade in]

पहला सैलानी : कैसा ख़ुशगवार दिन है। खिली-खिली धूप में इस मक़बरे के गिर्द टहलने का अपना मज़ा है।

दूसरा सैलानी : आज शाह भी कहीं नज़र आ जाए तो बस, सोने पर सुहागा है।

पहला सैलानी : सुनते हैं, अब वह कम-ओ-बेश ही नज़र आते हैं।

दूसरा सैलानी : मक़बरे की ज़ियारत करने का आधा मज़ा तो इस बात में है कि उस बादशाह को देखें जो इस मक़बरे में एक दिन दफ़नाया जाएगा।

[दूर से शोर सुनाई देता है।]

यह शोर कैसा है?

पहला सैलानी : महल की ओर से आवाज़ें सुनाई पड़ रही हैं।

[धीरे-धीरे शोर बढ़ने लगा है।]

दूसरा सैलानी : अरे, यह क्या? कुछ लोग महल की तरफ़ से भागते चले आ रहे हैं।...आगे-आगे एक आदमी भागता आ रहा है। लगता है, महल के लोग उसका पीछा कर रहे हैं।

पहला सैलानी : लगता है, कोई पागल है। देखो तो कैसे कपड़े पहन रखे हैं, कुर्ता छाती पर से खुला हुआ, चोगे की लटकती डोरी ज़मीन पर घिसटती हुई, चोगे के पल्ले घुटनों से टकराते हुए, नंगे पाँव, बाल उलझे हुए...महल के पहरेदार उसे पकड़ने की कोशिश कर रहे हैं।

एक और सैलानी : अरे रे! यह शाह शेर अली है! हाँ, हाँ वही है, मैंने पहचान लिया है।

दूसरा सैलानी : या ख़ुदा, इसने कैसा हुलिया बना रखा है!

पहला सैलानी : पगला गया है।...श...श...श...इधर को ही आ रहा है।

[नज़दीक आते क़दमों की आवाज़, कुछ शोर। सहसा ही सन्नाटा हो जाता है।]

दूसरा सैलानी : *(बहुत ही धीमी आवाज़ में)* कैसी फटी-फटी आँखों से सैलानियों की तरफ़ देख रहा है।...लो, अब चबूतरे पर जाकर खड़ा हो गया है। यह क्या करने जा रहा है?...चबूतरे पर से छलाँग लगाकर नीचे ज़मीन पर लेट गया है।...अरे, रे, मैं समझा यह क़ब्र में लेटने का उपक्रम कर रहा है। यह समझता है, अपनी क़ब्र में लेट गया है।

[शेर अली ऊँची आवाज़ में अपना नाम पुकारता है : 'शाह शेर अली! शाह शेर अली।']

[सन्नाटा।]

पहरेदारों ने उसे उठा लिया है, उसे महल की ओर ले जाने लगे हैं।...ख़ुदाया! कैसा हैबतनाक मंज़र देखने को मिला है।

[A sad tune is played]

[Fade out]

[Fade in]

दादा : यह था क़िस्सा शाह शेर अली का!

लड़का : फिर क्या हुआ दादाजान?

दादा : फिर क्या होना था, बेटा! कुछ ही दिन बाद शेर अली की लाश मक़बरे के बड़े फाटक के पास पड़ी मिली। उस दिन वह भोर होते ही यहाँ पहुँच गया और बार-बार चबूतरे पर से छलाँग लगाकर क़ब्र में दफ़नाए जाने का उपक्रम करता रहा, और इसी में अपना सिर फोड़ बैठा।

लड़का : तो वह मर गया...?

दादा : हाँ! और उसकी लाश को मक़बरे में दफ़नाने के बजाय, उसके माँ-बाप की क़ब्रों के पास, पुश्तैनी क़बिस्तान में दफ़नाया गया।

लड़का : ऐसा क्यों किया दादाजान?

दादा : क्योंकि दरबार के अधिकारियों को पता चल गया था कि उसी के हुक्म से सिपहसालार और वज़ीर को मरवाया गया था, जो बिलकुल बेक़सूर थे।

[Pause]

लड़का : क्या यह सच है, दादाजान, कि जब गुम्बद के नीचे हू-हू करती हवा चलती है तो खँडहर में से गूँजती-सी आवाज़ 'शाह शेर अली! शेर अली!' सुनाई देती है?

गंगो का जाया

[Fade in]

[बादलों का गर्जन, बरसात का पहला छींटा। स्त्री कंठ के हँसने की आवाज़।]

दूलो : देख री, गंगो, कैसे बादल आए हैं! छींटा पड़े तो इस काम से तो बचें।

गंगो : हलकी-हलकी बूँद तो पड़ने लगी। *(हँसकर)* अभी मेरी नाक पर बूँद पड़ी है।

दूलो : तू ऊपर आ जा। ऊपर बड़ी ठंडी-ठंडी हवा बह रही है। आ जा, बड़ा अच्छा लगेगा तुझे।

गंगो : ऊपर कैसे आ जाऊँ, गारे की टोकरी भर-भरकर कौन देगा।...तेरा काम अच्छा है। छत पर बैठी रहती है, नीचे से मजूर ईंट फेंके, तू झट से पकड़कर रख ले। बैठे-बैठे काम करती है।

दूलो : तू मेरे काम पर आ जा। मैं गारे की टोकरी उठा लूँगी।... अब तेरे से टोकरी उठेगी भी नहीं। कितनी देर से तो देख रही हूँ।

गंगो : उठाऊँगी नहीं तो क्या करूँगी!

दूलो : अब नहीं उठेगी टोकरी, सातवाँ चल रहा है तेरा कि आठवाँ? क्यों परेसान होती है? ऊपर मेरे काम पर आ जा।

गंगो : तेरे काम में मुझे डर लगता है। अग़र उड़ती ईंट पकड़ नहीं पाई और पेट पर लग गई, तो?

दूलो : लगेगी क्यों, पहली बार मजूरी का काम करने लगी है क्या?

गंगो : और ठेकेदार भी कहाँ करने देगा, वह भी कहेगा, टोकरी उठाओ।

दूलो : मैं उससे कह दूँगी, वह मान जाएगा। आ जा, आ जा।

गंगो : *(सहसा)* वह देख तो, आ रहा है। इधर को ही आ रहा है।

दूलो : तू मेरी नहीं मानी, आ जाती तो क्या था?...छोड़, छोड़, टोकरी उठाने की कोशिश नहीं कर। तेरे हाथ तो नीचे पहुँचते नहीं, उठाएगी कैसे?

[नज़दीक आते क़दम। ठेकेदार की कर्कश आवाज़।]

ठेकेदार : खड़ी देख क्या रही है? उठाती क्यों नहीं? जो पेट निकला हुआ था तो आई क्यों थी?

गंगो : काम तो करूँगी जी। छत पर ईंट पकड़ने का काम दे दो, वह कर लूँगी।

ठेकेदार : तेरे बाप का मकान बन रहा है, जो जी चाहा करेगी? चल दूर हो यहाँ से। आधे दिन के पैसे ले और दफ़ा हो जा। हरामख़ोर, आ जाते हैं...।

दूलो : *(ऊपर से)* मैं इसका काम कर लूँगी। ठेकेदार जी, इसे ऊपर छत पर भेज दो।

ठेकेदार : हरामज़ादी, तू कौन है बीच में बोलनेवाली?

गंगो : तुम्हें क्या फ़रक़ पड़ेगा ठेकेदार जी, दूलो मेरा काम कर लेगी, काम तो होता रहेगा। मैं उसका काम कर लूँगी।

ठेकेदार : पहले पेट खाली करके आओ, फिर काम मिलेगा।

दूलो : *(ऊपर)* यह ज़ुल्म नहीं करो, ठेकेदार जी, उसे काम पर से नहीं निकालो। मैं इसका काम कर लूँगी।

ठेकेदार : अगर ज़्यादा बोलेगी तो मैं तुझे भी निकाल बाहर करूँगा। *(गंगो से)* क्या नाम है तेरा?

गंगो : गंगो।

[रजिस्टर खोलने, पन्ने पलटने की आवाज़।]

ठेकेदार : इधर लगा अँगूठा।...चल...अब यह पकड़ आधे दिन की पगार...चल, भाग अब यहाँ से...।

[Fade out]

[Fade in]

[बादलों का गर्जन...कुछ ही देर में बारिश की आवाज़। सड़क पार से तरह-तरह की आवाज़ें।]

एक : वाह, मज़ा आ गया। चल, बारिश में नहाएँ।

दूसरा : देख, कैसी सोंधी-सोंधी गन्ध आ रही है। गीली मिट्टी की गन्ध है।

एक : बरसात के पहले छींटे के क्या कहने! मन चाहता है बरसात में नंगे बदन दौड़ूँ।

दूसरा : अबकी बार बहुत देर से बरसात आई। मैं तो डर रहा था, कहीं सूखा ही नहीं पड़ने लगे।...अब तो मोर नाचेंगे।

[दूर से स्त्रियों के गाने की आवाज़, किसी राजस्थानी गीत की पंक्तियाँ, जो मजूरनें काम पर से लौटते हुए, गाती हुई अपने घरों को जाती हैं।]

[Fade out]

[Fade in]

घीसू : *(गंगो का पति)* जो छुट्टी मिल गई थी तो घर क्यों चली आई? कहीं दूसरी जगह काम देखती?

गंगो : देखा है। इस हालत में कौन काम देगा?...जहाँ जाओ, ठेकेदार पेट देखने लगते हैं।

घीसू : क्यों? पेटवाली औरतें काम नहीं करतीं क्या? बच्चा होने के दिन तक काम पर जुटी रहती हैं।

गंगो : अरे काम मिले तो? बरसात शुरू हो गई है। इमारती काम अब घटता जाएगा कि नहीं? किसे क्या पड़ी है कि पेटवाली औरत को रखे?

घीसू : अगर दस-पन्द्रह दिन और निकल जाते तो क्या मुश्किल था?

गंगो : रीसा कहाँ है?

घीसू : अन्दर सोया पड़ा है।...*(दबी आवाज़ में बड़बड़ाता हुआ)* तीन जने खानेवाले और अब कमानेवाला फ़क़त एक।

गंगो : क्या कह रहे हो?

घीसू : कह रहा हूँ कि अब गुज़र कैसे होगी? ऊपर से चौमासा खड़ा है, खाने का क्या जुगाड़ होगा?...तुम मुँह बाए सीधी घर चली

आई। लोग होते हैं, इधर-उधर पूछते हैं। ठेकेदार की ही मिन्नत-समाजत करती तो काम पर बनी रहती।

गंगो : बहुत कहा था।...उलटे वह गाली बकने लगा था।

घीसू : *(Pause)* सुन, तू गाँव चली जा।

गंगो : गाँव में मेरा कौन है?

घीसू : *(तुनककर)* तू पहले ही सब पाठ पढ़े हुए है? तू इस हालत में जाएगी तो वे तुझे घर से निकाल देंगे क्या?

गंगो : मैं कहीं नहीं जाऊँगी। तुम्हारा भाई ज़मीन पर पाँव नहीं रखने देगा। दो दफ़े तो तुमसे लड़ने-मरने पर उतर आया था।

घीसू : तो यहाँ क्या करेगी? मेरे काम का भी कोई ठिकाना नहीं है। सुनते हैं सरकार ज़्यादा मजूर लगाकर, तीन दिन में बाक़ी सड़क तैयार कर देना चाहती है।

गंगो : *(धीरे से)* मरम्मती काम तो चलता रहेगा।

घीसू : *(तुनककर)* मरम्मती काम से तीन जीव खा सकते हैं? एक दिन काम है, चार दिन नहीं।

गंगो : कल जाऊँगी, देखूँगी कहीं काम मिलता है, तो। आज तो जिससे पूछती, तो या तो मेरा पेट दिखा देता या ऊपर गरजते बादल दिखा देता।

घीसू : काम नहीं मिला तो अबकी भी परसालवाली बात होगी। कभी चूल्हा जलेगा, कभी नहीं जलेगा। और अब तो एक और जीव आ रहा है।

[कुछ देर तक चुप रहते हैं।]

सुन, गंगो।

गंगो : क्या है?

घीसू : रीसे को किसी काम पर लगा दें।

गंगो : रीसा क्या करेगा? छोटा-सा तो है!

घीसू : छोटा है? चंगे-भले आदमी का राशन खाता है। इस जैसे सब लड़के काम करते हैं।

गंगो : यह क्या काम करेगा? अभी तो सड़क पर चलता भी है तो तेरा हाथ पकड़कर।

घीसू : इस जैसे लौंडे बूट पॉलिश करते हैं, साइकिल की दुकान पर

काम करते हैं, अख़बार बेचते हैं, क्या नहीं करते।...कल मैं इसे गणेशी के पास ले जाऊँगा।

गंगो : गणेशी कौन?

घीसू : वही जो बूट पालिश करता है। मेरे गाँव का आदमी है। वह इसे बूट पालिश करना सिखा देगा।

गंगो : कहाँ रहता है, यह तुम्हारा गणेशी?

घीसू : थोड़ी दूर पर, पुल के पास उसकी कोठरी है, तूने उसे देखा होगा। सन्दूक़ची कन्धे से लटकाए गलियों में घूमता है और जूतों के तलवे लगाता है। इधर कई बार आ चुका है।

गंगो : समझ गई।

घीसू : कल मैं काम पर जाऊँगा तो रास्ते में गणेशी से कहता जाऊँगा। तू सूरज चढ़ने तक रीसे को उसके पास भेज देना।

[Fade out]

[Fade in]

[Street noises]

[साइकिलों की घंटियाँ, मोटरों के भौंपू, गाड़ीवानों की : 'हट के बाबू, आगे बढ़ो बाबू।' खोमचेवाले की आवाज़ : 'केले, सेब, मौसम्मी!' 'हट के बाबू!' बच्चों की पीपनी बजने की आवाज़।...]

[Fade out]

[Fade in]

घीसू : कहाँ है, रीसा?

गंगो : अभी आता होगा। अभी तो इधर ही था।

घीसू : यह गणेशी के पास गया क्यों नहीं?

गंगो : गया तो था, मगर गणेशी उसे नहीं मिला। वह घर से जा चुका था।

घीसू : जा चुका था? वह तो इसकी राह देखता रहा। धूप तेज़ होने लगी तब वह घर से निकला।

गंगो : अब रीसे को कुछ नहीं कहना। बच्चा है, कल चला जाएगा।

घीसू : *(तुनककर)* आज क्यों नहीं गया? गणेशी मेरे बाप/चाचा का बेटा है जो इसकी राह देखता रहेगा?

गंगो : इधर तुम गए, उधर मैंने रीसे को भेज दिया, पर बच्चा है, रास्ते में डोल-डोल गया। कभी कुछ देखने खड़ा हो गया, कभी कुछ। इसे क्या मालूम काम क्या होता है!

घीसू : कल मैं इसे ख़ुद ले जाऊँगा। जाएगा कैसे नहीं?

[Fade out]

[Fade in]

घीसू : चाचा को पालागन/प्रणाम कर, रीसा।

गणेशी : जीता रह।

घीसू : अब जो चाचा कहे, वैसे ही करना। और लौटकर सीधे घर आना। इधर-उधर मटरगश्ती नहीं करना।...गणेशी भय्या, यह तुम कुछ पैसे ले लो। इसे पालिश-वालिश जो चाहिए, ले देना।

गणेशी : ले दूँगा, ले दूँगा, तू चिन्ता नहीं कर। सयाना-समझदार बच्चा है। मैं इसे अपने पास बिठाऊँगा। सब काम सीख जाएगा।

[Fade out]

[Fade in]

गणेशी : अब ध्यान से सुन। पहले जूते को कपड़े से/ब्रुश से साफ़ करते हैं। अच्छी तरह से कि मिट्टी झड़ जाए। ऐसे...देखा। साफ़ हो गया ना? अब डिबिया खोल पालिशवाली। अब इस पर थोड़ी-थोड़ी पालिश लगाते हैं। धीरे-धीरे, देखता जा। समझा?

रीसा : जी चाचा!

गणेशी : पालिश लगा ली तो इसे सूखने के लिए रख दिया। पालिश सूख जाए तभी ब्रुश लगाते हैं। तभी उसमें चमक आती है। मैं किसी बाबू का जूता तुम्हें करके दिखाऊँगा। ब्रुश करने के बाद हल्का-सा पानी का छींटा भी देते हैं। उस पर ब्रुश लगाओ तो ख़ूब चमक आती है। समझा?

रीसा : जी, चाचा।

गणेशी : कुछ लोग किरीम भी लगाते हैं, पर मैं नहीं लगाता। वह बहुत महँगी पड़ती है।...पालिश करने के आठ आने। छोटा जूता हो तो भी, बड़ा हो तो भी। इससे कम नहीं लेना।
चल रीसे, आ जा मेरे साथ...।

[Steps]

[Fade out]

[Fade in]

रीसा : *(चहकता हुआ)* माँ हम इतना घूमे, इतना घूमे, तुम्हें क्या बताऊँ। गणेशी चाचा ऐसा बोलते हैं : बूट पालेशश्, ऐसे... होंठ टेढ़े करके...बूट पालेशश्...मैं भी कर सकता हूँ। और गणेशी चाचा बूट का तला भी लगा सकते हैं, माँ जब वह पालिश करते हैं ना, तो बूट के फीते बाहर निकाल देते हैं। पालिश लगाते हैं, फिर पानी की बूँदें भी छिड़कते हैं। इससे बूट ज़्यादा चमकने लगता है। और माँ, गणेशी चाचा तम्बाकू खाते हैं। ऐसे, हथेली पर रगड़ के, फिर यों थाप मारते हैं, और चुटकी भरकर, होंठों के बीच रख लेते हैं। बापू ऐसा क्यों नहीं करते?

गंगो : तेरे बापू चिलम पीते हैं।

रीसा : ऐसे रगड़ते हैं फिर थाप, और होंठों के अन्दर डाल लेते हैं। ...मैं भी बड़ा होकर तम्बाकू खाऊँगा।

गंगो : चल हट। तम्बाकू नहीं खाते, इससे खाँसी छिड़ती है, और छाती में जलन होती है।

रीसा : खाँसी तो बापू को भी होती है।

गंगो : ले, तेरे बापू आ गए।

[Steps]

[Fade out]

[Fade in]

रीसा : *(चहककर)* बापू, तेरा जूता पालिश कर दूँ?

घीसू : आ गया रीसे...*(हँसकर)* मेरा नहीं, किसी बाबू का करना जो तुम्हें पैसे भी देगा।

रीसा : *(डिब्बियों को एक दूसरी के साथ ठकोरते हुए)* यह लाल पालिश, यह काली। यह ब्रुश और बापू, गणेशी चाचा ने यह झोला भी दिया है। ये पैसों से नहीं लिया, यह उन्होंने दिया है। कहते थे इसमें कपड़ा भी रख लेना। चाचा पालिश करते हैं तो उसके बाद बूट पर कपड़ा मारते हैं। ऐसे दोनों हाथ में पकड़कर, ऐसे-ऐसे मारते हैं।

घीसू : पालिश करना सीख लिया?

रीसा : और गणेशी चाचा ऐसे बोलते हैं—बूट पालेशश्!...आधे मुँह से बोलते हैं। इधर के दाँत नज़र आते हैं, उधर के नहीं। पालेशश्!

घीसू : जूता भी पालिश किया, कुछ पैसे भी कमाए या गलियाँ ही घूमकर आ गए हो?

रीसा : पालिश नहीं किया। चाचा कहते थे, आज देखते जाओ मैं कैसे करता हूँ।

घीसू : आज ही तुमसे पालिश भी करवा लेता। दो-चार पैसे बन जाते।

रीसा : और बापू, आज हमने एक भैंस देखी जो पानी के ताल में फँसी हुई थी। बहुत लोग उसे निकालते पर वह निकलती ही नहीं थी। चाचा कहता था उसकी टाँगें कीचड़ में फँस गई हैं। और बापू...आज हम वहाँ भी गए थे जहाँ दसहरे का मेला लगता है।

घीसू : *(गंगो से)* एक दिन में तेरा बेटा सारा शहर घूम आया।

रीसा : मैं कल भी जाऊँगा। गणेशी चाचा कहते थे कि कल वह दूसरे मुहल्लों में ले जाएँगे। चाचा कहते थे—बार-बार एक ही मुहल्ले में नहीं जाते, इससे काम कम मिलता है।

घीसू : गणेशी ने कितने पैसे कमाए? कितने बूट पालिश किए?

रीसा : पता नहीं। पालिश भी करते थे और जूते गाँठते भी थे।...और बापू, गणेशी चाचा तम्बाकू खाते हैं।

घीसू : बस, बस, अब सो जा जाकर, सुबह जल्दी उठना होगा। कल कुछ पैसे कमाकर लाना समझे? नहीं तो, भूखों रहेगा। *(गंगो से)* सुन गंगो, सुबह इसे भी एक रोटी साथ में बाँध देना, दो रोटी मेरे लिए, एक रोटी इसके लिए। दोनों बाप-बेटा एक साथ काम पर जाएँगे।

रीसा : मैं तो झोले में डालकर ले जाऊँगा।

घीसू : मैं तुम्हें गणेशी के पास छोड़कर आगे निकल जाऊँगा। अब जा, सो रह...। *(Pause)* तू गई थी बाहर? कोई काम-वाम मिला?

गंगो : मेरा तो वक़्त आ रहा है जी, काम मैं क्या करूँगी! इमारती जगह पर गई थी, मैं काम का पूछ रही थी तो दर्द उठने लगा। सभी छोरियाँ कहें, घर जाकर बैठ जा। मर्दों को तो काम मिल नहीं रहा है, तुम्हें काम देंगे, वह भी इस बरसात में!

घीसू : मेरे काम पर भी आज हवलदार ने कहा कि तीन दिन में सड़क का काम ख़त्म कर देंगे। आज कुछ और मजूर लगा दिए थे। तू उधर आ जाती, जाने तुझे भी काम मिल जाता!

गंगो : कल आऊँ? मिलेगा काम?

घीसू : *(तुनककर)* मैं क्या जानूँ, मिलेगा या नहीं मिलेगा। तीन दिन में मेरा काम ख़त्म हो गया तो घर में चूल्हा ही नहीं जलेगा।...नहीं तू मत जा। तू अब क्या करेगी? रीसे को भेजेंगे काम पर। कुछ तो लाएगा।

[Fade out]

[Fade in]

नैरेटर : दूसरा दिन आया। घीसू और रीसा अपने-अपने काम पर निकले। दो रोटियाँ, एक चिथड़े में लिपटी हुईं, घीसू की बगल के नीचे, और एक रोटी रीसे की बग़ल के नीचे। दोनों सड़क पर इकट्ठे उतरे और फिर अपनी-अपनी दिशा में जाने के लिए अलग हो गए।

पर आज रीसा, सड़क की तलाई पार करके पुल के पास पहुँचा तो गणेशी वहाँ पर नहीं था।

रीसा : गणेशी चाचा! गणेशी चाचा!

(Pause) गणेशी चाचा!

स्त्री की आवाज़ : कौन है, रे?

रीसा : मैं हूँ, रीसा। गणेशी चाचा कहाँ हैं?

स्त्री : वह काम पर गए। तू घीसू का बेटा है?

रीसा : जी।

स्त्री : वह तेरी बाट देखता रहा।

रीसा : किधर को गए हैं?

स्त्री : क्या मालूम किधर को गए हैं! उनके कहीं बैठने का ठिकाना थोड़े ही है!

रीसा : कब गए हैं जी?

स्त्री : अभी-अभी गए हैं, तेरे को पूछते थे।

रीसा : कुछ बोलकर गए हैं?

स्त्री : *(हँसकर)* कैसे बड़ों जैसी बातें करता है। मुझे क्या बोलकर जाएँगे?...इधर पीछेवाली गली में चला जा, मिल जाएँ तो मिल जाएँ, नहीं मिलें तो नहीं मिलें।

[बच्चे के क़दमों की आवाज़ दूर जाती हुई।]

[Pause]

रीसा : *(धीमी आवाज़ में)* इधर तो कोई नहीं। किधर गए गणेशी चाचा!

बड़े आदमी की आवाज़ : क्यों बे लड़के, किसको ढूँढ़ रहा है?

रीसा : गणेशी चाचा को।

आदमी : कौन गणेशी?

रीसा : इधर पुल के पास रहते हैं।

आदमी : क्या काम करता है?

रीसा : बूट पालिश करते हैं जी, जूतों के तलवे भी लगाते हैं।

दूसरा आदमी : इधर से एक मोची गुज़रा तो है। काली टोपी पहनता है?

रीसा : जी।

दूसरा आदमी : एक आदमी गया था, इधर से, पर वह अब तुझे कहाँ मिलेगा?

पहला आदमी : नहीं-नहीं, मिल जाएगा। भागकर जा। इधर ही कहीं होगा।

दूसरा आदमी : अरे, क्यों इस छोटे को परेसान करते हो? यहाँ कोई एक़ गली है जिसमें वह मिलेगा, यहाँ तो बीसियों गलियाँ हैं, एक में से दूसरी निकलती हुईं।

पहला आदमी : कहीं बैठा जूता गाँठ रहा होगा। मिल जाएगा।

दूसरा आदमी : नहीं-नहीं, कोई नहीं मिलेगा। उसे गए देर हो गई है। लौट जा अपने घर।

पहला आदमी : जा-जा बेटा, देख ले, दो-तीन गलियाँ देख ले, मिल गया तो मिल गया, नहीं तो घर लौट जाना। *(हँसता है)*

[बच्चे के क़दम दूर जाते हुए।]

[एक जगह पर क़दम रुक जाते हैं।]

रीसा : यह कौन-सी गली है?...अब मैं किधर जाऊँ? कल हम इधर तो नहीं आए थे।

गणेशी चाचा किधर गए? *(रुआँसी आवाज़ में)*

[Pause]

[रीसा को अपने पिता की आवाज़ सुनाई पड़ती है।]

"कल कुछ पैसे कमाकर लाना समझे, नहीं तो भूखा रहेगा।"

[Pause]

[Steps]

[राशन की दुकान का शोर।]

एक : लाइन बनाकर सौदा लो, भाई क्या करते हो?

दूसरा : धक्का मत दो। अपनी बारी से राशन लेना। पीछे खड़े हो जाओ।...ओ लड़के? तुम्हें राशन लेना है?

रीसा : नहीं जी, मैं गणेशी चाचा को...।

आदमी : झोले में क्या है? राशन ले लिया तो भाग यहाँ से। यहाँ खड़ा क्या कर रहा है?

रीसा : मैं बूट पालिश करता हूँ जी, झोले में पालिश की डिब्बियाँ है...।

आदमी : बैठ जा सामने, गली के पार।...मेरा जूता पालिश कर दे। कितने पैसे लेता है?

रीसा : जो खुसी हो, दे देना।

आदमी : चल बैठ, इधर अभी लाइन लम्बी है। मेरी बारी में अभी देर है। अच्छी तरह जूता साफ़ करके पालिश करना।

[Pause]

[गणेशी की नकल उतारते हुए रीसा 'पालेश... श्...श्।' पुकारता है। झोले में से पालिश का सामान निकालने की आवाज़।]

[राशन की दुकान की आवाज़ें।]

एक : पिछली बार गेहूँ मिला, मिट्टी ही मिट्टी। कोई क्या खाए! साफ़ करने में आधी रह गई। अब कहो।

दूसरा : सुना है, चीनी में मिकदार बढ़ाएँगे। एक किलो का डेढ़ किलो देंगे।

एक : यह तो दीवाली-दसहरा के समय करते हैं, अभी क्यों बढ़ाएँगे?

दूसरा : सुना है मैंने, बढ़ा रहे हैं।

एक : नहीं जी, कोई कुछ नहीं बढ़ा रहा है। यह साफ़ चीनी दे दें तो भी बहुत है।

दूसरा : *(ऊँची आवाज़ में)* ओ भाई साहिब, ओ टोपीवाले? आगे कहाँ घुसते जा रहे हो, लाइन में पीछे आइए।

आवाज़ : मैं अपनी जगह बनाकर गया था।

दूसरा : कब बनाकर गए थे? कल?...आ जाओ पीछे।

एक : *(हँसकर)* अरे, वह देखो लौंडा कैसे जूता पालिश कर रहा है। अपनी नाक पर भी पालिश लगा रखी है, हाथों पर पालिश, अपने कपड़ों पर पालिश *(ठहाके के साथ)*, काले जूते पर लाल पालिश थोपे जा रहा है।

दूसरा : *(हँसकर)* जूते की अच्छी गत बना रहा है। जिसका जूता है, वह भी क्या याद करेगा!

एक : आधी डिबिया पालिश को तो एक ही जूते पर मल दी इसने।

दूसरा : बच्चा है बिलकुल। पालिश-वालिश करना कुछ नहीं जानता।

एक : घरवालों ने पालिश की डिबिया लेकर भेज दिया।

दूसरा : किस आदमी का जूता है यह?

एक : उस बाबू के जूते हैं। वह जो सामने राशन तुलवा रहा है। वही इसे अपने जूते दे गया था।

दूसरा : *(हँसकर)* अरे यार, यह लौंडा कुछ नहीं जानता। पालिश की अच्छी तह जमाकर, अब ब्रुश करने लगा है।

[Pause]

एक : बेचारा।

[Steps]

बाबू : कर दी पालिश। अबे, यह क्या किया? *(अत्यन्त क्रोध से)* हरामज़ादे, काले जूते पर लाल पालिश मल दी। सूअर के बच्चे यह क्या कर रहा है?

[थप्पड़ की आवाज़।]

मेरा जूता चौपट कर दिया।

[पीछे से हँसी की आवाज़।]

एक : *(पीछे से हँसता हुआ)* आज दो-रंगा जूता पहन लो बाबू। क्या फ़र्क़ पड़ता है।

दूसरा : छोटे-से बच्चे पर हाथ उठाने से क्या होगा? देख तो रहे हो, अनजान है।

बाबू : अनजान है तो इसने लिया क्यों? मेरे जूते चौपट कर दिए।

दूसरा : कुछ नहीं बिगड़ा है यार, गुस्सा क्यों होते हो, धो-पोंछ देना, पालिश उतर जाएगी। *(हँसकर)* पट्ठे ने आधी डिबिया एक जूते पर लगा दी। शाबाश बेटा! ऐसे ही पालिश किया कर, और पैसों की जगह थप्पड़ वसूल किया कर।

[हँसी।]

बाबू : चल भाग यहाँ से। नहीं तो दो थप्पड़ और खाएगा।

एक : ग़ुस्सा थूक दो बाबू, अब जो हो गया, सो हो गया। नौसिखुआ है। काम नहीं जानता।

बाबू : काम नहीं जानता तो इसने लिया क्यों था? मेरा नया जूता ख़राब कर दिया।

एक : भाग जा, लड़के, भाग जा यहाँ से। *(बाबू से)* आप भी जाइए साहिब, हो गई गलती लौंडे से। जाइए, जाइए।

[Pause]

[लड़के के क़दमों की आवाज़, सिसकियाँ भरता हुआ।]

एक : अबे, ऐसे पालिश करता है जूते? सीखा नहीं है?

रीसा : गणेशी चाचा सिखाते हैं।

एक : कौन है गणेशी चाचा तेरा? कहाँ रहता है?

रीसा : पुल के पास!

एक : कौन-से पुल के पास? दिल्ली में तो बीसियों पुल हैं। तेरा घर किधर है?

[चुप्पी।]

तू कहाँ रहता है? अबे, बोल तो।

दूसरा : लड़का रास्ता भटक गया है? नहीं जानता कहाँ पर है।

एक : बता, कहाँ रहता है? तेरा बाप क्या करता है?

रीसा : सड़क पर मजूरी करते हैं।

एक : रहता कहाँ है?

रीसा : जहाँ घर बन रहे हैं।

एक : जहाँ घर बन रहे हैं? दिल्ली में तो बीसियों जगह घर बन रहे हैं।

दूसरा : किसी बस्ती में रहता होगा।

एक : जिधर से आया है, उधर लौट जा।

दूसरा : इसे क्या मालूम। गलियों का तो जाल बिछा है। अच्छा-भला आदमी रास्ता भटक जाता है।

[Pause]

[Steps]

[ये क़दम कभी रुक जाते हैं कभी फिर चलने लगते हैं। कभी फिर रुक जाते हैं। सुननेवाला समझ जाता है कि ये अपना रास्ता ढूँढ़नेवाले बच्चे के कदम हैं।]

[Pause]

[रीसा सिसकियाँ लेता हुआ।]

लड़का : वह कौन है बे?

दूसरा लड़का : इसे पहले तो कभी नहीं देखा।

लड़का : बाहर का है।

दूसरा लड़का : चलो पूछते हैं।...अबे साले, रोता क्यों है? शाम के वक़्त भी कोई रोता है।

तीसरा लड़का : यह टोपी कहाँ से ली है, बे, ला, मुझे दे दे।

[लड़के हँसते हैं।]

दूसरा लड़का : ले, मूँगफली खा।...हमारे साथ घूमा कर, हम भी बूट पालिश करते हैं।

पहला लड़का : अरे, कोई रोता भी है?...हम तुझे काम ले देंगे।...चल हमारे साथ। इधर पीछे अस्टेशन है ना इधर ही हमारा जमावड़ा होता है। इधर ही हम रात को सोते हैं। चल...क्या नाम है तेरा?

[Fade out]

[Fade in]

गंगो : अब तो रात पड़ गई, जी।

घीसू : मैंने बहुत खोज-ख़बर ली है। कहीं नहीं मिला। सुबह गणेशी के घर गया था, पर देर से पहुँचा, गणेशी घर से जा चुका था। हरामी को चाहिए था, उस वक़्त लौट आता। अब मैं उसे कहाँ ढूँढ़ूँ?

[दबी-दबी, गंगो के रोने की आवाज़।]

अरी, रोती काहे को है? सभी गलियों में ही सीखते हैं? मुझे कौन सिखाने आया था? चिन्ता नहीं कर, मरेगा नहीं, घीसू का बेटा है कभी-न-कभी तुझे मिलने आ जाएगा।

[Pause]

गंगो : न जाने भूखा-प्यासा कहाँ भटक रहा होगा!

घीसू : यहाँ आ जाता, तो उसे क्या मिल जाता? घी की चूरी खिलाती उसे?

गंगो : *(तनिक रुककर)* हमारे पास में तो होता।

घीसू : कुछ नहीं होगा। अब छोटा नहीं है, अपना ठौर-ठिकाना बना लेगा।

[रोने की धीमी-धीमी आवाज़।]

(घीसू, तुनककर) मत रो।...वह चला गया तो हमारी भी जैसे-तैसे गुज़र तो हो जाएगी?...और तेरे अन्दर का जीव भी तो आनेवाला है। उसका भी तो कुछ करना होगा। रीसा अब अच्छा रोठा हो गया है, अपनी ख़ैर-ख़बर ले सकता है। तू अगले की सोच।...वह गया तो तेरा झोंपड़ा बना रहेगा।

[Pause]

घीसू : आज देख कैसी चाँदनी खिली है। लगता है, कल पानी नहीं बरसेगा।

...क्यों?...

[Pause]

तूने कुछ कहा?

गंगो : कुछ नहीं?

घीसू : कुछ कहा तैने?

गंगो : यह पेट में ऊधम मचा रहा है। बार-बार करवटें लेता है।...यह क्यों जनम लेने के लिए इतना बेचैन हो रहा है, जी? इसे यहाँ क्या मिलेगा?

घीसू : संसार का द्वार खटखटा रहा है।...अब सो जा, देर हो रही है। कल ठेकेदार कुछ पैसे दे दे तो राशन-सौदा ले आऊँ...।

[Fade out]

ख़ून का रिश्ता

[Fade in]

सन्तू : क्या बात है चाचा! मैं बड़ी देर से खड़ा तुम्हें देख रहा हूँ, खाट की पाटी पर बैठे क्या कोई सपना देख रहे थे?

चाचा : *(तनिक ठिठककर)* अरे सन्तू, तू कब आया? रसोई का काम कर आया? मुझे पता ही नहीं चला।

सन्तू : तभी कहा ना तुम बैठे-बैठे सपना देख रहे थे। हाथ में चिलम पकड़ रखी है, और सपना देखे जा रहे हो।

चाचा : हाँ, देख तो सपना ही रहा था।

सन्तू : कैसा सपना? कुछ हमें भी बताओ।

चाचा : मैं देख रहा था, हमारे वीर जी की—मेरे भतीजे की—सगाई हो रही है, और हम लोग समधियों के घर बैठे हैं। और हमारी ख़ातिर-तवज्जोह हो रही है।

सन्तू : वाह!

चाचा : मेरे हाथ में दूध का गिलास है, और मैं घूँट-घूँट करके पी रहा हूँ, और कभी बादाम की गिरी मुँह में आती है, कभी पिस्ते की। बाबूजी उन लोगों से मेरा परिचय करा रहे हैं—यह मेरा चचाज़ाद छोटा भाई मंगलसेन है। और समधी बार-बार मुझसे पूछ रहे हैं—और दूध लाऊँ, चाचाजी? थोड़ा-सा और...वाह... और तूने आकर मेरा मज़ा खराब कर दिया।

सन्तू : देखो, सपने देखो...।

चाचा : पर यह सपने की ही बात नहीं है। आज सचमुच वीर जी की सगाई होने जा रही है। अभी सगे-सम्बन्धी आने लगेंगे, बाजा बजेगा, फिर आगे-आगे बाबूजी, और पीछे-पीछे हम घर के

लोग चलते हुए समधियों के घर जाएँगे। वाह, जब से मैंने सुना है, मैं तो निठल्ला बैठ ही नहीं सकता...।

सन्तू : लाओ, चिलम लाओ। *(Pause)* एक बात बताऊँ, चाचा?

चाचा : कहो।

सन्तू : तुम्हें सगाई पर नहीं ले जाएँगे, चाचा।

चाचा : *(ठिठककर)* बड़ों के साथ मज़ाक नहीं करते, सन्तू, कई बार कहा है। मुझे नहीं ले जाएँगे तो क्या तुम्हें ले जाएँगे?

सन्तू : किसी को भी नहीं ले जाएँगे। वीर जी कहते हैं, सगाई डलवाने के लिए सिर्फ़ बाबूजी जाएँगे, और कोई नहीं जाएगा।

चाचा : *(उत्सुकता से)* क्या वीर जी आ गए हैं?

सन्तू : ऊपर चलो, चाचा, सब लोग खाना खा रहे हैं। मैं चिलम के दो कश लगाकर आता हूँ। *(Slight pause)(हँसते हुए)* पर तुम्हें सगाई पर नहीं ले जाएँगे, चाचा, शर्त लगा लो। दो-दो रुपए की शर्त लगती है?

चाचा : बक-बक नहीं कर। अपना काम देखा कर।

[Fade out]

[Fade in]

माँ : *(समझाते हुए)* कुछ सोचा करो, बेटा। यही मौक़े ख़ुशी के होते हैं। कोई पैसे का भूखा नहीं होता। अकेले तुम्हारे पिताजी सगाई डलवाने जाएँगे तो क्या समधी इसे अपना अपमान नहीं समझेंगे?

वीर जी : मैंने कह दिया माँ, मेरी सगाई सवा रुपए में होगी और केवल बाबूजी सगाई डलवाने जाएँगे। जो मंज़ूर नहीं हो, तो अभी से...।

माँ : बस-बस, आगे कुछ मत कहना।...*(क्षुब्ध होकर)* जो तुम्हारे मन में आए, करो। आजकल कौन किसी की सुनता है! छोटा-सा परिवार और उसमें कभी कोई काम ढंग से नहीं हुआ। मुझे तो पहले ही मालूम था, तुम अपनी करोगे।

बाबूजी : अपनी क्यों करेगा, मैं कान खींचकर इसे मनवा लूँगा।

वीर जी : बाबूजी, आप भी अजीब बातें करते हैं। क्या आप ख़ुद नहीं कहते कि ब्याह-शादियों पर पैसे बर्बाद नहीं करना चाहिए।

अब अपने बेटे की सगाई का वक़्त आया तो सब सिद्धान्त ताक पर रख दिए।...बस, आप अकेले जाइए और सवा रुपया लेकर सगाई डलवा लाइए।

मनोरमा : वीर जी, मैं क्यों न जाऊँ? आजकल बहनें भी जाती हैं...। वीर जी, तुम इस मामले में चुप रहो।

बाबूजी : सुनो बेटा, न तुम्हारी बात न मेरी, केवल पाँच या सात सम्बन्धी लेकर जाएँगे। कहोगे तो साथ में बाजा भी नहीं होगा। वहाँ उनसे कुछ माँगेंगे भी नहीं। जो समधी ठीक समझें, दे दें, हम कुछ नहीं बोलेंगे।

मनोरमा : सीढ़ियों पर कोई आ रहा है।

[Short pause]

बाबूजी : मंगलसेन होगा, और कौन होगा?

माँ : अभी मंगलसेन से कोई बात नहीं करना। खाना खा लो, फिर बातें होती रहेंगी।

[सीढ़ियों की ओर से आवाज़ें–जैसे कोई आदमी हिचकोले खाता हुआ सीढ़ियाँ चढ़ रहा है, पैर घसीटता हुआ, बार-बार छड़ी ठकोरता हुआ, खाँसता हुआ...]

वीर जी : *(हँसकर)* चाचा जी हैं।...चाचा जी के शरीर की सभी चूलें ढीली पड़ गई हैं।...यह मोड़ पर साइकिलों वाला बैठता है ना, वही जो पंचर लगाता है। जब भी चाचा जी उधर से गुज़रते हैं तो वह इनसे कहता है, 'आओ मंगलसेन जी, पेच कस दें।' और चाचा जी उसे छड़ी दिखाकर कहते हैं, 'अपने से बड़ों के साथ मज़ाक नहीं करते। अपनी हैसियत तो देख!'

मनोरमा : चाचा जी को अपनी हैसियत पर बड़ा नाज़ है। अपनी हैसियत को कभी नहीं भूलते।

वीर जी : फ़ौज में रह चुके हैं न, इसीलिए।

मनोरमा : शायद इसीलिए हमेशा सिर पर खाकी रंग की पगड़ी पहनते हैं।

वीर जी : खाकी रंग सरकारी रंग है ना। पटवारी से लेकर इंस्पेक्टर तक सभी खाकी पगड़ी पहनते हैं।

माँ : इसकी हैसियत तो इसलिए है कि ऊँचा ख़ानदान और अपने धनी-मानी भाई के घर में रहता है, ऐंठेगा क्यों नहीं?

मनोरमा : *(हँसकर)* हैसियत में और भी बहुत-कुछ है, माँ। खिचड़ी मूँछें, पीली-पीली, सस्ता तम्बाकू पीते हैं, इसीलिए, सामने के तीन दाँत टूटे हुए, *(हँसकर)* एक आँख बड़ी, एक छोटी...सड़क पर हिचकोले खाते हुए चलते हैं तो लगता है पैतरे बदल रहे हैं।

वीर जी : बड़ों के बारे में ऐसे नहीं बोलते, मनोरमा।

मनोरमा : *(हँसकर)* भइया, तुम ही तो उस दिन कह रहे थे कि चाचा जी उचक-उचककर, हिचकोले खाते हुए चलते हैं।

बाबूजी : बस, बस, अब चुप हो जाओ।

[Pause. Steps are coming nearer]

[Pause]

चाचा : भौजाई जी, आप रोटियाँ सेंक रही हैं? नौकरों के होते हुए...।

माँ : आओ, मंगलसेन जी आओ। देखो तो यहाँ कौन बैठा है?

वीर जी : नमस्ते, चाचा जी।

बाबूजी : उठकर चाचा जी को पालागन करो बेटा, तुम्हें इतनी भी समझ नहीं है?

वीर जी : पा लागूँ ना चाचा जी...।

[मनोरमा के धीमे से हँसने की आवाज़।]

चाचा : जीते रहो, बड़ी उम्र हो...।

मनोरमा : *(खिलखिलाकर हँसते हुए)* चाचा जी ने वीर जी के सिर पर हाथ फेरा, उनके बाल ही बिखर गए।

चाचा : सगाईवाले दिन वीर जी ख़ुद आ गए हैं, वाह-वाह!

बाबूजी : बैठ जा, बैठ जा, मंगलसेन, बहुत बातें नहीं करते।

वीर जी : आप मेरी जगह पर बैठ जाइए, चाचा जी, मैं दूसरी चटाई ले लूँगा।

बाबूजी : यह ख़ुद भी तो चटाई पकड़ सकता है। जाओ मंगलसेन, ज़रा टाँगें हिलाओ और अपने लिए चटाई उठा लाओ।

[Pause]

माँ : *(दबी आवाज़ में फुसफुसाकर)* नौकरों के सामने तो इस तरह रुखाई से नहीं बोला करो जी। आख़िर तो ख़ून का रिश्ता है, कुछ लिहाज़ करना चाहिए।

चाचा : *(दूर से)* यहाँ छज्जे पर तो चटाई नहीं है। कहाँ है चटाई, सन्तू?

सन्तू : वहाँ नहीं है चाचा जी, ठहरो, मैं देता हूँ। यह बर्तन मल लूँ।

[Small pause]

मनोरमा : *(हँसकर)* दुकानदारों की टाँगें कितनी छोटी होती हैं, भइया, कभी तुमने देखा? वे गद्दी पर बैठे रहें तो ठीक लगते हैं, पर जब उठें तो सहसा छोटे हो जाते हैं। इतनी छोटी-छोटी टाँगें! आज मैं एक दुकान पर सूटकेस लेने गई...।

चाचा : *(सन्तू से। उसकी आवाज़ जैसे दूर से आ रही है।)*

[धीमी आवाज़ में।]

उठ सन्तू, चटाई ला दे। हर वक़्त का मज़ाक अच्छा नहीं होता।

बाबूजी : *(ऊँची आवाज़ में)* वहाँ खड़े क्या कर रहे हो, मंगलसेन? चलो, इधर आओ। उठ सन्तू, चटाई ले आ, सुनता नहीं तू?

माँ : इसे कोई बात कहो तो कान में दबा जाता है।

[थाली परोसने की आवाज़।]

बाबूजी : *(चाचा से)* आज रामदास के पास गए थे? किराया दिया उसने या नहीं?

चाचा : *(लापरवाही से)* बाबूजी, वह अफ़ीमची कभी घर पर मिलता है, कभी नहीं। आज घर पर था ही नहीं।

बाबूजी : एक थप्पड़ मैं तेरे मुँह पर लगाऊँगा, तुमने क्या मुझे बच्चा समझ रखा है?

[Silence. Pause]

छह महीने का किराया उस पर चढ़ गया है, तू करता क्या रहता है?

[Silence. Pause]

माँ : और पराँठा डालूँ, मंगलसेन जी?

चाचा : *(उखड़ी हुई आवाज़ में)* नहीं भौजाई जी, बस जी।

बाबूजी : जब मेरे यहाँ रहते तेरा यह हाल है, तो जब मैं कभी बाहर जाऊँगा तो क्या हाल होगा?...मैं चाहता हूँ तू कुछ सीख जाए, किराए का सारा काम सँभाल ले। मगर छह महीने तुम्हें यहाँ आए हो गए, तूने कुछ नहीं सीखा।

चाचा : मैं आज ही किराया ले आऊँगा, बाबूजी। न देगा तो जाएगा कहाँ? मेरा भी नाम मंगलसेन है।

मनोरमा : *(बहुत ही दबी आवाज़ में)* बेचारा!

बाबूजी : मुझे कभी बाहर जाना हुआ तो तुम्हीं को काम सँभालना है। नौकर कभी किसी को कमाकर नहीं खिलाते। ज़मीन-जायदाद का काम सुस्ती से नहीं चलता। कुछ हिम्मत से काम किया करो।

चाचा : *(चहककर)* चिन्ता न करो जी, मेरे होते यहाँ चिड़ी फड़क जाए तो कहना। डर किस बात का? मैंने लाम देखी है बाबूजी! बसरे की लड़ाई में कप्तान रस्किन था हमारा। कहने लगा, देखो मंगलसेन, हमारी शराब की बोतल लॉरी में रह गई है। वह हमें चाहिए, उधर मशीनगन चल रही थीं। मैंने कहा, अभी लो, साहिब! और अकेले में मैं वहाँ से बोतल निकाल लाया। ऐसी क्या बात है...।

मनोरमा : *(बहुत धीमी आवाज़ में)* चाचा जी की दुम फिर हिलने लगी है।

चाचा : बस, भौजाई जी, मैंने खा लिया।...तो चार बजे चलेंगे ना, सगाई डलवाने?

बाबूजी : तू जा, अपना काम देख, ज़रूरत हुई तो तुम्हें बुला लेंगे।

[Slight pause] [चाचा के क़दमों की आवाज़ दूर जाती हुई।]

माँ : *(धीमी आवाज़ में)* देखो जी, नौकरों के सामने मंगलसेन की इज़्ज़त-आबरू का कुछ तो ख़याल रखा करो। आख़िर तो ख़ून का रिश्ता है। कुछ तो मुँह-मुलाहिज़ा रखना चाहिए। दिन-भर आपका काम करता है।

बाबूजी : मैंने उसे क्या कहा है?

माँ : यों रुखाई के साथ नहीं बोलते। वह क्या सोचता होगा? इस तरह बेआबरुई किसी को नहीं करनी चाहिए।

बाबूजी : क्या कहे जा रही हो? मैंने उसे क्या कहा है?...*(वीर जी को सम्बोधन करते हुए)* अब तू बोल बेटा, क्या कहता है? कोई भी काम ढंग से करने देगा या नहीं?

वीर जी : मैंने कह दिया पिताजी, आप अकेले जाइए और सवा रुपया लेकर सगाई डलवा लाइए।

बाबूजी : *(After a slight pause)* कुछ तो मेरे इन सफ़ेद बालों का ख़याल कर! क्यों हमें रुसवा करता है?

वीर जी : अगर आप अकेले नहीं जाना चाहते तो चाचा जी को साथ लेते जाइए। बस, दो जने चले जाएँ।

माँ : कौन से चाचा को?

वीर जी : चाचा मंगलसेन को।

माँ : हाय-हाय बेटा, शुभ-शुभ बोलो। अपने रईस भाइयों को छोड़कर इस मरदूद को साथ ले जाएँ? सारा शहर थू-थू करेगा।

वीर जी : माँ जी, अभी तो आप कह रही थीं ख़ून का रिश्ता है। किधर गया ख़ून का रिश्ता? चाचा जी ग़रीब हैं इसीलिए?

माँ : मैं कब कहती हूँ यह न जाएँ। यह भी जाएँ, लेकिन और सम्बन्धी भी तो जाएँ। अपने धनी-मानी सम्बन्धियों को छोड़ दें और इस बहरूपिए को साथ ले जाएँ, क्या यह अच्छा लगेगा?

वीर जी : तो फिर बाबूजी अकेले जाएँ?...मैंने जो कहना था, कह दिया। अब जो आपके मन में आए करो, मेरा इससे कोई वास्ता नहीं।...मैं जा रहा हूँ।

[Pause. Footsteps moving away]

[Pause]

बाबूजी : जी तो चाहता है कह दूँ, जा फिर मैं भी नहीं जाऊँगा, भेज दे जिसको भेजना चाहता है।

माँ : आज का दिन बड़ा शुभ दिन है जी, बेटा घर पर आया है। और यहाँ तक़रार होने लगे, यह कोई अच्छी बात है?...अगर

सोचो तो, क्या बुरा कहता है। आजकल के लड़के माँ-बाप के हज़ारों रुपए लुटा देते हैं। इसके विचार तो कितने ऊँचे हैं। यह तो सवा रुपए में सगाई करना चाहता है।

बाबूजी : उँह! कोई ढंग की बात तो करे!

माँ : तुम मंगलसेन को ही अपने साथ ले जाओ। अकेले जाने से तो अच्छा है।

बाबूजी : उँह!

माँ : जा सन्तू, मंगलसेन से कह तैयार हो जाए।

मनोरमा : *(चहककर)* मैं वीर जी को बताने जा रही हूँ कि पिताजी मान गए हैं।

[Fade out]

[Fade in]

सन्तू : चाचा, माँजी ने कहा है तैयार हो जाओ! तुम बाबूजी के साथ जाओगे!

चाचा : हैं? क्या सच, माँ जी ने कहा है?

सन्तू : हाँ।

चाचा : क्यों न हो, मुझसे बड़ा सम्बन्धी है भी कौन? मुझे नहीं ले जाएँगे तो किसे ले जाएँगे? मैं और बाबूजी ही तो इस घर के कर्ता-धर्ता हैं, और कौन हैं?...ला वह मेरी ट्रंकी इधर उठा ला, उसमें मेरे कपड़े हैं।

सन्तू : ख़ुद उठा लो, मुझे काम है।

[Fade out]

[Fade in]

मनोरमा : *(हँसते हुए)* माँ, चाचा जी तैयार होकर आए हैं *(फिर से हँस देती है)*

माँ : हाय, यह सूरत लेकर समधियों के घर जाएगा?

मनोरमा : *(हँसती हुई)* खाकी मैली पगड़ी, खाकी फ़ौजी कोट जिसके धागे निकल रहे हैं, नीचे धारीदार पाजामा—सोने पर सुहागा—और पैरों में डबल बूट! कैसे स्वाँगी बनकर आए हैं, चाचा जी!

माँ : मनोरमा, जा भाई की अलमारी में से एक धुला पाजामा निकाल ला। *(ऊँची आवाज़ में)* सुनते हो जी! अपनी एक पगड़ी इधर भेज देना, मंगलसेन के पास ढंग की पगड़ी नहीं है।...इधर आ सन्तू, चाचा जी के बूट-पॉलिश कर दे। जल्दी कर!

[Fade out]

[Fade in]

[सगाईवाले घर की चहल-पहल। संगीत की हलकी-हलकी धुनें। आवाज़ें—'मिठाई के थाल इधर मेज़ पर रख दो।' 'चाँदी की कटोरियाँ उस छोटी थाली में रख दो। ऊपर से रेशमी रूमाल से ढक दो।' 'हाँ, हाँ,' 'माँ जी से रूमाल ले आओ!' 'पानी के गिलास भी मेज़ पर रख दो।' 'जब आएँगे तो पहले पानी के दो घूँट भरेंगे।' दूध-चाय बाद में चलता रहेगा...लो वे आ गए! वह देखो, लालाजी चले आ रहे हैं। लालाजी ही तो हैं। वह साथ में कौन है?...बस, अकेले लालाजी ही आ रहे हैं?...]

[Fade out]

[Fade in]

समधी : आपने हमारा घर पवित्र किया, महाराज, अपने चरणों से। आइए! पधारिए!

बाबूजी : आओ मंगलसेन, उधर सोफ़े पर बैठ जाओ। यह मेरा चचेरा भाई मंगलसेन है।

समधी : और लोग नहीं आए?

बाबूजी : और कौन? *(हँसकर)* हमारा बेटा नहीं मानता, हम क्या करें। वह कहता है, बस अकेले जाइए और सगाई डलवा लाइए। *(हँसकर)* आपका ख़र्च बचाना चाहता होगा, और क्या?

समधी : बड़े ऊँचे ख़याल हैं बरख़ुरदार के! जीता रहे। ऐसे आदर्शवादी युवक तो आजकल ढूँढ़े नहीं मिलते।

एक : *(समधियों के परिवार में से)* *(दबी आवाज़ में)* वह कौन है?

दूसरा : कौन?

एक : वही जो सोफ़े पर बैठा है। लालाजी का क्या लगता है? वह जिसे मामाजी पंखा झल रहे हैं।

दूसरा : *(दबी आवाज़ में)* लड़के के चाचा हैं, दूर के। घर में टिके हुए हैं। लालाजी ने आसरा दे रखा है।

[Fade out]

[Fade in]

समधी : और दूध लाऊँ, चाचा जी? थोड़ा-सा और।

चाचा : हाँ, आधा गिलास और ले आओ।...लड़की कुछ पढ़ी-लिखी भी है या नहीं? हमारा बेटा तो एम.ए. पास है।

समधी : जी, आपकी दया से लड़की ने इसी साल बी.ए. पास किया है।

चाचा : घर का काम-धन्धा भी कुछ जानती है या सारा वक़्त किताबें ही पढ़ती रहती है?

समधी : जी, थोड़ा-बहुत जानती है।

चाचा : थोड़ा-बहुत क्यों?

समधी : आपके घर जाएगी तो और भी ज़्यादा जान लेगी।

[Fade out]

[Fade in]

एक : लाओ भाई लाओ, मिठाइयों के थाल एक तरफ़ रख दो। फलों की टोकरियाँ उधर बरामदे में रखवा दो। बादाम-काजू के थाल इधर सामने रख दो। शाबाश!

बाबूजी : आपने यों ही तक़लीफ़ की, महाराज! मैं तो केवल एक रुपया और चार आने लूँगा। माफ़ कीजिए, मेरा इन चीज़ों में विश्वास नहीं है। हमें अब पुरानी रस्मों को बदलना चाहिए। आप सलामत रहें, आपका सवा रुपया भी मेरे लिए सवा लाख के बराबर है।

समधी : आपको किस चीज़ की कमी है, लालाजी। पर हमारा दिल रखने के लिए ही कुछ स्वीकार कर लीजिए।

बाबूजी : नहीं महाराज, आप मुझे मजबूर न करें। यह उसूल की बात है। मैं तो सवा रुपया ही लेकर जाऊँगा। आपका सितारा

बुलन्द रहे। आपकी बेटी हमारे घर आएगी तो साक्षात् लक्ष्मी विराजेगी।

[दूर से बड़बड़ाने की आवाज़।]

एक : *(समधी परिवार में से)* लड़के के चाचा कुछ कह रहे हैं। क्या है, चाचा जी?

चाचा : एक बार कह जो दिया जी, कि हम सवा रुपया ही लेंगे। आप बार-बार तंग क्यों करते हैं?

[Silence]

दूसरा समधी : *(दबी आवाज़ में)* लड़के के चाचा हैं, दूर के। घर में टिके हुए हैं। लालाजी ने आसारा दे रखा है...।

समधी : जैसे आपकी इच्छा, महाराज!...वैसा ही करो भाई जैसे लालाजी चाहते हैं।

[Fade out]

[Fade in]

समधी : लीजिए महाराज, आप सवा रुपया ही लीजिए।

बाबूजी : पर आपने तो हाथ में थाली उठा रखी है। रूमाल से ढकी हुई।

समधी : रूमाल उठाकर देख लीजिए। आप ही का हुक्म बजा लाए हैं।

बाबूजी : *[Slight pause]* ओह! वाह, महाराज वाह, चाँदी की तीन कटोरियाँ, और चाँदी के ही तीन सुन्दर चम्मच, एक कटोरी में केसर, दूसरी कटोरी में रांगला धागा, तीसरी में चमकता चाँदी का रुपया और चमकती चवन्नी!...आपने फिर भी अपनी ही बात की!

समधी : आपको किस बात की कमी है महाराज, लाखों पर आपकी कलम है। पर हम आपको ख़ाली हाथ तो नहीं जाने देंगे।

बाबूजी : *(हँसकर)* आपने अपनी ही बात की।...ले लो भाई मंगलसेन, थाली ले लो।

[Fade out]

[Fade in]

मनोरमा : आ गए! पिताजी आ गए! वह देखो, दोनों आ रहे हैं, आगे-आगे पिताजी चले आ रहे हैं, और उनके पीछे-पीछे चाचा जी, चाचा जी ने हाथों में थाली उठा रखी है, लाल रंग के रूमाल से ढकी हुई! देखा? *(चहककर)* हो गई सगाई! मैं नीचे वीर जी को जाकर बताती हूँ। *(ऊँची आवाज़ में)* माँ, पिताजी आ गए। हमने छज्जे पर से देखा है।...*[Pause]* भइया! वे लोग आ गए हैं। आज के दिन भी तुम किताब पढ़ रहे हो? या पढ़ने का दिखावा कर रहे हो? *(हँसकर)* अन्दर से तो कल्पना के लड्डू भुरभुरा रहे होंगे, सोच रहे होंगे कि इस वक़्त प्रभा, तुम्हारी मंगेतर क्या सोच रही होगी, दिल धक्-धक् कर रहा होगा, तुम चाहते होगे कि वह तुम्हारे लिए भी कोई सन्देश भेजे। वह सगाई के बारे में क्या सोचती होगी कि तुमने सिर्फ़ सवा रुपए में सगाई करवाई है...क्यों, यही कुछ सोच रहे हो न!...अब जाग जाओ। मैं तुम्हें बताने आई हूँ कि पिताजी लौट आए हैं...।

[Fade out]

[Fade in]

चाचा : लाख-लाख बधाइयाँ, भौजाई जी!...वाह, वाह! कारज सम्पन्न हो गया। वाह, वाह!

मनोरमा : *(चहककर)* हाथ में यह क्या उठा रखा है चाचा जी? रूमाल के नीचे क्या है? देखूँ तो!

चाचा : कैसी पगली है, दो मिनट इन्तज़ार नहीं कर सकती।

मनोरमा : वाह जी वाह, *(हँसकर)* बाबूजी की पगड़ी पहन ली तो बाबूजी ही बन बैठे हैं! लाइए, मुझे दीजिए, आपका काम पूरा हो गया।

महिला-1 : बधाई हो बहिन जी, जोड़ी युग-युग जिए! बड़ा अच्छा घर चुना है।

महिला-2 : साक्षात् लक्ष्मी घर में आएगी! मुझसे लिखवा लो।...देख मनोरमा, तेरा भाई भी छज्जे पर आ गया है।

मनोरमा : *(हँसकर, नज़दीक से)* क्यों भइया, दिल में तो अब गुदगुदी हो रही होगी, है न? इस लाल रूमाल को प्रभा ने छुआ होगा, उसने अपनी शुभकामनाएँ भेजी होंगी। तुम्हारा मन करता होगा इस

रूमाल को चूम लें, आँखों से लगा लें। मन चाहता होगा कि भागकर प्रभा से जा मिलें। क्यों, ठीक है न? प्रभा ने ही इस थाली को सजाकर रखा होगा। यही सोच रहे हो, न?

चाचा : सन्तू!

मनोरमा : सन्तू, चाचा जी बुला रहे हैं।

सन्तू : जी, चाचा जी!

चाचा : पानी पिलाओ, सन्तू! देख रहे हो, थककर लौटे हैं।

सन्तू : अभी लाया, चाचा जी महाराज। *(हँसता है)*

मनोरमा : देखो तो माँ, थाली में क्या रखा है। चाँदी की चमकती कटोरियाँ, थाली के बीच में चाँदी के चम्मच। देखा माँ।

माँ : *(Slight pause)* तीन कटोरियाँ और दो चम्मच! यह क्या हिसाब हुआ? क्या तीन चम्मच नहीं दिए समधियों ने?...अजी सुनते हो? तुम भी कैसे हो, आज के दिन भी कोई अन्दर जा बैठता है?

बाबूजी : *(दूर से)* क्या है?

माँ : कुछ बताओ तो सही, समधियों ने क्या कुछ दिया है?

बाबूजी : बस, थाली में जो कुछ रखा है, वही दिया है। तेरे बेटे ने मना जो कर दिया था।

माँ : क्या तीन कटोरियाँ थीं और दो चम्मच थे?

बाबूजी : नहीं तो, चम्मच भी तीन थे।

माँ : चम्मच तो यहाँ सिर्फ़ दो रखे हैं।

बाबूजी : नहीं, नहीं, ध्यान से देखो, ज़रूर तीन होंगे। मंगलसेन से पूछो, वही थाली उठाकर लाया है।

माँ : मंगलसेन जी, तीसरा चम्मच कहाँ है?

चाचा : *(सन्तू को सगाई का क़िस्सा सुना रहा है)*

तो सुना, सन्तू? समधी हमारे सामने हाथ बाँधे सारा वक़्त खड़े रहे, जैसे नौकर हों। लड़की बड़ी सुशील है, बड़ी सलीक़ेवाली, बी.ए. पास है, सीना-पिरोना भी जानती है...।

माँ : *(तनिक ऊँची आवाज़ में)* मंगलसेन जी, तीसरा चम्मच कहाँ है?

चाचा : *(लापरवाही से)* कौन-सा चम्मच? वहीं थाली में होगा।

माँ : थाली में तो नहीं है।

चाचा : तो उन्होंने दो ही चम्मच दिए होंगे। बाबूजी ने थाली ली थी।

माँ : हमें बेवकूफ़ बना रहे हो, मंगलसेन जी तुम्हारे भाई कह रहे हैं, तीन चम्मच थे।

बाबूजी : *(गरजकर)* इसीलिए मेरे साथ गया था कि चम्मच गँवा आएगा? कुछ नहीं तो पचास-पचास रुपए का एक-एक चम्मच होगा।

चाचा : *(लापरवाही से)* मैं अभी जाकर पूछ आता हूँ। इसमें क्या है? हो सकता है उन्होंने दो ही चम्मच रखे हों।

बाबूजी : वहाँ कहाँ जाओगे? बताओ चम्मच कहाँ है? सारा वक़्त तो थाली पर रूमाल रखा रहा।

चाचा : बाबूजी, थाली तो आपने ली थी, आपने चम्मच गिने नहीं थे?

बाबूजी : मेरे साथ चालाकी करता है, बदज़ात। बता, तीसरा चम्मच कहाँ है?

माँ : गिनी-चुनी तो, बहिन जी, समधियों ने चीज़ें दी हैं, उनमें से अगर कुछ खो जाए तो बुरा तो आख़िर लगता ही है।

बाबूजी : कैसा ढीठ आदमी है, सुन रहा है और कुछ बोलता नहीं!

नैरेटर : चम्मच खो जाने पर वीर जी को बेहद ग ुस्सा आ गया। प्रभा ने चम्मच भेजा और वह उन तक पहुँचा ही नहीं। प्रभा के प्रेम की पहली निशानी ही खो गई। वीर जी भी सहसा आवेश में आ गए। आव देखा न ताव, मंगलसेन को दोनों कन्धों से पकड़कर झिंझोड़ दिया।

वीर जी : आपको इसलिए भेजा था कि आप चीज़ें गँवा आएँ?

[Silence]

माँ : *(After a pause)* तुम बीच में मत पड़ो, बेटा। अगर चम्मच खो गया है तो तुम्हारी बला से। सबका धर्म अपने-अपने साथ है। एक चम्मच से कोई अमीर नहीं बन जाएगा।

बाबूजी : *(गरजकर)* जेब तो देखो, इसकी? मनोरमा, देखो इसकी जेब।

नैरेटर : मनोरमा जेब देखने लगी। रसोईघर की दहलीज़ पर सन्तू, हाथ में पानी का गिलास उठाए रुक गया और मंगलसेन की ओर देखने लगा। चाचा मंगलसेन खड़ा, कभी एक का मुँह देख रहा था, कभी दूसरे का। वह कुछ कहना चाहता था, पर मुँह में से शब्द ही नहीं निकल रहा था।

मनोरमा : इस जेब में तो नहीं है, पिताजी।

बाबूजी : यह तुम्हारे हाथ में क्या है?

मनोरमा : यही निकला है जेब में से—बीड़ियों की गड्डी, माचिस, छोटा-सा पेंसिल का टुकड़ा, मैला-सा रूमाल।

बाबूजी : दूसरा जेब भी देख।

मनोरमा : *(After a slight pause)* कुछ खनका है! इसी जेब में है, चोर पकड़ा गया! आपने सुना, वीर जी?...हाय नहीं, यह तो टूटा हुआ चाकू है जो चाबियों के गुच्छे से लगकर खनका था।

माँ : छोड़ दे मनोरमा, जाने दे। सबका धर्म अपने-अपने साथ है। *(मंगलसेन से)* आप से चम्मच अच्छा नहीं है, मंगलसेन जी, लेकिन यह सगाई की चीज़ थी।

बाबूजी : *(गरजकर)* दोनों कान खोलकर सुन ले, मंगलसेन, मैं तेरे से पचास रुपए चम्मच के ले लूँगा, इसमें कोई लिहाज़ नहीं करूँगा।

मनोरमा : अरे, यह क्या हुआ? चाचा जी गिर पड़े हैं!

नैरेटर : मंगलसेन की साँस फूलने लगी थी, और टाँगें काँपने लगी थीं, और वह सहसा खड़े-खड़े गिर पड़ा।...वह गिरा भी अजीब ढंग से, धम्म से जो ज़मीन पर पड़ा तो उकड़ूँ हो गया। पगड़ी उतरकर गले में आ गई।

माँ : *(पिता से)* देखो जी, कुछ तो ख़याल करो। गली-मुहल्ला सुनता होगा! इतनी रुखाई से भी कोई बोलता है?...इधर आओ सन्तू, इन्हें छज्जे पर लिटा आओ।

[Fade out]

[Fade in]

दो-तीन स्त्रियों की आवाज़ : बधाई हो बहिन जी, बधाई हो!

[ढोलक बजने की आवाज़।]

मनोरमा : आओ, इधर क़ालीन बिछाकर बैठती हैं। गीत गाएँगी। *(माँ से)* माँ जी, चाची आई हैं। चाची जी, बैठिए न।

चाची : लाख-लाख बधाई बहिन जी!

[Fade out]

[Fade in]

मनोरमा : यह लड़का कौन है?

सहेली : कौन-सा?

मनोरमा : वह जो सीढ़ियों के पास खड़ा है। *(हँसकर)* क्यों बेटा जी! आओ, अन्दर आ जाओ, आप इधर पड़ोस में रहते हो क्या?

लड़का : नहीं, मैं प्रभा का भाई हूँ।

मनोरमा : अरे, प्रभा के भाई हो और यहाँ खड़े सकुचा रहे हो।

लड़का : जी, मैं यह देने आया हूँ। *(Slight pause)* यह चम्मच, हमारे यहाँ छूट गया था। लीजिए।

मनोरमा : *(ऊँची आवाज़ में)* माँ जी, चम्मच मिल गया! मिल गया, चम्मच मिल गया!

नैरेटर : पर माँ जी सम्बन्धिनों से घिरी खड़ी थीं। मनोरमा कभी हाथ ऊँचा करके चम्मच हिलाने लगती, कभी उसे नाक पर रखती, कभी हवा में हिलाती, कभी ऊँचा फेंककर पकड़ती, पर माँजी देख ही नहीं रही थी। उधर छज्जे पर...।

[Fade out]

सन्तू मंगलसेन के मुँह पर पानी के छींटे मार रहा था...।

सन्तू : चाचा, तुम शर्त जीत गए। बस, तनख़्वाह मिलने दो, दो रुपए नक़द तुम्हारी हथेली पर रख दूँगा।

[Fade out]

समाधि भाई रामसिंह

एक : अरे, देख लिया तुम्हारा शहर! क्या रखा है इसमें? जैसे लोग वैसा ही शहर।

दूसरा : क्यों, क्या बुराई है हमारे शहर में? इस जैसा शहर कोई और तो दिखाओ, दुनिया के तख़्ते पर दूसरा ऐसा शहर नहीं है।

एक : ठीक है, ऐसा निराला शहर और दूसरा नहीं होगा। इसकी हर बात निराली है।

दूसरा : क्यों?

एक : हर आदमी यहाँ शेखी बघारता है। बात-बात पर ऐंठता फिरता है।

दूसरा : जानदार लोग हैं, तुम्हारी तरह मरियल थोड़े ही हैं। जीवटवाले लोग हैं।

एक : शेखी बघारने लायक़ कुछ हो भी तो हम कहें।

दूसरा : कुछ भी क्यों नहीं। सब कुछ है।

एक : सुबह-सवेरे एक साहिब मिले। मैंने पूछा, कहाँ से आ रहे हो? कहने लगा, नदी पर स्नान करने गया था। मेरी हँसी छूट गई। अरे, वह नदी है क्या? बालिश्त भर चौड़ा नाला, नाला भी नहीं, नाली। अरे, उसमें तो भैंस भी अपना बदन तर करने के लिए नहीं घुस सकती, और तुम उसे नदी कह रहे हो।

दूसरा : नदी ही तो है।

एक : तुम्हारे लिए तो सागर है, तुम्हारे क्या कहने? उधर हमने तुम्हारा बाग़ भी देखा है, जिसे तुम लोग सैरगाह कहते हो।

दूसरा : बाग़ नहीं है तो क्या है?

एक : अरे, वह बाग़ है? वहाँ उगता ही क्या है, न घास न फूल।

बस, गर्द उड़ती है। कव्वों और चीलों के अलावा कोई परिन्दा देखने को नहीं मिलता। शीशम और सफेदे के दो-चार पेड़ हैं, और बस, बाक़ी कँटीली झाड़ियाँ ही झाड़ियाँ, पर तुम्हारे लिए वह बाग़ है, चमन है, गुलज़ार है...?

दूसरा : तुमने कौन से इतने बाग़ देखे हैं जो इतना ऐंठ रहे हो।

एक : मैं ऐंठ नहीं रहा हूँ। मैं तो हक़ीक़त बयान कर रहा हूँ। अरे दोस्त, शेखी बघारने के लिए तुम्हारे पास है ही क्या? जो फल आते हैं तो दिसावर से, और कपड़ा आता है तो विलायत से। फिर भी तुम इसे फलों का शहर और कपड़े की मंडी कहते हो। बस तुम्हारी एक ही चीज़ अपनी है।

दूसरा : क्या?

एक : तुम्हारी मूँछें! उनके कोने सदा ऊपर को उठते रहते हैं। उनमें कभी ख़म नहीं आया।

दूसरा : *(Pause)* तुमने भाई जी की समाधि देखी है?

एक : क्या? समाधि! कौन-सी समाधि?

दूसरा : समाधि भाई रामसिंह। देखी है?

एक : नहीं तो।

दूसरा : तभी तो! भाई जी की समाधि नहीं देखी तो फिर देखा ही क्या है।

एक : कहाँ है वह?

दूसरा : अरे, शहर के बाहर, तपोवन के पास। वाह, कैसी समाधि है! कभी चाँदनी रात में देखो तो ताजमहल को भूल जाओ।

एक : लो, फिर शेखी बघारने लगे।

दूसरा : तुमने सन्त जी की समाधि नहीं देखी तो फिर देखा ही क्या है?

एक : थे कौन, तुम्हारे यह सन्त, भाई रामसिंह?

दूसरा : बड़े पहुँचे हुए सन्त थे। इसी शहर में लोगों की सेवा करते थे। वहाँ उनकी खड़ावें भी रखी हैं, और गागर भी रखी है, जिसमें वह लोगों के लिए चिरायता ले जाते थे।

एक : चिरायता? यह क्या होता है?

दूसरा : चिरायता, एक बूटी घोंटकर तैयार किया जाता है। बच्चों को पिलाने से फोड़े-फुंसी नहीं होते।

एक : सन्त चिरायता पिलाता था?

दूसरा : क्यों?...लोगों की सेवा करते थे।

एक : वाह!

दूसरा : पीर-पैग़म्बर ऐसे ही होते हैं...बैठो, मैं तुम्हें भाई रामसिंह के बारे में बताता हूँ...।

[गली में खेलते बच्चे।]

एक : अब मेरी बारी! ला, दे गेंद मुझे।

दूसरा : घर के अन्दर छिपना मना है, और दूसरी गली में जाना भी मना है।

एक : चल खड़ा हो जा!

दूसरा : क्यों, मैं क्यों खड़ा हो जाऊँ?

तीसरा : फिर नाम निकालो, जिसका नाम निकले, वह खड़ा हो।

एक : मंज़ूर है। निकालो पैसा, अभी फ़ैसला कर लेते हैं किसकी बारी है।

दूसरा : अरे! वह देखो कौन आ रहा है?

एक : कौन है?

तीसरा : अरे, वही साधु चला आ रहा है और कौन? चिरायतेवाला।

एक : इधर को ही आ रहा है। आज हमें फिर पकड़-पकड़कर चिरायता पिलाएगा।

दूसरा : मैं तो नहीं पिऊँगा। मैं तो यहाँ से भाग रहा हूँ।

एक : ज़बर्दस्ती क्यों चिरायता पिलाएगा?

दूसरा : क्या मालूम आज शरबत पिला रहा हो।

तीसरा : शरबत-वरबत कुछ नहीं, वह कड़वा चिरायता ही पिलाएगा। भागो यहाँ से।

[Fade out]

[Fade in]

पुरुष : आज फिर चिरायता पिला रहे हो, भाई रामसिंह?

रामसिंह : यह आपके लिए नहीं है महाराज, यह तो बच्चों के लिए है। चैत-बैसाख में बच्चों को चिरायता पिलाओ तो साल-भर फोड़े-फुंसी नहीं होते। यही दो महीने हैं।

पुरुष : *(हंसकर)* तुम गली में क़दम रखते हो तो बच्चे भाग खड़े होते हैं।

रामसिंह : बच्चे नासमझ होते हैं, महाराज, अपना नफ़ा-नुकसान नहीं जानते।

पुरुष : बड़े पुन्न का काम कर रहे हो, भाई जी, बड़ी अच्छी बात है।

रामसिंह : हम तो गुरु महाराज के सेवक हैं, महाराज, गर्मियों में ठंडा जल पिलाते हैं, और जाड़ों में, अगर भगवान की दया से दो पैसे पास में हों, तो इलायचीवाली चाय पिलाते हैं।

पुरुष : तुम इतना कुछ किसलिए करते हो भाई रामसिंह, इसमें तुम्हें क्या मिलता है?

रामसिंह : मुझे आप लोगों की असीस मिलती है, महाराज। और जिसे लोगों की असीस मिले, उस जैसा धनी कोई नहीं होता।

पुरुष : कितनी उम्र रही होगी तुम्हारी, रामसिंह?

रामसिंह : क्या पता, महाराज, होगी यही चालीस-पचास।

पुरुष : *(हँसकर)* चालीस भी और पचास भी।

रामसिंह : अब माँ-बाप न हों तो कोई कैसे पता लगाए। माँ-बाप रहते तो ठीक-ठीक उम्र का भी पता चल जाता। पर दस साल ऊपर क्या तो नीचे क्या?

पुरुष : *(हँसकर)* ठीक कहते हो, चालीस हुए या पचास हुए, या साठ वर्ष हुए, साधु को क्या फ़र्क़ पड़ता है?...यह गागर उठाए गली-गली घूमते हो, क्या तुम थक नहीं जाते? कितना कुछ दिन भर में चल लेते होगे?

रामसिंह : मैं महाराज, शिवालय में से दो बजे निकलता हूँ और शाम के साए उतरते-उतरते मेरी गागर खाली हो जाती है।

पुरुष : चिरायता पिलाओ तो भी ख़ाली हो जाती है?

रामसिंह : नहीं, महाराज। जब चिरायता लेकर निकलता हूँ तो दो-दो दिन तक गागर ख़ाली नहीं होती। बच्चे चिरायता शौक से थोड़े ही पीते हैं। पर गर्मियों में जब ठंडा जल पिलाते हैं तो गागर को दिन में तीन-तीन बार भरते हैं।

पुरुष : यह अच्छा किया जो गागर में टूटी लगवा ली है।

रामसिंह : हाँ मालिक, कौन इसे उँड़ेल-उँड़ेलकर भरता रहे। अब खड़े-खड़े गिलास भर देते हैं।

पुरुष : आज बिगुल नहीं बजा रहे हो। क्या बात है? पहले तो गली में क़दम रखते ही बिगुल बजाते थे।

रामसिंह : बिगुल बजाएँ तो बच्चे सुनते ही भाग जाते हैं। गागर में चिरायता जो ठहरा। पर गर्मियों में जब ठंडा जल पिलाएँगे तो बिगुल बजाया करेंगे। तब हमारा आना सभी को अच्छा लगता है।

पुरुष : शादी-ब्याह किया है, रामसिंह?

रामसिंह : नहीं महाराज, हम रमता जोगी हैं कभी यहाँ, कभी वहाँ। ठिक-ठौर की ज़िन्दगी तो नहीं है। साधु को ब्याह से क्या मतलब!

पुरुष : कपड़े इतने उजले पहनते हो तो मैंने सोचा घरवाली होगी जो कपड़े धो देती होगी।

रामसिंह : नहीं महाराज, ख़ुद ही धो-पहन लेते हैं।

पुरुष : उधर लड़के खेल रहे थे, तुम्हें देखकर भाग गए हैं।

रामसिंह : कोई चिन्ता नहीं भगवन्। उनकी माता उन्हें पकड़-पकड़कर ले आएगी।

पुरुष : कब से यह काम कर रहे हो, भाई रामसिंह? मैं भी तो तुम्हें पिछले दस-बारह साल से ही ऐसे गागर उठाए घूमते देख रहा हूँ।

रामसिंह : हाँ, महाराज, बहुत दिन हो गए सेवा करते हुए।

पुरुष : पर तुम्हारा बना-बनाया तो कुछ नहीं। और साधु होते हैं, वह केवल प्रवचन देते हैं पर उनका आसन होता है, अखाड़ा होता है। उनकी मान-मर्यादा होती है।

रामसिंह : हम तो केवल सेवा करते हैं, महाराज...।

पुरुष : यही तो, सेवा तो ठीक है, लोगों को ठंडा जल पिला दिया, और बच्चों को चिरायता पिला दिया ताकि उन्हें फोड़े-फुंसी न हों, पर इसमें तुम्हें क्या मिला?

रामसिंह : हमें क्या मिलेगा महाराज, सेवा हम अपने लाभ के लिए तो नहीं करते।

पुरुष : और साधु लोग भी तो अपने लाभ के लिए प्रवचन नहीं देते। पर उनको मान-मर्यादा मिलती है। लोग उन्हें आदर-मान देते हैं। पर यहाँ मैं देखता हूँ, तुम गागर उठाए, पिछले दस साल

से मारे-मारे घूम रहे हो, तुम्हें तो कोई पूछता भी नहीं।

(रामसिंह चुप रहता है)

पुरुष : क्यों? चुप क्यों हो गए?

रामसिंह : अब हम क्या कहें, महाराज, हम तो इतना ही जानते हैं कि हम लोगों की सेवा कर रहे हैं।

पुरुष : करो, करो सेवा। इस शहर में तुम्हें सेवा का फल नहीं मिलेगा। पिलाते रहो बच्चों को चिरायता। लोग यही कहेंगे, कि लो, चिरायतेवाला साधु जा रहा है। इससे अधिक कुछ नहीं।

रामसिंह : चलूँगा, महाराज, देर हो रही है।

[Silence. Steps move away]

दूसरा पुरुष : यह तुम रामसिंह से क्या कह रहे थे? मैं तुम्हारी बातें सुन रहा था।

पहला पुरुष : क्यों, ठीक ही तो कहा मैंने, ऐसा करने से से क्या मिलेगा?

दूसरा पुरुष : अपने मन-मुताबिक़ लोगों की सेवा करता है तो करने दो।

पहला पुरुष : सब ढोंग है, और क्या है! ये साधु-वाधु सब ऐसे ही होते हैं।

दूसरा पुरुष : हर कोई ढोंगी थोड़े होता है। अपने दिल की साध पूरी करता है।

पहला पुरुष : कोई आदमी निःस्वार्थ सेवा नहीं करता। हम तो ऐसा मानते हैं। हर काम में आदमी का अपना स्वार्थ होता है। इसका भी कोई स्वार्थ होगा जो हमें बताता नहीं है।

दूसरा पुरुष : पिछले दस साल से तो मैं भी इसे देख रहा हूँ। गली-गली घूमकर...।

पहला पुरुष : क्या मालूम कौन है! कौन जाने खुफ़िया पुलिस का आदमी हो। इस बहाने गली-गली घूमकर कोई सुराग़ निकाल रहा हो।

दूसरा पुरुष : तुम्हें सदा ऐसी ही बातें सूझती हैं? बेचारा अपने ढंग से सेवा कर रहा है।

पहला पुरुष : अरे, बहुत देखे हैं ऐसे साधु हमने। पता तब चलेगा जब एक दिन किसी की चोरी करके चम्पत हो जाएगा।

दूसरा पुरुष : जब पकड़ा जाएगा तो पता चल जाएगा, अभी से तुम कैसे कह सकते हो कि अच्छा आदमी है या बुरा?

पहला पुरुष : मेरी बला से! तुम अपने बेटों को चिरायता पिलाते रहे हो, तुम्हें यह आदमी पहुँचा हुआ साधु लगता है, मुझे नहीं लगता।

दूसरा पुरुष : सभी के कर्म अपने-अपने साथ हैं, हम पहले से ही कैसे कह दें कि यह आदमी ढोंगी है!

[Fade out]

[Fade in]

लड़का : नहीं पिऊँगा, नहीं पिऊँगा।

माँ : पिएगा कैसे नहीं? लाओ जी, भाई जी, दो इसे दो घूँट चिरायता।

लड़का : माँ, क्या करती हो? इतना कड़वा है। मुझसे नहीं पिया जाता।

माँ : कड़वा है तो क्या हुआ। दवाई कड़वी नहीं होती। पिछले साल कितनी फुंसियाँ निकली थीं, भूल गया है।

लड़का : अबकी बार नहीं निकलेंगी।

माँ : पिएगा तो नहीं निकलेंगी।

[कुछ बच्चे, आस-पास खड़े हँसते हैं।]

तुम क्यों हँसते हो? तुम्हारी बारी भी आएगी। लाओ जी।

रामसिंह : ले बेटा, आँख बन्द करके पी जा। शाबाश! बहुत अच्छा बेटा है। माँ का कहा मानता है।

लड़का : आख...थू!

माँ : पी, चुपचाप पी जा। ऐसा मुँह नहीं बना। *(आसपास खड़े बच्चे फिर हँसते हैं।)*

[Silence]

चल हो गया। अब तेरा क्या बिगड़ा है? झट से पी लिया।... आ जा, त्रिलोचन, तू भी पी ले।

त्रिलोचन : मैं तो झट से पी जाऊँगा। मैं डरता थोड़े ही हूँ।

रामसिंह : लो बेटा *(गागर की टूटी में से चिरायता उँडेलने की आवाज़)* थोड़ा-थोड़ा सभी पियो।...शाबाश! देखा? झट से पी गया।

माँ : अब तेरी बारी मनोहर...।

रामसिंह : लो जी, बेटा मनोहर...।

मनोहर : हाय, नहीं, बहुत कड़वा है।

माँ : पी ले, पी ले, तेरे सामने इन्होंने भी पिया है या नहीं।

मनोहर : हाय नहीं, मुझे उल्टी आ जाएगी।

माँ : कुछ नहीं होगा, आँख बन्द करके एक साँस में पी जा।

त्रिलोचन : कैसा बुज़दिल है!

मनोहर : कौन बुज़दिल है? तू होगा बुज़दिल।

त्रिलोचन : फिर पीता क्यों नहीं?

मनोहर : मैं कल पिऊँगा। सच, मौसी, कल ज़रूर पी लूँगा, पर आज नहीं?

त्रिलोचन : कल यह आएगा ही नहीं।

माँ : पी जा, पी जा, नहीं तो सब तुम्हें बुज़दिल कहेंगे।

रामसिंह : लो जी, लो, शाबाश!

मनोहर : *(कै करने की सी आवाज़। गिलास को ज़मीन पर फेंक देता है।)*

माँ : एह, पागल।

[लड़के हँसते हैं।]

[Fade out]

[Fade in]

[चलते क़दमों की आवाज़।]

[घंटी बजाने की आवाज़/बिगुल बजाने की आवाज़।]

लड़का : भागो, वह साधु आ गया है!

माँ : कहाँ भाग रहा है? मैं तुम्हें भागने दूँगी। लाओ जी, पिलाओ इसे चिरायता!

दूसरा लड़का : यार, इसने नाक में दम कर रखा है।

पहला लड़का : मैं क्यों पिऊँ? मुझे कोई फुंसियाँ हुई थीं?

माँ : हुई नहीं थीं, पर हो भी सकती हैं।

पहला लड़का : मुझे नहीं होंगी। तुम ही तो कहती थी माँ कि मेरा ख़ून कड़वा है।

माँ : *(हँसती है)* तेरा ख़ून कड़वा है या मीठा, मुझे नहीं मालूम। पी जा चुपचाप।

लड़का : ओ माँ, तुम ख़ुद पियो तब मैं पिऊँगा।

माँ : पी जा, पी जा, अच्छे बच्चे कहा मानते हैं।

लड़का : *(भाई जी से)* भाई जी, कभी-कभी शरबत भी लाया करो, यह क्या रोज़-रोज़ कड़वा चिरायता पिलाते रहते हो।

रामसिंह : तुम्हें शरबत भी पिलाएँगे बेटा, तुम्हें इलायचियोंवाली चाय भी पिलाएँगे, पर चैत-बैसाख में तो चिरायता ही ठीक है।

लड़का : यह इतना कड़वा है।

रामसिंह : यह दो बार पिओगे तो साल भर चाय और शरबत भी पी सकोगे।

माँ : पी जा, पी जा, देर नहीं कर, भाई जी को और जगह भी जाना है।

लड़का : आपको जाना है तो भाई जी, आप हो आइए, आप लौटकर आएँगे, तब पी लूँगा।

रामसिंह : तब क्या भरोसा कि मैं इसी रास्ते से लौटूँगा। अभी मुझे बहुत जगह जाना है।

लड़का : कहाँ-कहाँ जाना है?

रामसिंह : यहाँ से मैं नए मुहल्ले को जाऊँगा, फिर अनाज मंडी, फिर गंग मंडी फिर...

माँ : *(डाँटकर)* पी! भाई जी को बातों में लगाकर चिरायता पीठ पीछे उँडेलने लगा है। मैं तुझे जानती नहीं हूँ जैसे *(भाई जी से)* आप कुछ नहीं कहिए जी, यह लड़का रोज़-ब-रोज़ बिगड़ता जा रहा है। पी, जल्दी कर।

लड़का : पी तो रहा हूँ, माँ।...तुमसे कहा है एक घूँट तुम भर लो, पर तुम मानती ही नहीं हो।

माँ : फोड़े-फुंसियाँ मुझे नहीं होते हैं, तुम्हें होते हैं।

लड़का : क्या मालूम मुझे भी नहीं हों?

माँ : पी जा, पी जा, बहुत बातें नहीं बना।

लड़का : पी तो रहा हूँ, माँ। माँ, मैं अशोक को भी बुला लाऊँ? उसे भी तो फोड़े-फुंसियाँ निकलती हैं।

माँ : उसे उसकी माँ पिलाएगी, तू यह पी जा।

लड़का : पर माँ, वह साथ ही में तो रहता है। उसकी माँ तो घर के अन्दर है। उसे तो मालूम ही नहीं कि भाई जी आए हैं।

माँ : उसे मैं बता दूँगी। भाई जी बिगुल बजाएँगे तो उसे पता चल जाएगा। बजाओ जी, बिगुल!

[बिगुल की आवाज़ या घंटी की आवाज़।]

अब जल्दी कर, मुझे और काम भी करना है। सारा दिन तेरे साथ सिर-खपाई में निकल जाता है।

लड़का : बड़े ज़ोर का आया है, माँ, मैं खड़ा भी नहीं हो सकता।

माँ : लाओ जी कटोरी, यह पीता कैसे नहीं है। काम करना पड़े तो इसे कभी टट्टी आ जाती है, कभी पेशाब। *(हँसती है)* चल, पी।

[लड़का घूँट भरता है। खौं-खौं करता है।]

अब जा कर, पेशाब, जो करना है, कर।

[हँसती है।]

(भाई से) आप जाओ जी, भाई जी, आपको बहुत देर हो रही है।

रामसिंह : मेरी सूरत देखकर ही बच्चे भागने लगे हैं। जहाँ जाता हूँ, माँएँ घसीट-घसीटकर ही इन्हें लाती हैं, अपने आप कोई नहीं आता।

माँ : बच्चे हैं ना, अपना नफ़ा-नुक्सान तो नहीं समझते। आप तो बड़ा परोपकार कर रहे हो, जी।

रामसिंह : *(लड़के से)* जब मैं छोटा था तो मुझे बड़े फोड़े-फुंसियाँ निकला करते थे। फिर एक साल मुझे किसी हकीम जी ने चिरायता पिलाया तो मुझे फोड़े निकलना बन्द हो गया। मेरी माँ तो थी नहीं, जो मेरा ध्यान करती। तुम बच्चे तो ख़ुशक़िस्मत हो, तुम्हारी माँ तुम्हें इतना प्यार करती है, तुम्हारे लिए क्या कुछ करती है।...तभी मैंने मन में धारणा कर ली कि बड़ा होकर मैं भी हकीम बनूँगा, और लोगों के रोग दूर करूँगा।

माँ : फिर आप हकीम क्यों नहीं बने?

रामसिंह : हकीम बनना आसान काम थोड़े ही था। मैं बड़े ग़रीब माँ-बाप का बेटा था।...*(हँसकर)* हकीम नहीं बना तो मैं चिरायता पिलानेवाला साधु बन गया।

माँ : आप कहाँ के रहनेवाले हो, जी? कहाँ से आए हो?

दूसरी स्त्री : यह क्या पूछ रही हो, कृष्णा। साधु का भी कोई घर-द्वार होता है? यह तो रमता जोगी है, आज यहाँ कल वहाँ। इनका ठौर-ठिकाना कोई नहीं होता।

रामसिंह : अच्छा, चलूँगा, अभी बहुत मुहल्लों में जाना है।

[घंटी बजाता है...घंटी की आवाज़ दूर होती जाती है।]

एक माँ : बेचारा, न घर न घाट, न बीवी, न परिवार। मारा-मारा फिर रहा है और बच्चों की सेवा कर रहा है।

दूसरी स्त्री : कुछ माँगता नहीं, कुछ लेता नहीं।

एक माँ : कभी-कभी ले भी लेता है। पिछले साल जाड़ों में मैंने इसे एक पुराना कोट दिया था। पहले तो न-न करता रहा, फिर ले लिया।

दूसरी स्त्री : पर मैंने इसे कोट पहने कभी देखा तो नहीं!

तीसरी स्त्री : क्या मालूम किसी को दे दिया हो!

चौथी स्त्री : इन साधुओं का क्या भरोसा! क्या मालूम बेच आया हो।

माँ : कैसी बात करती हो, जन्न। चिरायते तक के तो पैसे हमसे नहीं लेता। मुफ़्त में बच्चों को पिलाता है।

[दूर से घंटी की आवाज़।]

[Fade out]

[Fade in]

पहला पुरुष : अबे, इधर आ...ओ गागरवाले? सुनता है?

रामसिंह : *(तनिक रुककर)* जी, मुझे बुलाया है?

पहला पुरुष : तुम्हें नहीं तो क्या शैतान को बुलाया है?

रामसिंह : क्या हुक्म है? चिरायता पिएँगे?

पहला पुरुष : हम तुम्हें चिरायता पीनेवाले नज़र आते हैं?

रामसिंह : चिरायता तो सभी के लिए फ़ायदेमन्द होता है।

पहला पुरुष : यह गागर कहाँ से लाया है? चुराई है या ख़रीदी है?

रामसिंह : *(हँसकर)* यह गागर सेवक को गुरुद्वारेवालों ने ले दी है, साहिब।

पहला पुरुष : तू ग्रन्थी है गुरुद्वारे का जो उन्होंने ले दी है?

रामसिंह : मैंने उनसे विनती की कि मैं लोगों की सेवा करना चाहता हूँ तो उन्होंने ले दी।

पहला पुरुष : उन्होंने, किन्होंने?

रामसिंह : गुरुद्वारे के बड़े सकत्तर साहिब ने।

पहला पुरुष : कोई उनका नाम भी है या नहीं?

रामसिंह : अब मैं क्या जानूँ साहिब, गुरुद्वारे के लोग सभी बड़े मेहरबान हैं।

पहला पुरुष : तेरा नाम क्या है?

रामसिंह : क्या बात है? आप नाम क्यों पूछ रहे हैं? मैं तो पिछले दस साल से इन गलियों में घूम रहा हूँ।

पहला पुरुष : इसीलिए तो नाम पूछ रहा हूँ।

रामसिंह : रामसिंह साहिब, भाई रामसिंह मुझे बुलाते हैं। लड़के मुझे चिरायतेवाला बुलाते हैं।

दूसरा पुरुष : छोड़ो यार, देसराज, यह क्या ले बैठे हो?
जाओ जी, जाओ, पिलाओ चिरायता...।

देसराज : इस गली में फिर मत आना, सुन लिया?

रामसिंह : मैं पिछले दस साल से शहरवालों की सेवा कर रहा हूँ, अभी तक तो मुझे किसी ने नहीं रोका।

देसराज : नहीं रोका तो आज मैं जो रोक रहा हूँ। इधर मत आया करो।

रामसिंह : आप कहेंगे तो नहीं आएँगे, पर कोई कारण?...

देसराज : कारण यह कि हमने कह दिया है। तुम जैसे कई ढोंगी साधु इधर घूमते हैं। हमने बहुत देखे हैं।

[चुप्पी छा जाती है।]

पुरुष : कुछ समझदारी की बात करो, देसराज, यह आदमी कब से यहाँ आ रहा है!

देसराज : आता रहा है तो आता रहा होगा। अब नहीं आएगा।

पुरुष : *(रामसिंह से)* आप जाओ साधु महाराज, इसकी बातों का बुरा नहीं मानिए। यह तो बकता रहता है।

देसराज : तू इसे जानता है, इसका नाम, पता, ठिकाना सब जानता है? यहाँ कब से आ रहा है, इसका कोई मतलब नहीं है।

पुरुष : मतलब यही है कि लोग इसे जानते हैं। इसे चिरायतेवाला साधु कहते हैं।

देसराज : ऊपर से तो चिरायतेवाला साधु कहते हैं, पर अन्दर से यह क्या है, यह कौन जानता है?

पुरुष : तुम कहना क्या चाहते हो?

देसराज : आजकल किसी के बारे में कुछ नहीं कहा जा सकता। क्या मालूम कोई चोर-उचक्का हो, घूम-घूमकर घरों के भेद ले रहा हो। हमारे यहाँ आए दिन चोरियाँ होती हैं।

पुरुष : यह तुम्हें चोर नज़र आता है?

देसराज : क्या तुम चोर को पहचान सकते हो? कभी कोई आदमी चोर को भी पहचान पाया है? इस तरह से पहचान सको तो दुनिया के चोर पकड़े नहीं जाएँगे।

पुरुष : फिर? तुम कहना क्या चाहते हो?

देसराज : यह आदमी कुछ भी हो सकता है। चोर-उचक्का भी हो सकता है, कोई बदमाश भी हो सकता है जो साधुओं का जामा पहनकर औरतों पर डोरे डालने आता है। या कोई ख़ुफ़िया पुलिस का आदमी है जो किसी मुजरिम की तलाश में है। कौन जाने यह कौन है?

पुरुष : अगर यह नया-नया यहाँ आया होता तो हम तेरी बात मान भी लेते पर पिछले दस-बारह साल से यहाँ आ रहा है।

देसराज : पुलिस को एक बार एक क़त्ल के मुजरिम को ढूँढ़ निकालने में पूरे सात साल लग गए थे, और वह ख़ुफ़िया पुलिस का आदमी भी साधुओं के जामे में घूमा करता था।

पुरुष : छोड़ो यार, तुम भी क्या ले बैठते हो? अच्छे-भले आदमी को गाली दे डालते हो?

देसराज : मैंने उसे गाली तो नहीं दी।

पुरुष : यह गाली नहीं तो क्या है? सबके सामने उसका पानी उतार दिया।

देसराज : ऐसे साधुओं का पानी नहीं उतरता, बेफ़िक्र रहो। वे बड़े बेशर्म होते हैं।...जिन्हें घर में माँ नहीं पूछती वे भी यहाँ साधु बने घूमते हैं। यह आदमी है कौन, न आगा न पीछा।

पुरुष : बच्चों को चिरायता पिलाता है, तुम्हारा क्या लेता है?

देसराज : अब यह इस मुहल्ले में तो चिरायता नहीं पिलाएगा। और जहाँ पिलाना चाहता है, पिलाता फिरे। चिरायता पिलाना है तो घरवाले पिलाएँ, कि ज़रूरी है कि उसी के हाथ से पिलाया जा सकता है।

[Fade out]

[Fade in]

[भाई रामसिंह की बिगुल/घंटी की आवाज़।]

बालक : *(बच्चों के भागते क़दमों की आवाज़)* अरे वह आ गया। वही, चिरायतेवाला भागो!

[बड़ी उम्र की एक महिला की आवाज़।]

महिला : आओ महाराज, धन्न भाग! आज बहुत दिनों के बाद दर्शन दिए हैं!

रामसिंह : आपका मुहल्ला तो बहिन जी, मंगलवार का बँधा हुआ है। पिछले मंगलवार नहीं आ सका। एकादशी थी न।

महिला : पुन्न कमा रहे हो साधु जी/सन्त जी, हम माँएँ तो आपको सदा असीसें देती हैं। बिरजा का बेटा था, गर्मियों में हर साल उसका जिस्म फुंसियों से भर जाता था। बड़ी परेशान थी बेचारी। अब पिछले दो साल से उसे एक भी फुंसी नहीं निकली।

रामसिंह : चिरायते जैसी कोई चीज़ नहीं, बहिन जी।

महिला : पर कड़वा बहुत होता है। बच्चे पीना पसन्द नहीं करते।

रामसिंह : बस, तीन बार पी लो तो बहुत है।

महिला : मेरी माँ तो कचूर, मिर्च और निसादर की घुट्टी बनाकर देती थी, वह कड़वी नहीं थी।

रामसिंह : उससे भी फ़ायदा होता है। वह भी अच्छी चीज़ है।

महिला : पर उसे पीसकर तैयार करना पड़ता है ना, आज कौन इतनी मेहनत करता है। आजकल की लड़कियों को बनने-सँवरने से ही फ़ुर्सत नहीं है। घुट्टी कौन बनाएगा?

रामसिंह : आजकल पुराने टोटकों में किसी को विश्वास भी तो नहीं है ना। सभी अंग्रेज़ी दवाइयों की ओर भागते हैं।

महिला : यह भी सच है। हमारी बहू को तो चिरायते का भी पता नहीं है कि किसी आदमी का नाम है या किसी जानवर का।

रामसिंह : घर की औरतें बच्चों को पिलाएँ तो मेरे घर-घर जाकर पिलाने की ज़रूरत ही क्या है?

महिला : हमारी बहू तो पिला चुकी। उससे तो अपना आप नहीं सँभाला जाता, बच्चों की देखभाल क्या करेगी! सारा दिन लेटकर नॉवलें पढ़ती रहती है।

रामसिंह : आपका पोता आज दिखाई नहीं दे रहा, बहिन जी। वह होता तो उसे भी दो घूँट पिला देते।

महिला : अभी-अभी यहीं पर था। आपको देखकर भाग गया है। बहुत बिगड़ा हुआ है। जिसकी माँ ध्यान न दे, ख़याल न करे तो वह तो बिगड़ेगा ही।

रामसिंह : बुला लीजिए। आ जाए तो पिला दें।

महिला : मुझसे तो उसके पीछे भागा नहीं जाता। उसकी माँ तो, महारानी, अन्दर बैठी है, उसे क्या मालूम बेटा कहाँ घूमता फिर रहा है।

रामसिंह : आज तो यहाँ पर कोई भी नहीं है, सभी भाग गए हैं।

महिला : तुम जाओगे तो सभी लौट आएँगे। गर्मियों में जब शर्बत लेकर आते थे तो देखा था, कैसा जमघट लग जाता था। सभी 'मुझे दो, मुझे दो' का शोर मचाते रहते थे। तब तो हमारी बहू भी पीने पहुँच जाती थी। चटख़ोरी है। रोज़ एक रुपए की चाट खाती है। सामने बैठकर मुँह हिलाती रहती है, यह नहीं कि एक कौर मुझे भी देने को कह दे। किसी और से भी पूछे।

रामसिंह : मेरा बस चले तो मैं बड़े-छोटे सभी को पिलाऊँ। अच्छा, अब चलूँगा बहिन जी, देर हो रही है।

महिला : अगली बार आओगे तो मैं पोते को पकड़कर रखूँगी। पीता कैसे नहीं, उसकी माँ को तो परवाह नहीं, पर मैं दादी मर तो नहीं गई है। भागकर कहाँ जाएगा।

[Fade out]

[Fade in]

[Street noises]

[किसी दुकान पर।]

एक स्त्री : शनील है?

दुकानदार : हाँ है, बहिन जी। पिछली बार भी आपने पूछा था, हमने तभी मँगवा ली थी! दिखाओ भाई शनील।

स्त्री : *(थान फेंकने की आवाज़)* और भी कोई रंग है या यही लाल रंग ही है।

दुकानदार : और भी है। निकालो भाई, और रंग दिखाओ बहिन जी को, दालचीनी,...हल्का रंग अच्छा रहेगा। इसका ज़्यादा रिवाज है।

स्त्री : सलवार-कमीज़ पर कितना कपड़ा लगेगा?

दुकानदार : सूट सिलवाना हो तो पाँच गज़ में दोनों कुर्ता-सलवार बन जाएँगे।

[तभी बिगुल की आवाज़ आती है।]

स्त्री : यह आवाज़ कैसी है? ओह तूने सुनी, माया?

माया : चिरायतेवाला साधु होगा, और कौन होगा? उसी की बिगुल की ऐसी आवाज़ है।

स्त्री : हाँ, वही है *(हँसती है)*।

दूसरी (माया) : आज तो बड़े चमचम कपड़े पहनकर आया है। जैसे धोबी के धुले हुए हों। गागर भी कैसी चमक रही है।

दुकानदार : लो जी, यह रंग पसन्द है? कटवाऊँ? पाँच गज़?

स्त्री : तुम इधर ध्यान दो न लीला, तुम तो चिरायतेवाले को देखे जा रही हो। उसे पहले कभी नहीं देखा?

लीला : वह कुछ कह रहा है, सुना तुमने?

रामसिंह : भगतो, आज मैं आपसे विदा लेने आया हूँ। भूल-चूक माफ़ करना।

लीला : यह क्या हुआ? कहीं जा रहा है। ठहर, सुनने दे।

[बाहर तरह-तरह की आवाज़ें हैं। इस शोर में रामसिंह की आवाज़ साफ़ सुनाई नहीं देती।]

रामसिंह : भगवान का मुझे परवाना आ गया है। कल मैं चोला छोड़ दूँगा। कल पौ फटते मैं इस जहान से चला जाऊँगा।

लीला : तुमने सुना, मालती? साधु कह रहा था कि कल सुबह वह चोला छोड़ देंगे। यही ना?

मालती : मैंने ठीक से नहीं सुना। शोर बहुत था।

दुकानदार : आपने सुना रामसिंह क्या कह रहा था?

दूसरा दुकानदार : क्या?

दुकानदार : कि कल सुबह चोला छोड़ देंगे।

दूसरा दुकानदार : तो क्या?...तेरे बच्चे चिरायता पीते रहे हैं। तू उसके सामने जाकर माथा टेक। मुझे क्या पड़ी है? वह भले ही कुछ कहता फिरे!

लीला : क्या सच, यही कहता था?

दुकानदार : हाँ जी, यही कहता था कि कल सवेरे, पौ फटने पर शरीर त्याग देगा। मैंने साफ़ सुना है।

दुकानदार : हाँ जी, फिर पाँच गज़ शनील फाड़ दूँ?

दुकानदार : ख़ब्ती आदमी है, जो भी कहे।

दूसरा दुकानदार : मगर चोला छोड़नेवाली बात कोई क्यों कहेगा?

दुकानदार : मेरी बला से!

दूसरा दुकानदार : चला गया है। ढलान उतरकर सेवाराम की गली की ओर चला गया है।...वह...धीरे-धीरे जा रहा है।

[क़दमों की आवाज़।]

लीला : हाय, बेचारा कल चोला छोड़ देगा और आज भी बच्चों को चिरायता पिला रहा है।

सुनीता : ओ लीला! क्या ख़रीदकर लाई है?

लीला : शनील है, सलवार-कमीज़ के लिए। अच्छी है?

[काग़ज़ का बड़ा लिफ़ाफ़ा खोलने की आवाज़।]

सुनीता : हाँ, बड़ी अच्छी है। किस भाव में मिली?

लीला : फिर बताऊँगी। देख लीला, वह भाई रामसिंह खड़ा है ना।

सुनीता : हाँ तो, उसे कौन नहीं जानता? वही चिरायतेवाला साधु!

लीला : वह अभी-अभी बुद्धसिंह बजाज की दुकान के सामने लोगों से कह रहा था कि कल सवेरे चोला छोड़ देगा।

सुनीता : क्यों? अपने आप चोला कौन छोड़ता है?

लीला : क्या मालूम! कहता था भगवान की ओर से बुलावा आया है।

सुनीता : तू इन बातों में विश्वास करती है?

लीला : विश्वास नहीं, पर है तो बड़ी अजीब बात ना। बेचारा!...कल इसे चोला बदलना है और आज भी लोगों को चिरायता पिला रहा है।

सुनीता : तू सुन छोड़ा कर। अपने आप कोई नहीं मरता।

लीला : मगर कह रहा था या नहीं कि ऊपर से परवाना आ गया है, मैं कल सुबह चला जाऊँगा।

सुनीता : बूढ़ा सठिया गया है, और क्या! यह इतना बड़ा अन्तर्यामी कहाँ से आया कि इसे पता चल गया है कि कल उसकी मौत होनेवाली है।

लीला : मेरे दिल को तो जाने कैसा लग रहा है। बेचारा, वर्षों से लोगों की सेवा कर रहा है, और अपना न घर न घाट, न कुछ माँगता है, न लेता है। और अब...।

सुनीता : तू इन साधुओं के चक्कर में नहीं पड़, लीला। रहने दे। दस में से नौ पाखंडी होते हैं। क्या मालूम यह भी कोई नाटक खेल रहा हो!

लीला का पति : लीला, तुम यहाँ घूम रही हो, मैं कितनी देर से तुम्हारी राह देख रहा हूँ।

लीला : मैं यहाँ बुद्धसिंह की दुकान पर आई थी। यह शनील का कपड़ा लिया है।...अच्छा है?

पति : *(तनिक रुककर)* हाँ, अच्छा है।

लीला : सुनो जी, वह साधु है न, जो बच्चों को चिरायता पिलाया करता है।

पति : हाँ, हाँ जानता हूँ, अभी-अभी उसे उधर जाते हुए देखा है।

लीला : वह अभी-अभी कह रहा था कि कल सुबह वह चोला त्याग देगा।

पति : क्या मतलब?

लीला : कि अपने प्राण त्याग देगा।

पति : वह तो हट्टा-कट्टा है। गागर उठाए सारे शहर का चक्कर लगाता है। उसे क्या हुआ है?

लीला : क्या मालूम क्या हुआ है? उसे वैराग्य हो गया होगा, या सचमुच आकाशवाणी हुई होगी, या सचमुच इलहाम हुआ होगा। कौन जाने! मगर यह कह रहा था।

पति : तो इसमें मैं क्या कर सकता हूँ, लीला?...मेरा इससे क्या वास्ता?

लीला : मैंने तो यों ही तुम्हें बताया है। अच्छा तो नहीं लगता न जी कि एक आदमी...।

पति : नहीं मरेगा, नहीं मरेगा, तुम चिन्ता नहीं करो।

[Fade out]

[Fade in]

नूरा : *(ऊँची आवाज़ में)* ओ मीर ज़मान! क्या है? कुछ मुझे भी बता।

मीर ज़मान : वह जो सफ़ेद कपड़ोंवाला फ़क़ीर है न, वह जो गागर उठाकर गली-गली घूमता है...

नूरा : हाँ,...क्या है?

मीर ज़मान : यह लोग कहते हैं, कल वह मर जाएगा।

नूरा : मर जाएगा? क्या मतलब?

मीर ज़मान : ये कहते हैं कि उसे इलहाम हुआ है कि कल सुबह वह अल्लाह को प्यारा हो जाएगा। सभी लोग यही बातें कर रहे हैं।

नूरा : *(तनिक चुप रहने के बाद)* बड़ा नेकसीरत आदमी है। कोई पहुँचा हुआ फ़क़ीर जान पड़ता है।

[Fade out]

[Fade in]

एक : क्या आपने भाई रामसिंह को इधर से जाते तो नहीं देखा?

दूसरा : कौन भाई रामसिंह?

एक : वही जो गागर उठाए बच्चों को चिरायता पिलाते हैं।

दूसरा : हाँ, देखा है, उधर लुंडा बाज़ार की तरफ़ जा रहा था।

एक : उनके साथ में कोई था?

दूसरा : नहीं, साथ में तो कोई नहीं था। अकेला ही जा रहा था। क्या बात है?

एक : एक बड़ी अजीब ख़बर सुनी है कि कल वह प्राण त्याग देगा।

दूसरा : अच्छा! उसे कैसे मालूम है?

एक : कहते हैं, इलहाम हुआ है। भगवान ने दर्शन दिए हैं और उसे अपने पास बुला लिया है।

दूसरा : उसने कोई ख़्वाब देखा होगा, जिसे इलहाम समझ बैठा है। कोई सनकी आदमी जान पड़ता है। शहर में बहुत घूमता है। सिर को गर्मी चढ़ गई होगी।

एक : भगवान जाने, पर सारा शहर इसी की चर्चा कर रहा है। जहाँ जाओ, लोग इसी की बातें कर रहे हैं।

दूसरा : *(हँसकर)* चलो, आज तो किसी ने पूछा। वर्षों तक लोगों को चिरायता पिलाता रहा तो किसी ने ध्यान नहीं दिया। आज जब अपने मरने की ख़बर दी तो लोग उसकी खोज-ख़बर लेने लगे। एक दिन में साधु से सन्त बन गया। क्या मालूम शोहरत हासिल करने के लिए ही उसने यह ख़बर उड़ाई हो?

एक : नहीं, ऐसा क्यों करेगा, वह तो बड़ा मसाकीन-सा आदमी है, सारा वक़्त आँखें नीची किए रहता है।

दूसरा : बड़े से बड़ा पाखंडी भी आँखें नीची किए रह सकता है, आँखें नीची किए रहने की तुमने भली कही।

एक : नहीं जी, मुझे तो नहीं लगता कि झूठ बोल रहा है। ज़रूर उसे इलहाम हुआ होगा, या कोई और बात होगी। अगर चालाक आदमी होता तो पिछले दस सालों में ज़रूर लोगों को उसके बारे में पता चल गया होता।

[भागते क़दमों की आवाज़।]

एक : कहाँ जा रहे हो? भाई रामसिंह का कुछ पता चला?

दूसरा : उसी को देखने जा रहा हूँ। सुना है, तपोवन की ओर जा रहा है।

एक : अभी-अभी तो कोई बता रहा था कि लुंडा बाज़ार की तरफ़ जा रहा था।

दूसरा : लुंडा बाज़ार तक वह गया था। वहाँ उसकी गागर ख़ाली हो गई। अब गुरुद्वारे में लौटने की बजाय उसने तपोवन का मुँह कर दिया है। यही मैंने सुना है।

[Fade out]

[Fade in]

लड़का : कहाँ जा रही हो, माँ?

माँ : तेरे लिए रोटी चिंगरे में रखी है। साथ में सालन भी, ख़ुद भी खा ले और छोटे भाई को भी खिला देना।

लड़का : तुम कहाँ जा रही हो, माँ, हम अभी-अभी स्कूल से आ रहे हैं।

माँ : मैं जा रही हूँ, एक साधु को देखने। वह सुना है तपोवन में बैठा है, उसे देखकर लौट आऊँगी। तुम खाना खा लेना, और अपने छोटे भाई का ख़याल करना।

[Steps recede]

दोस्त-1 : चलं, देख आएँ यार, हम भी यह तमाशा?

दोस्त-2 : तू क्या देखेगा, सारा शहर वहाँ टूटा पड़ रहा है। लोगों की भीड़ वहाँ पर इकट्ठी हो गई है।

दोस्त-1 : आज तो शहर का माहौल ही बदल गया है।

दोस्त-2 : जिसको देखो उसी साधु की चर्चा कर रहा है। चल यार, चलते हैं।

[Fade out]

[Fade in]

एक : अरे, खोमचेवाले, इधर आना।

खोमचेवाला : नहीं साहिब, मुझे फ़ुर्सत नहीं है।

एक : तुम्हें फ़ुर्सत नहीं है। खोमचेवाला है और फ़ुरसत नहीं है?

खोमचेवाला : साहिब उधर तपोवन को जा रहा हूँ वहाँ किसी साधु ने आसन लगाया है। वहीं खोमचा लगाऊँगा, दो पैसे बन जाएँगे। सभी लोग उधर को ही जा रहे हैं।

एक : किसने आसन लगाया है?

खोमचेवाला : किसी साधु-महात्मा ने, यही सुनते हैं। लोग दर्सनों को जा रहे हैं। हम भी दर्सन कर लेंगे।

[Fade out]

[Fade in]

एक : अगर उसने ठीक कहा है तो सचमुच चमत्कार होगा।

दूसरा : वह तो होगा ही। बड़ा पहुँचा हुआ साधु लगता है।

एक : इतना विनम्र, इतना विनीत, उसकी आँखों से हमेशा प्रेम झलकता था, प्रेम और भ्रातृभाव।

दूसरा : अपने ही शहर में रहता था और हम उसके बारे में कुछ भी नहीं जानते थे।

एक : यह भी उसी का बड़प्पन है। सच्चा साधु है। साधु नहीं सन्त है। किसी से कभी कुछ कड़वा शब्द नहीं कहा, सभी को आशीष दी, सेवा की। और न जाने ख़ुद कहाँ पड़ा रहता था।

दूसरा : इसी में तो हमारे देश की महानता है। इसी की मिट्टी में से ऐसे स्वच्छ हृदय, मानव कल्याण की कामना करनेवाले, निःस्वार्थ लोग पैदा होते हैं।

एक : किस कवि की ये पंक्तियाँ हैं :

अमृत अमृत दीजे
आप हलाहल पीजे

लोगों को अमृत देते हैं, और स्वयं हलाहल पीते हैं। लोगों की सेवा में दिन-रात जुटा रहता था। और स्वयं, जीवन तक को छोड़ रहा है। वाह!

दूसरा : सच पूछो तो लोगों ने उसकी महानता को पहचाना नहीं है।

एक : वह हमसे बहुत ऊँचा था।

दूसरा : चाहिए तो यह था कि उसका अपना कोई स्थान होता, जहाँ वह बैठता, लोग श्रद्धा से उसके पास जाते, उसके प्रवचन सुनते, उसे आदर-मान देते, कथा-आराधना होती, कीर्तन होता। किसी को इसका ध्यान नहीं आया।

एक : ठीक कहते हो। इसके उलट वह स्वयं गली-गली भटकता रहा, लोगों की सेवा करता रहा। बल्कि लोग उसे बुरा-भला कहते थे।

दूसरा : मैंने अपने कानों से सुना है लोगों को यह कहते हुए कि वह ख़ुफ़िया पुलिस का आदमी है, कोई कहता इसने बहुत-सा धन कहीं गाड़ रखा है। चोर-डकैत तक तो उसे कहते थे। गलियों में लोगों का भेद लेने के लिए घूमता है। क्या नहीं कहा लोगों ने।

एक : चलिए, पर जाने से पहले तो उसे मान-मर्यादा मिली, लोगों ने उसकी असलियत को पहचाना। साधु के लिए यह भी बहुत है।

दूसरा : हाँ, वह तो बिना किसी से कुछ कहे तपोवन में जा बैठा था। वहीं बैठा-बैठा प्राण त्याग देता, किसी को मालूम भी नहीं पड़ता।

[Fade out]

[Fade in]

मुस्लिम स्त्री : आज सुना है कोई बहुत बड़ा पीर शहर में आया है।

मुस्लिम पुरुष : कौन?

मुस्लिम स्त्री : कोई पीर सुनते हैं। बहुत मख़लूक उसे देखने जा रही है। चोला बदलने/छोड़ने की बात कहता है।

मुस्लिम पुरुष : अरे वही गागरवाला रामसिंह है, और कोई नहीं। मैंने भी सुना है।

मुस्लिम स्त्री : सुनते हैं, बहुत पहुँचा हुआ फ़क़ीर है।

मुस्लिम पुरुष : होगा, हम क्या जानें!

मुस्लिम स्त्री : पीर-फ़क़ीर तो सभी के साझे होते हैं। हिन्दू क्या और मुसलमान क्या? हम तो उसे देखने जाएँगी। सुना है, शहर के बाहर बड़ा जमघट लगा है।

मुस्लिम पुरुष : कैसे जाओगी? अकेली जाओगी क्या?

मुस्लिम स्त्री : तुम भी चलो।

मुस्लिम पुरुष : बच्चों को कहाँ छोड़ेंगे? नहीं, तुम पहले देख आओ, फिर हम चले जाएँगे।

मुस्लिम स्त्री : बच्चे बहुत छोटे हैं, नहीं तो इन दोनों को भी ले चलती। ये भी दीदार कर लेते।

मुस्लिम पुरुष : इनके दीदार करने के लिए अभी बहुत वक़्त है, इनकी सारी ज़िन्दगी पड़ी है।

मुस्लिम स्त्री : हाँ, पर यह पीर-फ़क़ीर तो तब यहाँ नहीं होंगे ना! कहो तो, इन्हें भी साथ में ले चलें।

मुस्लिम पुरुष : नहीं, यही ठीक है कि पहले तुम दीदार कर आओ, फिर तुम इनके पास ठहरना, मैं चला जाऊँगा।...ज़्यादा देर नहीं लगाना, अभी से अँधेरा पड़नेवाला है।

[Fade out]

[Fade in]

[छैने बज रहे हैं, ढोल-मजीरे पर कीर्तन चल रहा है।]

एक : वाह! सन्तजी के चेहरे से कैसा नूर बरसता है! कितना रूहानी चेहरा है!

दूसरा : देखते-ही-देखते यहाँ मजमा लग गया। लोग इकट्ठा होने लगे। तुम्हें मालूम है, दोपहर को जब वह यहाँ, तपोवन में आए थे तो यहाँ पर कोई भी नहीं था। वह चुपचाप एक पेड़ के नीचे आकर बैठ गए थे। गागर पास में रखी थी। तभी ध्यानमग्न होकर चुपचाप बैठ गए थे।

एक : वह कौन हैं, जो उनकी वेदी की ओर बढ़ रहे हैं।

दूसरा : कैमरेवाले हैं, और क्या! सन्तजी का फोटो उतारने आए हैं। बड़े शहरों में ऐसे लोग बहुत घूमते हैं।

एक : इसका मतलब है, और शहरों में भी इसकी ख़बर पहुँच गई होगी।

दूसरा : क्या मालूम...?

एक : वाह, जो आता है सन्तजी पर फूल बरसाता है। सन्तजी के आस-पास फूलों का ढेर लगा हुआ है।

दूसरा : श्रद्धा के बाँध फूट पड़े हैं। यह तो मानना पड़ेगा कि हम लोग आदर करना जानते हैं।

एक : यह तो हमारी परम्परा है, हमारे ख़ून में है। हमारी सबसे बड़ी विरासत है।

दूसरा : ख़ूब! देखो, स्त्रियाँ कैसे झूम-झूमकर कीर्तन कर रही हैं।

एक : लोग भेंट भी चढ़ा रहे हैं। आटा, घी, चावल, जो जिससे बन पड़ा है, भेंट कर रहा है।

दूसरा : पर इससे सन्तजी को क्या लाभ? वह तो कुछ ही घंटों में चोला बदल जाएँगे। यह सब यहाँ धरा का धरा रह जाएगा।

एक : यह तो अपनी श्रद्धा जताने का ढंग है। बाद में ग़रीब-गुरबे के काम आ जाएगा या किसी मन्दिर-गुरुद्वारे में चला जाएगा।

[कीर्तन की आवाज़ तेज होती है।]

[कुछ ही देर बाद कीर्तन के स्वर फिर से धीमे पड़ जाते हैं।]

एक महिला : महाराज, दया करो, चोला न बदलो। महाराज, हम अनाथ हो जाएँगे।

रामसिंह : ऊपर से परवाना आ गया है, बीबी, उसका हुक्म है। मैं कैसे मोड़ सकता हूँ?

एक पुरुष : महाराज, हमें भी कोई सन्देश देते जाओ। हमारे लिए क्या उपदेश है?

रामसिंह : मैं भी गुरु महाराज का सेवक हूँ। हम सब गुरु महाराज के सेवक हैं। सेवा करना ही हम सबका धर्म है।

पुरुष : सत् वचन, महाराज, सत् वचन। *(धीमी आवाज़ में)* कितना मीठा बोलते हैं। इनकी वाणी से तो फूल झरते हैं।

महिला : हम पापियों का उद्धार करने आए थे। हमारा बेड़ा पार लगाने आए थे।...*(रुँधे गले से)* महाराज, न जाओ, हमें छोड़कर न जाओ...।

[कीर्तन के स्वर फिर ऊँचे उठने लगते हैं।]

एक : क्या वक़्त हुआ है?

दूसरा : बारह बज चुके हैं।

एक : बस चार घंटे बाक़ी हैं, सिर्फ़ चार घंटे।

दूसरा : सारा शहर टूटा पड़ रहा है।

एक : आज की रात तो घर में कोई भी नहीं सो पाया होगा।

दूसरा : आज की रात तो ऐतिहासिक रात है, सदियों तक लोगों को याद रहेगी।

एक : ठीक कहते हो।

[छैने बज उठते हैं। नारे गूँजने लगते हैं।]

बोलो, सन्त रामसिंह की...जय!
बोलो, सन्त बाबा रामसिंह की...जय!
बोलो, गुरु के प्यारे, रामसिंह की...जय!
बोलो, गागरवाले सन्त की...जय!
बोलो, दासों के दास, रामसिंह की...जय!

सब मिलकर गाने लगते हैं–

होन गे संजोगी मेले, भाई जी,

होन गे संजोगी मेले!
होन गे संजोगी मेले, भाई जी!
होन गे संजोगी मेले!

[पहली दो पंक्तियाँ पुरुष गाते हैं, दूसरी दो पंक्तियाँ, उसी सुर में, स्त्रियाँ गाती हैं।]

[Fade out]

[Fade in]

[गली में भागते क़दमों की आवाज़।]

पुरुष की आवाज़ : चार बजा चाहते हैं। कुछ ही देर रह गई है। मैं जा रहा हूँ।

स्त्री की आवाज़ : लौटोगे कब?

पुरुष : अभी लौट आऊँगा, चमत्कार देखकर लौट आऊँगा। तू बाद में चली जाना।

स्त्री : बाद में मैं क्या देखूँगी। सारा खेल तो तब तक ख़त्म हो चुका होगा।

पुरुष : बच्चों के पास भी तो किसी को रहना है, ना! क्या किया जाए!

[दूर जाते क़दमों की आवाज़।]

[Fade out]

[Fade in]

[धीमी-धीमी कीर्तन की आवाज़ मानो दूर से आ रही हो।]

एक हाँफता हुआ आदमी : बस, चार बजे से पहले पहुँच जाऊँ? *(हाँफता है।)*

दूसरा : भागो, भागकर चलो।

[दो जोड़ी क़दम भागने लगते हैं।]

[Fade out]

[Fade in]

उफ़! कितनी भीड़ है। यहाँ पर से तो कुछ भी नज़र नहीं आएगा। तुमने ख़्वाहमख़्वाह देर कर दी।

एक : मैंने क्या देर कर दी? तू घर से निकलता ही नहीं था, बीवी के साथ तेरी सारा वक़्त बहस चलती रहती है।...इधर आ, इधर से घूमकर जाते हैं। वह नज़दीक पड़ेगा।

[Pause]

(धीमी आवाज़ में) क्या वक़्त हुआ है?

दूसरा : पाँच मिनट रहते हैं। चार बजने में पाँच मिनट।

[कीर्तन की आवाज़ तेज़ हो उठती है। छैने, बाजे, खड़तालें आदि]

एक : महाराज आँखें बन्द किए बैठे हैं। वह अभी से समाधि में चले गए हैं।

दूसरा : इनके चेहरे पर कितनी शान्ति है! कैसा नूर है!

आवाज़ : *(गहरी, स्थिर आवाज़ में)* चार बजने में दो मिनट!

[सहसा चुप्पी छा जाती है। बाजे-गाजे बन्द हो जाते हैं। Long pause]

एक : वक़्त आ पहुँचा!

दूसरा : महाराज ने आँखें खोली हैं। इन्हें पता चल गया है कि चार बज रहे हैं।...यह क्या, महाराज उठ खड़े हुए हैं।

[Pause]

(धीमी आवाज़ में) महाराज वेदी पर से उतर आए हैं। यह क्या करने जा रहे हैं? *(Pause)* महाराज वेदी के सामने ज़मीन पर लेट गए हैं और छाती पर दोनों हाथ जोड़ लिये हैं, और आँखें बन्द कर ली हैं।

एक महिला की आवाज़ : *(रुलाई में)* महाराज जा रहे हैं, महाराज चोला छोड़ रहे हैं। सन्तजी हमें छोड़कर जा रहे हैं।

एक : *(धीमी आवाज़ में)* भक्त लोग महाराज पर फूल डालने लगे हैं। लोग चुपचाप हाथ जोड़कर उन्हें नमस्कार कर रहे हैं। सारी पंगत खड़ी हो गई है। महाराज की सारी देह फूलों से ढक गई है।

[चुप्पी।]

दूसरा : *(फुसफुसाती आवाज़ में)* अभी चमत्कार होगा। महाराज इसीलिए आकर लेट गए हैं।

[चुप्पी।]

एक : दम साधे, लोग महाराज के चेहरे की ओर देखे जा रहे हैं।

दूसरा : *(धीमी आवाज़ में)* एक मिनट ऊपर हो गया है। चार बजकर एक मिनट।

एक : *(धीमे)* तुम्हारी घड़ी ग़लत होगी।

दूसरा : *(धीमे)* हो सकता है।

एक : संसारी घड़ियों का क्या विश्वास! जब ऊपर चार बजेंगे तो महाराज के प्राणपखेरू अपने आप उसी वक़्त उड़ जाएँगे।

दूसरा : *(फुसफुसाती आवाज़ में थोड़ी सी चुप्पी के बाद)* चार बजकर तीन मिनट।...देखो, मुखिया/शहर का मुखिया आगे बढ़कर महाराज के पास जा रहा है।

एक : *(After a slight pause) (धीमी आवाज़ में)* मुखिया, महाराज की नब्ज़ देख रहा है।

आवाज़ : क्या पता चला, मुखिया जी?

मुखिया : *(तनिक देर के बाद)* नब्ज़ धीमी है, मगर चल रही है। *(चुप्पी)* बस, अब कोई देर नहीं रह गई है।

एक स्त्री की आवाज़ : हे महाराज, दया कर!

एक : *(फुसफुसाकर)* लोग कैसे चुप हो गए हैं!

मुखिया : महाराज, कैसे हैं?

रामसिंह : *(धीमी आवाज़ में)* मैं इन्तज़ार में हूँ।...मैंने अपनी तरफ़ से चोला छोड़ दिया है।

[Pause]

एक : *(धीमा)* अब तो चार बजकर छह मिनट हो गए हैं।

दूसरा : *(फुसफुसाकर)* मुखिया फिर नब्ज़ देख रहा है।

[Pause]

मुखिया : नब्ज़ ज्यों की त्यों चल रही है।

दूसरा मुखिया : *(तनिक ज़ोर से)* साधु महाराज, क्या देरी है?

रामसिंह : *(दबी आवाज़ में)* ऊपर से परवाना आए तब तो? मैंने अपनी तरफ़ से चोला कब का छोड़ दिया है।

[Pause]

एक : अब तो सवा चार बजने लगे हैं।

मुखिया-2 : *(ऊँची आवाज़ से)* अब क्या देरी है? हम खड़े-खड़े थक गए हैं।

दूसरा : भाई रामसिंह उठ खड़ा हुआ है। उसने हाथ जोड़ दिए हैं।

रामसिंह : मैं हर क्षण इन्तज़ार कर रहा हूँ, भगवन् मुझे रुला रहे हैं।

स्त्री : हैं, देखो, यह तमाशा देखो, पाखंडी!

दूसरा : *(ऊँची आवाज़ में)* कब चोला छोड़ेगा? हम कितनी देर तक इन्तज़ार करते रहेंगे?

तीसरा : साले, जानता नहीं यह शहर कौन-सा है? हमारे साथ चालाकी करता है?

एक : *(धीमी आवाज़ में)* चौकी के पास जा खड़ा हुआ है। कुछ कह रहा है, सुनो, सुनो।

रामसिंह : भक्तो, मैं दिन चढ़ने से पहले चोला छोड़ जाऊँगा। मुझे यही परवाना मिला है। आप घरों को जाओ।

दूसरा : *(चिल्लाकर)* अब दिन कब चढ़ेगा? चार तो कब के बज गए?

रामसिंह : भाइयो, आप घर लौट जाओ। मैंने यहाँ किसी को नहीं बुलाया। आप लोग जाओ...सूरज चढ़ने से पहले...।

मुस्टंडा : साले! हमारे साथ खिलवाड़ करता है। तूने यह ख़ाला का घर समझ रखा है।

एक : *(बड़ी धीमी आवाज़ में, मानो अपने साथी से कह रहा हो)* कहीं यहाँ झगड़ा नहीं हो जाए। देखो, पाँच-सात मुस्टंडे इस तरफ़ बढ़ते आ रहे हैं।...रामसिंह पीछे हट गया है। चौकी को

छोड़कर, उधर पेड़ के नीचे जा खड़ा हुआ है। यहाँ झगड़ा होगा। लोग मुक्के कसने लगे हैं।

मुस्टंडा : भागकर कहाँ जाएगा!

एक : *(धीमी आवाज़ में)* अरे रे, ये तो उसे पीटने लगे हैं।

रामसिंह : भाइयो, मैंने किसी का कुछ नहीं बिगाड़ा है। मुझे भगवान ने पुकारा है और मैं यहाँ आया हूँ। भगवान मुझे उठा लेंगे। आप घर जाओ।...हे भगवान!

एक : *(धीमे)* देखो, देखो, एक पेड़ छोड़कर, पीछे दूसरे पेड़ की ओट में हो गया है।

मुस्टंडा : उठाओ पत्थर! फोड़ दो भेजा इसका, यह हमें बेवकूफ़ बनाने चला है।

रामसिंह : *(दूर से आती हुई आवाज़)* भाइयो, मुझे मत मारो, मैंने तुम्हारी सेवा की है, तुम्हारे बच्चों की सेवा की है।

एक आवाज़ : छोड़ो, छोड़ो, जाने दो, इससे भूल हो गई है।

दूसरा : *(चिल्लाकर)* भूल हो गई है? हट जा आगे से, वरना तेरा भी सिर फोड़ देंगे।

एक आवाज़ : नहीं, नहीं, हो गया जो होना था, अब इसे छोड़ दो।

दूसरा : हट आगे से! बड़ा आया बीच में पड़नेवाला! वह तेरा बाप लगता है?

एक : उफ़! पत्थर रामसिंह के सिर को लगा है। अरे रे, ये तो सब उस पर पिल पड़े हैं। घूँसे पर घूँसा, पत्थर, जूते, जो जिसके हाथ लगा है, उसी से साधु पर पिल पड़ा है।

बहुत-सी आवाज़ें एक साथ : – साले, हमारे साथ चालाकी!
– अब बोल!...यह चोला छोड़ने चला था!
– मार-मारकर भुस बना देंगे! चला था हमें चराने।

एक : *(धीमा)* गिर गया है! रामसिंह बुरी तरह से घायल हो गया है!

मुस्टंडा : मारो, साले का भुरता बना दो! फिर से ऐसी बात कभी नहीं करेगा। चला था, चोला छोड़ने। साला, हमारे साथ चालाकी करता है! इसे पकड़कर पेड़ से उलटा टाँग दो। बड़ा साधु बनता है...।

[तरह-तरह का शोर। स्त्रियों की चीख़ें, 'मारो-मारो' की आवाज़ें, 'छोड़ दो, जाने दो, मत मारो']
[सहसा चुप्पी छा जाती है।] [Long pause]

एक : यह क्या!

दूसरा : क्या हुआ है?

एक : भाई रामसिंह तो मर गया है।

दूसरा : क्या?

एक : बहुत बेरहमी से मारा इन लोगों ने। हम लोगों में सहनशीलता नहीं है।

दूसरा : बहुत बुरा हुआ है।...क्या सचमुच मर गया है?

एक : हाँ तो, देखते नहीं, लोग पीछे हट रहे हैं। पत्थरों, जूतों का ढेर लगा हुआ है।

दूसरा : वाह री क़िस्मत! कुछ देर पहले यह आदमी फूलों के ढेर के नीचे लेटा हुआ था और यही लोग कीर्तन कर रहे थे।

एक : मगर उसने भी तो बेवकूफ़ी की। लोगों से क्यों कहा कि मैं मरने जा रहा हूँ?

दूसरा : क्या मालूम उसे सपना आया हो, या भ्रम हुआ हो या सचमुच ही इलहाम हुआ हो!

एक : इसे चाहिए था यहाँ लोगों को इकट्ठा नहीं होने देता। अकेला आया था, अकेला बैठा रहता। मरता, नहीं मरता, यह बात दूसरी है।

दूसरा : *(धीरे-धीरे कहता है)* च, च...कैसी ख़ून और मिट्टी और कीच से लिथड़ी, इसकी लाश पड़ी है, और ऊपर जूतों और पत्थरों का ढेर।

[Pause]

मुस्टंडा : किसने मारा है, कौन जाने! पत्थर और जूते तो सभी मार रहे थे, किसके पत्थर से इसका भेजा फूटा है, हम क्या जानें!

[Pause]

एक : देखो...सूरज निकल रहा है।

दूसरा : हाँ, तो।...दिन के उजाले में यह घटना और भी ज़्यादा अटपटी और भयानक नज़र आती है।

एक आवाज़ : दिन निकल आया है।...अरे?

दूसरा : क्या?...क्या है?...तुम क्या कहने जा रहे थे?

एक आवाज़ : अरे, वह ठीक ही तो कहता था...।

दूसरा : क्या?

एक आवाज़ : कि दिन चढ़ने से पहले वह अपना चोला बदल देगा। दिन चढ़ने पर मरा तो पड़ा है।

[Pause]

दूसरा : इससे क्या?...

एक : उसकी भविष्यवाणी तो ठीक निकली! मर ही तो गया।

दूसरा : क्या कह रहे हो?

एक : और क्या? उसने कहा था, भगवान मुझे बुला रहे हैं। सुबह होते-होते मैं मर जाऊँगा। मर गया या नहीं?

दूसरा : मगर...।

एक : उसकी बात तो पत्थर की लकीर की तरह पक्की/सही निकली! वह पहुँचा हुआ फ़क़ीर था। उसने जो कहा सच निकला।

स्त्री : चला तो गया! जैसे भी गया, पर चला तो गया। सच ही तो कहता था।

स्त्री-2 : हाय, हाय, कहता था मुझे परवाना मिल गया है। उसे परवाना मिला था, तभी कहता था।

स्त्री-1 : और सूरज चढ़ने से पहले। इधर सूरज निकला, उधर...हाय, हाय...।

आदमी-1 : हमसे बहुत बड़ा पाप हुआ है। हमने एक साधु की हत्या कर डाली है।

आदमी-2 : हम लोगों में धैर्य नहीं है। उसे मर तो यों भी जाना था।

आदमी-1 : एक पीर-पैग़म्बर के ख़ून से हमने हाथ रँगे हैं। हमसे बड़ा पापी कौन होगा!

मुखिया-1 : महाराज, हमें क्षमा करना, हमसे बहुत बड़ी भूल हुई। हमारी मत मारी गई।

मुखिया-2 : *(रुआँसी आवाज़ में)* वह अन्त तक कहते रहे, भाइयो, तुम लौट जाओ। मैंने किसी का कुछ नहीं बिगाड़ा।

स्त्री : हाय, हाय, कहते थे–ऊपर से बुलावा आ गया है। मेरा समय आ गया है। सच ही तो कहते थे।

पुरुष : हमने उनको पहचाना नहीं। हम एक औलिया को ढोंगी समझे बैठे थे।

एक : उनकी आत्मा तो स्वर्ग में पहुँच भी चुकी है। वह तो भगवान को प्यारे हो चुके हैं।

दूसरा : भगवान ने तो उन्हें अपने चरणों में बैठा लिया, पर हमने अपने हाथ उनके ख़ून से रँग लिये।

स्त्री : हाय, हाय! बहुत बड़ा पाप हुआ है!

मुखिया-1 : आओ हम महाराज का संस्कार तो मान-मर्यादा से करें। कुछ तो अपने पाप धोएँ!

मुखिया-2 : हटाओ जी ये पत्थर, ये जूते। हमने उनका अपमान किया है। भगवान कभी हमें क्षमा नहीं करेंगे।

मुखिया-1 : *(रोते हुए)* हमें क्षमा करना, महाराज। हमने आप जैसे सन्त पर हाथ उठाया।

दूसरा : महाराज के शरीर को उठाकर वेदी पर ले आओ। चलो-चलो, देरी नहीं करो।

मुखिया-2 : हम गंगाजल से इनकी देह का स्नान कराएँगे।

दूसरा : पंडितों को बुलाओ।

मुखिया-1 : आज इनकी देह वेदी पर ही रहेगी। दिन भर यहाँ कीर्तन होगा। शहर के लोग इनका दर्शन करेंगे। श्रद्धा के फूल चढ़ाएँगे। *(धीमी आवाज़ में)* ताज़ा फूलों का प्रबन्ध करो। केवड़ा और गुलाब भी लाओ? रागी कहाँ हैं? रागियों को बुलाओ, कीर्तन शुरू करो।

मुखिया-2 : मैं इनके संस्कार का प्रबन्ध करूँगा।

मुखिया-1 : बेड़ा बनवाओ, बेड़ा, फूलों के गजरों से सजा हुआ। ऐसी अर्थी निकले कि दुनिया याद करे।

मुखिया-2 : आख़िर तो यह हमारे ही सन्त थे, हमारे नगर के सन्त थे!

मुखिया-1 : हमारे नगर के गली-कूचों को ही ये अपने चरणों से पवित्र करते थे।

एक : कैसा नूरानी चेहरा था!

दूसरा : मैंने तो पहले दिन ही जब उन्हें देखा तो, बस, देखता रह गया। उनके चेहरे पर से नूर टपकता था।

एक : ऐसा दिव्य चेहरा। आँखों में से प्रेम छलकता था। कोई बात पूछो तो हाथ बाँध देते थे।

मुखिया-2 : दो कनस्तर शुद्ध घी का प्रबन्ध करो। अर्थी पर बढ़िया दोशाले बिछाएँगे। चन्दन की लकड़ी का प्रबन्ध हो सके तो इस जैसी कोई बात नहीं है।

मुखिया-1 : दाह-संस्कार ही नहीं। हम महाराज की समाधि बनाएँगे। संगमरमर से समाधि बनाएँगे। वह इस कलियुग में अवतार हुए हैं। *(रो पड़ता है)*

मुखिया-2 : वहीं पर, उसी जगह बनाएँगे जहाँ पर वह तपोवन में बैठे थे। जहाँ पर इस समय वेदी पर उनकी देह रखी है।

मुखिया-1 : ऐसी समाधि बनाएँगे कि उनके नाम की देश भर में धूम मच जाएगी।

मुखिया-2 : लोग कहेंगे, श्रद्धा के फूल तो इस नगरवाले चढ़ाना जानते हैं।

मुखिया-1 : रागी आ गए?

मुखिया-2 : वे डरकर भाग गए थे। पर अब उन्हें बुलवा भेजा है। बस, आया ही चाहते होंगे।

मुखिया-1 : गुरुजी की खड़ावें और गागर सँभालकर रखना। बाद में बड़ी काम आवेंगी।

मुखिया-2 : ज़रूर सँभालकर रखेंगे, यह तो उनकी अनमोल निशानियाँ हैं।

मुखिया-1 : उनकी पोशाक भी।

मुखिया-2 : पर वह तो कीच, मिट्टी और ख़ून में लिथड़ी है।

मुखिया-1 : कोई हर्ज़ नहीं। हम इन्हें धुलवा लेंगे, या ज्यों-का-त्यों उन्हें शहीदी-जामे के रूप में रख लेंगे।

मुखिया-2 : समझ गया!

मुखिया-1 : इन चीज़ों को हम उनकी समाधि में सजाएँगे। इनका बिगुल कहाँ है?

मुखिया-2 : वह तो मैंने नहीं देखा।

मुखिया-1 : वह भी यहीं कहीं होगा। बेचारा, जहाँ जाता था अपने आने की सूचना देता था बिगुल बजाकर। आज भी बिगुल बजाकर जाता तो कहीं बेहतर होता। इनकी आमदक़द तस्वीरों का भी बन्दोबस्त करना होगा। उसे भी समाधि में रखेंगे।

मुखिया : इस तरह शताब्दियों तक उनकी याद बनी रहेगी।

मुखिया-2 : और हमारे नगर का भी नाम रोशन होगा। आनेवाली पीढ़ियाँ कहेंगी कि पहुँचे हुए साधुओं की पहचान जैसी इस नगर के लोगों ने की है, वैसी और कहीं नहीं हो पाई।

मुखिया-1 : लो! रागी आ गए।

मुखिया-2 : बैठो भाई बैठो, अब जुट जाओ। अपने श्रद्धा सुमन गुरुजी को भेंट कर दो।

मुखिया-1 : अर्थी कब उठेगी इसकी सूचना नगर भर में दे दो, और कह दो कि बच्चे-बूढ़े सभी इसमें शामिल हों।

मुखिया-2 : जी।

मुखिया-1 : आगे-आगे बैंडबाजा भी होना चाहिए। और सजी-धजी पालकी भी।

[कीर्तन आरम्भ होता है। पहले धीमी आवाज़ में फिर धीरे-धीरे तेज़ होता जाता है...]

Epilogue

एक : देखा? कितनी सुन्दर इमारत बनी है। शहर में जो कोई बाहर से आता है, इसे देखने ज़रूर आता है।

दूसरा : हाँ, बड़ी अच्छी है।

एक : कुछ करने/बनाने पर आएँ तो हमारे लोग दिल खोलकर करते हैं। शहरवालों ने स्वयं चन्दा करके इमारत बनाई है।

दूसरा : *(हँसकर)* ठीक कहा, जो भी करते हैं, दिल खोलकर करते हैं। आगा-पीछा नहीं देखते।

एक : यह संगमरमर बाहर से आया है। सभी ने कहा कि ड्योढ़ी और आँगन का फ़र्श तो बढ़िया संगमरमर का होना चाहिए। कितना चमकता है...अब चलो अन्दर...

[Pause]

यही जगह थी जहाँ गुरुजी बैठे थे। यहीं पर उनकी वेदी थी। एक तरह से समझो कि यहीं पर उन्होंने प्राण त्यागे थे।...वह रही उनकी गागर...और यह रहा उनका बाना।

दूसरा : मगर यह तो बड़ा साफ़-सुथरा है। उनका बाना तो ख़ून और कीच-मिट्टी से लथपथ हो गया था ना।

एक : उसे ज्यों-का-त्यों तो नहीं रख सकते थे ना। उससे तो शहरवालों की बदनामी होती। समाधि में तो उजले कपड़े ही शोभा देते हैं।...और ये बाबाजी की खड़ावें हैं।

दूसरा : क्या यह उनकी अपनी खड़ावें हैं?

[Slight pause]

एक : सच पूछो तो उनकी अपनी खड़ावें नहीं हैं। बाज़ार से नया जोड़ा लाकर रख दिया है।

दूसरा : ऐसा क्यों? उन्हीं की खड़ावें रखनी चाहिए थीं।

एक : वे मिली नहीं। बाबाजी तो वेदी पर से उठकर भाग खड़े हुए थे ना, तो कहीं गिर गई थीं, वे मिली नहीं। भीड़ भी बहुत थी, और ईंट-पत्थर के ढेर में मिलती भी कहाँ! सबने सोचा नई ही लाकर रख दो...।

दूसरा : हो सकता है, उनकी खड़ावें कोई भक्त उठाकर ले गया हो।

एक : ऐसा भी हो सकता है।...अबकी बार जब यहाँ कीर्तन होगा तो मैं तुम्हें ख़बर करूँगा। ज़रूर आना। हर साल, उसी दिन होता है जब उन्होंने चोला बदला था, बाबाजी की पुण्य स्मृति में यहाँ कीर्तन होता है। दूर-दूर से रागी आते हैं।

दूसरा : ख़ूब समाँ बँध जाता होगा!

एक : वैसी ही भीड़ हो जाती है जैसी उस दिन हुई थी।...फूलों का ढेर लग जाता है।...हम तो मानते हैं कि इस कलियुग में कोई सच्चा सन्त हुआ है तो बाबा रामसिंह, जो ऊपर से परवाना आने पर, अपने प्राणों पर खेल गया...।

[संगीत, कीर्तन।]

[Fade out]

तद्गति

[स्नानादि से निवृत्त हो पण्डित घासीराम पूजा की तैयारी कर रहे हैं। चन्दन रगड़कर, मंत्र जपते हुए अपने माथे पर तिनके से दो चन्दन की रेखाएँ, फिर बीच में रोली की गोल बिन्दी, फिर छाती पर, बाँहों पर चन्दन की मुद्रिकाएँ बनाते हैं। फिर ठाकुर जी की मूर्ति निकाल कर उसे नहलाते हैं, उसे टीका लगाते हैं, फूल चढ़ाते हैं, दीप जलाकर आरती उतारते हैं, घंटी बजाते हैं...

इस बीच पास में आँगन में बैठी उनकी पत्नी भाँग घोंट रही है। सोंटे के साथ घंटियाँ लगी हैं जिससे पता चल जाता है कि भाँग घोंटी जा रही है। जिस समय पण्डित घासीराम पूजा की घंटी बजा रहे होते हैं, उसी समय उनकी पत्नी भाँग का कटोरा भर रही होती है। चौकी पर से उठकर पण्डित घासीराम सामने आते हैं तो पत्नी उठ कर कटोरा उनके हाथ में देती है।]

घासीराम : आज खसखस नहीं मिलाई?

पण्डिताइन : मिलाई है।

घासी : और बादाम?

पण्डिताइन : डाले हैं।

घासी : कितने डाले हैं?

पण्डिताइन : पच्चीस।

घासी : लगता तो नहीं है कि पच्चीस बादाम होंगे। बड़ी पतली बनी है। पत्ती कम डाली होगी?

पण्डिताइन : *(भाँग की पत्ती दिखाते हुए)* इतनी सारी तो डाल दी और क्या डालती। *(घासीराम कटोरे को मुँह लगाकर पी जाते हैं फिर डकार लेते हैं, पेट पर हाथ फेरते हैं)*–"भो...शिवशंकर... भो...शिवशंकर...भो...शिवशंकर।..."

घासी : कोई जजमान आया है?

पण्डिताइन : जजमान तो अभी कोई नहीं आया। चिखूटी गौण्ड बाहर खड़ा है।

घासी : गौण्ड। उसे तुमने चलता नहीं कर दिया? मैं सुबह-सुबह उस चाण्डाल का मुँह देखूँगा।

पण्डिताइन : मैंने तो बहुत फटकार लगाई मगर वह फिर भी आ खड़ा है, बोला, मिलकर ही जाऊँगा।

घासी : कोई बहाना बना देतीं। कह देती पन्ना बाँध रहे हैं।

पण्डिताइन : तुम समझते हो बोला नहीं, यह सब कुछ बोला है और भी बहुत कुछ बोला है मगर वह जाए तो।

घासी : तुमसे कभी कोई काम ढंग से न हुआ। अभी भी जाकर कह दो मैं थका हुआ हूँ, पूजा-पाठ के बाद थोड़ा आराम करना चाहता हूँ।

पण्डिताइन : तुम यहीं से बोलकर कह दो ना। तुम्हारी बात सुनकर चला जाएगा।

घासी : हम कहें। तुम नहीं कह सकतीं। पूजा के बाद हम उसके मुँह लगें।

(वहीं से खड़े-खड़े बोलता है) क्यों चिखूटी। कैसे आए सुबह-सुबह। थोड़ी देर बाद चले आना।

गौण्ड : *(पीछे से)* नहीं पण्डित जी, हम मिलि बिना नहीं जाएँगे। आप से एक बात पूछना है।

घासी : देखो...सुबह-सुबह हमारे मुँह न लगो। तुम्हारा तो नेम-धर्म नहीं है। मगर हमारा क्यों बिगाड़ते हो?

पण्डिताइन : *(भाँग के बर्तन सँभालती हुई बड़बड़ाती है।)* इन नीच जातवालों की ऐंठ तो देखो, मिलकर ही जाएँगे। कैसे चिल्लाकर बात करता है।

घासी : कोई पोथी-पतरा बँचवाना हो तो दोपहर को चले आना। साहब महूरत भी निकाल देंगे।

गौण्ड : हमने महूरत नहीं निकलवाना है, पतरा भी नहीं बँचवाना है। बस कुछ पूछना है, पूछकर चले जाएँगे।

घासी : तो यहीं से खड़े-खड़े पूछ लो न भाई, क्यों परेशान करते हो। हमारे पेट में उफान है, हम तनिक लेटना चाहते हैं।

पण्डिताइन : ऐसे भी कोई गौण्ड-चमारों के साथ बात करता है। तुमने इन्हें सिर पर चढ़ा रखा है।

गौण्ड : *(पीछे से)* सामने नहीं आओगे?

घासी : कह दिया, हम अभी पूजा-पाठ से उठे हैं।

गौण्ड : कल दूखी आपके पास आया था? आया था ना?

[घासीराम सहसा चुप हो जाता है। थोड़ी देर चुपचाप खड़ा अपनी पत्नी की ओर देखता रहता है। पति-पत्नी एक-दूसरे की ओर देखते हैं।]

पण्डिताइन : *(फुसफुसाकर)* कहो तो खोल दूँ दरवाज़ा?

घासी : *(इशारे से मना करता है। फिर अकड़कर बोलते हुए)* हाँ, आया था। तुम तो जानते हो आया था।

गौण्ड : अब भी दरवाज़ा नहीं खोलोगे?

घासी : अरे क्यों 'हें हें' लगा रखी है। बोल दिया पूजा-पाठ से उठे हैं। एकाध जजमान आ जाए तो बाद में तुम भी चले आना। पूजा-पाठ के बाद हम सीधा तो तुम्हें दरवाज़ा नहीं खोल सकते हैं। कुछ समझ से काम लो।

गौण्ड : *(पीछे से)* दूखी इधर से कब गया था।

घासी : *(फिर चुप हो जाता है)* हम क्या जानें कब गया था? दोपहर तक तो यहाँ पर था। फिर बोला, 'पण्डित जी, हम चलते हैं, घर पर आपकी राह देखेंगे।' यह कहकर चला गया।

गौण्ड : आप तो उसके साथ उसके घर जाने वाले थे न?

घासी : हाँ...उसे अपनी बेटी के ब्याह के लिए साइत निकलवानी थी इसीलिए हमारे पास आया था। सब जानते-समझते हुए भी पूछ रहे हो। बोलो, बात क्या है?

गौण्ड : तो आप उसके घर गये थे?

[घासीराम चुप हो जाता है।]

क्यों पण्डित जी, आप साइत निकलवाने उसके घर गए थे?

घासी : तुम्हें इससे क्या? तुम कौन हो पूछनेवाले, हम कहाँ गए थे और कहाँ नहीं गए थे?

गौण्ड : आपको उसके घर जाना जो था। क्या आप गए थे?

घासी : हमसे सवाल-जवाब नहीं करो। तुम तहसीलदार नहीं हो। जाओ यहाँ से।

गौण्ड : सुनो पण्डित जी, दूखी मरा पड़ा है। इधर खेत की मेंड़ के पास उसकी लाश पड़ी है।

[पण्डिताइन कानों पर हाथ रख लेती है।]

घासी : क्या..क्या कहा...कहाँ?

गौण्ड : दूखी मरा पड़ा है। कहो, अभी भी दरवाज़ा नहीं खोलोगे?

घासी : हरे...हरे! यह अनर्थ कैसे हो गया?

[दरवाज़ा खोलने के लिए आगे बढ़ता है। पत्नी आगे बढ़कर उसे रोक देती है।]

यहाँ से भला-चँगा गया था। वह अपनी बेटी के ब्याह की साइत निकलवाने आया था। शिव-शिव।

गौण्ड : बाहर चलकर देख लो पण्डित जी।

घासी : किसी साँप-वाँप ने काट खाया होगा। यहाँ से तो भला-चँगा गया था। कहकर गया था, 'पण्डित जी, मैं चलता हूँ, घर पर आपकी राह देखूँगा।'

गौण्ड : और आप गए ही नहीं।

घासी : *(चुप हो जाता है।)* पेट में उफान उठा। हम जा ही नहीं पाए। रात भर दर्द से छटपटाते रहे। च...च....च...अनर्थ हो गया। कल हम नहीं जा पाए तो आज हम उसकी राह देख रहे थे कि अभी आता होगा। बहुत भला आदमी था। बहुत बुरा हुआ।

(पत्नी से)

तुम तो जानती हो न, दूखी चमार को। वही जो कल हमें बुलाने आया था, बहुत भला आदमी था। किसी से ऊँच न नीच क्या कहा। मेंड़ के पास मरा पड़ा है।

(गौण्ड से)

चार आदमी लेकर उसकी लाश उठवा दो भाई। उसका संस्कार करवा दो। गाड़ना हो तो गाड़ दो। इसके पैसे हम दे देंगे। हमारे द्वार पर आया था। एक माँग लेकर आया था, बेचारा। हमें क्या मालूम था कि उसका समय आ गया है। नहीं तो हम कल ही उसके साथ चले जाते। देखो चिखूटी, अब दूखी तो चला गया। उसके भाग्य में बदा था। उस पर किसी का क्या ज़ोर। तू जा और दूरिया को ढाँढ़स दे। बोल दूखी तो चला गया पर हम तो भाग्य से यहाँ पर हैं। हम

उसका क्रियाकर्म भी करवा देंगे। और वक़्त आने पर बिटिया का ब्याह भी करवा देंगे। अब जो हो गया सो हो गया। अब आगे की सोचो। लाश को उठवा दो और उसका दाह-कर्म करवा डालो।

(गौण्ड की ओर से कोई उत्तर नहीं आता।)

सुना गौण्ड। चिखूटी। सुना, मैं क्या कह रहा हूँ। लाश को उठवा दो और उसका दाह-कर्म करवा दो।

(कोई आवाज़ नहीं आती।)

लगता है, चला गया है। गौण्ड चिखूटी, सुनते हो।

पण्डिताइन : अच्छा किया जो किवाड़ नहीं खोला। अपने आप चला गया। तुम थोड़ा सुस्ता लो। खाट बिछा दूँ? ऐसे लोगों के साथ मुँह नहीं लगना चाहिए। थोड़ा डाँटकर बोलते तो पहले ही चला जाता।

[पण्डिताइन खाट बिछाती है। घासीराम उस पर बैठ जाता है।]

[कोने पर रोशनी के वृत्त में दूखी चमार हाथ बाँधे खड़ा है। दुबला-पतला हड्डियों का ढाँचा। अधेड़ उम्र का दूखी पास में घास का गट्ठर रखा है। शुरू में घासीराम की आवाज़ होती है। बाद में रोशनी होने पर घासीराम खाट पर बैठें हैं।]

घासी : आज कैसे चला रे दूखिया।

[दूखी साष्टाँग दंडवत करके फिर हाथ बाँधकर खड़ा हो जाता है।]

दूखी : बिटिया की सगाई कर रहा हूँ महाराज। कुछ साइन-सगुन विचारना है। कब मर्जी होगी।

घासी : आज मुझे छुट्टी नहीं। हाँ, साँझ तक आ जाऊँगा।

दूखी : नहीं महाराज, जल्दी मर्जी हो जाए। सब सामान ठीक कर आया हूँ। यह घास कहाँ रखूँ?

घासी : पीछे गाय के सामने डाल दे और झाड़ू लेकर द्वार को झाड़ दे।

[दूखी चमार घास का गट्ठर उठाकर पिछवाड़े गाय को डालकर शीघ्र ही लौट आता है। इस बीच घासीराम पान सुपारी मुँह में डालते हैं। जितनी देर दूखी झाड़ू से द्वार-आँगन बुहारता है। उतनी देर घासीराम उसके साथ बतियाते रहते हैं।]

घासी : कहाँ सगायी पक्की की है, दुखिया?

दूखी : इधर अपनी ही जात का टोला नदी पार के गाँव में है। मालिक, वहीं पर बात पक्की की है।

घासी : अच्छा किया। अच्छी तरह से हाथ चला, दूखिया। किवाड़ के पीछे आस-पास इधर-उधर, कोने-नुक्कड़, सब अच्छी तरह बुहार दे।
(हँसकर)
आज तू हमारे काबू में आया।

दूखी : *(वहीं खड़े-खड़े हाथ जोड़कर)* आपके तो हम जन्म-जन्म के सेवक हैं, मालिक। आपके ही पुण्य-प्रताप से हम टिके हुए हैं। आपकी जो दिव्य मूर्ति देखते हैं महाराज तो दिल श्रद्धा से भर उठता है। हम अपनी घरवाली से कहें, तू पण्डित जी का ललाट देख। कैसा तेज फूटता है उसमें से। रोरी चन्दन लगाते हैं तो लगता है, सामने साक्षात् देवता खड़े हैं।

घासी : हम आज पूजा-पाठ करके निकले ही थे। दूखिया कि तू आ पहुँचा और सीधा आँगन में चला आया। हमारी पण्डिताइन को बहुत बुरा लगता है। कहती है कि हिन्दू का घर है या सराय कि जो गौण्ड, चमार, जो चाहे अन्दर घुस आए।

दूखी : सच तो कहती हैं मालिक। पण्डित के घर में चमार कैसे चला आए। बड़े पवित्र होते हैं आप लोग, तभी तो संसार पूजता है, तभी तो इतना मान है। मैं भी चमार महाराज, गाँव में बूढ़ा हो गया। पर मुझे अक्ल नहीं आई।

घासी : हमने उसे समझा दिया। हमने कहा कि भीतर आ गया तो क्या हुआ, तुम्हारी कोई चीज़ तो नहीं छुई। धरती पवित्र है शास्त्रों में धरती को पवित्र माना है।

दूखी : वाह, वाह, आपके बड़े ऊँचे विचार हैं महाराज। तभी तो संसार मानता है। महाराज, हम लोग इतने मूर्ख न होते तो

लात क्यों खाते? इसी से तो संसार पण्डितों से डरता है। और सबके रुपए जाते हैं। ब्राह्मण के रुपए भला कोई मार के तो देख ले। घर भर का सत्यानाश हो जाए। पाँव गल-गलकर गिरने लगें।

घासी : तभी हमने पण्डिताइन से कहा दूखिया, जाना-पहचाना आदमी है। वर्षों से उसे हम देख रहे हैं। आँख नीची रखकर चलनेवाला जीव है। तू बुरा नहीं मान।

दूखी : *(हाथ बाँधकर)* आपके ही हाथों हमारी तद्गति है महाराज। आपके ही पुण्य-प्रताप से हमारा अगला जनम सुधरेगा, महाराज।

घासी : आँगन बुहार कर इधर बैठक को लीप दे, कई दिन से लीपी नहीं गई। गोबर से लीप देना।

दूखी : महाराज, देर नहीं हो जाएगी। इधर धूप तेज हो गई है, आपके लिए भी कठिन होगा।

घासी : लीप दे–लीप दे। तब तक मैं भोजन कर लूँ फिर जरा आराम करके चलूँगा। हाँ, यह लकड़ी भी चीर देना। पीछे एक लटठ् लकड़ी का पड़ा है, उसे चीरना है। बड़े दिन से पड़ा है। हमने कहा, कभी दूखी आएगा तो चीर देगा। परन्तु *(मुस्कुराकर)* दूखी तो हमारे पास तब आता है जब उसे काम पड़ता है। आगे-पीछे कन्नी काटकर निकल जाता है।

दूखी : ऐसा न कहो मालिक...हमें तो आपकी ही सेवा का सौभाग्य मिले।

[साथ-साथ में दूखी बैठक लीप रहा है। उसकी आवाज़ बैठक के अन्दर से सुनाई देती है।]

घासी : यही तेरे में अच्छी बात है दूखी। तेरे में विनय है, नम्र स्वभाव का है। वहीं चिखूटी गौण्ड है जो कि गाँव में सबसे अकड़ता फिरता रहता है। आदमी में विनय होना चाहिए। विनय गुणनाम, गुणम शास्त्रों में कहा है।

दूखी : जी मालिक, हम लोग अकड़ेंगे किस बात पर। आप लोगों का दिया खाते हैं। आपकी छत्रछाया में जीते हैं। घर से चलने लगा तो घरवाली कहने लगी, हम लोगों को साइत-महूरत की

क्या ज़रूरत है। साइत-महूरत वे लोग निकलवाएँ जिनके भाग्य में कुछ बदा हो। हमारे यहाँ तो अमावस ही अमावस है। साइत-महूरत निकलवाएँ तो क्या। नहीं निकलवाएँ तो क्या।

घासी : ऐसा बोलती थी तेरी घरवाली।

दूखी : जी मालिक, मैंने कहा–पिछले जन्म में बुरे करम किए, इस जन्म में तो अच्छे करम कर लें। गाँव में ब्राह्मण देवता बसते हैं। उनकी टहल-सेवा कर लें, थोड़ा पुण्य कमा लें।

घासी : तेरे स्वभाव को देखकर ही हम तेरा काम कर रहे हैं। दूखी, वरना हम चमारों, गौण्डों का साइत-महूरत नहीं बाँचते। हमारे शास्त्रों में तो इसकी मनाही है। हमारी घरवाली तो इस बात से बड़ी नाराज भी होती है।

दूखी : हम क्या यह नहीं जानते महाराज। घर से चलने लगे तो हमने घरवाली से कहा, यह तो सोच, घर में महाराज आएँगे तो बैठेंगे किस चीज पर। हमारी खटोली पर बैठेंगे नहीं। देखती नहीं कितने नेक-धर्म से रहते हैं। फिर हमारी थाली में खाएँगे भी नहीं। मड़वे के पत्ते तोड़कर एक पत्तल बना लें तो ठीक हो जाए। पत्तल में तो बड़े-बड़े आदमी खाते हैं। वह पवित्र है।

(बैठक में से दूखी सने हाथों दरवाज़े पर आ जाता है। हँसकर कहता है।)

महाराज को जो सीधा देना है वह भी अपनी थाली में नहीं देना। ऐसा गजब नहीं करना, नहीं तो सीधा भी जाए और थाली भी फूटे।

घासी : *(हँसकर)* क्यों?

दूखी : *(हँसकर)* मैंने कहा, महाराज थाली उठाकर पटक देंगे। महाराज को बड़ी जल्दी विरोध चढ़ आता है। विरोध में पीट देते हैं। एक लौंडे को ऐसा पीटा कि आज तक हाथ लिए फिरता है। इसीलिए मैंने कहा, तू पत्तल में सीधा भी देना। मुद्रा तू छूना मत, नहीं तो गजब हो जाएगा। मैंने कहा, सीधा भरपूर हो, मगर तू छूना मत।

घासी : बैठक लीप दी?

दूखी : लीप रहा हूँ मालिक। इधर थोड़ा काम बाकी है।

घासी : लीप दे, लीप दे। और इसके बाद लट्ठ चीर देना। बहुत दिन से पड़ा है। और खलिहान में चार खाँची भूसा पड़ा है। उसे भी उठा लाना और असौखे में रख देना।

दूखी : खलिहान तो यहाँ से दूर है महाराज। कुछ नहीं तो दो फर्लांग होगा।

घासी : तो क्या तेरे हाथ-पैर नहीं हैं?

दूखी : अकेला आदमी मरा हुआ कौवा कैसे उठाएगा, महाराज?

घासी : तू थोड़ा-थोड़ा भरकर ला, तुझे कोई मना करता है?

दूखी : दिन तो इसी में निकल जाएगा महाराज, हमने देखा है, गाड़ी भर भूसा खलिहान में रखा है। इतना भूसा जल्दी कहाँ उठ पाएगा।

घासी : तू पहले लकड़ी तो चीर। हम तुम्हारा काम करेंगे तो तू भी तो हमारा कुछ काम कर। तेरी बेटी के लिए अच्छी साइत निकालूँगा। ससुराल में जाएगी, राज करेगी। सब हमारे हाथ में है।

दूखी : वह तो हम जानते हैं मालिक...। दो घूँट पानी पिलवा दो मालिक। सुबह से कुछ खाया नहीं है। घर से चला था तो सोचा था कि, अभी-अभी आपको लेता जाऊँगा पर इधर अबेर हो गई।

घासी : पानी पी आओ जाकर, हम कहाँ मना करते हैं। पर अगर देर से लौटे तो जिस काम से आए हो वह हमसे नहीं होगा, यह समझ लो।

दूखी : *(हाथ जोड़ देता है)* नहीं मालिक, आप नहीं करेंगे तो हम किसके पास जाएँगे...। बस दो घूँट पानी मिल जाता। सुबह से खाया-पिया कुछ नहीं।

घासी : जा, पी आ कहीं जाकर।

दूखी : यहाँ से कहाँ जाऊँगा, मालिक। सूरज ऊपर आ गया है।

घासी : *(तेवर चढ़ जाते हैं)* सुन बे दूखी, मैंने तुझे आँगन में बुला लिया, एक पाप किया, भगवान का कोप मैं भोगूँगा। अब तू चाहता है, मैं एक और पाप सिर पर चढ़ा लूँ।

दूखी : *(हाथ बाँध देता है।)* सत्त वचन। मालिक। हमसे भूल हुई। हमें ऐसी कोई प्यास भी नहीं है।

घासी : नहीं, प्यास लगी है तो पी आओ। चिखूटी गौण्ड के घर से पी आओ।

दूखी : सच पूछो मालिक, तो हमें पानी से भी ज़्यादा दो कश तम्बाकू की टोटक लगी है। अगर चिलम भर कर तम्बाकू के दो कश खींच लें तो मालिक, बदन इंजन की तरह भक-भक चलने लगता है। अंग-अंग में हरकत आ जाती है। तम्बाकू में बड़ी ताकत है मालिक।

घासी : तो जाओ, तम्बाकू पी आओ। मैं तो इतना चाहता हूँ कि घर से निकलते समय तक लकड़ी भी चिर जाए। और भूसा भी भुसैल में पहुँच जाए।

दूखी : हम लकड़ी चीरेंगे, मालिक, कुल्हाड़ी किधर है।

घासी : वहीं रखी है कुंड के पास। शाबाश, दो हाथ लगाओ, तुम्हारे लिए क्या मुश्किल है।

[दूखी घर के पीछे चला जाता है। घासीराम अँगड़ाई लेते हैं। 'शिव-शिव' करके मुँह के आगे चुटकी बजाते हैं। घासीराम की पत्नी का प्रवेश।]

पण्डिताइन : आज भोजन नहीं करोगे क्या? इतनी देर कर दी। सूरज सिर पर चढ़ आया है। उठो, तुम स्नान करो, और मैं खाना लाती हूँ।

घासी : स्नान तो कर लिया?

पण्डिताइन : इस चमार के पास सुबह से बतिया रहे हो। स्नान नहीं करोगे?

घासी : बतिया रहा हूँ। उसे छुआ तो नहीं। इन्हें बातों में नहीं लगाओ तो यह काम नहीं करते हैं।
(मुस्करा कर)
बैठक लीप दी होगी, आँगन बुहारा गया। लकड़ी चिर जाएगी और भूसा भुसौली में आ जाएगा। तुम्हें और काम चाहिए।
(पीछे से कुन्दर काटने की खर-खर सुनाई देती है।)

आज इसकी गर्दन हमारे नीचे है। जो कहोगी, कर देगा। कोई लोनिया यही लकड़ी पकड़ता तो चार आने लेता।

पण्डिताइन : सारे घर में बू फैल गई है। जात-कुजात कुछ तो देख लिया करो। मुझे सारा घर धोना पड़ेगा।

घासी : तुम्हारे ही लाभ के लिए करवा रहा हूँ। लकड़ी की तुम्हें ज़रूरत रहती है या मुझे।

पण्डिताइन : उसकी बेटी के लिए साइत नहीं निकालोगे क्या?

(पीछे से खर-खर की आवाज़ बराबर आ रही है।)

तुम तो ऐसी बात करते हो जैसे यह तुम पर एहसान कर रहा है।

घासी : कह रहा था...सुबह का खाया-पिया कुछ है नहीं। दो घूँट पानी पी लेता। तम्बाकू के दो कश खींच लेता। पहले मन में आया, तुमसे कहूँ, इसे पानी पिला दो।

पण्डिताइन : एक बार दोगे तो यह रोज़ माँगने चला आएगा। ऐसी पिरत डालो ही नहीं, जो निभ नहीं सके।

[घासीराम नसवार की चुटकी चढ़ाता है। छींकता है। खर-खर बन्द हो जाती है।]

घासी : मैंने तो कहा कि जाओ चिखूटी गौण्ड के घर पी आओ। और तम्बाकू की चिलम भी पी आओ।

पण्डिताइन : उसे बुला ही क्यों न लो। गौण्ड और यह दोनों मिलकर लकड़ी फाड़ दें। इस अकेले से तो यह काम होगा भी नहीं। एक एक और दो ग्यारह। चिखूटी या तो किसी काम का नहीं परन्तु छत-वत की मरम्मत अच्छी तरह से कर लेता है। बुला लो उसे भी दस काम और दो हो जाएँगे।

घासी : चलो भोजन तो करें। आज इसका ऐसा साया घर पर पड़ा है। एक भी जजमान सुबह से नहीं आया है, नहीं तो इस वक्त दो-तीन घर भुगत जाते थे।

पण्डिताइन : भेज दो इसे...बुला लाये चिखूटी को।

घासी : *(ऊँची आवाज लगाता है।)* ओ दूखिया, ओ दूखी, जा पानी-वानी पी ले।

(दूखी का प्रवेश। बुरी तरह से हाँफ रहा है। हाँफता हुआ ही सिर पकड़कर बैठ जाता है।)

जा, हमने कहा पानी-वानी पी आ।

(हँसकर)

हम तो तुम्हें नहीं जाने देते लेकिन हमारी घरवाली को तुम पर बड़ी दया आती है। जा, उठ पानी पी आ और तम्बाकू के कश भी लगा आ। और फिर इंजन की तरह भक-भक करता काम पर जुट जाना, समझे। बेशक साथ में चिखूटी को भी ले आना। वह तेरी मदद कर देगा।

(दूखी अभी भी बुरी तरह हाँफ रहा है।)

(पत्नी से) इसका साँस फूला हुआ है। चल, अन्दर चल। कैसी दुर्गन्ध आने लगी है। साधे-असाध, इन्हें किसी का विचार नहीं होता। अब फिर से स्नान करना पड़ेगा। *(मुड़कर)* ओ दूखिया, जब साँस सँभल जाए तो चले जाना, और अगर गौण्ड आवे तो उसे भी ले आना। पर हमें जगाना नहीं। घर में से कुछ माँगने भी नहीं आना। अपनी नींद उठेंगे तो तेरे संग हो लेंगे।

दूखी : *(उठ खड़ा होता है।)* यह लट्ठ हमसे नहीं फूटेगा मालिक।

घासी : क्यों लट्ठ तुमसे नहीं फूटेगा तो क्या तेरी बेटी की साइत हमसे निकल आएगी?

दूखी : मैं आपका गुलाम हूँ मालिक मगर इसे तोड़ना मेरे बस का नहीं है। इसमें मोटी-सी गाँठ है। बार-बार कुल्हाड़ी चलाता हूँ। गाँठ पर निशान तक नहीं पड़ता, कुल्हाड़ी उचट जाती है।

(अपने हाथ दिखाते हुए)

हमारे हाथों में छाले पड़ गए हैं। बार-बार आँखों के सामने अँधेरा छा जाता है। मालिक। यह हमसे नहीं फूटेगा।

घासी : हम कहाँ कहते हैं, तू उसके टुकड़े-टुकड़े कर दे। तू उसे थोड़ा फाड़कर दे, टुकड़े बाद में कर देना।

दूखी : हमने बहुत कुल्हाड़ी चलाई।...मालिक...लेकिन हमसे यह नहीं फटेगा।

घासी : तुम चाहते हो, तुम्हारा काम मुफ्त में हो जाए।

दूखी : *(हाथ बाँध देता है)* नहीं मालिक, मुफ्त में क्यों। हम पूरी दक्षिणा देंगे। हम गरीब चमार हैं पर ब्राह्मण देवता, आपका

ऋण अपने ऊपर नहीं रखेंगे। हमने पहले से सारा प्रबन्ध कर रखा है।

घासी : अच्छी बात है, तो नहीं काटो, अपनी बेटी की साइत भी किसी से निकलवा लो।

दूखी : ऐसा नहीं कहो, मालिक, आपको छोड़कर हम किसके पास जाएँगे?

घासी : यह बात समझ लो दूखिया, लट्ठ नहीं टूटेगा तो पण्डित घासीराम भी घर से नहीं निकलेगा।

दूखी : यह गाँठ वाली लकड़ी है मालिक। यह तो ज़ोर से भी नहीं कटती मगर कोई उज्ऱ नहीं, हम इसे काटकर ही छोड़ेंगे। मगर मालिक वक़्त तो लग जाता है। आज इस पर काम शुरू कर देंगे। फिर दो-तीन दिन तक रोज़ आकर इस फाड़ डालेंगे। जितने टुकड़े कहोगे, कर डालेंगे।

घासी : तू हमें चराता है दूखी, हमने दुनिया देखी है। ब्याह की साइत निकलवा देगा। और इस रास्ते से जाना ही छोड़ देगा।

दूखी : *(हाथ बाँध देता है)* मालिक, पहले ऐसा कभी हुआ है कि हजूर ने कहा हो और मैंने न किया हो। दूखी ऐसा आदमी नहीं है।

घासी : एक तो हम अपना धर्म भ्रष्ट करें, और घर पर जाएँ, इस पर तू हमें चकमा देता है, कि कल कर देगा, परसों कर देगा।

दूखी : आप नाराज हो गए, मालिक, हमने इनकार कब किया है। सुबह से, जब से आँगन में पैर रखा है, आप ही की सेवा कर रहा हूँ।

घासी : हमारी सेवा नहीं कर रहा है, अपना भविष्य सुधार रहा है। और अपनी बेटी के लिए साइत निकलवा रहा है। मेरी सेवा करनी होती तो रोज़ यहाँ आ जाते। इधर महीनों बीत जाते हैं, तुम्हारा मुँह कभी नहीं देखा। आज काम पड़ा तो हमारी सेवा करने चले आए। यह हमारी सेवा कर रहा है।

दूखी : हमने तो यों ही कह दिया मालिक। हम कुल्हाड़ी तो उस पर चलाएँगे ही। पूरी ताकत से चलाएँगे, अपनी हड्डी तोड़कर भी चलाएँगे।

घासी : और क्या, करना चाहे तो तेरे लिए क्या मुश्किल है, दो-दो जानवरों की खाल उधेड़ सकता है तो एक लट्ठ नहीं काट सकता। अब उठाओ कुल्हाड़ी और दो कुन्दे पर।

पानी-वानी पीना हो तो गौण्ड के घर चले जाना, चाहो तो उसे साथ भी ले आना, हमने पहले ही बोल दिया है।

[दूखी का प्रस्थान।]

[शीघ्र ही पीछे से फिर ठक्-ठक् की आवाज़ आने लगती है।]

[कोने पर पण्डित घासीराम भोजन कर रहे हैं। पास में बैठी उनकी पत्नी उन्हें पंखा झल रही है।]

पण्डिताइन : तुम समझते हो वह लौटकर आएगा?

घासी : आएगा, आएगा, आएगा क्यों नहीं।
(आवाज़ धीमी करके)
तुम तो जानती हो, यह लकड़ी फाड़ना आसान नहीं है। कितने ही हमारे भक्त इस पर पहले ही कुल्हाड़ी चला चुके हैं। यह तो आज इसकी गर्दन फँसी है कि बार-बार उससे झूम रहा है। और लोग तो दूसरी बार उसके नजदीक नहीं गए।

पण्डिताइन : लेते क्यों हो, ऐसी लकड़ी जो टूटे ही नहीं।

घासी : हम कहाँ लेते हैं? भक्त डाल जाते हैं। हम इनकार थोड़े ही करते हैं।

पण्डिताइन : तुम्हें ही ऐसे भेंट और जजमान मिलते हैं। जगत से न्यारे। और भी पण्डित हैं, क्या सभी के घर ऐसे लट्ठ पेड़ मिलते हैं। या गौण्ड, चमार आँगन में घूमते रहते हैं? सभी लोग ठाठ से रहते हैं।

[दूखी का प्रवेश। हाथ में चिलम पकड़े हुए है। अभी भी थोड़ा हाँफ रहा है।]

दूखी : मालिक, रचिक आग मिल जाए तो चिलम पी लें।

घासी : लौट आए दुखिया? पण्डिताइन यही पूछ रही थीं कि दूखिया आएगा कि नहीं। हमने कहा, आएगा, आएगा। क्या बोल रहे थे, क्या चाहिए?

दूखी : रचिक आग मिल जाती तो चिलम पी लेते।

घासी : आग गौण्ड के पास नहीं थी?

दूखी : नहीं थी मालिक, चिलम-तम्बाकू तो उसके पास था, वह तो उसने दे दिया पर आग नहीं दी। मालिक, मैंने उससे कहा, आग की चिन्ता न करो भाई, मैं जाता हूँ, पण्डित जी के घर से माँग लूँगा। वहाँ तो अभी रसोई बन रही है।

घासी : *(पत्नी से)* आग तो है, दे दो।

पण्डिताइन : *(भवें चढ़ाकर)* तुम्हें तो जैसे पोथी-पतरे के फेर में धरम-करम किसी बात की सुध ही नहीं रहीं। चमार हो, धोबी हो, पासी हो, मुँह उठाए घर में चला आए। हिन्दू का घर न हुआ, कोई सराय हुई। कह दो दाढ़ीजार से चला जाए, नहीं तो इसी लुआठे से मुँह झुलस दूँगी। आग माँगने चले हैं।

घासी : दे दो, दे दो। भीतर आ गया तो क्या हुआ, तुम्हारी कोई चीज़ तो नहीं छुई। जरा-सी आग दे क्यों नहीं देतीं। काम तो हमारा ही कर रहा है?

पण्डिताइन : यह इस तरह रसोई के सामने आया क्यों?

घासी : ससूरे का अभाग था और क्या।

पण्डिताइन : अच्छा, इस वक्त तो आग दिए देती हूँ लेकिन फिर जो वह इस तरह घर में आएगा तो उसका मुँह ही जला दूँगी।

[पण्डिताइन चिमटे से जलता हुआ अंगारा पकड़कर उठाती हैं और आधा घूँघट काढ़ आगे आती हैं।]

दूखी : पंडाइन माता, मुझसे बड़ी भूल हुई कि घर में चला आया। चमार की अक्ल ही तो ठहरी। पण्डित के घर में चमार कैसे चला आए। बाह्मण देवता का घर तो बड़ा पवित्र होता है ना?

[पण्डिताइन घूँघट की आड़ में दूखी की तरफ आग फेंकती है। आग की बड़ी-सी चिंगारी दूखी के सिर पर पड़ती है, वह जल्दी से पीछे हट कर सिर को झटकने लगता है। भगवान ने कितनी जल्दी पाप का फल दे दिया। यह एक बाह्मण परिवार के घर को अपवित्र करने का फल है।

कोयले की आग को चिलम पर रखता है और पिछवाड़े चला जाता है।]

पण्डिताइन : अँगारा उसके सिर पर गिरा क्या? घूँघट की ओट में हमें दिखाई नहीं दिया।

घासी : हाँ, सिर पर गिरा।

पण्डिताइन : तब तो सिर जला होगा, बेचारे का।

घासी : नहीं जलेगा क्या? अंगारा उसने झटक दिया था। यह हमारे-तुम्हारे सिर थोड़े ही है। ये लोग इतने नाजुक नहीं होते।

[इस बीच घासीराम भोजन करके पान का बीड़ा मुँह में रखते हुए, डकारते हुए आसन पर से उठते हैं।]

ओं शिव, शिव! ओं शिव-शिव।

पण्डिताइन : इस चमरवा को भी कुछ खाने को दे दो। बेचारा कल से काम कर रहा है। भूखा होगा।

घासी : बड़ी दया आई है इस पे। अंगारा उसके सिर पर गिरा था ना, इसलिए। रोटियाँ हैं?

पण्डिताइन : दो-चार बच जाएँगी।

घासी : दो-चार रोटियों में क्या होगा। चमार है, कम-से-कम सेर भर चढ़ा जाएगा।

पण्डिताइन : *(कानों पर हाथ रखकर)* अरे बाप रे, सेर भर। तो फिर रहने दो।

घासी : *(तनिक सोचकर)* कुछ भूसी-चोकर हो तो आटे में मिला कर दो ठो लिट्ठ सेंक दो। साले का पेट भर जाएगा। पतली रोटियों से इन नीचों का पेट नहीं भरता, इन्हें तो जुआर का लिट्ठ चाहिए।

पण्डिताइन : अब जाने भी दो, धूप में कौन मरे।

[लकड़ी काटने की खट्-खट् फिर से सुनाई देने लगी है।]

[कोने पर दूखी लकड़ी के मोटे कुन्दे के सामने खड़ा है। थका-हारा, उससे कुल्हाड़ी भी ठीक तरह से अब नहीं उठाई जाती, एक बार बड़े दृढ़-निश्चय से, फिर पागलों की तरह बेतहाशा कुल्हाड़ी चलाने लगता है। कुछ देर तक चलाते रहने के बाद बेदम होकर वहीं पर सिर पकड़कर बैठ जाता है। तभी रोशनी के वृत्त में चिखूटी गौण्ड आ जाता है।]

गौण्ड : क्यों जान देते हो बूढ़े दादा, तुम्हारे फोड़े यह गाँठ न फटेगी नाहक हलकान होते हो।

दूखी : *(माथे का पसीना पोंछते हुए)* अभी गाड़ी भर भूसा ढोना है भाई।

गौण्ड : कुछ खाने को मिला कि बस काम कराना चाहते हैं? जा के माँगते क्यों नहीं?

दूखी : कैसी बात करते हो चिखूटी, बाह्मण की रोटी हमको पचेगी?

गौण्ड : पचने को पच जाएगी, पहले मिले तो। मूँछों पर ताव देकर भोजन किया और आराम से सोये, तुम्हें लकड़ी फाड़ने का हुक्म लगा दिया। जमींदार भी कुछ खाने को देता है। हाकिम भी बेगार लेता है तो थोड़ी-बहुत मंजूरी देता है। यह उनसे बढ़ गए। उस पे धर्मात्मा बनते हैं।

दूखी : धीरे-धीरे बोलो भाई। कहीं सुन लें तो आफ़त आ जाएगी।

[दूखी फिर सँभल जाता है और कुल्हाड़ी की चोट करने लगता है। कुछ देर तक वह हाँफता हुआ कुल्हाड़ी चलाता है। फिर चिखूँटी उससे कुल्हाड़ी छीन लेता है और स्वयं लकड़ी के लट्ठ पर चलाने लगता है। ठक्-ठक् कुछ देर तक कुल्हाड़ी चलाता रहता है, खूब कसकर चलाता है। पर गाँठ में एक दरार भी नहीं पड़ती। चिखूटी कुल्हाड़ी फेंक देता है और वहाँ से जाते हुए कहता है।]

गौण्ड : तुम्हारे फाड़े यह न फटेगा। जान भले निकल जाए।

[गौण्ड का प्रस्थान।]

[दूखी उदास नज़रों से गौण्ड को जाते हुए देखता रहता है। फिर कुल्हाड़ी उठा लेता है।]

दूखी : *(कुल्हाड़ी पर झुके हुए।)* पण्डित हैं, साइत ठीक से न विचारें तो फिर सत्यानाश ही हो जाए। साइत का ही तो सब खेल है जिसे चाहें बिगाड़ दें।

[प्रकाश के वृत्त में पण्डित घासीराम का प्रवेश। इस बीच दूखी फिर से कुल्हाड़ी चलाने लगता है।]

घासी : *(बढ़ावा देते हुए)* हाँ, मार कस के ज़ोर से मार।...अबे ज़ोर से मार...कस के मार...तेरे हाथ में तो जैसे दम ही नहीं है...लगा कस के, खड़ा सोचने क्या लगता है। हाँ...बस फटा ही चाहती है। दे उसी दरार में।

[उन्माद की हालत में दूखी कुल्हाड़ी का वार-पर-वार किए जा रहे हैं। एक ज़ोर का प्रहार।]

फट गई लकड़ी बीच में से फट गई।

घासी : *(उसी क्षण, कुल्हाड़ी, दूखी के हाथ से छूटकर गिर पड़ती है। उसके साथ वह भी चक्कर खाकर गिर पड़ता है।)*
शाबाश, मैंने कहा था ना। तू उसे फाड़ डालेगा। ले उसके दो-चार हाथ और लगा। पतली-पतली चैलियाँ हो जाएँ। मैं तैयार होकर आता हूँ फिर चलेंगे।

[कोने पर पण्डित घासीराम पण्डिताई बाना पहने हुए हैं। हाथ में पोथी पकड़े हुए हैं। पत्नी हाथ में बीड़ा दे रही है।]

घासी : दिन ढल रहा है। अब तुम पान का बीड़ा बनाओ तो हम चलें।

पण्डिताइन : उस निगोड़े को बताने से पहले हमें बता देना। हम अन्दर चली जाएँगी। हमसे तीन-तीन बार नहाया नहीं जाता।

घासी : मगर कोई आवाज़ नहीं आ रही है।

पण्डिताइन : अब बतलाइए मत, उसे मैंने कह दिया। हम पहले अन्दर चली जाएँ।

घासी : मैंने उसे कहा था। छोटी-छोटी बेलियाँ काट देना।

पण्डिताइन : कुछ नहीं किया होगा। वहीं पास में पड़ा सो रहा होगा। अपनी आँखों के सामने जो करवा लो, करवा लो, तुम सोने चले गए तो वह भी पड़ा रहा।

घासी : अरे, क्या पड़े ही रहोगे दूखी?

[पण्डिताइन वहाँ से हट जाती है और कुछ दूर जाकर खड़ी हो जाती हैं।]

चलो, तुम्हारे ही घर चल रहा हूँ। सामान ठीक है ना? कहीं चला तो नहीं गया? मैंने उससे कहा तो था कि, मैं तैयार होकर आ रहा हूँ। तेरे ही घर चलेंगे। कहीं पहले ही निकल गया हो।

पण्डिताइन : देख लो जाकर। कहीं कुल्हाड़ी-वुल्हाड़ी तो नहीं उठा ले गया। इन लोगों का कोई भरोसा नहीं। जिस बर्तन में खाते हैं, उसी में छेद करते हैं।

घासी : अरे दुखिया।...ओ दुखिया।...

पण्डिताइन : नहीं है, नहीं है, निकल गया है। अब वह तुम्हारे हाथ लग गया।

घासी : अरे जाएगा कहाँ? कल ही उसे पकड़ लूँगा।

पण्डिताइन : अब वह तुम्हारे हाथ लग चुका। तुम्हें चाहिए था, उससे कहते, तीन दिन में साइत निकलेगी। वह रोज़ तुम्हारे द्वार पर आकर खड़ा हो जाता। तुम्हें पण्डित किसने बनाया है, सभी तुम्हें आकर ठग लेते हैं।

घासी : आ जाएगा, आ जाएगा। वह मेरी अगवानी करने तनिक पहले चला गया है।

पण्डिताइन : अब पकड़ाई नहीं देगा। तुम्हें इनमें मिला गया। आँगन बुहार गया और थोड़ी पुताई कर गया। इधर तीन बार हमने स्नान किया, सारा चौका धोया, दो-चार कपड़े बदले। उधर वह भले ही कुल्हाड़ी भी ले गया हो और लकड़ी की चैलियाँ भी उठाकर ले गया हो। यह आए हैं महन्ती करने। तोंद बढ़ा लेने से कोई महन्त नहीं बन जाता। भेजे में भी कुछ होना चाहिए।

घासी : बोल, बोल, बोलती जा। आज तुझे भी मौका मिला है। अपनी भड़ास निकालने का...। अरे पगली, अव्वल तो कुल्हाड़ी वहीं पड़ी होगी, अगर ले भी गया तो मैं कुल्हाड़ी छोड़ दूँगा। यों तो वह कुल्हाड़ी हमारी थी ही नहीं। वह भी किसी जजमान की ही थी। वह गई तो कहीं से दूसरी कुल्हाड़ी ले आएँगे। तेरे घरवाले छोटी जातवाले थे। वे कभी कुछ खरीदते हों तो खरीदते हों। हमारे तो बाप-दादा ने अपनी गाँठ से कभी कुछ नहीं खरीदा। वह पण्डिताई क्या जो अपनी गाँठ से कुछ खरीदना पड़े।

पण्डिताइन : बहुत बढ़-चढ़कर बातें नहीं करते। बड़ी शेखी बघारने लगे हो। इस जजमान से तुम्हें मिला क्या है?

घासी : हमने खोया भी क्या है?

पण्डिताइन : हमारी जात में यह नहीं गिनते कि पाया क्या, सदा यह देखा जाता है कि खोया क्या।...उससे ठीक तरह से काम लेते तो इतना कुछ कर जाता।

घासी : तुम्हारे मायके में ऐसे ही गिनते होंगे।

पण्डिताइन : हमारे मायके को कुछ मत कहो। मेरा ब्याह हुआ था। तो हमारे घर के सभी लोग यही कहते थे। हीरे जैसी बेटी खो दी। किसी को यह कहते तो नहीं सुना था कि हीरे जैसा दामाद पा लिया।

घासी : तुम्हें मैंने जो पा लिया। हीरे जैसी बहू पा ली। न दिन को चैन न रात को। हीरा ही हीरा चमकता रहता है आँखों में दिन भर।

पण्डिताइन : अब मेरा मुँह नहीं खुलवाओ। देख लिया तुम्हें भी और तुम्हारे जजमान को भी। एक जजमान आया था सुबह, तबसे उसी के इर्द-गिर्द घूम रहे हैं। और वह भी मौका पाकर चम्पत हो गया। *(क्षण भर रुककर)* अब मेरा मुँह क्यों देख रहे हो जी। पहले तो पिछवाड़े जाकर देखो। कुल्हाड़ी रखी है या नहीं। उसे कह दिया, लकड़ी काटो। और खुद अन्दर जाकर खर्राटे भरने लगे। यह पण्डिताई करेंगे।

घासी : तू कुछ करने भी दे। सारा वक़्त तेरी जबान चलती रहती है।

पण्डिताइन : अब कुल्हाड़ी मिले या नहीं मिले, पोथी-पतरा लेकर उसके घर जाओ। साइत निकाल कर दे आओ। दिन डूब गया तो कुछ नहीं मिलेगा। वहाँ जाकर मीठा बोलना, जैसा पण्डितों का काम है। चिकनी-चुपड़ी बातें करना और कल के लिए उसे पक्का कर आना, अबकी दूखी आया तो मैं उससे काम करवाऊँगी। बैठक तो क्या, सारी छत नहीं पुतवाई तो तुम कहना।

[घासीराम पिछवाड़े की ओर जाता है। जहाँ दूखी लकड़ी काट रहा था। थोड़ी देर बाद बदहवास होकर भागते हुए लौट आते हैं।]

घासी : पण्डिताइन। हे पण्डिताइन।

(पण्डिताइन मुड़कर थोड़ा निकट आती है।)

दूखिया तो मरा पड़ा है।

पण्डिताइन : मर कैसे गया? अभी तो वहाँ लकड़ी चीर रहा था। कुल्हाड़ी मिली?

घासी : कैसी पागलोंवाली बातें करती हो। कुल्हाड़ी उसकी ढेर पर पड़ी है। वह तो मर गया है।

पण्डिताइन : मर कैसे सकता है, अच्छा-भला तो था।

घासी : मरा पड़ा है, आकर देख लो।

पण्डिताइन : तुम्हारी अक्ल ठिकाने है या नहीं। जीते चांडाल को तो मैं देखती नहीं, अब मरे हुए चांडाल को देखूँगी।

घासी : मर गया है। मरा पड़ा है। उसका मुँह खुला है और आँखें पथरा गई हैं।...

अब मैं उसे हाथ लगाकर तो नहीं देख सकता, कि मरा है या जीता। मरे हुए आदमी का पता नहीं चल पाता, न हिलता है, न डुलता है।

पण्डिताइन : मुझे तो अभी से बास आने लगी है। तुम्हें बास नहीं आई?

घासी : बास कैसी?

पण्डिताइन : मरे हुए चमार की और किसकी? न जाने क्या ग़न्दा-गन्दा खाते हैं। इससे जीते जी बास आती है, मरे हुए से तो और भी ज़्यादा मेरा तो नाक फटा जा रहा है।

घासी : तुम्हें तो अपने नाक की पड़ी है। इधर आँगन में उसकी लाश पाई गई तो लेने के देने पड़ जाएँगे।

पण्डिताइन : क्यों?

घासी : क्यों क्या? सरकार तफ़्तीश नहीं करेगी।

पण्डिताइन : हमने उसे थोड़े मारा है, जो तफ़्तीश करेगी। तफ़्तीश किस बात की?

घासी : बहस क्यों करती हो, बात-बात पर। हमारे आँगन से जो मरा मिलेगा, तो पूछेंगे नहीं, यहाँ कैसे आया, कैसे मरा, क्यों मरा?

पण्डिताइन : हमारी बला से, कैसे मरा, क्यों मरा। बोल देना, लकड़ी काटकर ले जाना चाहता था। बेटी का ब्याह कर रहा था।

घासी : मेरे घर के आँगन से लाश उठेगी तो पूछताछ नहीं होगी।

पण्डिताइन : क्यों, तुमने उसे मारा नहीं है, अपनी मौत मरा है। तुम्हें डर किस बात का है।

घासी : वे कहेंगे पण्डित बेगार करवाता रहा था। बेगार करते-करते दूखी मारा गया।

पण्डिताइन : क्यों कहेंगे, क्या बेगार करवाने की मनाही है? गाँव में कौन है जो बेगार नहीं करवाता। दरोगा, पटवारी, जमींदार, सब बेगार करवाते हैं। ...तुम अब भंगी-चमारों से भी डरने लगे हो।

घासी : कहती तो ठीक हो, किसी के पास क्या सबूत है कि मैं बेगार करवा रहा था। मैं कह दूँगा अपनी मौत मरा।

(पत्नी से बिगड़कर)

भगवान ने तुम्हें इतना छोटा दिल दिया है कि मैं क्या कहूँ। मैं तो आज़िज हो आया हूँ। दो घूँट पानी उसने माँगा था। अगर तू दे देती तो तेरा क्या बिगड़ जाता? यह झमेला ही नहीं उठता।

पण्डिताइन : मैं तो जानती थी, बात मुझी पर आएगी। दिन भर तुम उसे जोते रहे, इसकी नहीं कहोगे, मैंने दो घूँट पानी नहीं दिया, इसी को पकड़कर बैठ जाओगे।

घासी : अब करें तो क्या करें?

पण्डिताइन : तुम अब भंगी-चमारों से भी डरने लगे हो। यहाँ भंगी-चमार हैं कितने, ब्राह्मणों का गाँव है। तुम्हें कहना क्या है। चमरौटे में कहला भेजो, मुर्दा उठा ले जाएँ।

घासी : गाँव भर में बात फैल जाएगी कि लाश मेरे आँगन में पाई गई है। चिखूटी गौण्ड को भी मालूम है कि दूखिया यहाँ बेगार करता रहा है।

पण्डिताइन : मैं चमार की लाश को तो यहाँ नहीं रहने दूँगी। तुम एक कान से भी सुन लो और दूसरे कान से भी। लाश तो यहीं से उठेगी। तुम ख़बर नहीं करोगे तो मैं जाकर ख़बर भी कर आऊँगी। और लाश उठवाने का प्रबन्ध भी कर आऊँगी। कुएँ का रास्ता इधर से है। बद्बू उठेगी तो लोग इधर से जाना छोड़ देंगे।

घासी : अँधेरा पड़ने पर मैं ख़ुद इसकी लाश खींचकर खेत की मेंड़

के पास छोड़ आऊँगा। घर में से एक बार लाश उठ जाए तो फिर किसी बात की चिन्ता नहीं।

पण्डिताइन : क्या? चमार की देह को हाथ लगाओगे।

घासी : मैं हाथ क्यों लगाऊँगा। मैं कोई तरकीब निकाल लूँगा। जिससे लाश आँगन में से हट जाए।

पण्डिताइन : किसी ने तुम्हें देख लिया तो? ब्राह्मणों की नाक कटवाओगे?
(बाहर खटका होता है)
कोई आया है?
(दरवाज़े पर हौले से दस्तक होती है।)

घासी : कौन है?
(बाहर से स्त्री की आवाज़ में)

स्त्री : जी मैं हूँ।

घासी : तू कौन? तेरा नाम-धाम कुछ नहीं है?

स्त्री : मेरे बापू यहाँ आए थे। मैं उनकी बेटी हूँ। माँ पूछती हैं, बापू यहाँ पर हैं?

घासी : चले गए, चले गए तेरे बापू।

पण्डिताइन : *(फुसफुसाकर)* ऐसे नहीं बोलो। किवाड़ खोल दो।
(घासीराम आगे बढ़कर दरवाज़ा खोल देता है। तनिक पीछे हटकर।)
तुम दुखी चमार की बेटी हो?

दूखी की बेटी : जी, बापू यहाँ आए हैं ना। पण्डित जी को बुलाने आए थे ना।

पण्डिताइन : क्या काम था उन्हें।

दूखी की बेटी : *(शर्मा जाती है।)* मेरे लिए आए थे, माँ पूछती हैं, हैं या चले गए?

घासी : चले गए। यहाँ से तो बहुत पहले चले गए थे। घर पर पहुँचे नहीं?

दूखी की बेटी : नहीं।

घासी : तो फिर रास्ते में होंगे। अभी पहुँच जाएँगे।

दूखी की बेटी : जी, मैं जाऊँ?

पण्डिताइन : हाँ, जा-जा, अभी पहुँच जाएँगे। तेरे लिए पण्डित जी ने बड़ी अच्छी साइत निकाली है।
(लड़की शर्माती चली जाती है।)
किवाड़ बन्द कर दो।

[कोने पर रोशनी का छोटा-सा दायरा। इस दायरे में दूखी की लाश पड़ी है। पण्डित घासीराम अँधेरे में खड़ा-खड़ा दूर से फन्दा फेंकता है। एक बार, दो बार, तीसरी बार फन्दा दूखी के गले में अटक जाता है। घासीराम इस ढंग से फन्दा फेंकता है कि दर्शकों को लगे जैसे छूत से बचना चाहता है।

फन्दा पड़ जाने पर घासीराम धीरे-धीरे लाश घसीटता हुआ बाहर ले जाने लगता है।

पीछे से दूखी की आवाज़ उसी के लहज़े में सुनाई पड़ती है।]

दूखी की आवाज़ : तद्‌गति, हमारी तद्‌गति, तो आपके हाथों होगी महाराज, हमारी तद्‌गति तो आपके हाथों होगी।

[घासीराम लाश घसीटते हुआ बाहर ले जाता है।]

कण्ठहार

[बड़े आईने के सामने खड़ी मालती, जड़ाऊ हीरों का हार गले में पहने, अपने को निहार रही है। हार पहनने पर उसका रूप निखर आया है। उसे पहने, अपने को निहारते हुए ही उसकी आँखों के सामने कुछ वर्ष पहले की मालती का चेहरा उभर आता है।]

[Fade out]

[Fade in]

[ब्याह के फ़ौरन बाद मालती, एक पार्टी पर, अपने पति के साथ आ रही हैं। उसका सौन्दर्य और सज-धज चकाचौंध करने वाले हैं। तब भी गले में मोतियों का हार है। हर कोई मुड़-मुड़कर उसकी ओर देखता है। मालती इस प्रशंसा के प्रति सचेत है, और इसमें गौरव भी महसूस करती है। उसकी प्रतिक्रिया विनम्रता की ओर न होकर आत्माभिमान की ओर अधिक है।]

मालती की सहेली : वाह री मालती, तेरा कैसा रूप निखरा है। *(हँसकर)* तेरा तो काया-पलट हो गया है। जब छोटी-सी हमारे साथ पढ़ती थी तब तो सारा वक़्त तेरी नाक ही बहती रहती थी।

एक पुरुष अपनी पत्नी से : हमारा भी परिचय करवा दो।

उसकी पत्नी : तुम क्या अन्दर आईं, मालती, रोशनी छिटक गई।

[Fade out]

[Fade in]

[पार्टी से लौटते हुए।]

रमेश : जिस तरह लोग तुम्हारी प्रशंसा कर रहे थे, मुझे तो सचमुच डाह होने लगी थी।

मालती : क्या मैं सचमुच बड़ी सुन्दर लग रही थी? ...वह क्या कह रहा था?

रमेश : कौन?

मालती : वही, तुम्हारा दोस्त।

रमेश : दस बार तो तुम्हें बता चुका हूँ, मालती। वह कह रहा था कि तुम्हारी पत्नी शहज़ादी नज़र आती है।

(मालती ख़ुश होती है।)

[Fade out]

[Fade in]

[फिर से बड़े आईने के सामने। मालती को आँखों के नीचे हलके-हलके साये नज़र आते हैं, होंठों के किनारे कुछ दब से गए हैं, बालों में भी रुखाई आ गई है, पहले जैसा चेहरा नहीं रहा। मालती का दिल मसोस उठता है, नज़दीक से देखती है तो हलकी-हलकी रेखाएँ नज़र आती हैं। मन का क्षोभ छिपाए नहीं छिप पाता।

कमरे के बाहर बरामदे में, उसका पति टहल रहा है, ऊपर-नीचे, उसके कदमों की चाप भी मालती को बेचैन कर रही है।

मालती कण्ठहार उतारकर ज़ेवरों के डिब्बे में से दूसरा, सुन्दर-सा हार निकालकर पहनती है, और अलग-अलग कोणों से अपने चेहरों और शरीर के गठन को देखती है। अपने को निहारते हुए वह ख़ुश भी होती है और क्षुब्ध भी।

पति के क़दमों की आहट नज़दीक आती है तो वह खीझकर दरवाज़े पर आकर पति से उलझ जाती है।]

मालती : यह थप-थप, थप-थप क्या कर रहे हो जी, तुम आराम से बैठ क्यों नहीं जाते।

रमेश : *(धैर्य से)* कुछ वक़्त का ख़याल रखो मालती, हमने मेहमानों को साढ़े सात बजे का वक़्त दे रखा है।

मालती : तो मैं क्या करूँ? कपड़े भी नहीं पहनूँ? तुम आराम से कहीं बैठ जाओ, यों चलो नहीं, तुम चलते हो तो सिर में जैसे हथौड़े बजते हैं।

रमेश : *(उसके प्रसाधन को देखकर)* यह हार तुम्हें फबता है मालती, इस साड़ी के साथ अच्छा बैठता है।

मालती : *(बड़बड़ाती हुई लौटने लगती है)* अब क्या फबेगा? अब कुछ नहीं फबता।

[मालती कमरे में लौट जाती है, पति कुछ देर तक वहीं खड़ा रहता है, फिर धीरे-धीरे चलता हुआ बड़े ड ़ाइंगरूम में आकर बैठ जाता है। आलीशान ड्राइंगरूम। दीवार से दीवार तक बिछा कालीन, बिल्लौरी झाड़-फानूस, आलमारियों में सजे सुन्दर विलायती तोहफ़ें और सजावटी सामान।]

[हम फिर मालती के कक्ष में पहुँच जाते हैं। आईने के सामने खड़ी मालती, कानों में हीरों के टाप पहन रही है। अब वह ख़ूब बनी-ठनी नज़र आ रही है, लक़-दक़। चौड़े वक्ष पर झूलता हार, उसी से मेल खाती बढ़िया साड़ी।

एक कान में हीरे का टाप डाल रही है। जब दूर से एक अस्फुट-सी आवाज़—जो क्रन्दन से मिलती-जुलती है—सुनाई पड़ती है, और मालती के हाथ काँप जाते हैं। वह उसे फिर से सुन पाने की कोशिश करती है, आवाज़ फिर से सुनाई देती है और मालती के चेहरे पर रेखाएँ उभर आती हैं, क्षोभ और गुस्से से उसका चेहरा विकृत-सा लगने लगता है।

इसी आवाज़ को सुनकर ड्राइंगरूम में बैठा उसका पति भी उठ खड़ा हुआ है। वह भी ठिठका खड़ा कान लगाए, फिर से उस आवाज़ को सुन पाने की कोशिश करता है, फिर चलता हुआ मालती के कमरे के सामने पहुँच जाता है।]

रमेश : सुना तुमने?

मालती : सुना है...तुम जानो और तुम्हारा काम। मुझे कुछ भी लेना-देना नहीं है।

रमेश : *(समझाते हुए)* उसे कमरे में बन्द तो नहीं कर सकते ना।

मालती : क्यों? बन्द क्यों नहीं कर सकते?

रमेश : सभी मेहमान उसके बारे में पूछेंगे, उससे मिलना चाहेंगे।

मालती : मेहमानों से मैं कह दूँगी कि वह सो रही है, कि डॉक्टर ने हिदायत दी है कि सात बजे तक उसे सुला दिया करें। उसके लिए भी तो यही बेहतर है।

रमेश : अभी सात भी नहीं बजे हैं और वह बिफरने लगी है, मेहमानों के रहते चीखने-चिल्लाने लगेगी तो क्या होगा?

मालती : मैं कह दूँगी नई दवाई का असर है, उसके अन्दर बेचैनी उठती है *(सहसा उत्तेजित, उद्विग्न हो उठती है)* मुझे कभी चैन से बैठने भी दोगे या नहीं? जब भी घर में मेहमान आते हैं, बावैला मच जाता है।

[घूम जाती है, और बहुत ही उखड़ी-उखड़ी आईने के सामने जाकर बैठ जाती है, और हाथ माथे पर रखे, व्याकुल-सी, उसका मन उचट गया है]

[कैमरा फिर से घर के आलीशान कमरों में घूमने लगता है।]

[लम्बे गलियारे में, मालती का पति, धीरे-धीरे चलता हुआ, एक बन्द दरवाज़े के सामने रुक जाता है। दरवाज़ा खोलने के लिए वह हैंडल पर हाथ रखता है पर फिर छोड़ देता है और लौट पड़ता है और मालती के कमरे के सामने आकर रुक जाता है। उसके कन्धे तनिक झुके हुए हैं, वेशभूषा में तो वह आधुनिक है पर उसकी चाल-ढाल में एक प्रकार की शिथिलता पाई जाती है, चलता है तो बोझिल-सी गति से, चिन्तित।]

रमेश : मैं दरवाज़ा खोलने जा रहा हूँ, इस तरह से, हम उसे बन्द नहीं कर सकते, इससे वह झुँझलाने लगती है।

मालती : जो मन में आए, करो।

रमेश : घर से बाहर जा रहे हों, तब बात दूसरी है, तब बाहर से ताला लगा सकते हैं, तब वह जानती है कि हम लोग बाहर जा रहे हैं पर घर में रहते...

[मालती कोई उत्तर नहीं देती।]

[रमेश कुछ देर तक कमरे के बाहर खड़ा रहता है, कोई उत्तर न पाकर वह फिर से गलियारे में चलता हुआ, लड़की के कमरे की ओर जाने लगता है। उसके क़दमों की आहट, जहाँ वास्तव में कम होती जा रही हैं, मालती के कानों में बढ़ती जा रही हैं, धप-धप, धप-धप, मानो उसके कानों के पर्दे फाड़ने लगी हैं।

लड़की के कमरे के सामने कुछ देर तक ठिठका खड़ा रहने के बाद, रमेश दरवाज़ा खोल देता है।

चौड़े पलंग पर, रुग्ण, दुबली लड़की, एक ओर को बैठी, हाँफ रही है। बड़ी-बड़ी आँखें, पीला किन्तु सुन्दर चेहरा। पन्द्रह-सोलह साल की रही होगी। कमरे का साज-सामान बड़ा अनुकूल, जालीदार सफ़ेद पर्दे, हवा में उड़ते हुए, साफ़-सुथरा कमरा, जगह-जगह खिलौने, बड़े-बड़े, पता चलता है वर्षों पहले के खिलौने भी यहाँ रखे हैं, तब भी लड़की रुग्ण थी। लड़की दुखी भी है और ज़िद्द भी पकड़े हुए है।]

रमेश : क्यों सुषमा? चिल्ला क्यों रही हो? तुम्हें मालूम है, आज मेहमान घर में आने वाले हैं।

सुषमा : *(हाफँती हुई पिता की ओर देखती रहती है, फिर आँखें नीची करके)* माँ कहाँ हैं?

रमेश : माँ तैयार हो रही है। मेहमान आने वाले हैं।

सुषमा : मैं भी पार्टी में बैठूँगी। मैं कमरे में नहीं बैठूँगी। मैं भी सबके साथ बैठूँगी।

[रमेश की नज़र फ़र्श पर टूटे प्याले की ओर जाती है। अधेड़ उम्र की माई (नौकरानी) फ़र्श पर से टूटे प्याले के टुकड़े बटोर रही है।]

रमेश : *(माई से, गुस्से में)* तुमसे बच्ची की देख-भाल नहीं हो सकती तो नौकरी छोड़ दो, मैंने पहले भी तुमसे कहा है। हर आए दिन बच्ची बिफरने लगती है।

माई : *(उठते हुए)* मैंने कहा, अभी से दूध पी लो बिटिया, रात जल्दी सो जाना होगा, मेहमान आएँगे, पर बेबी ने प्याला फ़र्श पर दे मारा।

रमेश : *(यह जानते हुए कि इसमें माई का कोई दोष नहीं है)* यह काम तुम्हारे बस का नहीं है, मैं कल से कोई दूसरा इन्तज़ाम करूँगा।

[Fade out]

[Fade in]

[आईने के समाने बैठी मालती।]

मालती : यह मुझे सुनाने के लिए उसे डाँट रहा है। करे-कराएगा कुछ नहीं। नौकर को डाँटना तक नहीं जानता।

[Fade out]

[Fade in]

माई : आपने दरवाज़ा बन्द किया तो बच्ची को लगा कि आपने ताला लगा दिया है। दरवाज़ा बन्द हो तो वह बेचैन होने लगती है।

रमेश : तो फिर तुम किस मर्ज़ की दवा हो? दरवाज़ा बन्द न करें तो हर मेहमान को बच्ची के कमरे में आने दें? पहले ही परेशानी कम है क्या?

(माई उद्भ्रान्त-सी नज़रों से रमेश को देखती है)

सुषमा : मैं बाहर, सबके साथ बैठूँगी, मैं अकेली अन्दर नहीं बैठूँगी।

रमेश : तुम वही करोगी, जो मैं कहूँगा। *(तनिक नर्म पड़ते हुए, बच्ची के सिर पर हाथ फेरते हुए)* तुमने प्याला क्यों तोड़ा है?

सुषमा : मैं फिर भी तोड़ूँगी। मैं कभी दूध नहीं पिऊँगी, मैं भूखी मर जाऊँगी।

रमेश : *(पलंग की पाटी पर बैठते हुए)* बस, बस सुषमा, बच्चोंवाली बातें नहीं करते। तुम अब बड़ी हो गई हो।

सुषमा : मैं बड़ी नहीं हो गई हूँ। मैं पहले से भी छोटी हो गई हूँ। *(सुबकते-सुबकते, सहसा अपने ही वाक्य पर हँस देती है)*

रमेश : *(बच्ची की आँखें पोंछते हुए)* बस, बस, बड़ों का कहा मानते हैं। अभी दूध पी लो, कुछ देर बाद आराम से सो जाना।

सुषमा : मैं नहीं सोऊँगी, मैं कभी नहीं सोऊँगी।

रमेश : तुम तो अच्छी बच्ची हो, कहा मानती हो।

(उठ जाता है, दरवाज़े की ओर बढ़ता है, माई पीछे-पीछे आती है)

माई : *(गलियारे में)* साहिब जी, घर में रौनक हो तो बच्ची का दिल बहलता है, आप दरवाज़ा बन्द न करें, मैं बच्ची को सँभाल लूँगी।

रमेश : मैंने देख लिया जैसे तुम सँभाल लोगी।

माई : मुझसे जो बन पड़ेगा, करूँगी जी, बच्ची अच्छी हो जाए तो मुझ करमजली का जनम सफल हो जाए, मैं तो उसकी सेवा का पुण्य कमा रही हूँ।

[Fade out]

[Fade in]

[मालती, आईने के सामने।]

मालती : *(माई का वाक्य सुनकर)* बड़ी आई पुण्य कमानेवाली, लड़की का आधा भोजन ख़ुद चट कर जाती है, यह पुण्य कमा रही है। सभी अपना मतलब साधते हैं... *(सहसा सुबक उठती है)* यह घर नरक बना हुआ है। मैंने किसी का क्या बिगाड़ा था कि मुझे यह सज़ा मिल रही है। *(माथे पर हाथ रखकर बैठ जाती है)*

(पीछे से रमेश का प्रवेश)

रमेश : क्यों? क्या बात है?

मालती : होगा क्या? यह रोज़ की चिख़-चिख़ मैं बर्दाश्त नहीं कर सकती।

रमेश : दिल छोटा नहीं करते, मालती। परेशानियाँ तो इनसान की ज़िन्दगी में आती रहती हैं।

मालती : *(घूमकर)* मुझे उपदेश मत दो। मैं बहुत उपदेश सुन चुकी हूँ। तुम्हीं में कोई रोग रहा होगा जो ऐसी बच्ची पैदा हुई है।

रमेश : *(मुस्कराकर)* मैं क्या जानूँ मालती, यह तो बीमार पड़ गई पर इसके भाई-बहन तो स्वस्थ हैं। वे भी तो हमारे ही बच्चे हैं। और यह भी पहले ठीक-ठाक हुआ करती थी।

मालती : और औरतें भी हैं, खाती-पहनती हैं, हँसती-बोलती हैं, यहाँ सुबह से शाम तक घर में रोना लगा रहता है...देखो मेरी हालत, आँखों के नीचे काले घेरे उतर आए हैं, अपनी उम्र से बीस साल बड़ी लगने लगी हूँ।

रमेश : हम दोनों तो फिर भी स्वस्थ हैं मालती, चल-फिर सकते हैं, यंत्रणा तो वह भोग रही है...।

मालती : वह यंत्रणा भोग रही है तो क्या मेरे कारण भोग रही है? क्या मैं चाहती हूँ कि वह यंत्रणा भोगे?...जो मिलता है कहता है, मालती तुम्हें क्या हो गया है, तुम तो अभी से बुढ़ाने लगी हो...।

[Fade out]

[Fade in]

[रेलवे प्लेटफॉर्म। बहुत से माँ-बाप अपने बच्चों को लेने आए हैं, जो छुट्टियों में अपने स्कूल से लौट रहे हैं। रमेश और मालती भी प्लेटफॉर्म पर खड़े हैं।

रेलवे प्लेटफ़ॉर्म पर मेले का-सा समाँ है। गहमागहमी। ट्रेन आती है। बच्चे भाग-भागकर अपने माँ-बाप से मिल रहे हैं, बग़लगीर हो रहे हैं। अरुण-प्रभा-सुषमा (मालती और रमेश के तीनों बच्चे) भी रेल के डिब्बे में से उतरते हैं, अरुण और शोभा तो भागकर माँ-बाप से लिपटते हैं पर सुषमा (उनमें सबसे बड़ी) तनिक धीरे-धीरे चली आ रही है।]

मालती : सुषमा ऐसे क्यों चल रही है? इसे कहीं चोट लगी है, क्या?

शोभा : नहीं माँ, कुछ दिन से दीदी की तबीयत ठीक नहीं, कहती है, पाँव उठाती है तो आसानी से उठता नहीं।

रमेश : स्कूल में डॉक्टर को दिखाया था?

शोभा : हाँ, पापा, डॉक्टर ने आपके नाम चिट्ठी दी है।

(दूर से सुषमा चली आ रही है, नाजुक-सी, सुन्दर, 14-15 साल की युवती, बड़ी हँस-मुँख है) नज़दीक आने पर उतावली होकर चलने की कोशिश करती है तो गिर पड़ती है, रमेश लपककर उसे सँभाल लेता है।...माँ-बाप से बड़े प्यार से मिलती है।

[Fade out]

[Fade in]

[मोटरकार में। तीनों बच्चे पीछे बैठे हैं। अगली सीटों पर माँ और पिता। बच्चे गाने लगे हैं। सुषमा की मधुर आवाज़ : "ओ मैं उड्डी उड्डी जावाँ हवा दे नाल, ओ मैं डोरे-डप्पे खावाँ, हवा दे नाल।"]

अरुण : पापा, दीदी को क्लास में फ़र्स्ट प्राइज मिला है।

रमेश : वाह, मुबारक हो सुषी।

मालती : क्या मिला, सुषी?

शोभा : एक मेडल है और एक सर्टिफिकेट।

मालती : और बच्चो, मैं भी तुम्हें एक बढ़िया ख़बर सुनाऊँ?

बच्चे : क्या, माँ?

मालती : तुम्हारे पापा की प्रोमोशन हो गई है। वह जनरल मैनेजर बन गए हैं। आज ही उन्हें Appointment letter मिला है। तुम्हारें क़दमों की बरकत है ना।

सुषमा : *(जो पीछे बैठी है; उठकर अपनी माँ के गले में बाहें डाल देती है।)* मुबारक हो, मुबारक हो माँ।

मालती : बस, बस, सुषी, इन्हें कार चलाने दो।

अरुण : प्रोमोशन से क्या मिलेगा, पा?

मालती : अब हम इससे भी बड़े बंगले में रहने लगेंगे, अब तुम्हारे पापा सबसे बड़े अफसर होंगे, अब वह बाहर के देशों में भी जाया करेंगे, मैं भी कभी-कभी जाया करूँगी।

सुषमा : अच्छा! *(बच्चे ताली बजाते हैं)*

शोभा : हमारे लिए क्या लाओगी, माँ?

मालती : ढेर सारी चीज़ें लाऊँगी!

रमेश : Keep your finger crossed!
गाना गाओ, जो तुम लोग अभी-अभी गा रहे थे :
(बच्चे फिर से गाने लगते हैं, पहली पंक्ति केवल सुषमा अपनी सुरीली बारीक आवाज़ में गाती है) :
"ओ मैं उड्डी उड्डी जावाँ, हवा दे नाल
ओ मैं डोरे-डप्पे खावाँ, हवा दे नाल!"
(रमेश और मालती कनखियों से एक-दूसरे की ओर देखते हैं, दोनों बेहद ख़ुश हैं)

[Fade out]

[Fade in]

[घर में, रमेश, स्कूल के डॉक्टर का ख़त पढ़ रहा है, मालती नज़दीक ही बैठी सुन रही है।]

रमेश : स्कूल के डॉक्टर ने लिखा है कि यह ख़त मिलते ही सुषमा को मेडिकल इन्स्टीट्यूट के Neuro-Surgeon को दिखाएँ, मुझे डर है इसे कहीं कोई Physical की शिकायत न हो क्योंकि इसके Physical responses में पिछले कुछ दिनों में तेज़ी से फ़र्क़ आने लगा है। मैं चाहता हूँ कि जल्दी-से-जल्दी Expert opinion ली जाए।

मालती : यह क्या होता है?

रमेश : मैं ख़ुद नहीं जानता। पर मैंने सुना है कि इसका दिमाग़ के Cells के साथ सम्बन्ध होता है।

मालती : कोई ख़तरेवाली बात तो नहीं ना?

रमेश : मैं क्या जानूँ मालती।

मालती : *(उदास हो जाती है)* हम लोग कैसे-कैसे प्लान बना रहे थे।

[Fade out]

[Fade in]

[अस्पताल का परीक्षण-कक्ष। बड़े-बड़े शीशों के पीछे रमेश-मालती खड़े हैं, अन्दर डॉक्टर मुआइना कर रहा है।]

(डॉक्टर बाहर आता है।)

रमेश : चिन्ता की तो कोई बात नहीं, डॉक्टर साहब?

डॉक्टर : *(धीमी आवाज़ में)* चिन्ता की बात है भी और नहीं भी। अभी हम और जाँच भी करेंगे पर मुझे लगता है कि लड़की को रोग है। इसमें दिमाग़ के Cell सूखने लगते हैं और इसका असर अंगों की हरकत पर पड़ता है। इसके लिए जो चलना-फिरना मुश्किल हो रहा है वह इसी कारण। बहुत ज़्यादा ध्यान देने की ज़रूरत होगी। अंगों का विकास रुक जाता है, अंग सूखने लगते हैं।

मालती : *(मालती को गहरा धक्का लगता है)* यह आप क्या कह रहे हैं, डॉक्टर साहब?

डॉक्टर : दवाइयाँ तो मैं लिख दूँगा पर दवाइयाँ ही इसका एकमात्र इलाज नहीं है। इसके शरीर की बाकायदा मालिश की जाए, मैं एक पेटी बनवा दूँगा जो यह पीठ और नीचे पेट तक बाँधे रखे ताकि इसकी रीढ़ की हड्डी टेढ़ी न हो। बहुत ज़्यादा सावधानी बरतने की ज़रूरत होगी...।

(मालती बड़ी व्याकुल नज़र आती है।)

[Fade out]

[Fade in]

[घर में, खाने के मेज़ पर, रमेश, मालती, अरुण और शोभा।]

शोभा : दीदी कब अस्पताल से आएगी, पापा?

रमेश : दो-एक दिन में आ जाएगी, आज टेस्ट पूरे हो जाएँगे।

अरुण : क्या छुट्टियों के बाद हमारे साथ स्कूल वापिस नहीं जाएगी?

रमेश : नहीं, उसे यहीं पर रखेंगे और उसका इलाज करवाएँगे।

अरुण : वह इम्तहान कैसे देगी पापा, यह उसका आखिरी साल है। सीनियर कैम्ब्रिज का इम्तहान जो है?

रमेश : मैं कोशिश करूँगा कि वह यहीं पर इम्तहान दे दे। इसका प्रबन्ध शायद हो जाएगा।

शोभा : हम लोग तो छुट्टियों के इतने प्लान बनाकर आए थे। कुतुब देखेंगे, भरतपुर जाएँगे।

रमेश : चलेंगे, चलेंगे।

अरुण : हम दीदी के बिना नहीं जाएँगे।

रमेश : क्या मालूम, डॉक्टर उसे भी साथ ले जाने की इजाज़त दे दे।

मालती : मुझे तो ऐसा नहीं लगता।

(चुप्पी छा जाती है।)

अरुण : हम कहीं नहीं जाएँगे। हम दीदी के पास रहेंगे।

[Fade out]

[Fade in]

[मूक हृदय। घर का लम्बा चौड़ा आँगन, बहुत से बच्चे आँख-मिचौनी खेल रहे हैं। सुषमा कुर्सी पर बैठी है। हर खेलनेवाला, अपनी बारी आने पर भागता हुआ आता है और सुषमा को छूता है। सुषमा ख़ुश है, अपनी स्थिति को भूले हुए हैं।]

[Fade out]

[Fade in]

[मूक हृदय। किसी अन्य अस्पताल का कक्ष। कोई दूसरा डॉक्टर परीक्षण कर रहा है। फिर गम्भीर मुद्रा में रमेश-मालती को कुछ कह रहा है।]

[Fade out]

[Fade in]

[घर में सभी लोग किसी पार्टी पर जाने के लिए तैयार हो रहे हैं। तीनों बच्चे पहले से तैयार हैं। भूतपूर्व जनरल मैनेजर की विदाई पार्टी है।

मालती अपने लिए पार्टी पर पहननेवाले कपड़े चुन रही है। शोभा पास खड़ी चुनने में मदद कर रही है। सुषमा पास ही कुर्सी पर बैठी है।]

सुषमा : मैं बताऊँ माँ, तुम वह वाली Temple साड़ी पहनो चैक डिज़ाइनवाली, वह जो तुम हमारे स्कूल में पहन कर आई थीं, पीले बार्डर वाली, वह तुम पर बहुत ज़्यादा फबती है।

मालती : यह वाली?

सुषमा : हाँ माँ, यह बहुत अच्छी है।

मालती : ऐसे मौके पर ज़्यादा शोख़ रंग की साड़ी पहनना चाहिए, पगली, यह बहुत बड़ी पार्टी है।

शोभा : इस पार्टी में माँ नए जनरल मैनेजर की पत्नी के रूप में जाएँगी ना, इनकी बड़ी शान होगी। क्यों न, माँ?

मालती : और क्या? *(हँस देती है)*

सुषमा : कितनी शान होगी। वाह जी *(ताली बजाती है)* पर तुम वही साड़ी पहनो माँ, वही Temple डिज़ाइनवाली, वह बहुत अच्छी है।

शोभा : इसमें हार कौन सा पहनोगी, माँ? तुम्हारे लिए ज़ेवर मैं चुनूँगी। कहाँ है ज़ेवरों की पिटारी?

[Fade out]

[Fade in]

[मालती सज-धज गई है। बच्चे पहले से तैयार हैं, जब सहसा सुषमा की तबीयत बिगड़ जाती है। कुर्सी पर बैठे-बैठे ही वह बेहोश-सी होने लगती है।]

शोभा : देखो माँ, सुषमा दीदी को क्या हो गया है।

[सुषमा का सिर एक ओर को लुढ़क-सा गया है। शोभा और अरुण भागकर सुषमा के पास जाते हैं।]

मालती : पापा को बुलाओ।
(रमेश भी पहुँच जाता है।)

रमेश : क्या हुआ सुषी, बेटा? *(उसे उठाकर दूसरे कमरे में ले जाता है और बिस्तर पर लिटा देता है। माँ सजी-धजी खड़ी हैं। रमेश, सुषमा को दवाई पिलाता है। सुषमा की ओर झुककर।)* अब तबीयत कैसी है, बेटी?

सुषमा : *(धीमी आवाज़ में)* ठीक हूँ।

रमेश : घबराहट तो नहीं हो रही है?

सुषमा : नहीं। *(उसके चेहरे पर पसीना आ गया है। दोनों पति-पत्नी बरामदे में आ जाते हैं।)*

रमेश : क्या किया जाए? डॉक्टर को फ़ोन करूँ?

मालती : फ़ोन करने से क्या होगा? उसने पहले ही बता दिया था कि कभी-कभी ऐसा होगा।

[दोनों थोड़ी देर के लिए चुप रहते हैं। रमेश घड़ी की ओर देखता है।]

रमेश : वक़्त हो रहा हैं। *(टहलने लगता है)* तुम रुक जाओ, मालती। मैं पार्टी पर अकेला चला जाता हूँ। बच्चे भी नहीं जाएँ।

मालती : और कुछ देर देख लेते हैं। अगर इसकी तबीयत सँभल गई तो मैं भी चलूँगी।

रमेश : हाँ, मगर हमारे चले जाने के बाद इसकी तबीयत बिगड़ गई, तो?

मालती : इसे भी इस वक़्त ही बीमार पड़ना था।...

रमेश : पार्टी में तुम नहीं गईं तो वे लोग मायूस तो बहुत होंगे पर क्या किया जाए।

मालती : यह भी तो हो सकता है कि बच्चे सुषमा के पास रहें। अगर ज़रूरत पड़े तो हमें टेलिफ़ोन करके बुला सकते हैं। इसे दवाई तो पिला दी है।

रमेश : जैसा ठीक समझो।

मालती : तुम नहीं चाहते मैं जाऊँ, तो मैं नहीं जाऊँगी।

रमेश : मैं तो सुषमा के बारे में सोच रहा था। अगर इसकी तबीयत बिगड़ गई तो तुम्हें ही परेशानी होगी।

[क्षुब्ध होकर, साड़ी उतारते हुए।]

मालती : तुम जाओ, मैं कहीं नहीं जाऊँगी। तुम बच्चों को भी ले जाओ।

सुषमा : *(माँ के नज़दीक आने पर)* माँ, अब मैं ठीक हूँ। तुम जाओ पार्टी पर। मैं बिलकुल ठीक हूँ। मैंने कह जो दिया। आप जाओ ना...।

मालती : मुझे कहीं नहीं जाना है।

रमेश : *(शोभा और अरुण से)* तुम भी घर पर ठहरो। बड़े लोगों की पार्टी है, उसमें तुम्हारा क्या काम। घर पर तुम सुषमा का ध्यान कर सकोगे।

अरुण : *(मालती से)* तुम भी जाओ, माँ। हम सुषमा दीदी के पास रहेंगे।

मालती : मैंने कह जो दिया, मुझे कहीं नहीं जाना है।

[अपने कमरे में चली जाती है।]

[Fade out]

[Fade in]

[गहरी रात गए, रमेश पार्टी पर से घर लौटा है। नकटाई उतारते हुए सोनेवाले कमरे में आता है।]

मालती : *(जो करवट बदलकर बिस्तर पर लेटी है)* हो गई तुम्हारी पार्टी?

रमेश : हाँ, हो गई। सभी तुम्हें पूछ रहे थे।

रमेश : तुम तो थे ना, पार्टी के दूल्हा भी तो तुम्हीं थे, मैं क्या चीज़ हूँ।

रमेश : सुषमा ठीक है?

मालती : उसे कुछ भी नहीं हुआ था। मामूली सी घबराहट थी, वह हमारे साथ भी जा सकती थी। पर तुम उसके बहुत अपने बनते हो, तुम्हें उसकी ज़्यादा फ़िक्र है।

रमेश : फ़िक्र की बात नहीं। अगर वहाँ इसकी तबीयत बिगड़ जाती तो सभी को परेशानी होती या नहीं?

मालती : मैं तो इसके साथ बँध गई ना, तुम तो आज़ाद हो गए। तुम तो जहाँ चाहो जा सकते हो ना।

रमेश : इस पार्टी में तो मेरा जाना ज़रूरी था, दफ़्तरवालों की पार्टी भी और एक तरह से, हम लोगों को ही ख़ासतौर पर बुलाया गया था...।

मालती : हम लोगों को नहीं, तुम्हें।

रमेश : *(हँसकर)* चलो, ऐसा ही सही।
(मालती के पलंग के पायताने बैठ जाता है।)
मैंने सोच लिया है, हम एक औरत को रख लेंगे जो सुषमा की देखभाल करेगी, कोई समझदार औरत जो 24 घंटे इसके पास रहेगी, तब तुम बँधी महसूस नहीं करोगी।

(मालती चुप रहती है।)

मालती : वह क्या करेगी?

रमेश : वह इसका सारा काम करेगी, दवाई पिलाएगी, मालिश करेगी। बच्चे तो अब कुछ ही दिनों में स्कूल लौट जाएँगे, वही इसके पास रहेगी।

मालती : *(उदास-सी मुस्कराहट के साथ)* मेरी कोई बात सीधी नहीं पड़ती। तुम्हारी तरक़्क़ी हुई तो सोचा था अब आराम से रहेंगे, ख़ूब घूमेंगे-फिरेंगे, बच्चे बोर्डिंग में हैं, हम लोग कुछ दिन आज़ाद रहेंगे, मौज करेंगे।

रमेश : सुषी ठीक हो जाएगी तो घूमने-फिरने में और भी ज़्यादा मज़ा आएगा। तब तुम उसे भी साथ ले जाया करोगी।

मालती : अच्छा, अब सो जाओ। मेरा सिर भारी हो रहा है।

[Fade out]

[Fade in]

[छुट्टियों के बाद अरुण और शोभा वापिस स्कूल को जा रहे हैं। सुषमा अब पहिएवाली कुर्सी में बैठने लगी है। उसकी सेहत सुधरने के बजाए बिगड़ने लगी है। एक अधेड़ उम्र की औरत सारा वक़्त उसके पास रहने लगी है।]

अरुण : बाई बाई, दीदी! मैं चिट्ठी लिखूँगा, जवाब देना।

शोभा : मैं भी लिखूँगी। ढेर सारी चिट्ठियाँ लिखूँगी।

[सुषमा चुपचाप उनकी ओर देखती रहती है। उसकी आँखों में आँसू छलक आए हैं।]

अरुण : अगली बार जब तुम लोग छुट्टियों में आओगे तो हम अपने नए घर में जा चुके होंगे। सुषी का अपना कमरा होगा, तुम लोगों का भी अपना-अपना।

शोभा : हम तो दीदी के साथ ही रहेंगे।

[बच्चे, माँ से बग़लगीर होते हैं, फिर बाहर खड़ी मोटरकार की ओर बढ़ जाते हैं।]

[Fade out]

[Fade in]

[डॉक्टर का क्लिनिक। शीशे की दीवारों के पीछे मालती और रमेश खड़े हैं। अन्दर सुषमा के शरीर की डॉक्टरी जाँच चल रही है। डॉक्टर बाहर आता है।]

डॉक्टर : आपने ध्यान नहीं दिया, बच्ची की पीठ टेढ़ी हो रही है। मैंने ताकीद की थी कि इसकी पीठ पर पेटियाँ बँधी रहें, इसे सीधा लिटाया जाए, बाकायदा मालिश की जाए, आपको एक Trained Nurse रखनी चाहिए थी। माफ़ कीजिए, बच्ची की स्थिति अच्छी नहीं है।
(रमेश चौंक जाता है)
इसे हम बिलकुल तन्दरुस्त कर सकें इसकी मुझे कम उम्मीद नज़र आती है। यह बीमारी ही ऐसी है। हाँ, अपना काम करने लायक हो जाए, किसी की मोहताज न रहे, यह भी बहुत है *(मालती की ओर देखकर)* लेकिन आपके सहयोग के बिना कुछ भी सम्भव नहीं होगा।

रमेश : पर डॉक्टर साहब, इसका दिमाग़ तो बिलकुल साफ़ है, इसकी याद्दाश्त भी बहुत अच्छी है।

डॉक्टर : ऐसे मरीज़ों के बारे में यही तो दुख की बात होती है कि वे सब देखते-समझते हैं पर शरीर उनका साथ नहीं देता। इसके अंग सूख रहे हैं। हाँ, अगर अचानक कुदरत मदद करने लगे और बच्ची के अंग भरने लगें तो बात दूसरी है। पर ऐसा मुझे लगता नहीं है।

[मालती डॉक्टर की ओर एकटक देख रही है। उसके भावों को पढ़ पाना कठिन है, माँ के नाते विचलित भी हुई है पर साथ ही बेटी की बीमारी को अपने लिए बहुत बड़ा बोझ भी मान रही है।]

[Fade out]

[Fade in]

[सुषमा का कमरा। बाहर से क़दमों की आहट। पायताने के पास बैठी माई, सुषमा के बाल काढ़ रही है।]

सुषमा : सुना तुमने माई?

माई : क्या, बिटिया?

सुषमा : माँ आ रही है।

[क़दमों की आवाज़। क़दमों की आवाज़ नज़दीक आती जा रही है, लगता है, इसी कमरे की ओर आ रही है पर फिर, दूसरी ओर को घूम जाती है। सुषमा के चेहरे पर निराशा झलकने लगती है।]

सुषमा : माँ नहीं आई। माँ नहीं आएगी। नहीं आएगी ना?

माई : कोई और भी तो हो सकता है, बिटिया।

सुषमा : नहीं, माँ ही थी, क्या मैं माँ के क़दमों की आवाज़ नहीं पहचानती?

माई : माँ थी तो किसी काम से आई होंगी, बिटिया।

सुषमा : *(माई के हाथ से कंघी छीनकर फ़र्श पर फेंक देती है)* छोड़ दो मेरे बाल। चली जाओ यहाँ से। मुझे बाल नहीं बनवाना है।

[क़दमों की आवाज़ फिर से सुनाई पड़ने लगती है। क़दम नज़दीक आ रहे हैं, वे सुषमा के कमरे के बाहर रुकते हैं।

सुषमा गर्दन उठा कर सुनती है। आँखों में फिर से उत्सुकता झलकने लगती है। पर दरवाज़े को बाहर से बन्द करने की आवाज़ आती है, और क़दम दूर जाने लगते हैं। सुषमा बिलख उठती है।]

[Fade out]

[Fade in]

[मालती फिर से आईने के सामने खड़ी है। वह पार्टी के लिए लगभग तैयार है।] घंटी बजती है।

मालती : *(रमेश से)* मेहमान आने लगे हैं। तुम जाओ, उनसे मिलो, मैं अभी आती हूँ।

[Fade out]

[Fade in]

[बाहर आँगन के पास, पुरुष-स्त्री, दो जोड़े खड़े हैं, रमेश उनका स्वागत कर उन्हें बड़ी बैठक में लिवा लाता है।)

एक स्त्री : मालती कहाँ है? *(हँसकर)* अभी भी बन-ठन रही होगी।

रमेश : आ रही है, आप बैठिए।

दूसरी स्त्री : हम सोच रहे थे हमने देर कर दी।

उसका पति : हमारी मैडम तो चार बजे ही आईने के सामने बैठ गई थीं, मालती जी पाँच बजे बैठी होंगी।

(मालती का प्रवेश। सजी-धजी, आकर्षक, गले में चमकता हीरों का हार।)

एक स्त्री : वह रही मालती।

दूसरी स्त्री : *(उसकी ओर बढ़ते हुए)* वाह! क्या Stage Entry मारी है मालती! *(पास जाकर)* यह हार कहाँ से उड़ाया?

मालती : मैंने अब फ़ैसला कर लिया है कि किसी बात की परवाह नहीं करूँगी। ख़ूब खुलकर पैसा ख़र्च करूँगी, जो मन में आएगा खरीदूँगी, जहाँ मन आएगा घूमूँगी।

पुरुष : और रमेश को साथ नहीं ले जाएँगी?

मालती : यह तो बड़े दब्बू हैं, सारा वक़्त दफ़्तर से ही चिपके रहते हैं।

पुरुष : *(हँसकर)* जब से दुनिया शुरू हुई है, मालती जी, अभी तक कोई मर्द ऐसा पैदा नहीं हुआ, जिसे उसकी पत्नी दब्बू न समझती हो, *(अपनी पत्नी से)* क्यों श्रीमती जी, मैं ठीक कह रहा हूँ ना?

उसकी पत्नी : आप तो घर में शेर होते हैं, दफ़्तर में शेर, घर में बब्बर शेर!

पुरुष : पर बड़े से बड़ा शेर भी अपनी शेरनी के सामने... *(हँसी)*

(इस बीच रमेश उठ जाता है और हम उसे गलियारे की ओर जाते हुए देखते हैं।)

मालती : *(हाथ में कुछ उठाए हुए हैं)* लो, यही मैं तुम्हें दिखाना चाहती थी। ज़री का स्टोल *(कंधों को ढँकनेवाला बढ़िया वस्त्र)* खोलती है। *(झिलमिलाता वस्त्र, काश्मीरी कसीदाकारी।)*

काश्मीरी काम है। बढ़िया है ना? पन्द्रह सौ में मिला। उसके पास यही एक स्टोल बच रहा था, मैंने मन-ही-मन कहा, ले लो, कौन ऐसी चीज़ें रोज़-रोज़ मिलती हैं।

एक स्त्री : ओढ़ो तो देखें।

(मालती स्टोल को कन्धों पर ओढ़ती है)

वाह री मालती! तू तो खिल उठी है।

मालती : जब खिलना था तब नहीं खिली, अब क्या खिलूँगी।

एक स्त्री : कहाँ से मिला?

मालती : काश्मीर एम्पोरियम से। पर कहता था उसके पास और नहीं हैं।

स्त्री : *(हँसकर)* तू चाहती है हम ऐसा नहीं ख़रीद पाएँ, यही ना?

मालती : तू यही ले ले।

स्त्री-2 : सुषमा, बच्ची कैसी है? उसे भी यहाँ ले आओ ना, उसका दिल बहल जाएगा।

मालती : वह सो रही है।

स्त्री : इतनी जल्दी सो गई है?

मालती : डॉक्टर ने कहा है, शाम को सात बजे तक उसे सुला दिया करें।

[Fade out]

[Fade in]

[सुषमा का कमरा। सुषमा बिफर उठी है, और आस-पास की चीज़ें फेंकने, और 'जाओ, चली जाओ। जाओ! जाओ!' चिल्लाने लगी है। माई थर-थर काँप रही है कि चिल्लाहट बाहर सुनाई दे गई तो उसकी नौकरी जाती रहेगी।]

[Fade out]

[Fade in]

[बैठक में मालती तथा कुछ मेहमानों को सुषमा की चिल्लाहट का भास हो जाता है।]

कभी-कभी बिफरने लगती है। क्या किया जाए? चीख़ने-चिल्लाने लगती है। नई दवाई का असर भी होता है, जिससे उसके अन्दर बैचेनी उठती है।

[मेहमान स्त्रियाँ तनिक झेंप जाती हैं एक दूसरी की ओर देखकर चुप हो जाती हैं।]

स्त्री : बीमार बच्ची का ध्यान रखना कौन सा आसान काम है।

मालती : हाय, मैंने तो तुमसे पूछा ही नहीं कि क्या पियोगी? रुह-अफ़ज़ा पियोगी या लिमका? तुम ख़ुद ही बता दो। कोई तेज़ चीज़ आए? दो घड़ी का सरूर ही तो है! *(हँसती है)*

[कैमरा घर के ऐश्वर्य, छत पर से लटकते झाड़-फानूस, आलमारियों में रखे बढ़िया उपहार, घर की साज-सज्जा और अन्त में मालती के वक्ष पर झूलते नगीनों से जड़े कण्ठहार पर घूम जाता है।]

स्त्री-2 : *(मालती से)* आज तुम किट्टी पार्टी पर नहीं आई?

मालती : कैसे आती? आज तुम लोगों की मेहमाननवाज़ी जो करनी थी।

स्त्री-2 : दो-दो नौकर हैं तेरे पास। सारा काम तो वे करते हैं, तुम तो बैठी हुक्म चलाती हो।

मालती : नौकरों से काम लेना कौन सा आसान होता है, इससे तो ख़ुद कर लेना ज़्यादा अच्छा होता है, सिरदर्दी तो नहीं होती।

[सहसा, सुषमा अपनी पहिया-गाड़ी में बैठी, उसे स्वयं धकेलती हुई चली आई है, थोड़ी देर बाद माई, हाँफती हुई पीछे-पीछे पहुँच जाती है। मालती परेशान हो उठती है।]

स्त्री-1 : अरे, देखें तो कौन आ रहा है। *(उठकर उसके पास जाती है।)* सुषमा, तुम तो पहले से अच्छी लग रही हो।

सुषमा : मैं कभी अच्छी नहीं होऊँगी।

स्त्री-2 : नहीं-नहीं, तुम सचमुच पहले से अच्छी लग रही हो।

सुषमा : आप झूठ बोल रही हैं। अब तो मैं बिस्तर पर से उठ भी नहीं सकती।

[मेहमान चुप हो जाते हैं, सभी को अटपटा-सा लगने लगता है, पार्टी का मज़ा ख़राब होने लगता है। इससे पहले मालती, मेहमानों के साथ ख़ूब चहक रही थी, उन्हें कोई नीम-अश्लील चुटकुला सुना रही थी।

एक महिला, प्लेट में काँटे व्यंजन रखे, सुषमा के पास जाती है।]

नहीं, मुझे मना है। मैं नहीं खा सकती।

स्त्री-1 : छोटा-सा बर्फ़ी का टुकड़ा ही तो है, इसे खाने में क्या हर्ज है!

सुषमा : *(माँ की ओर देखकर)* माँ, मैं खा लूँ?

मालती : मुझे नहीं मालूम। *(मेहमानों के सामने अपना क्षोभ नहीं दबा पाती)* तुम हमारी बात नहीं मानती हो तो हम तुम्हारी क्यों माने?

सुषमा : मैं नहीं खाऊँगी।

मालती : डॉक्टर ने कहा है तुम्हें जल्दी सो जाना चाहिए, फिर तुम यहाँ क्यों चली आई हो?

सुषमा : मैं सोऊँगी भी नहीं, मैं कुछ खाऊँगी भी नहीं। मैं भूखी मर जाऊँगी।

मालती : *(पति से)* सँभालोगी अपनी बेटी को, यह मेरी नहीं सुनेगी।

(स्त्री-2 आगे बढ़ आती है)

स्त्री-2 : नहीं, नहीं, सुषमा तो इतनी अच्छी बच्ची है...।

मालती : *(बिफरकर)* नहीं चाची, मैं बहुत बुरी हूँ।

(स्त्री-2 आगे बढ़कर सुषमा को छाती से लगा लेती है।)

स्त्री-2 : नहीं, सुषमा इधर हमारे पास बैठोगी, यह कैसे हो सकता है कि हम लोग इधर हँसे-बोलें और वह अकेली अपने कमरे में पड़ी रहे।

मालती : *(गुस्से से)* सब कुसूर इस माई का है इससे कोई भी काम ढंग से नहीं होता।

[माई घबराई हुई, एक ओर को खड़ी काँप रही है। रमेश, आगे बढ़कर सुषमा को दुलारता हुआ एक ओर को ले जाता है।]

एक स्त्री,

दूसरी से : बेचारी, अब यह क्या ठीक होगी।

एक और महिला : बीमार आदमी ख़ुद तो दुख भोगता ही है पर घरवालों के लिए भी बड़ा कठिन होता है।

स्त्री-1 : तुम्हें भगवान ने बड़ी सहनशीलता दी है, मालती। तुम जैसा कोई करके तो दिखाए।

मालती : क़िस्मत में जो लिखा है, वह तो भोगना ही है, इस बच्ची का भी क्या क़सूर।

[पार्टी में लोग अटपटा महसूस करने लगे हैं। धीरे-धीरे लोग सरकने लगे हैं।]

[Fade out]

[Fade in]

[मालती-रमेश सोने की तैयारी कर रहे हैं। मालती आईने के सामने अपने ज़ेवर उतार रही है।]

मालती : मैं दरवाज़ा बन्द करके आई थी, किसने उसका दरवाज़ा खोला?

रमेश : मैंने खोला था।

मालती : तुमने सुषमा को सिर पर चढ़ा रखा है। सारा वक़्त उसे पुचकारते रहते हो। वह और भी ज़्यादा बिगड़ती जा रही है।

रमेश : अगर वह चीख़ने-चिल्लाने लगती तो क्या होता? इससे यह बेहतर नहीं कि कुछ देर के लिए बाहर आ जाए?

मालती : देख लिया इसका नतीज़ा। दस मिनट में लोग अपने-अपने घर चले गए।

रमेश : बीमार बच्ची को सारा वक़्त डाँटता रहा करूँ?

मालती : मेरा सिर फट रहा है, अब कुछ मत कहो।

रमेश : हिम्मत नहीं हारते, मालती। अगर इलाज ठीक है तो ज़रूर फ़र्क़ पड़ेगा।

मालती : सात साल तो निकल गए।

रमेश : मैं सोचता हूँ, सुषी को अस्पताल में दाख़िल करवा देते हैं, वहाँ उसकी देखभाल बेहतर होगी।

मालती : *(पलटकर)* नाक कटवाओगे? लोग क्या कहेंगे कि बेटी को अस्पताल में फेंक आए हैं?

रमेश : हमें बेटी की सेहत चाहिए। अगर अस्पताल में नहीं, तो मैं इसके लिए Trained nurse रखूँगा।

मालती : हमारे पास इतने पैसे कहाँ से आए कि Trained nurse रखोगे? *(धीमी क्लेश-भरी आवाज़ में)* इस बीमारी का कोई इलाज हो, तो भी कोई कहे।...यह जिं दगी तो अब ऐसे ही कटेगी।

रमेश : मुझे नहीं मालूम था कि तुम इतनी परेशान रहने लगोगी। आख़िर...।

मालती : परेशान नहीं तो क्या। मुझे इस ब्याह में मिला ही क्या है?... कौन जाने तुम्हीं से उसे यह रोग हुआ हो। सारा वक़्त घर में कुरबुल-कुरबुल मची रहती है।...अब छोड़ो इस किस्से को। मैं सोना चाहती हूँ।

[पीठ फेर लेती है। रमेश थोड़ी देर बाद बत्ती बुझा देता है।]

[Fade out]

[Fade in]

[रमेश-मालती का शयनकक्ष। मालती सपना देखती है। वही कमरा, झुटपुटा। सपने में मालती को लगता है कि रोशनदान के रास्ते कोई चौड़े पंखोंवाला, भयावह पक्षी पर फड़फड़ाता हुआ उतरा है और हवा में डोलता हुआ उसके पायताने आकर बैठ गया है। झुटपुटे में उसकी बड़ी-बड़ी आँखें, अलपक, मालती को घूरे जा रही है। और पंजे, पायताने की पाटी को ज़ोर से दबोचे हुए हैं। उसे देखकर मालती की चीख़ निकल जाती है। अँधेरे में अभी भी उसे लग रहा है कि भयावह पक्षी की बड़ी-बड़ी आँखें उसे घूर रही हैं। तभी उसकी नज़र पायताने की ओर जाती है जहाँ उसकी विकलांग बेटी सुषमा, दोनों हाथों से पाटी को पकड़े बैठी है और उसकी बड़ी-बड़ी आँखें अपनी माँ को घूरे जा रही हैं।]

सुषमा : मत रो माँ, मुझे डर लगता है।
(मालती हाँफ रही है।)

मालती : तू यहाँ क्या कर रही है?

सुषमा : माँ, मैं तेरे पास आ जाऊँ?
तेरे बिस्तर में आ जाऊँ?

[मालती की आँखों के सामने फिर उसी भयावह पक्षी की आकृति घूम जाती है, और वह नींद में कुरलाने लगती है।]

रमेश : *(जागकर)* क्या हुआ मालती? क्या है?

[मालती कुरलाए जा रही है। रमेश उसका कन्धा हिलाकर उसे उठाने की कोशिश करता है। मालती का सिर अभी भी दाएँ-बाएँ झूल रहा है और वह ऊँ-ऊँ किए जा रही है। रमेश उठकर, पानी का छींटा मालती के मुँह पर मारता है।]

होश में आओ, मालती।

[मालती का दुःस्वप्न टूटता है, वह आँखें खोलती है पर फिर कुछ न समझकर, हाँपती हुई आँखें बन्द कर लेती है।]

[Fade out]

[Fade in]

[मालती, सुषमा की बग़लवाले कमरे में से निकलकर, गलियारे में आ जाती है, और धीरे-धीरे क़दम बढ़ाती हुई बैठक की ओर जा रही है। गलियारे के सिरे पर रमेश खड़ा है।]

रमेश : सुषमा से मिलकर आ रही हो?

मालती : नहीं तो। *(आतंकित नज़र आती है)*

रमेश : मैंने सोचा, उससे मिलने गई थी।

[अभी भी मालती के चेहरे पर आतंक का भाव है। उसकी आँखों के सामने रातवाले सपने का पक्षी फड़फड़ाता घूम

जाता है, और मालती आँखें फाड़े खड़ी की खड़ी रह जाती है]

क्या बात है, मालती? तुम्हारी तबीयत तो ठीक है? *(मालती की बाजू पकड़कर, उसे धीरे-धीरे चलाता हुआ, अपने कमरे में ले जाता है।)*

मालती : *(अपने पलंग की पाटी पर बैठ जाती है मानो अपने आप से कह रही हो।)* यह तो श्राप बनकर मेरी ज़िन्दगी में आ गई है। यह कौन है? यह क्या चाहती है? यह कहाँ से आई है?

रमेश : क्या कह रही हो, मालती? लेट जाओ, तुम्हारी तबीयत ठीक नहीं, लेट जाओ।

मालती : यह डॉक्टर भी कैसा आदमी है? हर बार बरसों की बात करता है, सारी हिस्टरी बताने की क्या ज़रूरत थी? तुम भी तो लोगों के सामने गूँगे बन जाते हो।

(सूनी-सी आँखों से रमेश की ओर देखती हुई।)

मैं कहीं नहीं जाऊँगी, मैंने कह दिया कहीं नहीं जाऊँगी।

रमेश : लेट जाओ, मालती।

मालती : तुम उसे बिगाड़ रहे हो जी, वह हर बात में मनमानी करती है।

रमेश : तुम किसकी बात कर रही हो, मालती?

मालती : तुम तरकीबें ही सोचते रहते हो, करते-कराते कुछ भी नहीं। तुम्हें मेरी फ़िक्र क्योंकर होने लगी?

रमेश : लेट जाओ, मालती, तुम बहुत ज़्यादा परेशान करने लगी हो।

मालती : तुम्हारी बला से!

[Fade out]

[Fade in]

[बंगले के बरामदे में मालती खड़ी है। दूर आँगन में सुषमा, पहिया-गाड़ी को धीरे-धीरे चलाती हुई माँ की ओर बढ़ रही है। माँ की आँखें सुषमा पर टिकी हैं। पर सहसा सुषमा की आकृति उस भयानक पक्षी की आकृति में बदल जाती है जिसे मालती ने सपने में देखा था। और मालती त्रस्त हो उठती है। सहसा सुषमा अपना सन्तुलन खो बैठती है और पहिया गाड़ी से ठोकर

खाकर गिर पड़ती है। मालती को धक्का-सा लगता है—वह फिर भी माँ है—वह आगे बढ़ने को होती है पर फिर निश्चेष्ट-सी वहीं पर खड़ी रह जाती है। मालती को लगता है जैसे उसने सुषमा की आवाज सुनी है, "मैं तेरे पास आ जाऊँ, माँ?

माई पीछे से भागती हुई, सुषमा को सँभालकर उठाने चली आती है। माई, इसे अपना दोष मानकर, मालती को अपनी सफ़ाई देने लगती है।]

माई : मैंने बहुत कहा बेबी को, मैं ले चलूँगी, मैं तुम्हारे साथ रहूँगी, पर मैं ग़ुसलखाने से तौलिया लाने गई कि बेबी बाहर निकल आई।

[मालती बिना कुछ कहे वहाँ से मुड़ जाती है और अपने कमरे की ओर चल देती है।]

[Fade out]

[Fade in]

[डॉक्टर का क्लिनिक। शीशे की दीवार के बाहर रमेश और मालती बैठे हैं। अन्दर सुषमा का परीक्षण चल रहा है। डॉक्टर बाहर आता है।]

डॉक्टर : *(बैठ जाता है, गम्भीर मुद्रा में)* मुझे खेद हैं, इसके स्वास्थ्य में बेहतरी नहीं हो रही है।

रमेश : क्या इसे अस्पताल में दाख़िल करा देना बेहतर होगा?

डॉक्टर : अस्पताल में इसकी देखभाल तो निश्चय ही अच्छी होगी पर घर के माहौल में बच्चा अधिक सन्तुष्ट रहता है। घर में उसे प्यार मिलता है, माँ-बाप पास में होते हैं। उसका दिल भरा रहता है।

रमेश : इसका दिमाग़ तो अभी भी बड़ा साफ़ है डॉक्टर साहब?

डॉक्टर : बड़ी अच्छी बात है पर स्वास्थ्य में गिरावट आती जाए तो धीरे-धीरे इसके दिमाग़ पर भी असर पड़ने लगेगा।

[सभी चुप हो जाते हैं। मालती डॉक्टर के चेहरे की ओर देखे जा रही है। एक ओर जहाँ उसे सुषमा की यंत्रणा के अन्त का भास मिलने लगा है, वहाँ उसे

अपनी यंत्रणा के अन्त का भी भास मिलने लगा है। डॉक्टर की बात सुनकर वह उदास भी हुई है और कुछ-कुछ सन्तुष्ट भी।]

इस बीमारी का कोई इलाज नहीं है। बाहर के देशों में कोई इलाज निकल आया हो तो मैं कह नहीं सकता। मेरी जानकारी में नहीं है।...हम इतना ही कर सकते हैं कि इसके स्वास्थ्य में गिरावट तेज़ी से नहीं आए।
(तीनों चुप हैं। अवसादपूर्ण वातावरण।)

[Fade out]

[Fade in]

[रमेश और मालती, अस्पताल का लम्बा गलियारा लाँघ रहे हैं। गलियारे में धूप खिली है। गलियारे के खम्भों के साये तिरछे कोण से धूप को काट रहे हैं।

वातावरण बोझिल नहीं है, बल्कि लगता है मालती की चाल में कुछ हलकापन आ गया है। वह कुछ-कुछ निश्चिन्त-सी लगने लगी है। और कुछ-कुछ भावुक भी हो उठी है।]

मालती : *(सहसा उसकी आँखें छलछला आती हैं)* बेचारी, वर्षों से खाट के साथ जुड़ी है। ये दिन उसके हँसने-खेलने के थे।
(रमेश, हैरान-सा, उसके चेहरे की ओर देखता है। मालती रुक जाती है और रमेश की कोन्ही पर हाथ रखते हुए।)
हमें चाहिए, उसके हाथों से ख़ूब दान करवा दें, इसी अस्पताल को कुछ रक़म दे दो। किसी ग़रीब लड़के का वज़ीफ़ा बाँध दो। मैं तो कहूँगी, किसी अस्पताल में इसके नाम पर कमरा बनवा दो, कम-से-कम इसके पीछे इसका नाम तो बना रहेगा।

[कहते-कहते मालती का गला रुँध जाता है, आँखें फिर से छलछला आती हैं और वह रूमाल से आँखें पोछने लगती है।

रमेश उसे सहारा देता हुआ गलियारे के बाहर ले आता है।]

मालती : सुषी और कितने दिन तक अस्पताल में रहेगी?

रमेश : डॉक्टर तो कहता था कि भले ही आज ही ले जाओ। सभी टेस्ट हो चुके हैं।

मालती : दो-एक दिन और यहीं पर बनी रहे। मैं उसके रहने का प्रबन्ध ठीक से कर दूँगी।

रमेश : मैंने तय कर लिया है। सुषमा के लिए Trained nurse रखेंगे। हमें पहले ही ऐसा प्रबन्ध कर लेना चाहिए था।

[Fade out]

[Fade in]

[सुषमा का कमरा। माई की छुट्टी की जा रही है। पास में एक नर्स खड़ी है। लेकिन सुषमा नहीं चाहती कि माई को निकाल दिया जाए।]

सुषमा : नहीं, मैं माई को नहीं जाने दूँगी।

रमेश : माई पढ़ी-लिखी नहीं है, सुषी, वह तुम्हारी देखभाल ठीक तरह से नहीं कर सकती।

सुषमा : कर सकती है। वही मेरे पास रहेगी। वह मुझे प्यार करती है।

रमेश : ज़िद्द नहीं करते, सुषी।

सुषमा : नहीं, नहीं, नहीं *(रो पड़ती है)*।

[Fade out]

[Fade in]

[सुषमा का कमरा। मालती बड़े आग्रह से कमरा साफ़ करवा रही है। माई बिस्तर की चादरें बदल रही है। कमरे में से अनावश्यक सामान निकाला जा रहा है, फूलों के दो गुलदस्ते अंगीठी पर रखे जा रहे हैं आदि।]

मालती : ये पर्दे उतार दो, मैं तुम्हें दूसरे पर्दे दूँगी। इन्हें आज ही धुलवा दो। माई, ध्यान रखना, कमरे में कचरा, धूल-मिट्टी कहीं पर न हो...तुम अच्छा काम करोगी तो मैं तो तेरी पगार बढ़ा दूँगी।...पानी में थोड़ा डेट्टोल डालकर पलंग के आस-पास

का हिस्सा पोंछ दो *(जाने को होती है)* ...मैं अभी आकर देखूँगी।

[Fade out]

[Fade in]

[मालती और रमेश बरामदे में कुर्सियों पर बैठे हैं, जब घर के बाहर किसी की कार रुकती है और मालती की माँजी—दिव्या—बाहर निकलकर भागती हुई अन्दर आती है और मालती से लिपट जाती है।]

मालती : अरी दिव्या! तू कब आई? आने की ख़बर तक नहीं दी।

दिव्या : बस, आ गई, मौसी, देख लो। और आते ही तुमसे मिलने भी चली आई।

रमेश : पढ़ाई ख़त्म कर आई हो या फिर लौटकर जाओगी?

दिव्या : ख़त्म कर आई हूँ, अब कहीं नहीं जाऊँगी...सुषी कहाँ है?...और अरुण-शोभा?

मालती : *(हँसकर)* बताती हूँ, बताती हूँ। तू तो पहले जैसी ही है, तूफ़ान की तूफ़ान। बैठ जा।

दिव्या : नहीं, पहले सुषी से मिलूँगी।

[उठकर भागती हुई अन्दर चली जाती है, कन्धे पर से बैग लटक रहा है।]

[Fade out]

[Fade in]

[सुषमा का कमरा, जो अब बहुत कुछ बदल गया है और बड़ा साफ़-सुथरा लग रहा है। सुषमा हड्डियों का ढाँचा, दिव्या के आलिंगन में बड़ी निरीह-सी लग रही है। सुषमा अब धीमी आवाज में बोलने लगी है। दिव्या अपनी मौसेरी बहन की ओर बड़े स्नेह से देखती और मुस्कराती है।]

दिव्या : अब मैं आ गई हूँ, सुषी, अब देखना तू ठीक हो जाएगी, और हम दोनों पहले की तरह गलियों में घूमती फिरेंगी।

मालती : मैं तो बिस्तर पर से उठ भी नहीं सकती। मेरी रीढ़ की हड्डी टेढ़ी हो गई है, ना। अब तो कोई बिठाए तो बैठती हूँ, लिटाए तो लेट जाती हूँ।...तू अब भी बैडमिंटन खेलती है?

दिव्या : *(मुस्कराकर सुषमा का हाथ अपने हाथ में ले लेती है, दिव्या की आँखें भर आती हैं।)*

(इस बीच रमेश और मालती अन्दर आकर उनके पास खड़े हो गए हैं।)

(मालती से) यहाँ एक डॉक्टर आया हुआ है, वह बहुत बड़ा स्पेशलिस्ट है। एक सेमिनार में भाग लेने अमरीका से आया है।

रमेश : कौन है वह?

दिव्या : एक सेमिनार में आया है। बहुत बड़ा विशेषज्ञ है, अमेरिका में उसकी बड़ी शोहरत है। वह इसी तरह की बीमारियों का इलाज करता है। इसके बारे में मैंने वहाँ एक लेख भी पढ़ा था। उसके इलाज से बहुत लोगों को लाभ हुआ है।

मैं सोचती हूँ उसकी सलाह भी ले लेनी चाहिए। इलाज तो चल ही रहा है।

रमेश : हाँ, देख ले। दिखाने में क्या हर्ज है।

दिव्या : मैं आज ही उससे मिलने जाऊँगी।

[Fade out]

[Fade in]

[बरामदे में रमेश और मालती खड़े हैं। बाहर कार रुकती है। दिव्या अमरीकी डॉक्टर को साथ लेकर, घर में प्रवेश कर रही है। डॉक्टर बड़ी उम्र का ऊँचा-लम्बा रोबीला व्यक्ति है।

रमेश, आगे बढ़कर उसका बैग दिव्या के हाथ से ले लेता है।]

मालती : दिव्या ने कल ही हमें आपके बारे में बताया है। दिव्या कहती है कि अमरीका में उसने आपके काम पर मज़मून पढ़ा था।

[मालती भी उसका अभिवादन करती है। डॉक्टर बरामदा लाँघकर सुषमा के कमरे की ओर जाने लगता है।)

[Fade out]

[Fade in]

[सुषमा का कमरा। डॉक्टर पलंग की पाटी पर बैठा, सुषमा की नब्ज़ अपने हाथ में थामे, सिर झुकाए, नब्ज़ की धड़कनें सुन रहा है। फिर नब्ज़ छोड़, उसके पाँवों और बाहों के जोड़ों को हिला-डुलाकर देखता है, पीठ पर हाथ फेरकर देखता है, फिर, उसके X-Ray के प्लेट, डॉक्टरी नुस्ख़े जो स्थानीय डॉक्टर ने लिखे हैं, पढ़ता है।

निकट ही मालती, रमेश और दिव्या खड़े हैं। कुछ दूरी पर माई, अपने दुपट्टे में लिपटी खड़ी है, और बड़ी उत्सुकता से डॉक्टर की ओर देखे जा रही है। अनिश्चय और तनाव का माहौल है।]

डॉक्टर : इसे किसी नर्सिंग होम में रखना ज़रूरी है, कम-से-कम कुछ मुद्दत के लिए। इस हालत में इसे घर पर रखना भूल होगी। *(रमेश से)* मैं उन डॉक्टर से मिलना चाहूँगा जो इसका इलाज कर रहे हैं। मैं उनके साथ केस को डिसकस करना चाहूँगा।

रमेश : मैं इसका प्रबन्ध कर दूँगा। मैं उन्हें आपके पास ले आऊँगा।

डॉक्टर : *(सुषमा के चेहरे की ओर देखता है, फिर मुस्कराकर बच्ची के सिर पर हाथ फेरता है)* घबराने की कोई बात नहीं। चिन्ता नहीं करो।

[इस वाक्य पर रमेश के हाथ अपने आप जुड़ जाते हैं, एक ओर को खड़ी माई के दोनों हाथ, दुपट्टे के नीचे जुड़ जाते हैं और हाथ जोड़े ही जोड़े वह प्रार्थना के शब्द बुदबुदाने लगती है।]

डॉक्टर : *(रमेश से)* बेहतरी तो होनी चाहिए। इस उम्र में तो इलाज का अच्छा असर पड़ना चाहिए। मैं कुछ इंजेक्शन भी लिख दूँगा। पर पहले, आपके डॉक्टर से मिल लूँ।

(सभी उठते हैं, डॉक्टर जाने को होता है)

दिव्या : *(धीमी आवाज में, मालती से)* देख? मैंने कहा था ना, कहा था न, सुषी? *(और सुषमा से लिपट जाती है) (सुषमा की आँखों में भी चमक-सी आ जाती है) (डॉक्टर उठ जाता है। पति-पत्नी डॉक्टर के पीछे-पीछे बाहर बरामदे में आ जाते हैं।)*

सुषमा : शुरू में सभी डॉक्टर ऐसे ही कहते हैं, मेरी ढाँढ़स बँधाते हैं। मैं कभी ठीक नहीं होऊँगी।

दिव्या : नहीं, नहीं, तू सचमुच चलने-फिरने लगेगी।

[Fade out]

[Fade in]

[बरामदे में।]

डॉक्टर : तकलीफ़ पुरानी है, पर अभी भी उठने बैठने लायक हो सकती है, अपना काम कर सकेगी।

मालती : *(निस्तेज-सी आँखों से डॉक्टर की ओर देखते हुए) (फुसफुसाकर)* कितने दिनों में यह चलने-फिरने लायक हो जाएगी?

डॉक्टर : कुछ वक़्त तो लगेगा। शुरू-शुरू में शायद आपको लगे कि दवाई का उलटा असर हो रहा है पर आप घबराइएगा नहीं।

मालती : फिर भी? कितनी देर लगेगी? यह कब अपना पलंग छोड़ पाएगी?

डॉक्टर : तीन-चार साल तो लग ही जाएँगे, कम भी हो सकते हैं, ज़्यादा भी।

मालती : *(सहसा मालती के मुँह से निकल जाता है)* तब तक मेरा क्या रह जाएगा?

डॉक्टर : जी, आपने कुछ कहा?

मालती : जितने भी लगे। एक बार यह उठ खड़ी हो, मैं जनम-जनम तक आपका आभार मानूँगी।

[दिव्या आ जाती है। रमेश और दिव्या डॉक्टर के साथ बाहर तक जाते हैं। मालती रुक जाती है।]

[Fade out]

[Fade in]

[सुषमा का कमरा। रमेश, मालती और दिव्या अन्दर आते हैं।]

रमेश : लाओ माई, यहीं पर चाय पिएँगे, सुषी के साथ। *(दिव्या से)* डॉक्टर तो बड़ा जानकार मालूम पड़ता है।

दिव्या : हाँ, हाँ, यह बहुत बड़ा डॉक्टर है।

माई : *(कोने में खड़ी माई जो बड़ी कृतज्ञ महसूस कर रही है, और डॉक्टर को आशीष दे रही हैं।)* मैं अभी लाती हूँ जी। यह डॉक्टर नहीं जी, देवता है, इसने हमारा घर पवित्र किया है।...मैं चाय लाती हूँ

(प्रस्थान)

मालती : यह माई कितना बोलती है मेरे तो कान पक जाते हैं। ...तुम लोग चाय पियो। मैं थोड़ी देर के लिए अपने कमरे में जाऊँगी।

मौसी : बैठो न मौसी, यह क्या हुआ?

मालती : मैं थोड़ा थक गई हूँ, रात ठीक तरह से सोई नहीं। बस, थोड़ी ही देर लेटूँगी तो ठीक हो जाऊँगी।

(उठकर चली जाती है)

सुषमा : माँ को डॉक्टर अच्छा नहीं लगा।

रमेश : अच्छा क्यों नहीं लगा? वह तो बार-बार उसका धन्यवाद कर रही थी।

दिव्या : अब, सबसे पहले बात तो यह कि कुछ दिन के लिए सुषी को Nursing Home में जाना होगा। *(सुषमा से)* चिन्ता नहीं कर, सुषी, मैं तो तेरे साथ रहूँगी। दोनों मिलकर खूब गप्पे लड़ाएँगी।

[Fade out]

[Fade in]

[सुषमा को Nursing Home में ले जाने की तैयारी की जा रही है। साथ ले जानेवाले कपड़े अलग किए जा रहे हैं। Ambulance बाहर खड़ी है। दीवार के साथ Stretcher रखा है। सभी व्यस्त हैं।

सुषमा का कमरा। दवाईयों की शीशियाँ उठाए मालती अन्दर आती है। दवाईयाँ तिपाई पर रखकर, ठंडी-सी मुस्कान के साथ, सुषमा के माथे पर अपना हाथ रखती है।]

सुषमा : फिर ढेर सी दवाईयाँ। इतनी मोटी-मोटी गालियाँ। ये कौन निगल पाएगा?

सुषमा : *(तनिक खीझकर)* मैं सारी रात सो नहीं पाई हूँ, सुषी, कुछ हम लोगों का भी ख़याल किया कर। अब तू भी समझ ले, इन दवाईयों को...।

सुषमा : *(माँ की ओर, हतप्रभ-सी देखती है)*
समझ लूँगी, माँ, दिव्या दीदी समझा देगी।

मालती : अब पूरी समझदारी से इलाज करना। बीच में नहीं छोड़ देना। हम रोज़ नए-नए डॉक्टर नहीं बुला सकते। तेरा इलाज करते-करते तो हम अगले जहान में पहुँच जाएँगे।
(माँ-बेटी की आँखें मिलती हैं। सुषमा की आँखों में गहरी वेदना झलक आई है)
(माई से) तुम भी ध्यान से समझ लो। इधर आओ, वहाँ खड़ी-खड़ी मुँह बाये क्या देख रही हो। पूरी मुस्तैदी से काम करती तो लड़की की तबीयत नहीं बिगड़ती। लड़की ज़िद्द करती है तो तुम उसका मुँह देखने लगती हो...
(सैंडल पटपटाती, मालती बाहर चली जाती है।)

[Fade out]

[Fade in]

[मालती गलियारा लाँघ रही है जब सुषमा के कमरे में शोर होता है। किसी चीज़ के टूटने की आवाज़ आती है। सुषमा की आवाज़ आती है। नही पिऊँगी, नहीं पिऊँगी, मार डालो तब भी नही पिऊँगी! मालती ठिठकी खड़ी रहती है, फिर आगे बढ़ जाती है। रमेश अपने कमरे में से निकलता है और तेज़-तेज़ चलता हुआ सुषमा के कमरे की ओर जाता है।]

[Fade out]

[Fade in]

[गलियारे में दिव्या, सुषमा को उसकी पहिया-गाड़ी में, घर के बाहर ले जा रही है जहाँ सुषमा को नर्सिंग होम ले जाने के लिए एम्बुलेंस खड़ी है। रमेश, मालती, माई कुछ-न-कुछ उठाए, बाहर तक आते हैं। दिव्या और रमेश, सुषमा को नर्सिंग होम में ले जाते हैं।]

[Fade out]

[Fade in]

[मालती बरामदे में अकेली खड़ी है, बाहर की ओर देखती हुई। देर तक खड़े रहने के बाद वह धीरे-धीरे चलती हुई सुषमा के कमरे की ओर जाती है।

दरवाज़ा खोलकर वह दहलीज़ पर खड़ी रहती है। अन्दर माई सुषमा का बिस्तर सहेज रही है। उसकी चीज़ें एक ओर को लगा रही है।]

माई : मेम साहब, आप कहें तो बेबी के बिस्तर को बाहर धूप में डाल दूँ। उसके कपड़ों को भी धूप लग जाए। खिड़कियाँ-दरवाज़े खोल दूँ, कमरे में हवा घूम जाए।

[मालती चुप बैठी रहती है। माई, बड़ी मुस्तैदी से बिस्तर के कपड़े उठाती है, चादर सिरहाने एक ओर को रखती है और गद्दा उठाकर बाहर ले जाती है। मालती की नज़र गद्दे के नीचे, पलंग पर बिखरी तरह-तरह की चीज़ों पर पड़ती है। मालती का ध्यान उनकी ओर जाता है, और वह आगे बढ़कर एक चीज़ को उठाती है।...छोटे-छोटे मणके, माँ के बालों की लट, पाँच-सात तसवीरें, दो-तीन पत्र। एक चित्र में नन्हीं सुषमा माँ की गोद में बैठी है। नीचे, सुषमा ने टेढ़े-मेढ़े अक्षरों में लिखा है : मैं और मेरी मम्मी। दूसरे चित्र में रमेश ने नन्हीं सुषमा को कन्धों पर उठा रखा है और मालती

पास में खड़ी है। दो चित्र केवल मालती के जिनमें सुषमा रंग भरती रही है—गालों पर सुर्ख़ी, होंठों पर लाली, आँखों में काली लकीर। नीचे लिखा है : 'मेरी प्यारी मम्मी!' 'मेरी सबसे सुन्दर मम्मी!'

मालती की नज़र बिखरे काग़ज़ों पर पड़ती है। टेढ़े-मेढ़े अक्षरों में सुषमा ने मालती को पत्र लिखा है— 'मेरी प्यारी मम्मी, मैं तुम्हारे साथ कभी नहीं बोलूँगी। मैं सारा दिन तुम्हारे क़दमों की आवाज़ सुनती रही पर तुम एक बार भी मेरे पास नहीं आई। तुम क्यों नहीं आई?' मालती ने एक और चीज़ उठाई : 'मेरी मम्मी के बालों की लट!'

मालती स्तब्ध थी, पलंग की पाटी पर बैठी रहती है।]

[Fade out]

[Fade in]

[मालती बड़े आईने के सामने खड़ी है। कुछ-कुछ अस्त-व्यस्त है। उसका हाथ कण्ठहार पर जाता है। उसके कानों में सुषमा की आवाज़ पड़ती है, "माँ, तुम आ गई? मैं तेरे बिस्तर में आ जाऊँ?" सुषमा की टुनटुनाती हँसी की आवाज़ सुनाई देती है...]

मालती : यहाँ कोई मुझे जीने नहीं देगा...यह लड़की मेरी जान लेकर रहेगी। *(मालती के चेहरे पर सलवटें उभर आई हैं।) (चलते क़दमों की आवाज़। क़दम नज़दीक आ रहे हैं। फिर रुक जाते हैं। कहीं पर प्याला टूटने की आवाज़, मालती सिहर उठती है...सुषमा की आवाज़ : 'माँ, मैंने तेरी तसवीर में रंग भरे हैं...मेरी सबसे सुन्दर मम्मी!')* तुमने बत्तियाँ क्यों बुझा दी हैं? मेहमान क्या कहेंगे?...मैं कहूँगी, पाँच हज़ार में आया है पूरे पाँच हज़ार में...पाँच साल में मेरा क्या रह जाएगा?

[रमेश पीछे से आकर मालती के कन्धों पर हाथ

रखता है, और उसे वापिस ले चलने के लिए मोड़ देता है।]

मालती : आ जाओ, मालती, इधर आराम से बैठ जाओ।

[शून्य में देखती हुई मालती, मुड़ जाती है।]

[Fade out]

●●●

'माधवी' (बंगाली), प्रस्तुति : 'नन्दीकर', 2010

‘मुआवज़े’, निर्देशक– एम.के. रैना, प्रस्तुति : राष्ट्रीय नाट्य विद्यालय, 1992

'मुआवज़े' (तिहाड़ जेल के कैदियों द्वारा खेला गया)
निर्देशक– गुलशन वालिया, 2001

'मुआवज़े' नाटक के सफल मंचन के बाद भीष्म साहनी जी का अभिनन्दन।

'हानुश', निर्देशक - राजेन्द्र नाथ, प्रस्तुति : 'अभियान'
श्रीराम सेंटर फॉर आर्ट एंड कल्चर - 18, 19 फरवरी, 1977

"घड़ी दीवार में बड़ी सुन्दर लग रही है, पर इतनी नीची क्यों लगाई है ? "

हानूश (रवि बासवानी) और हानूश का पादरी भाई (भूपेन्द्र कुमार)

‘कबिरा खड़ा बजार में’, निर्देशक– एम.के. रैना
प्रस्तुति : राष्ट्रीय नाट्य विद्यालय, नयी दिल्ली

पटना इप्टा
द्वारा प्रस्तुत
I.P.T.A.
भीष्म साहनी लिखित नाटक
स्थान-भारतीय नृत्य कला मन्दिर ■ टिकट-2/-5/10
तिथि-13,14 और 15 जून 86 समय- संध्या 7 बजे